Eu-D-V-1-71d

La France

4. Les Midis français

Chez le même éditeur

Dans la même collection

La France, par P. Estienne :
    Tome 1 : Généralités sur la France. Région du Nord *(sous presse).*
    Tome 2 : De l'Atlantique aux Vosges. 1978, 216 pages, 22 cartes et graphiques.
    Tome 3 : Les montagnes françaises et le sillon Rhône-Rhin, 208 pages, 28 cartes.
    Tome 4 : Les Midis français, 212 pages, 27 cartes.

La Suisse, par R. Lebeau. 1975, 164 pages, 30 cartes et documents en couleurs.

L'Espagne, par A. Huetz de Lemps. 1976, 296 pages, 33 cartes.

Le Canada, par J. Pelletier. 1977, 232 pages, 38 cartes.

Les Iles britanniques, par A. Reffay *(à paraître).*

Collection Géographie des États

La France
4. Les Midis français

par

Pierre Estienne

Professeur
à l'Université de Clermont-Ferrand II

MASSON
Paris New York Barcelone Milan
1978

MASSON S.A. 120, Bd Saint-Germain, 75280 Paris Cedex 06
MASSON PUBLISHING USA Inc. 14 East 60th Street, New York N.Y. 10022
TORAY-MASSON Balmes 151, Barcelona 8
MASSON ITALIA EDITORI S.p.A. Via Giovanni Pascoli 55, 20133 Milano

Tous droits de traduction, d'adaptation et de reproduction par tous procédés réservés pour tous pays
La loi du 11 mars 1957 n'autorisant, aux termes des alinéas 2 et 3 de l'article 41, d'une part, que les « copies ou reproductions strictement réservées à l'usage privé du copiste et non destinées à une utilisation collective » et, d'autre part, que les analyses et les courtes citations dans un but d'exemple et d'illustration, « toute représentation ou reproduction intégrale, ou partielle, faite sans le consentement de l'auteur ou de ses ayants droit ou ayants cause, est illicite » (alinéa 1er de l'article 40).
Cette représentation ou reproduction, par quelque procédé que ce soit, constituerait donc une contrefaçon sanctionnée par les articles 425 et suivants du Code pénal.

© *Masson, Paris, 1978*
ISBN : 2-225-49687-0
ISSN : 0337-811X

Imprimé en France

Plan général de l'ouvrage

Tome 1 : Généralités sur la France. Région du Nord.

Tome 2 : De l'Atlantique aux Vosges *(Bassin Parisien. France de l'Ouest).*

Tome 3 : Les Montagnes françaises et l'axe Rhône-Rhin *(Généralités sur les montagnes françaises. Massif Central. Vosges. Jura. Alpes du Nord et du Centre. Axe Rhin-Méditerranée).*

Tome 4 : Les Midis français *(Bassin d'Aquitaine. Pyrénées. Midi méditerranéen et Corse. Alpes du Sud).*

On a groupé la France des grandes plaines de la moitié septentrionale dans le tome 2.

Le tome 3 décrit une « France des montagnes » qui comprend évidemment les plaines intra-montagneuses dont la France est riche, l'axe Rhin-Méditerranée étant le plus important de ces couloirs.

Le tome 4 considère les Midis comme un tout. C'est la raison pour laquelle il reprend l'étude des Pyrénées et des Alpes du Sud en les juxtaposant aux régions basses qui leur sont voisines.

Les généralités sont développées dans chacun des tomes quand elles sont spécifiques d'un milieu original (comme les montagnes) ; celles qui ont trait à l'ensemble du pays font l'objet du tome 1, qui se termine par la région du Nord pour entrer dans le vif de l'étude régionale.

La parution du tome 1 a été prévue après les autres pour mieux saisir les synthèses indispensables.

Max Derruau.

Table des illustrations

1.	Aménagements de la Compagnie Bas-Rhône - Languedoc (CNARBRL) .	32
2.	Aménagements de la Durance	34
3.	La Corse, régions naturelles	41
4.	La Corse économique	46
5.	Roussillon et Pyrénées orientales, les aspects régionaux	55
6.	Domaine alpin niçois	63
7.	Préalpes méridionales et Pays duranciens	68
8.	Basse-Provence, éléments de la structure et du relief	76
9.	Basse-Provence, éléments de vie économique	78
10a.	Agglomération de Toulon	84
10b.	Nice	85
11.	Pays du Bas-Rhône	90
12.	Circulation dans la basse vallée du Rhône et industries de base	93
13.	Site de Marseille	102
14.	Quartiers de Marseille	104
15.	Fos et Etang-de-Berre	109
16.	Bas-Languedoc, aspects physiques	115
17.	Bas-Languedoc, croquis de localisation	118
18.	Villes du Languedoc-Roussillon	121
19.	Pyrénées occidentales et centrales, géographie physique et pays	131
20.	Pyrénées, activités humaines (croquis de nomenclature)	136
21.	Pays Basque	142
22.	Bassin Aquitain, principaux paysages	146
23.	Bassin Aquitain, croquis de nomenclature	152
24.	Vignoble du Bordelais	185
25.	Agglomération bordelaise	190
26.	Agglomération toulousaine	194
27.	Côte basque	200

Table des matières

Avant-propos 9

1. Le Midi Méditerranéen

Chapitre 1. **Le milieu méditerranéen** 13
    1. Le milieu bio-climatique 13
    2. Le milieu humain 15

Chapitre 2. **Les déboires de l'économie traditionnelle** 20
    1. La disparition de la polyculture traditionnelle 20
    2. La marée viticole peut-elle refluer ? 21
    3. Les ambiguïtés de la vie urbaine 28

Chapitre 3. **Le Midi Méditerranéen, terre des grands aménagements** 30
    1. Le temps des grands aménagements hydrauliques 30
    2. Les grands aménagements touristiques 36
    3. Le renouveau de la façade méditerranéenne 37

Chapitre 4. **La Corse** 40
    1. Un milieu contrasté et hostile 40
    2. Une économie traditionnelle délabrée 45
    3. La Corse moderne 48

Chapitre 5. **La montagne méditerranéenne** 54
    1. Les Pyrénées méditerranéennes 54
    2. L'escarpe bordière du Massif Central 61
    3. La montagne niçoise 62
    4. Les Préalpes du sud et les pays duranciens 67

Chapitre 6. **Provence intérieure et Côte d'Azur** 74
    1. Un relief complexe 74
    2. Les difficultés de la Provence intérieure 77
    3. La frange côtière de Marseille à la frontière italienne 79

Chapitre 7. **Les pays du bas-Rhône** 89
    1. Collines et avant-pays 89
    2. Les plaines du Rhône moyen 92
    3. Les huertas comtadines 94
    4. Des conquêtes imparfaites : Crau et Camargue 97

Chapitre 8. **Marseille et sa région portuaire** 101

    1. Le cadre de Marseille et le développement de la ville 101
    2. Marseille aujourd'hui 105
    3. L'expansion marseillaise vers le nord 107
    4. Les ambitions phocéennes 112

Chapitre 9. **Plaine languedocienne et Roussillon** 114

    1. La plaine languedocienne 114
    2. Le Roussillon 124

2. Le Midi Aquitain

Chapitre 1. **Les Pyrénées occidentales et centrales** 132

    1. Les éléments du relief 132
    2. Les conditions climatiques 134
    3. La vie humaine et économique 135
    4. Les aspects régionaux 140

Chapitre 2. **Le Bassin Aquitain : les convergences physiques et humaines** 145

    1. Aspects physiques 145
    2. L'originalité bio-climatique 149
    3. Les faiblesses du peuplement 151
    4. La polyculture aquitaine 155
    5. Faiblesse des activités non rurales traditionnelles 160
    6. Un aménagement difficile 161

Chapitre 3. **Le Bassin Aquitain : le partage régional** 164

    1. Les plateaux calcaires du Nord-Est 164
    2. Les pays des sables 170
    3. Au devant des Pyrénées : les pays de la molasse 175
    4. L'axe garonnais 181

Chapitre 4. **Le Bassin Aquitain : les difficultés des métropoles** 188

    1. La prépondérance bordelaise 188
    2. Toulouse : une expansion urbaine artificielle 193
    3. Les chances d'une métropole des pays de l'Adour 198

Bibliographie et état des questions 203

Index 209

Avant-propos

Pour le parisien en vacances, pour le touriste étranger, le Midi, le vrai, le seul est le Midi Méditerranéen, plus souvent encore le seul midi provençal à l'est du Rhône, quand ce n'est pas à l'est de Toulon. La littérature, la production cinématographique ont renforcé cette interprétation.

Pourtant, le Midi est d'abord, de par son nom, un domaine qui se définit par sa latitude ; définition purement arbitraire qu'on pourrait par exemple ramener à tout ce qui est au sud du 45e parallèle... En fait, la notion de midi correspond à des faits climatiques (la chaleur, l'ensoleillement, la sécheresse de l'été) ou biogéographiques (les feuillus toujours verts), aussi bien qu'à des faits humains qui vont des dialectes d'oc aux usages agraires, à l'habitat ou à l'utilisation touristique des qualités du climat. Mais il faut tenir compte de la disposition du relief (le Massif Central n'a guère d'aspects méridionaux, en dehors des dialectes) et de l'histoire, de la formation des populations et de leurs langues, de la constitution des unités politiques.

On ne saurait parler d'un Midi français. Il y a en fait au moins deux midis, le vrai, le méditerranéen, et le bâtard, l'aquitain, qui, bien qu'à la même latitude, connaît un climat beaucoup plus atlantique ; d'un côté la vigne et l'olivier, de l'autre, encore la vigne, mais le maïs et le noyer. Et il faut compter en outre avec la Corse.

Il est également assez vain de rechercher une unité humaine. Pour nos méridionaux, est « gavot », « gavache », tout individu qui vient du nord, même s'il arrive d'un pays de langue d'oc simplement un peu plus septentrional. La limite des dialectes d'oc pourrait être un critère simple ; en fait, ces dialectes couvrent presque tout le Massif Central et une partie des Alpes dauphinoises, alors que l'appartenance occitane des dialectes gascons est déjà sujette à caution. Le domaine des vrais dialectes d'oc (comté de Nice et Provence historique, Languedoc historique, plateaux calcaires du Bassin Aquitain) serrerait de plus près la réalité, mais de façon restrictive.

Faut-il alors définir les Midis par d'autres attributs humains ? On notera qu'ils coïncident, assez étroitement, avec les zones de faible vitalité démographique, celles que, dans le passé, il a fallu constamment repeupler, parfois avec des gens de langue d'oïl ; celles qui, dans le présent, connaissent les plus faibles taux de natalité et le plus fort vieillissement, caractéristiques qu'on ne retrouve pas dans les autres pays du pourtour de la Méditerranée. Ce sont souvent des pays ruraux, peu industrialisés, parfois médiocrement équipés, mais offrant souvent de vifs contrastes régionaux de dynamisme.

Le Midi Méditerranéen

1

Qui vient du Nord trouve vers Valence les premiers signes annonciateurs du Midi : les vieilles rangées de mûriers subsistant ici et là, les platanes de la grande route, courbés vers le Sud par le mistral, la maison qui se tasse sous un toit de tuiles creuses ou romaines. Un peu plus au Sud, c'est le feuillage terne des chênes-verts, bientôt l'argenture des oliviers, les garrigues dont l'odeur, aux petits matins d'été, envahit brutalement la voiture ou le compartiment.

Ainsi, dans la vallée du Rhône, on ne pénètre pas d'emblée dans le domaine méditerranéen. Pourtant, avec son encadrement montagneux presque continu, ses paysages végétaux bien typés, ses ciels, il constitue un monde très particulier. Et malgré tout, ses limites ne se laissent pas définir si aisément. Seul le rebord du Massif Central offre une frange bordière simple, alors que, même dans les Alpes, les pénétrations méditerranéennes sont très inégales. Dans les deux couloirs de plaines conduisant à la Méditerranée, les ambiguïtés ne manquent pas. En Lauragais, c'est, beaucoup plus que la transformation du paysage naturel, le déclin de la vigne, l'apparition du blé, voire du maïs, le desserrement du village, la fréquence plus grande des fermes isolées qui annoncent le Bassin Aquitain. Dans le Sillon rhodanien, où tant de villes se disent « Porte du Midi », on admet généralement que c'est vers Montélimar que s'opère le changement ; or, ce n'est ni la limite du vignoble de masse, plus méridionale, ni celle des céréales ou des cultures légumières ; pas davantage celle de l'habitat perché qui s'infiltre beaucoup plus au Nord ; c'est de même vers Orange que passe la limite du dialecte rhodanien d'oc. Disons qu'au nord de Montélimar, l'anticlinal de la forêt de Marsanne, avec ses hêtraies d'ubac et sa forte pluviosité, constitue une limite commode, celle des garrigues à chêne-vert, caractéristiques du pays méditerranéen.

D'autre part, le Nord ne retient souvent du Midi qu'une image caricaturale : un liseré de plages, le pays du « gros rouge », celui des histoires marseillaises ou corses, des Tartarins et des Topazes comme de nombre de héros aux aventures plus ou moins douteuses. L'opinion des gens du Nord ne va jamais sans appréciations peu flatteuses, expliquant assez l'accueil parfois fait aux « estrangers ».

Ce Midi de mauvaise opérette, il n'est pas facile de saisir sa véritable identité, tant lui-même s'est complu à accréditer la fiction et à créer l'image que le Nord voulait voir en lui. Cette « Provence en représentation d'elle-même » (R. Lafont), cette civilisation d'oc déguisée en félibrige, tout cela masque la réalité humaine du Midi.

Aussi bien y a-t-il eu plusieurs midis, l'un d'Ouest, languedocien, plus précocement rattaché à la France, l'autre provençal, héritier de l'ancien Empire ; les bateliers du Rhône distinguèrent longtemps rive du « royaume » et rive d'« empire » ; et encore faut-il compter avec le Comtat Venaissin, celui de Nice, le Roussillon. Sauf dans les Alpes, la communauté de langue d'oc déborde partout le cadre méditerranéen. On peut aussi parler d'un Midi « politique », plus révolutionnaire — du moins le croit-il — que la moyenne de la France, mais plus riche en ultras du conservatisme ; d'un midi croyant, au point d'avoir connu le phénomène cathare, les diverses familles de la Réforme, l'illuminisme protestant, le développement contemporain des sectes ; mais de telles inquiétudes n'ont jamais saisi tout le Midi et ce sont peut-être là les réactions d'une civilisation paysanne, sans cesse contenue ou brisée dans ses aspirations par les pouvoirs issus du Nord.

Il faut donc essayer de définir cette terre, cette civilisation dissimulée sous les faux-semblants modernes et illusoires du félibrige ou du tourisme ; rechercher ces hommes, souvent originaires, à quelques générations, de la montagne alpine ou du Massif Central, mais avant tout analyser leur milieu d'existence dont le climat et le paysage végétal sont les éléments les plus visibles.

1 Le milieu méditerranéen

1. Le milieu bio-climatique

Le climat

C'est certainement ce qui fait l'originalité première du Midi Méditerranéen ; déficit du bilan hydrique et ses conséquences sur le manteau végétal, vigueur de l'insolation, douceur des hivers, mais aussi les grands excès, les inondations catastrophiques, les gels tant redoutés, les grands coups de mistral ou de tramontane. Sur le plan de la circulation atmosphérique générale, le Midi se trouve en position d'abri : abri aérologique, du moins l'été où les invasions polaires ne parviennent que rarement ; abri du relief grâce à l'encadrement montagneux où ne s'ouvrent que la grande brèche rhodanienne et celle, climatiquement moins importante, du Lauragais. Subsidence anticyclonique d'été, subsidence des vents montagnards ou même du mistral justifient pour une part le fort gradient thermique qui oppose un littoral chaud à une montagne relativement fraîche.

La Méditerranée joue d'autre part un rôle important ; sauf en bordure du littoral languedocien où existe un large ruban d'eau relativement froide, les eaux de surface de la Méditerranée sont chaudes (jusqu'à 26-28° en été), ce qui explique la très forte capacité d'évaporation en cas d'invasion d'air froid. Notre Midi est également fortement influencé par les perturbations qui se forment sur le golfe de Gênes ou au large des Baléares ; mais ces dépressions sont souvent de petites dimensions, de sorte qu'elles affectent rarement l'ensemble du Midi Méditerranéen et justifient, de ce fait, un certain morcellement climatique.

Le volume des précipitations est en général médiocre, franchement indigent sur le littoral (500 à 600 mm en bordure de l'étang de Berre, moins encore en Roussillon) ; la répartition saisonnière est très inégale : la sécheresse d'été est à peu près générale, surtout en juillet (11 mm à Marseille, 10 à Ajaccio ou Bastia, 20 à Nice) alors qu'automne et printemps enregistrent des pluies importantes. Le nombre de jours de pluie est peu élevé, toujours inférieur à 100 dans l'année, les averses sont souvent violentes. La forte humidité potentielle de l'air, surtout dans les circulations chaudes venues de la mer, explique la libération de quantités d'eau très importantes en cas de refroidissement brutal ; or, de telles chutes de température sont provoquées tant par les fortes ascendances orographiques sur les bordures montagneuses que par les invasions froides d'altitude, responsables de l'intensité des averses, même en plaine : des chutes quotidiennes de 200 à 300 mm de pluies peuvent survenir à l'occasion à peu près partout ; le Roussillon, la Cévenne ont vu tomber jusqu'à 500 ou 600 mm en une journée, sans doute même davantage. Enfin, l'irrégularité interannuelle est très forte ; il est des années « pourries », même l'été, comme en 1972 ; mais ce sont plus fréquemment des successions d'années sèches qui ne permettent pas aux réserves du sol de se reconstituer et épuisent les nappes phréatiques.

L'irrégularité thermique n'est pas moindre ; irrégularité saisonnière par opposition entre un été chaud ou très chaud (la température de juillet est partout supérieure à 23 °C en plaine) et un hiver assez irrégulier, mais déjà relativement froid, puisque l'isotherme de 5 °C en janvier englobe toute la région. En fait la moyenne ne signifie pas grand chose, car elle est très influencée par quelques hivers exceptionnels, comme celui de 1963 où Montpellier enregistra — 18 °C et Marseille — 13. Cependant, sauf sur la Côte d'Azur, le gel, s'il est généralement faible, est un aspect coutumier de l'hiver : une vingtaine de jours par an à Marseille, de 25 à 40 à Montpellier. L'irrégularité vient aussi des brusques chutes de température qui accompagnent les coups de tramontane ou de mistral. Les gelées hors saison sont néanmoins rares de sorte que la saison végétative est très longue encore que l'association estivale de la sécheresse et de la chaleur ne favorise guère la végétation.

L'insolation est toujours forte : 2 800 à 3 000 heures sur la côte, avec un maximum varois, un peu moins dans l'intérieur. Les vents forts sont fréquents, notamment les vents continentaux de nord à ouest, liés soit aux basses pressions méditerranéennes, soit aux anticyclones atlantiques : mistral et tramontane constituent un élément essentiel du climat, n'épargnant que le littoral azuréen à l'est de Saint-Raphaël. Les vents marins sont moins fréquents, moins durables ; ils charrient vers le continent de l'air humide, donnant en été, même en l'absence de pluie, des temps lourds, pénibles, qui favorisent dans le vignoble le développement des maladies cryptogamiques ; de sud ou de sud-est, c'est le marin ; à composante plus franchement d'est, c'est le vent grec ou le levant, assez fréquent sur la Côte d'Azur et le Roussillon. Ces vents sont ceux qui atteignent au large les vitesses les plus élevées et donnent les mers les plus grosses. En l'absence des vents dominants, les littoraux connaissent un régime de brises de terre et de mer alternées, très classiques, particulièrement vigoureuses dans la région niçoise.

Chaleur, sécheresse, insolation généreuse, vents souvent desséchants, justifient amplement une évaporation très forte dont tous les végétaux souffrent ; le déficit hydrique des trois mois de saison sèche (juin à août) est estimé à 395 mm à Perpignan, 681 mm à Marseille, mais 283 mm à Nice où les vents forts sont plus rares et l'air apporté par la brise de mer souvent saturé d'humidité.

C'est donc un climat tyrannique. C'est lui qui est responsable de l'intermittence de l'écoulement : les rivières qui ne sont pas issues de la montagne ou d'autres régions climatiques, sont privées d'écoulement apparent pendant l'été. Celles qui ne s'encaissent pas ont des lits immenses, pleins de cailloutis, remaniés à chaque crue et qui, même en saison humide, ne sont parcourus que par de bien modestes courants. Mais que surviennent de fortes averses, et surtout des averses rapidement répétées et les fleuves se gonflent de crues monstrueuses. Les travaux de correction des lits, les grands aménagements hydrauliques, la reconquête forestière en montagne ont un peu étouffé les ondes de crue ; l'homme en vient même à oublier des dangers qui reviendront inéluctablement ; ainsi, les secteurs ravagés par les crues de 1940 dans les Pyrénées-orientales, se couvrent de maisons ; les lits majeurs sont occupés par des campings, des équipements collectifs, voire de grands immeubles (vallée de la Siagne par exemple). On prend soin parfois de les protéger par des endiguements considérables, ainsi la cité scolaire d'Alès, bâtie dans l'ancien lit majeur d'un Gardon momentanément assagi. Il est à craindre qu'un jour on n'invoque tout de même la bien commode fatalité...

L'originalité du paysage végétal

Le milieu méditerranéen français est assez homogène, dominé qu'il est par les associations à base de chêne-vert (*Q. ilex*) ; ce n'est qu'en Provence méridionale et orientale, plus épargnée par le gel, que des associations à pin d'Alep s'y substituent, de même qu'aux lisières de la région ou en altitude, les chênes à feuilles caduques le remplacent peu à peu. Presque toujours les associations végétales méditerranéennes ont un caractère résiduel, décimées qu'elles sont par le surpâturage ou l'incendie de main d'homme qui assure la prééminence des arbres capables de recéper après le feu (chêne-vert, chêne-kermès) ; le manteau végétal est rarement continu ; même le brachypode rameux, graminée caractéristique de la garrigue arrive à être éliminé. La flore est d'ailleurs composite, toute mêlée d'éléments naturalisés : sur 4 000 espèces recensées dans le midi languedocien, 700 seulement sont vraiment d'appartenance méditerranéenne.

De cette végétation, l'homme a surtout retenu des symboles, comme l'olivier, considéré souvent comme le biotope méditerranéen type. Mais les formations végétales sont rarement forestières : le feu, le défrichement, jadis la recherche du bois de boulange, ont détruit les forêts au profit de formations appauvries, plus buissonnantes qu'arborées.

● Sur les collines calcaires, la *garrigue*, tant évoquée par les écrivains, à base de chêne-vert et souvent de kermès (*Q. coccifera*) fourmille également de cistes (notamment *C. albidus*, le ciste cotonneux à fleurs roses), de plantes odoriférantes comme le thym, la lavande, le romarin (la flore languedocienne compte 10 % de plantes aromatiques dont les sécrétions d'essences semblent freiner les pertes d'eau par évaporation) ; mais il y a aussi beaucoup de plantes temporaires qui n'apparaissent qu'au printemps, comme les fleurs bleues de l'aphyllante de Montpellier (le bregalou), à partir tantôt de graines (plantes annuelles), tantôt de bulbes ou de rhizomes, la végétation aérienne disparaissant alors avec la sécheresse estivale.

● Sur les sols siliceux où les réserves hydriques sont un peu plus abondantes, le *maquis* est une formation plus dense, souvent fermée, toujours avec des chênes-verts, espèce ubiquiste, mais parfois avec des chênes-lièges (*Q. suber*) ou du pin-pignon et un cortège plus fourni de hauts buissons : cistes, genêts épineux, bruyères arborescentes, arbousiers, etc.

● En Roussillon et surtout sur la Côte d'Azur, à l'est de Saint-Raphaël, l'effacement progressif du gel fait apparaître un paysage plus typiquement méditerranéen, avec des lentisques, des myrtes, et, à l'est de Nice s'installent peu à peu des associations à base de caroubiers, totalement ignorantes de la gelée.

● Dans les régions côtières existent des associations halophiles qui prennent une assez grande extension en Camargue : ce sont les « enganes », avec leurs plantes populaires comme les saladelles.

● Enfin, dès qu'on s'élève, les plantes méditerranéennes disparaissent vite, persistant seulement aux adrets, cédant vite la place à des formations de type océanique où dominent les chênes à feuilles caduques. Entre 400 et 800 m d'altitude, la châtaigneraie est fréquente sur sols siliceux, mais elle doit son développement à la protection de l'homme ; abandonnée, elle survit mal. Sauf en Provence et en pays niçois, la montagne connaît surtout la hêtraie, au moins aux ubacs.

Ainsi, le paysage végétal méditerranéen est souvent ambigu ; original certes, mais sélectionné par un hiver encore bien marqué et très fortement appauvri par l'intervention humaine.

2. Le milieu humain

L'originalité ne vient pas tellement de la civilisation traditionnelle ou de l'usage de la langue d'oc que le Midi Méditerranéen partage avec l'Aquitaine et le Massif Central. Mais elle est dans l'histoire d'un peuplement sans cesse remis en cause par les crises ; elle est dans les densités souvent très élevées de pays pourtant profondément ruraux ; elle est plus encore dans les bouleversements de la période contemporaine : afflux des touristes, des retraités, des étrangers, des rapatriés d'Afrique du Nord, si nombreux qu'ils ont pu modifier de façon sensible les structures d'âges, la vitalité, voire les mentalités de la population.

Evolution de la population

Comme dans tous les pays bordiers de la Méditerranée, le peuplement ancien a été discontinu : discontinu dans l'espace, car il négligeait les plaines insalubres qui constituaient alors de simples parcours hivernaux pour les transhumants; discontinu dans le temps, les crises démographiques ayant été nombreuses et ayant exigé périodiquement un repeuplement par des gens qui ne pouvaient venir que du nord, du Massif Central ou des Alpes.

Ainsi, le XIVe siècle et la première moitié du XVe siècle ont connu un reflux massif, avec recul du terroir cultivé et abandon de nombreux habitats. Suit un bon siècle d'expansion démographique, avec remise en culture des terres abandonnées (par exemple dans la garrigue languedocienne) et recherche de systèmes de cultures plus intensifs (développement des huertas et de la châtaigneraie). Le XVIIe siècle et la première moitié du XVIIIe correspondent à une phase de stagnation, coupée de crises brèves et localisées (exemple : la peste de Marseille de 1720), rapidement suivies d'une reprise démographique.

A partir du milieu du XVIIIe siècle, la population s'accroît lentement ; le Midi connaît alors son meilleur bilan naturel, avec des taux de natalité si élevés qu'ils arrivent à dépasser des taux de mortalité pourtant les plus forts de la France rurale et voisins de 35 ‰. Au XIXe siècle, la croissance globale s'accélère : Provence et Languedoc dénombrent 1 659 000 habitants en 1801, 2 322 000 en 1851. Mais en même temps, on assiste à une rapide détérioration du bilan naturel et à la chute de la fécondité, ainsi qu'à la naissance de fortes divergences régionales : à la croissance par immigration des régions viticoles s'opposent le dépeuplement précoce de la Provence intérieure et la stagnation de la Cévenne et du littoral. Ces oppositions vont s'accentuer à partir du milieu du XIXe siècle : les campagnes non irriguées vont se dépeupler, lentement et tardivement en ce qui concerne les vignobles, rapidement en montagne, en Corse, en Provence intérieure, dans les garrigues languedociennes et les aspres du Roussillon ; au contraire, les huertas et la côte provençale ou niçoise ont vu leur population croître rapidement, de même que les villes. Dans l'ensemble, le Languedoc, viticole et peu touristique, équilibre à peine le recul des campagnes par la croissance des villes, alors que la Provence connaît une expansion rapide. Au total, le Midi méditerranéen (Alpes du Sud exclues) représentait : 6,9 % de la population française en 1851, 7 % en 1891, 8,1 % en 1946, 8,8 % en 1962, 9,5 % en 1968 et 1975. C'est de 1962 à 1968 que la croissance a été la plus forte, le Midi ayant alors gagné plus de 600 000 habitants, ce que n'attendaient guère les statisticiens et les économistes. L'essor est lié :
— au développement touristique à l'est du Rhône, avec l'établissement de nombreux retraités et de semi-oisifs, ce qui explique que la population active s'accroisse moins vite ($+ 10 \%$) que la population totale ($+ 15 \%$) ;
— à un certain glissement de la population française du Nord vers le Sud ;
— à l'établissement d'étrangers et surtout des rapatriés d'Algérie : au moins un tiers des 900 000 rapatriés se sont installés d'emblée dans le Midi Méditerranéen, la moitié d'entre eux à Marseille.

Depuis, bien que la croissance se soit ralentie, la population s'est encore accrue de 450 000 habitants entre 1968 et 1975.

Cette croissance récente n'affecte pas toute la région : la Corse, la Haute-Provence intérieure, les garrigues, la Cévenne ont continué à se dépeupler avec des densités finales souvent inférieures à 10 hab./km² ; les régions viticoles sont stationnaires ou en faible déclin. En face, nous avons des régions en pleine expansion, souvent rurales, mais plus ou moins gagnées par des processus d'urbanisation diffuse : plaine du Roussillon, Languedoc à l'est d'une ligne Nîmes-Lunel, pays du Bas-Rhône, vallée de la Durance, collines varoises, et, bien sûr, le liseré côtier.

Il y a donc une accentuation des contrastes, parfois tempérée par des renversements de tendance (régions exsangues des Alpes-de-Haute-Provence, recolonisées par la résidence touristique). La tendance à l'expansion reste forte et a de bonnes chances de se maintenir, parfois du fait de l'intensivité croissante de l'agriculture (cultures sous serre ou sans sol), plus souvent par extension de l'activité touristique, notamment sur le littoral languedocien, enfin par des amorces d'industrialisation dans les pays du Bas-Rhône et de l'Etang de Berre.

Un mouvement naturel incertain

Depuis au moins le milieu du XIXe siècle, le bilan naissances-décès est globalement déficitaire, entraînant un fort vieillissement de la population et le recours obligatoire à une immigration compensatrice ; mais cet apport migratoire n'a jamais permis le rétablissement de l'équilibre démographique avant 1940, les immigrants adoptant très rapidement les habitudes familiales restrictives de la population autochtone.

La Seconde Guerre mondiale a été suivie comme dans le reste de la France, d'une remontée de la natalité et du passage à une balance légèrement excédentaire ; mais les surplus de naissances sont restés très faibles, sauf passagèrement au moment de l'installation des rapatriés ; en 1975, l'excédent des naissances représente moins de 1 % de l'excédent national. La vitalité reste nettement inférieure à la moyenne nationale.

Les taux de natalité sont en effet faibles ; seul le Vaucluse conserve un taux de natalité un peu supérieur (en 1975 : 14,5 ‰ contre 14,1 pour la France entière) ; ailleurs, les taux sont bas, le plus souvent compris entre 10 et 11 ‰, un peu supérieurs dans les départements très urbanisés (Hérault et Bouches-du-Rhône : 12,5), mais plus bas encore dans les Alpes-Maritimes. En face, les taux de mortalité sont supérieurs à la moyenne sauf dans les Bouches-du-Rhône et le Vaucluse, qui sont de ce fait, avec l'Hérault, les seuls départements à enregistrer un excédent des naissances sur les décès. Cette situation paraît devoir persister, car les taux de nuptialité sont sensiblement inférieurs à la moyenne française et il y a donc moins de jeunes ménages qu'ailleurs.

Si on cherche à expliquer ce nombre peu élevé de naissances, on constate qu'il tient pour une part au vieillissement de la population, mais surtout à des taux de fécondité qui sont les plus bas de France (Paris et Limousin exceptés) ; cependant, l'écart à la moyenne est faible, et le Vaucluse connaît une fécondité nettement plus élevée que celle du reste de la France. L'analyse régionale montre que la fécondité réelle est un peu plus élevée en Languedoc qu'en Provence, et qu'elle est surtout beaucoup plus forte dans les villes que dans les campagnes ; la périphérie de l'Etang de Berre, Toulon, ont des taux de fécondité élevés, et les grandes villes, sauf Nice, des taux très comparables à ceux du reste de la France ; la natalité relativement satisfaisante des grands centres n'est donc pas seulement le reflet de structures d'âges plus favorables, mais d'un comportement familial qui n'est pas très différent de celui des autres grandes villes françaises. Par contre, les taux de fécondité sont très bas dans les villes moyennes, dans celles qui sont touchées par la crise (Alès, Sète, Béziers, villes de l'Aude) et atteignent leur minimum à Cannes, à Nice et surtout dans toutes les petites villes-tombeaux de la Côte d'Azur, dont Menton peut fournir le prototype.

Quant aux campagnes, en dehors de l'Est gardois et du Comtat, elles sont toutes très déficitaires en naissances ; la fécondité y est basse depuis longtemps ; alors que les comportements démographiques des grandes villes sont finalement peu différents de ceux des autres villes françaises, les campagnes sont résolument malthusiennes.

Le Midi, terre d'appel

La croissance de la population n'a pu donc être assurée que par un constant recours à l'immigration ; l'examen des balances migratoires brutes fait ressortir que le Midi Méditerranéen a connu un solde migratoire positif de plus de 500 000 personnes entre 1962 et 1968, de 375 000 entre 1968 et 1975. Ce sont surtout les villes qui ont attiré cette immigration ; l'excédent migratoire a été, respectivement pour les deux périodes 1962-1968 et 1968-1975, de 100 000 et 22 000 pour Marseille, 45 000 et 50 000 pour Nice, 40 000 et 42 000 pour Cannes, avec parfois des pointes massives dans de petites villes : de 1962 à 1968, l'excédent est de 8 000 à Salon, 5 000 à Manosque, etc.

Si de 1962 à 1968, plus de la moitié de l'excédent est imputable à l'installation des rapatriés d'Algérie, depuis, l'immigration a repris un cours plus traditionnel. Dans le passé, le gros des apports était celui des *gavots,* montagnards descendus des Alpes ou du Massif Central, s'installant plutôt en milieu rural en Languedoc ou dans les pays duranciens, dans les villes pour la Provence. Mais la montagne s'est vidée et ne fournit plus aujourd'hui que de très faibles contingents.

Actuellement, le courant le plus étoffé est celui des gens âgés : fonctionnaires en fin de carrière qui prendront ensuite leur retraite sur place, retraités venant d'un peu de toute la France, d'abord dans le Var et sur la Côte d'Azur, maintenant aussi dans les Alpes de Haute-Provence et le Roussillon.

Le Midi Méditerranéen a connu d'autre part de grosses arrivées d'étrangers : en 1901, on en recensait près de 300 000 soit le quart des étrangers installés en France ; en 1936, la proportion est voisine avec environ 600 000 étrangers ; mais en 1954, par le jeu des naturalisations, des départs dus à la guerre, ils n'étaient plus que 220 000. Depuis, la construction des autoroutes, les grands travaux d'irrigation, l'aménagement du littoral, le déferlement de la construction ont requis des bataillons considérables d'étrangers, pour la plupart instables, notamment des ibériques et des nord-africains (plus de 450 000 étrangers en 1975).

Ces invasions pacifiques, auxquelles il faut ajouter les énormes flux temporaires du tourisme, altèrent profondément le visage humain traditionnel, spécialement dans les villes et sur les côtes. Elles accentuent le vieillissement et renforcent encore une gérontocratie déjà largement répandue et peu favorable aux novations.

Des structures peu satisfaisantes

Cette immigration de gens trop souvent âgés, cette faible vitalité de trop de familles sont responsables de structures d'âges peu favorables : moins de jeunes, plus de vieillards que dans le reste de la France. Cela explique pour une part le médiocre taux d'activité (37 % contre un peu plus de 40 % pour la France entière), imputable également à l'insuffisance d'un emploi féminin qui est l'un des plus faibles de France et, de surcroît l'un des plus mal payés.

La part du secteur agricole est tombée, en 1975, à 10 % des actifs, donc voisine de la moyenne nationale ; il n'y a plus guère que 160 000 exploitations agricoles, employant environ 50 000 salariés permanents. D'une façon générale, le pourcentage d'actifs agricoles diminue d'Ouest en Est : maximum dans l'Aude, minimum dans les Alpes-Maritimes. Le secteur secondaire est peu développé ; pour l'ensemble du Midi Méditerranéen, sa part régresse d'ailleurs de 32 à 28 % des actifs entre 1968 et 1975, du fait du fort recul de l'emploi dans le bâtiment. Ces chiffres font d'ailleurs un peu illusion, car il y a en fait très peu d'emploi industriel véritable et le secteur secondaire est surtout représenté par de petits ateliers liés à la civilisation contemporaine (réparation automobile par exemple). Le secteur tertiaire est hypertrophié de façon dangereuse ; il représentait déjà 55 % des actifs en 1968, il est passé à 62 % en 1975 (contre 52 % pour l'ensemble de la France) et les Alpes-Maritimes sont le département comptant proportionnellement le plus de secteur tertiaire (66 % des actifs).

Le marché du travail offre des aspects contradictoires. La semaine de travail est la plus courte de France et le chômage était sévère dès avant la crise de 1974. Et pourtant, malgré une scolarisation secondaire qui est la plus généralisée de France, notamment une forte scolarisation technique, nombre d'emplois offerts, même à salaires élevés, restent non pourvus révélant une inadaptation croissante de l'offre et de la demande.

Peut-on parler cependant d'une crise des revenus ? En 1970, on y enregistrait 15 % de l'épargne française ; et la Provence fournit, par tête d'habitant, les plus fortes rentrées fiscales de la France provinciale. Cependant, cette apparente opulence cache mal d'inquiétantes inégalités ;

ainsi, les petites villes languedociennes sont en France celles qui enregistrent les plus faibles revenus individuels, alors que les revenus ruraux sont toujours supérieurs à la moyenne nationale.

Le Midi Méditerranéen garde dans l'ensemble une société assez traditionaliste, sclérosée, abritant souvent des refus de transformation derrière des attitudes verbales violentes, et souvent figée dans des attitudes surprenantes. Peut-être s'agit-il de réactions de sociétés vieillies, fermées, gérontocratiques, devant l'invasion brutale du tourisme ou en présence d'aménagements concertés qui sont parmi les plus modernes de France.

2 Les déboires de l'économie traditionnelle

1. La disparition de la polyculture traditionnelle

Cette forme d'économie a surtout utilisé les terroirs de pente, alors que les plaines étaient livrées aux transhumants. Céréales, vignes, olivettes ou amandiers, parcours pour le bétail (brebis, chèvres, quelques bêtes de trait, surtout des ânes), c'est le paysage de tous les pays méditerranéens. Toute eau récupérable est utilisée ; le *béal* est connu partout et son fonctionnement était l'une des sources les plus sûres de l'activité des tribunaux ; encore son eau était-elle réservée généralement aux jardins.

Un habitat groupé, souvent à mi-pente, à la limite du saltus et des cultures, aux maisons serrées, d'accès malaisé ; des maisons en hauteur, avec de maigres dépendances, bordant des ruelles étroites. Le tout est à peu près intransformable, bâti d'ailleurs pour résister au temps ; depuis longtemps abandonnées, les maisons conservent encore bien des façades intactes. Souvent, le village a détaché au bas des pentes, vers les chemins, des avant-postes, disparaissant à chaque période de troubles ou de rétraction des activités, resurgissant à chaque phase d'expansion : c'est la « bégude », aujourd'hui souvent seule vivante. Il y a toujours eu des « mas » isolés, parfois héritiers des anciennes villas gallo-romaines, mais bien différents les uns des autres ; certains sont à la tête de grands domaines, d'autres correspondent à des terroirs trop petits pour porter fût-ce un hameau ; on trouve aussi des mas de défrichement, fréquents dans les garrigues ou les Préalpes, et des mas-bergeries de plaine, assez souvent de fondation monastique, liés au jeu de la transhumance. Ces mas sont souvent à la tête d'exploitations d'un seul tenant, plus vastes que la moyenne, aux bâtiments-blocs, parfois disposés autour d'une cour et tournant alors vers l'extérieur des murs aveugles. Plus que les villages, ils étaient possesseurs de troupeaux, dirigeant souvent la transhumance et grossissant alors leur cheptel de celui des villages.

Ce système est moribond. D'abord, l'occupation des plaines a fortement réduit les possibilités de la transhumance, surtout dans le Var ; une transhumance dont la vie s'est bien modifiée, les vieilles drailles étant abandonnées au profit du transport routier. La polyculture de subsistance est en ruines ; l'olivette, que des procédés sauvages de récolte condamnaient à ne produire qu'un an sur deux des fruits de petit calibre, est presque partout délaissée. Les céréales ont reculé, l'élevage est abandonné ; pour un mas bien tenu, combien de terroirs négligés où les fruits des patients travaux de l'homme, terrasses, canaux d'arrosage s'enfouissent sous la montée d'une garrigue terriblement vulnérable au feu. Les pays vivants sont ceux qui ont pu choisir une autre orientation, fruits, légumes ou surtout vigne.

2. La marée viticole peut-elle refluer ?

Statistiquement, le vignoble méditerranéen joue un rôle croissant ; il représentait 41 % des surfaces françaises en vigne en 1954, près de la moitié aujourd'hui. Pourtant, les surfaces ont connu une certaine régression, passant de 660 000 ha en 1954 à environ 575 000 en 1970 ; la production stagne, l'accroissement des rendements ayant compensé le recul des surfaces ; elle représente plus de la moitié de la production française en quantité, mais beaucoup moins en valeur. En effet, la part des vins AOC ou VDQS est relativement faible (25 % environ, mais 15 % seulement dans l'Aude, moins encore dans l'Hérault et le Gard), les vins de consommation courante dominent, et la part du vignoble destiné à la production de raisins de table est faible, bien qu'assurant les 4/5 de la production nationale.

La constitution du vignoble

Il y a une opposition nette entre le vignoble languedocien, de constitution précoce, et les vignobles provençaux ou corses d'expansion souvent très récente et d'orientation parfois différente.

En Languedoc, la vigne fut longtemps l'un des éléments d'une polyculture à base céréalière, avec tout au plus quelques ventes dans le Massif Central, plus ou moins liées à la transhumance. L'ouverture du port de Sète et du canal du Midi vont modifier les conditions d'écoulement des vins, encore que la jonction avec le Rhône ne soit pas encore réalisée à la fin du XVIIIe siècle, le canal des étangs restant longtemps inachevé. Mais Sète, et subsidiairement Lunel, qu'un canal a relié un temps à la mer, exportent des vins et surtout des eaux-de-vie, les fameux « trois-six » languedociens. Au XVIIIe siècle, la mise en place d'un bon réseau routier permet d'accéder au Rhône, donc à Paris, et, plus largement encore, au Massif Central ; dès la première moitié du XVIIIe siècle, les vignerons ne suffisent plus à la demande et les prix du vin montent.

Pourtant, le paysan, dans son système blé-jachère, n'a guère de place pour la vigne ; et l'administration royale, de peur d'une disette de céréales, freine la plantation ; ceci explique que les nouvelles vignes soient d'abord le fait de propriétaires citadins, puis de micro-exploitants, alors que la moyenne exploitation reste plus réticente ; ainsi, Aspères, proche de Sommières, où la propriété bourgeoise domine, a déjà 50 % de son terroir en vignes en 1791, alors que les villages plus éloignés de la ville sont restés céréaliers. Le mouvement de plantation est cependant suffisamment rapide pour qu'une première crise de surproduction, avec chute des cours, apparaisse en 1775-78 et se renouvelle avec la trop belle récolte de 1785.

En cette fin de XVIIIe siècle, l'arrivée plus facile des blés étrangers écarte les risques de famine et la vigne progresse, souvent par conquête de terres nouvelles dans les garrigues ou les costières. Dans la première moitié du XIXe siècle se fixent les cépages-maîtres, aramon en plaine, carignan sur les coteaux ; on connaît mal l'organisation des premiers marchés, où l'incidence des forts achats de trois-six pour les armées napoléoniennes sur une ville d'eaux-de-vie comme Pézenas. On ne peut toutefois, jusqu'à la mise en place du réseau ferroviaire, aller jusqu'à la monoculture, car il faut nourrir l'indispensable cavalerie, conserver des fourrages artificiels, donc des assolements céréaliers. De plus, cette fièvre viticole n'a pas gagné le Roussillon, ni intéressé les paysans de la vallée du Rhône ou ceux de Provence.

C'est au milieu du XIXe siècle qu'apparaissent les maladies cryptogamiques, assez aisément surmontées ; mais, en 1863, le phylloxéra s'installe, et vingt ans plus tard va ravager tout le vignoble. On plante alors hâtivement les plaines inondables où la mise en eau permet d'éliminer le parasite : Vistrenque, Camargue ; ce sont là pays de grande propriété et la mise en vigne de la « salanque » ou du « lido » vont accentuer l'emprise urbaine sur le marché du vin et amener la quasi-disparition de la transhumance.

La reconstitution du vignoble sur plants américains ne se fera pas partout ; le vignoble des garrigues, aux rendements trop faibles, ne sera pas replanté. Ailleurs, l'encépagement reconstitué devient très monotone : aramon et carignan finissent d'éliminer les cépages traditionnels. La reconstitution, à une époque où c'est le tour des autres vignobles français d'être ravagés, est accompagnée d'une période de prospérité qui incite à la monoculture et débouche sur la première grande crise de surproduction (1906-1907) d'ailleurs assez vite surmontée. Après un quart de siècle de bonnes affaires, c'est à nouveau la mévente, la concurrence du vignoble algérien, que la viticulture languedocienne supporte mal : les prix-hecto tombent de 200 à 20 F.

Les difficultés présentes du vignoble

Les structures

L'ensemble est assez monotone, avec sa tendance marquée à la monoculture, ses gros villages accompagnés de leur cave coopérative. N'échappent vraiment à cette civilisation que la Camargue, la plaine orientale de la Corse, à dominante d'habitat dispersé, et les Costières du Gard ou la Vistrenque où la vigne a perdu la première place. Ailleurs, l'hégémonie est si parfaite qu'elle justifie un quotidien exclusivement consacré au vin : *La Journée viticole*. Cependant, de sensibles différences se manifestent entre les vieux vignobles languedociens et les plantations récentes de la vallée du Rhône, de la Provence ou de la Corse orientale. Les oppositions les plus fortes concernent les types de production.

● *Les vignobles de plaine maritime,* de la Camargue à la Salanque roussillonnaise sont souvent en grande exploitation d'un seul tenant, fortement mécanisée, assurant elle-même sa vinification, obtenant des rendements élevés (toujours plus de 70 hl/ha, souvent plus de 100), mais en vins de qualité courante. Seul le lido, notamment à l'instigation du principal propriétaire, la Compagnie des Salins du Midi, essaie une production de qualité (vins de sable — ou « listel » —). Ces vignobles ont des problèmes spécifiques : traitements plus coûteux du fait de l'humidité, affaiblissement des nappes phréatiques et remontées consécutives d'eaux saumâtres, tensions sociales vigoureuses du fait d'une main-d'œuvre exclusivement salariée.

● L'essentiel du vignoble, ce sont les *plaines intérieures, soubergues et bassins des garrigues,* de Lunel au Narbonnais ; domaine traditionnel, assez varié, aux rendements moins élevés, avec ses gros villages et ses caves coopératives ; très typique est par exemple la Vaunage, au nord de Lunel, où les rendements sont de l'ordre de 80 hl/ha.

● Les *costières et les coteaux* (Corbières, Minervois, Lodévois, « Côtes-du-Rhône », dépression périphérique des Maures et bassins provençaux, vignobles corses traditionnels) produisent surtout des vins d'AOC ou des VDQS. Les rendements y sont souvent faibles, de sorte que seule une production de qualité peut compenser des prix de production élevés. Aussi les cépages nobles dominent-ils nettement ; et cependant les grands crus sont rares (Châteauneuf-du-Pape, Tavel, etc.), avec parfois quelques spécialités (le muscat des coteaux de la Gardiole donne le « Frontignan ») et une petite orientation vers le raisin de table.

La possession de la terre est conditionnée par son prix depuis longtemps très élevé. C'est que la vigne a été pour la bourgeoisie urbaine, un placement intéressant (avec un revenu foncier de 7 à 8 %), en faveur duquel on l'a vu renoncer à ses intérêts industriels anciens. La grande propriété échappe progressivement à l'emprise urbaine traditionnelle, devenant un placement de professions libérales aux revenus élevés (médecins montpelliérains par exemple) ou, surtout, passant à des capitaux extérieurs à la région : industriels du vin comme Cinzano, négociants grossistes comme Schenk ; pour des raisons fiscales et pour échapper aux droits de succession, elle a de plus en plus tendance à se transformer, juridiquement, en sociétés civiles. En dehors de la plaine maritime, elle ne domine cependant que par place (Biterrois, Narbonnais, région de Lézignan), alors que partout ailleurs, c'est la petite, parfois la très petite exploitation qui l'emporte.

Bien que 25 à 40 % des exploitations viticoles aient disparu entre 1955 et 1970, on est frappé par le maintien de beaucoup de micro-exploitants : de 50 à 70 % des vignerons tiennent encore moins de 5 ha de vigne, mais beaucoup sont des gens âgés et leur disparition est très rapide ; les autres sont souvent des viticulteurs à temps partiel, dont la résidence et la profession principale sont souvent urbaines, ou qui sont des ouvriers agricoles. Il y a de 30 à 45 % d'exploitants à temps partiel en Languedoc, pour la plupart employés, fonctionnaires, commerçants. Cette catégorie est au contraire peu représentée dans les vignobles récents.

Il ne faut pas exagérer l'importance de cette micro-exploitation, car elle ne détient, sauf dans l'Aude, qu'une faible partie des vignes (15 % dans le Gard et l'Hérault). L'essentiel de la production est entre les mains de moyens et de gros exploitants, une quinzaine d'hectares pour la production de vin de consommation courante étant souvent considérés comme le seuil minimum de rentabilité. Le faire-valoir direct domine nettement : 90 % des exploitations pour les 4/5 de la surface cultivée. En dehors des grands domaines, le morcellement parcellaire reste très grand.

Un autre problème est celui de la main-d'œuvre ; si l'exploitation moyenne se contente le plus souvent des disponibilités familiales, les grandes exploitations utilisent les services de plus de 20 000 ouvriers agricoles ou demi-cadres comme les « bayles » ou les « ramonets ». D'autre part, au moment de la vendange, et en attendant le développement de la machine à vendanger, une main-d'œuvre complémentaire est indispensable sur les deux tiers au moins des exploitations. L'organisation traditionnelle était celle d'équipes, les « colles », venues surtout du Massif Central, des Alpes ou des Pyrénées. En 1946 on recensait en Languedoc 62 000 vendangeurs venus du Massif Central, souvent de très loin (6 000 de la Haute-Vienne) ; en 1966, les espagnols forment le gros des effectifs, avec plus de 55 000 migrants venant de la façade méditerranéenne de l'Espagne (Catalogne exclue) ; mais les espagnols se font plus difficiles, plus rares et l'avenir est peut-être à la machine à vendanger, actuellement employée sur quelques grosses exploitations.

La mévente et la crise des revenus

Techniquement, la fabrication et la conservation du vin sont des activités bien maîtrisées, aussi bien dans les chais des gros exploitants que dans les caves coopératives ; le stockage, jadis assuré en cuves sous hangar, l'est de plus en plus en silos métalliques ou bétonnés de plein air.

Les circuits du vin sont devenus très simples. Traditionnellement, le viticulteur vendait par l'intermédiaire de courtiers, simples agents commissionnés des négociants, chargés de contrôler la qualité des vins et de préparer les marchés ; quelques ventes se faisaient sur marché spécialisé, comme celui du vendredi à Béziers ou celui du samedi à Nîmes, mais la plupart se concluaient dans les villages. Aussi chaque village du vignoble avait-il un ou plusieurs courtiers, souvent eux-mêmes viticulteurs, servant d'intermédiaires aux négociants qui enlevaient le vin, opéraient les coupages et se chargeaient de la vente sur les marchés de consommation. Actuellement les viticulteurs tendent à abandonner cette prérogative essentielle, cet espèce de jeu passionnant qui était de vendre son vin après d'interminables palabres et à laisser la cave coopérative se charger de la vente. D'autre part, les grosses sociétés distributrices de vins (Nicolas, Kiravi, etc.) ou les grandes chaînes alimentaires préfèrent avoir leurs propres courtiers, en fait des acheteurs salariés. Le courtage est voué à la disparition.

La mévente des vins courants est un peu à l'origine de cette simplification des circuits ; c'est moins un fait de surproduction que de non-concordance entre l'offre et une demande qui se porte sur des vins plus alcoolisés que ceux du Midi. Or pour un vigneron qui n'a parfois, à côté de ses vignes, pas même un jardin, la mévente équivaut au chômage du salarié. Le vigneron a cependant un recours, qui est d'obtenir des avances sur la vente ultérieure de son vin : c'est le *warrantage* de la récolte. Dans le système actuel, la coopérative remet à ses adhérents des récépissés de stocks qui constituent les warrants, papiers négociables, transmissibles, endossables par les courtiers, les négociants, les banques surtout. C'est un système complexe, qui interfère et avec les privilèges du fisc, obligé de suivre les endos successifs, et avec les impératifs de stockage créés par le législateur. Aussi les coopératives qui le peuvent préfèrent-elles aujourd'hui consentir des avances directes à leurs membres, avec le concours du Crédit Agricole, privant ainsi de leur commission les endosseurs successifs. De la sorte, par le warrant ou par l'avance directe, le paysan peut obtenir de substantielles avances sur le prix de son vin et son revenu prend peu à peu la fixité d'un salaire.

D'autre part, pour éviter l'encombrement du marché, il est arrivé à l'Etat, à partir de 1934, de fixer des tranches de récolte débloquées par échelonnement, en garantissant en contre-partie les investissements des caves coopératives pour construire de nouveaux foudres et en versant des subventions et des primes de stockage. L'Etat peut également favoriser, parfois imposer la distillation d'une partie de la récolte (vins de conservation difficile ou de degré d'alcool insuffisant) ; ces « prestations viniques » ne peuvent être qu'un palliatif. Pourtant, en 1971-72, distillation et primes ont représenté 22 % des recettes encaissées par les vignerons languedociens, la distillation ayant porté sur plus de 3 millions d'hl. Enfin, l'Etat fixe des prix d'orientation, plus ou moins considérés comme un minimum, et qui sont établis non en fonction de la qualité des vins, mais de leur teneur en alcool, la taxation se faisant sur la base du degré-hecto.

Cet encadrement, évidemment apprécié et salutaire en période de crise, suppose un appareil fiscal et administratif assez lourd ; il limite considérablement la liberté des viticulteurs et fait que les prix du vin, jadis négociés dans les grandes bourses au vin comme celle de Béziers, sont aujourd'hui discutés entre les Caves et les gros acheteurs, souvent par contrat de récolte ; ce sont ces accords, qui intéressent près des deux-tiers de la production, qui tendent de plus en plus à régir le marché.

La crise est cependant quasi-permanente ; les revenus d'un viticulteur dont la production reste stationnaire, ont assez fortement diminué, malgré les artifices employés ; et il n'est pas rare de trouver un tiers ou plus de la précédente récolte invendue au moment des vendanges suivantes.

Au contraire, les vignobles d'AOC et de VDQS sont en assez bonne santé. La hausse vertigineuse des prix des grands crus leur a ouvert un créneau de vente intéressant ; vins du Minervois, des Corbières, des Costières, des Côtes-de-Provence, vins corses trouvent sans peine des preneurs, notamment dans les grosses maisons de commerce. Malgré les faibles rendements, la situation des vignerons est satisfaisante, voire bonne ou très bonne dans les vignobles d'AOC (Tavel, Châteauneuf-du-Pape, Gigondas, etc.).

C'est donc le seul vignoble de masse languedocien qui fait actuellement problème. On a souvent songé à limiter la production pour assainir le marché, mais par quoi remplacer la vigne ? On a beaucoup misé sur une qualité meilleure : les Caves ont exigé de leurs adhérents une qualité de récolte plus suivie, ont imposé la disparition des hybrides et la reconversion vers des cépages de qualité, quitte à aider les vignerons pendant la longue transition arrachage/reconstitution. Mais les tentatives se heurtent à de fortes difficultés : saturation du marché du raisin de table, orientation automatique des consommateurs vers des vins à fort degré d'alcool, persuadés que qualité et degré alcoolique croissent parallèlement. Pour lutter contre cette tendance, les Caves, les gros exploitants et le négoce ont essayé de populariser des « vins de pays », sur la base de critères de production plus stricts ; on a pu ainsi obtenir certaines promotions. Mais les succès restent limités, malgré le récent engouement pour les produits dits « naturels ». Surtout, les vignerons ne tiennent guère au changement qui s'opère par dessus eux ; ils disposent d'un genre de vie qui a ses servitudes, mais aussi bien des avantages.

Le milieu vigneron

La vie du viticulteur connaît en effet de lourdes pointes de travail, notamment au moment des traitements anticryptogamiques, largement facilités par la mécanisation, et de la vendange, jadis pour le travail du vin. La taille, toujours basse, mais avec un recours plus fréquent au palissage afin de faciliter les travaux, peut au contraire s'échelonner sur une longue période. On ne ramasse plus guère les sarments, détruits ou enfouis sur place. L'épamprage, facilité par le palissage, peut se faire à loisir, et on délaisse quelque peu les travaux du sol et le désherbage.

On va ainsi vers une simplification de la besogne et une mécanisation croissante. La vinification, qui exigeait des celliers et force vaisselle vinaire, avec tous les risques d'avarie, est assurée par les Caves coopératives ; chais et cuvages ont donc disparu, de même que tous les anciens métiers de la tonnellerie. Seuls quelques moyens exploitants et les domaines continuent, au moins en partie, à vinifier.

De la sorte la vie du vigneron est relativement peu contraignante. Il y a de dures journées de labeur ; en été, la chaleur pousse à travailler de très bon matin, mais à midi, la journée est presque terminée, et, après la sieste de rigueur, on a tout le loisir de vaquer à d'autres besognes ; c'est alors que l'ouvrier agricole peut travailler ses propres lopins. Mais l'année connaît de belles périodes creuses : creux de l'été avant la vendange, creux de l'automne depuis qu'on ne fait plus le vin, rythme lent du travail hivernal. La mécanisation permet à l'homme de faire l'essentiel et la femme ne participe plus guère au travail de la vigne. Ainsi, dans l'Hérault, sur un peu moins de 20 000 exploitations viticoles de plaine, 7 600 seulement requièrent du chef d'exploitation qu'il y travaille toute l'année et près de 25 000 des personnes qui y travaillent le font moins de 70 jours par an. Aussi, malgré le caractère aléatoire des revenus du vin, le vigneron du Midi n'est guère enclin à se reconvertir, et sa femme moins encore; les revenus sont modestes, mais le travail est discontinu avec de longues périodes calmes; pour la femme, généralement peu chargée d'enfants, c'est une condition ménagère de type urbain qui lui laisse beaucoup de temps pour son intérieur.

Le gros village qui sert de cadre de vie à la grande majorité des vignerons n'est pas tout à fait un village comme les autres. Dans un pays de monoculture, l'autoconsommation est inexistante et le paysan doit acheter toute sa nourriture, à l'instar d'un citadin. Le village n'est donc pas seulement un lieu d'habitat et de travail ; il est en même temps un centre commercial, avec ses étals au moins alimentaires, ses services, ses courtiers en vins, etc. Mais il est souvent beaucoup plus — ou du moins l'a été —, une sorte de centre de vie collective animée, favorisée par un climat qui ne confine par les gens chez eux, les pousse au contraire dans la rue, sous les platanes des places, à la pétanque, et parfois, surtout autrefois, à des activités plus sérieuses : clubs, « chambrées », loges maçonniques, aujourd'hui vers les clubs sportifs, etc. En Languedoc et jusqu'en Lauragais, la sonorisation radio est fréquente, qui fait de la mairie l'un des points de départ de cette vie collective où, à heures fixes, le « muezzin » municipal égrène ses nouvelles, ses consignes, entre deux airs de musique, afin que nul n'en ignore. Cette manière d'inclure chacun dans la collectivité donne au village une solidarité inconnue ailleurs, explique la rapidité des réactions collectives. Mais elle en fait — et le travail du vigneron moderne y aide — une société plus urbaine que rurale, même si les villages sont médiocrement urbanisés; l'abondance du secteur tertiaire, souvent dominant, la forte scolarisation conduisent plutôt à la notion de bourg qu'à celle de village, un village tour à tour animé et tranquille, et couché souvent de bonne heure, car le travail, au moins l'été, commence à l'aube.

Ce sens du collectif se retrouve dans certains aspects de la vie sociale, par exemple dans la fréquence des clubs sportifs, des équipes de rugby solidement chaperonnées par la totalité du village, accédant parfois dans de petites villes comme Lézignan, aux équipes de championnat, avec toutes les charges qui en résultent, apparemment bien supportées, alors que tant de grandes villes hésitent à y faire face.

Comme le village est antérieur à la grande expansion de la vigne, son vieux centre était adapté à la polyculture ancienne ; tassé, au plan souvent radioconcentrique, il est à peu près déserté par les propriétaires, pour devenir la résidence des ouvriers agricoles ou des étrangers. A la périphérie de ce noyau apparaît une couronne de celliers, de granges, d'écuries, avec quelques maisons d'habitation, qui correspond, techniquement et socialement, à la phase de passage à la monoculture viticole ; c'était le quartier professionnel du vin, aujourd'hui largement délaissé, transformé en garages, en entrepôts. A l'extérieur encore, les belles maisons datant de la prospérité du vignoble (fin du XIXe siècle), habitations des bons exploitants agricoles ; solides, elles ont un aspect souvent un peu sévère et sont peu faciles à adapter aux nouvelles normes du confort.

D'où, plus à l'écart encore, des maisons neuves, souvent celles d'employés, de migrants quotidiens, de retraités, et surtout, généralement près de la gare s'il s'en trouve une, s'imposant par ses dimensions, l'immeuble qui est devenu le centre de la vie collective : la *Cave Coopérative*.

Les premières coopératives furent provençales et oléicoles ; les Caves Coopératives les plus anciennes furent fondées à Maraussan, près de Béziers, en 1901, et à Saint-Tropez en 1903. Il fallut cependant attendre une législation plus favorable, issue de la crise de 1906-1907, pour les voir se multiplier ; avant la guerre de 1914, on en compte déjà 65, dont 36 dans le Var et une vingtaine seulement dans le Languedoc viticole. L'essentiel du réseau se crée entre 1920 et 1930 : quelque 330 caves remontent à cette période et, à la crise de 1930, on peut dire que la Provence et, à un moindre degré le Gard, possèdent déjà la plupart des caves actuellement en fonctionnement; étrangement, le démarrage est plus lent dans les régions les plus touchées par la crise : le gros des caves de l'Aude et de l'Hérault se crée entre 1930 et 1940, et, dans l'Hérault, plus de 50 caves sont de création postérieure à 1940. En 1968, on arrivait à un total de 800 caves coopératives, regroupant environ 213 000 adhérents et ayant une capacité de stockage de l'ordre de 35 millions d'hectolitres. Depuis, le nombre de caves a diminué, par suite de fusions, mais la capacité totale de traitement et de stockage s'est considérablement accrue, un pourcentage de plus en plus grand de la récolte passant par les caves.

Les caractéristiques du réseau de Caves Coopératives, regroupées en puissantes fédérations départementales, varient d'une région à une autre. Leur lancement fut souvent difficile, le Crédit Agricole n'étant pas encore là pour financer les lourds équipements initiaux ; il y a eu aussi des désunions, des oppositions (blancs contre rouges, « petits » contre « gros », catholiques contre protestants comme en Vaunage) aboutissant à la création de plusieurs caves par commune, parfois la même année comme à Coursan (Aude) ; il y en eut rarement plus de deux par commune ; mais la dualité est fréquente dans le Var, constituant un bon indicateur des tensions politiques et sociales locales ; et Aigues-Mortes en compta quatre... Au départ, les caves ont été peu soutenues par l'Etat, méfiant devant les sentiments présumés collectivistes des vignerons.

Aujourd'hui au contraire, l'appui de l'Etat et du Crédit Agricole est constant ; les querelles se sont souvent apaisées et les Fédérations poussent à la fusion, soit des caves concurrentes dans une même commune, soit des caves trop petites ou mal outillées. De plus, des regroupements existent entre caves coopératives pour faciliter une politique de vente homogène. Cependant, les disparités restent considérables.

D'abord, la puissance des caves varie fortement d'un département à un autre ; en 1968, les caves assuraient 79 % de la vinification dans le Vaucluse, plus de 75 % dans l'Ardèche et le Var, 68 % dans le Gard, 54 à 55 % dans l'Aude, l'Hérault, avec de fortes variations locales (87 % en Vaunage, par exemple). Depuis, au moins en Languedoc, les pourcentages ont dû fortement augmenter. Il y a d'autre part deux fois plus de coopérateurs qu'il n'y a de véritables viticulteurs ; retraités, immigrés citadins, viticulteurs marginaux gonflent des effectifs qui vont cependant en diminuant. En fait, la moyenne des adhérents par cave (241 dans l'Aude, 343 dans l'Hérault, 356 dans le Vaucluse, etc.) est trop élevée pour permettre une véritable gestion coopérative ; les caves regroupant plus de 500 adhérents sont nombreuses et on peut dépasser 1 000 (plus de 1 300 à Montagnac). En regard, la capacité de production et de stockage de chaque cave est en moyenne faible. Or, la capacité de stockage, significative de lourds investissements, est sans doute le meilleur signe de la puissance commerciale de la cave. En 1968, 56 caves seulement avaient une capacité de stockage supérieure à 100 000 hl, et trois seulement dépassaient les 200 000. Parmi les grosses caves, une trentaine se trouvent dans l'Hérault (Montagnac, Marsillargues, etc.), une dizaine dans l'Aude. Dans les vignobles d'AOC où il y a très peu de stockage lié à la mévente, les grosses caves sont très rares (Valréas). Mais il y a trop de petites caves : en 1968, sur 809 caves, 566 avaient une capacité de stockage inférieure à 50 000 hl.

Des disparités existent également dans les structures d'accompagnement ; le traitement des marcs, la distillation des vins se font souvent dans des distilleries coopératives, dont beaucoup fonctionnent comme des annexes des caves. Dans l'Aude et l'Hérault, ces distilleries sont nombreuses. Dans la plupart des autres départements, les caves sont rattachées à un petit nombre de distilleries coopératives spécialisées ; ainsi, dans l'Ardèche, la seule distillerie de Vallon traite plus de 20 000 t de marcs provenant de toutes les caves ardéchoises et de quelques caves du Nord gardois. Toutefois, le Gard ne possède que quelques distilleries coopératives et les distilleries privées, comme celle de Saint-Gilles, restent puissantes.

Le rôle des caves s'est accru peu à peu ; de simples centres de vinification et de stockage, elles sont devenues des organismes commerciaux, grâce notamment aux structures du crédit. Cette évolution ne s'est pas faite sans résistances, mais aujourd'hui, même de gros viiculteurs adhèrent et passent par les services des caves. Car la Cave Coopérative a offert aux viticulteurs petits et moyens ce qui était jusque là l'apanage des gros exploitants ; ces derniers avaient toujours été les novateurs, les pionniers de la replantation après le phylloxéra, les propagateurs des nouveaux cépages, des nouvelles méthodes de vinification, toutes choses qui réclamaient de l'argent, ce qui manquait aux petits. Or la Cave surclasse maintenant les grands propriétaires par ses possibilités ; elle peut se payer des techniciens du vin ou du commerce, des laboratoires, des services annexes. Encore faut-il qu'elle soit bien gérée ; or, Président et Directeur sont soumis aux pressions des adhérents, et ont souvent de la peine à imposer une stricte discipline; et puis la Cave a condamné l'artisanat, le courtage, et ce dernier était très puissant. Cependant, la Cave devient bien, peu à peu, ce que les gens de Néoules, dans le Var, l'avaient à sa création un peu prématurément baptisée : l'« Indispensable ».

Les Caves Coopératives ont cependant des marges de manœuvre beaucoup plus étroites qu'une coopérative céréalière, et manquent des possibilités financières des coopératives laitières. La Cave est par suite fortement contrainte par les investissements réalisés et risque de ce fait d'être un instrument de blocage ; d'une part elle permet la pérennisation d'exploitations à la limite de la viabilité (et depuis 1967, le rythme de la concentration des exploitations s'est bien ralenti) ; d'autre part, elle garantit, par sa politique de vente, le maintien du vignoble méditerranéen et contribue à assurer l'échec de toute tentative de reconversion ; le réseau des caves n'a de fin que viticole, pousse à une amélioration de la qualité, à une diversification des types de vignobles, mais bloque par son succès même et sa perfection technique, les velléités de sortir de la monoculture. Reste à savoir si de telles tentatives sont susceptibles de succès...

L'emprise du vin, dans le Midi Méditerranéen, reste fondamentale; du vin, la paysannerie du Midi tire une bonne part de ses revenus ; plus des deux tiers en Languedoc, 70 % en Corse, plus de 20 % en Provence. Par le biais de la rente foncière, elle contribue à la prospérité des villes ; si l'ancien et pittoresque artisanat de la vaisselle vinaire a disparu, la vigne fait vivre de nombreux techniciens, des structures de négoce, et une foule de transporteurs spécialisés qui se sont substitués largement au rail pour le transport du vin ; il est rare qu'un gros village n'ait pas son artisan ou son entrepreneur de transports, à la tête d'une flotte plus ou moins importante de camions-foudres.

3. Les ambiguïtés de la vie urbaine

La ville (définition INSEE) abrite, en 1975, 71 % de la population en Languedoc-Roussillon, 90 % en Provence ; et les ruraux des villages sont souvent des demi-citadins, au point que les genres de vie urbains sont omniprésents.

Des villes de l'intérieur

Sauf Marseille et Nice, la plupart des grandes villes traditionnelles du Midi sont des villes de l'intérieur. Les créations portuaires ont souvent des origines extérieures à la région (Aigues-Mortes, Toulon) ou récentes (Sète). Même la Corse insulaire a souvent replié sa vie urbaine sur l'intérieur : Corte est la capitale de Paoli, non Ajaccio, ni Bastia. La « marine » est cependant fréquente, mais bien souvent d'origine étrangère (villes phéniciennes, grecques, génoises) ; civilisation et société y sont bien différentes de celles de l'intérieur, faisant apparaître une sorte d'antagonisme qui a dû atteindre son maximum en Corse, avec la cité-forte génoise en face des villes-fortes de l'intérieur.

Il n'est pourtant pas niable que le Midi ait parfois vécu de la mer. Mais même une ville comme Arles, principal port gallo-romain, doit beaucoup plus à son rôle intérieur qu'à son port ; une foire comme celle de Beaucaire est avant tout continentale et si les marchands levantins y affluent, ceux qui y viennent par voie de terre sont bien plus nombreux. Au départ, Sète est issue du commerce des vins languedociens et aucune tradition maritime n'y est attachée. Seule

Marseille fait vraiment exception ; encore au XVIIe et au XVIIIe siècles, le négoce n'y a-t-il pas atteint les fastes de Bordeaux ou de Nantes et le grand essor du XIXe siècle n'a pu arracher à Aix la totalité des prérogatives de capitale de la Provence.

Ainsi, depuis les grandes créations gallo-romaines, comme celles qui jalonnaient la Via Domitia, les sites intérieurs ont toujours été préférés aux sites maritimes. L'évolution de ces villes a été singulièrement disparate : combien d'évêchés provençaux sont-ils réduits aujourd'hui à d'insignifiantes bourgades ? Combien d'autres villes ont-elles eu une prospérité éphémère ? Ainsi, Saint-Gilles, prospère aux XIe et XIIe siècles autour de son monastère, Lunel, un instant réveillée par une remuante colonie juive, Beaucaire qui n'a pas su prolonger les succès de ses foires par un essor urbain important.

Ces villes, toutes de commerce, ne progressent que dans la paix ; certaines sont liées à des carrefours de route, comme Orange ; d'autres doivent leur site à une source, comme l'antique Glanum, Aix ou Nîmes, parfois à un accident de relief, telle la butte d'Arles au milieu d'une plaine marécageuse. Les vrais sites défensifs, comme celui de Carcassonne, sont rares. Contraintes à se replier, à se fortifier pendant les périodes troubles, elles deviennent alors minuscules, telle Arles réfugiée au cœur de ses arènes ; mais elles éclatent à nouveau, la paix retrouvée, affirmant ainsi la permanence des sites urbains fondamentaux.

Des villes restées terriennes

L'emprise foncière de la ville méditerranéenne est classique : biens ruraux importants appartenant à des bourgeois et traduisant l'investissement urbain, microfonds restés entre les mains de paysans glissés vers le travail urbain. R. Dugrand en a donné des cartes suggestives pour le Bas-Languedoc en 1820 et 1956. Mais le rôle rural de la ville éclate aussi dans de multiples fonctions liées à l'agriculture (foires et marchés, bourses spécialisées, fourniture et entretien du matériel, etc.).

Dans le passé, cette constante communion des citadins avec la terre s'est traduite par le développement de banlieues dominicales de récréation où les citadins aisés retrouvaient un coin de campagne ; ainsi les nîmois colonisant la garrigue de leurs « mazets », promis aujourd'hui à une rapide urbanisation. Même les villes petites ou moyennes sont ainsi cernées de clos bien murés pour passer le dimanche : baraquettes de la montagne Saint-Clair à Sète, cabanons, bastides et bastidons de la banlieue marseillaise, avec, partout, ces interminables chemins bordés de murs de pierres qui constituent maintenant autant de radiales étroites pour le développement urbain.

Le niveau souvent faible et irrégulier de la rente foncière a tourné les villes vers le négoce, plus rarement vers l'industrie ; la simplification des circuits du vin a porté de rudes coups à l'une des fonctions commerciales par excellence : Narbonne comptait 140 négociants en vins en 1940 ; en 1972 il n'en restait qu'une vingtaine, employant environ 300 personnes. Les petites activités industrielles anciennes ont disparu (industrie de la laine, des soieries, des colorants). La puissance ancienne du négoce et des petits ateliers avait justifié des banques régionales actives, telle Castelnau à Montpellier, victime de la crise des années trente, ou la banque protestante nîmoise tombée dans la dépendance marseillaise ou parisienne (Arnaud-Gaidan).

Dès la seconde moitié du XIXe siècle, la ville méditerranéenne se désindustrialise ; crise classique de l'industrie textile, mais aussi absence d'intérêt pour les industries nouvelles, qui passent sous tutelle marseillaise ou lyonnaise ; également, la politique aberrante de la Chambre de commerce de Marseille qui, pour concurrencer les charbonnages d'Alès à capitaux lyonnais, non seulement refuse d'exporter leur charbon, mais admet sans taxe les houilles anglaises, perpétuant l'hostilité entre les ports et les villes de l'intérieur. Surtout, la crise reflète le désintérêt d'une bourgeoisie urbaine, plus occupée à investir dans la vigne à l'ouest du Rhône, puis dans le tourisme et la bâtisse à l'est du fleuve, et qui préfère caser ses fils dans les grandes administrations que dans l'industrie.

Un urbanisme longtemps attardé

La ville du Midi fut longtemps fortifiée. Son centre est toujours très serré, avec de très hautes maisons, même dans des bourgades comme Sospel ou Corte, ou de petites villes comme Sommières défiant Vidourle du haut de ses maisons-tours. Au-delà, bordé de platanes, le boulevard circulaire a pris la place des remparts, englobant parfois quelques beaux quartiers du XVIIIe siècle, comme à Aix ou Montpellier, plus rarement du XIXe comme à Nîmes. Passés les boulevards, ce sont des quartiers monotones aux rues étroites, aux petites maisons basses, séparant la ville ancienne des lotissements récents.

Le retards de l'urbanisme se manifestent de façon souvent cruelle : insuffisance fréquente, quantitative et qualitative de l'alimentation en eau, absence ou incohérence des réseaux d'égouts, parfois très tardifs, comme à Nîmes. Même Marseille qui, dès la fin du XIXe siècle rejette ses eaux usées sur la côte des calanques, au-delà de la chaîne de Marseilleveyre, n'avait encore, en 1953, qu'un quart de sa surface reliée à un système d'évacuation des eaux usées ; les deux capitales régionales, Marseille et Montpellier, rejetaient leurs eaux usées à proximité de leurs plages sans le moindre système d'épuration...

3 Le Midi Méditerranéen, terre des grands aménagements

Aménagement du Rhône, équipement de la Durance et construction du Canal de Provence, transformation agricole et touristique du Languedoc, développement du complexe énergétique de l'étang de Berre et naissance de Fos, mise en valeur de la Corse : alors que végètent ou meurent en France tant de projets et de rêves d'aménagement, le Midi semble cumuler les investissements et les réussites. Bien sûr, les récriminations sourdent de partout, mais les barrages s'édifient, les autoroutes et les canaux allongent leurs rubans, des usines naissent, des côtes s'éveillent, bon gré mal gré, au tourisme de masse.

Cette mutation ne découle pas d'un état d'esprit favorable ; au mieux, le conservatisme méridional accueille les créations avec scepticisme, partagé entre le désir d'un échec dont il pourrait rire et celui d'une réussite alimentant sa fierté ; au pire, c'est une nouvelle colonisation de l'Occitanie par des « étrangers ». Le plus souvent, c'est l'inertie, encouragée par le manque de moyens financiers. Même les grands aménagements hydrauliques laissent les paysans sceptiques et n'intéressent qu'une minorité de passionnés ; non sans raison, car pour sortir de l'ornière une économie comme celle de la vigne, c'est parfois pour la précipiter dans une autre dont les fonds ont été mal explorés...

L'entraînement vient donc du dehors : c'est l'appel du sud, de son soleil, de ses mythes, créant des besoins en transports, en logements, en eau, en énergie, en espaces touristiques supplémentaires. Parfois, le hasard intervient, comme celui qui a fait de l'étang de Berre l'un des deux grands centres énergétiques modernes de la France. Parfois aussi, une impulsion émerge de l'atonie générale : dans la crise marseillaise, celle du port et celle des industries, le Port Autonome a créé un outil neuf et cherché des solutions de rechange.

Il y a eu aussi l'apport des rapatriés d'Algérie, l'un des moteurs de la spéculation foncière, tant rurale qu'urbaine ; mais, par les facilités de crédit qui leur furent faites, les rapatriés amenèrent de l'argent ; surtout, ils imposèrent des initiatives, dans la vie rurale, la pêche, le commerce urbain.

1. Le temps des grands aménagements hydrauliques

Pendant longtemps, seuls la Crau et le Comtat connurent des aménagements hydrauliques systématiques. Encore le plus ancien des canaux, celui de Carpentras, était-il plus destiné à faire tourner des moulins, agricoles ou industriels, qu'à arroser. La réalisation de canaux fut très lente ; en Comtat, commencés au XVIIIe siècle, ils demanderont plus d'un siècle de travaux. C'est que l'arrosage apporte ses sujétions : aplanissement rigoureux des parcelles, creusement et entretien des filioles, servitudes du « tour » de l'eau, prix des impositions, autant d'obstacles difficiles à lever dans le cadre de la polyculture traditionnelle. Il faudra attendre la culture légumière et fruitière pour que l'arrosage trouve enfin sa justification et devienne rentable.

L'aménagement du Rhône

Les projets n'ont jamais manqué pour assurer la maîtrise du fleuve, tant pour l'irrigation que pour la navigation. Mais à quoi bon se presser de réaliser alors que les premiers canaux creusés ne sont même pas utilisés : au bout d'un siècle et demi, la branche d'Arles du canal de Craponne, n'arrose toujours que moins de 1 000 ha, alors qu'elle était capable d'en irriguer de 8 000 à 10 000. Par suite, on s'est borné longtemps à quelques réalisations locales, à se protéger des crues, à améliorer le chenal de navigation.

Le premier projet rhodanien cohérent a été fondé avant tout sur la production d'électricité ; il est accepté par le parlement en 1921 ; il faudra ensuite douze années de négociations laborieuses pour arriver à la création, en 1933, de la Cie Nationale du Rhône (CNR), première société d'économie mixte créée en France ; la répartition du capital (1/4 à l'Etat, 1/4 aux collectivités rhodaniennes, 1/4 au P.L.M., 1/4 aux industriels — essentiellement « Force et Lumière » et « Energie Electrique du Littoral Méditerranéen » —) ne laisse aucune place à l'agriculture et souligne la forte position du chemin de fer en face d'une éventuelle voie d'eau rénovée. De plus, la CNR ne peut engager aucune réalisation sans que son financement complet ne soit assuré et sans un décret d'autorisation !

Le seul chantier lancé avant 1939 fut celui de Génissiat. La crise alimentaire de la guerre et quelques dures sécheresses estivales redonnèrent à l'irrigation un peu d'actualité. Cependant, la première réalisation de l'après-guerre, Donzère-Mondragon, prototype de tous les aménagements rhodaniens, aboutit à une désorganisation hydraulique complète de la plaine de Pierrelatte, sous l'œil amusé des services du Génie Rural, très hostiles à l'intervention d'une Société dont le contrôle leur échappait. La leçon va toutefois porter, car tous les aménagements ultérieurs vont être repensés dans la triple optique de l'aménagement du fleuve (écluses de 195 m donnant accès aux convois poussés de 3 000 t), de la production d'électricité (capacité globale de production voisine de 13 milliards de kWh) et de l'irrigation (prélèvements prévus de 175 m³/s, dont 75 pour le Languedoc, le reste pour la vallée du Rhône où une centaine de milliers d'ha supplémentaires pourront être arrosés, et où 30 000 ha de terres submersibles seront mises à l'abri des grandes crues).

Le type d'aménagement reste cependant celui de Donzère-Mondragon, très simple : vanne-écluse assurant la dérivation des eaux (il n'y a jamais de véritable barrage), un canal d'amenée construit au-dessus du niveau de la plaine jusqu'à une usine-écluse enterrée, un canal de fuite en tranchée, où les risques de rabattement des nappes phréatiques sont particulièrement importants. La réalisation des programmes a été accélérée par rapport aux prévisions : en 1975, l'aménagement du Bas-Rhône est totalement terminé ; en 1978, l'ensemble du fleuve à l'aval de Lyon sera équipé. Pour le Rhône méditerranéen, ce sont les aménagements de Montélimar, Donzère-Mondragon, Caderousse, le double équipement de Sauveterre-Avignon, celui de Vallabrègues, et l'aménagement hydraulique, un peu différent, du palier d'Arles.

L'arrosage est la vocation de la CNARBRL

Briser la monoculture de la vigne et permettre des cultures d'une aussi bonne rentabilité à l'hectare est la raison d'être de l'irrigation languedocienne et est à l'origine de la « Compagnie Nationale d'Aménagement de la Région du Bas-Rhône et du Languedoc » — CNARBRL —, créée en 1955. Celle-ci va reprendre à son compte, sous la direction de Philippe Lamour, longtemps Président de la « Commission Nationale d'Aménagement du Territoire », les projets d'irrigation dus, au début de ce siècle, à Aristide Dumont, mais en les modernisant. La Compagnie, autre Société d'Economie Mixte, a son capital réparti pour les 2/5 à la Caisse des Dépôts, pour les 2/5 également aux départements du Gard et de l'Hérault, pour 1/5 à des banques ou des collectivités locales, encore que le Crédit Agricole, principal bailleur de fonds, soit à peine intéressé. Son domaine d'action va de la vallée du Rhône à la

1. Aménagements de la CNARBRL

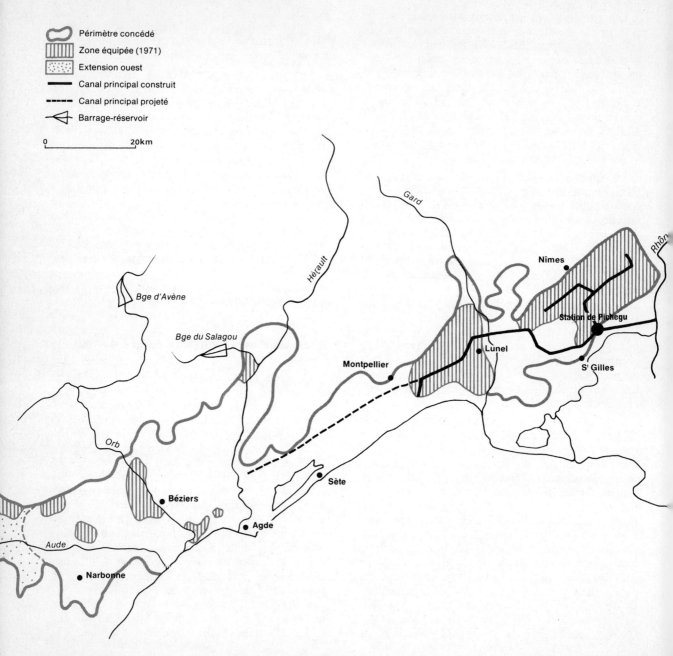

basse vallée de l'Aude, la Compagnie ayant demandé ultérieurement l'extension de sa concession au Minervois et au Carcassès, ainsi qu'à la région allant d'Aramon à Pont-Saint-Esprit. Les travaux actuellement réalisés comportent :

• A l'Est, un prélèvement sur le Rhône, à hauteur de Fourques, de 75 m^3/s, au sortir du canal de fuite de l'aménagement de Vallabrègues, avec amenée des eaux par canal au pied de la Costière du Gard ; une station de pompage (dite de Pichegu ou Aristide Dumont), au nord de Saint-Gilles, refoule le gros du débit à la cote + 20 m, dans un canal qui se dirige ensuite vers le sud-ouest, franchit le Vidourle en siphon et atteint Mauguio ; le reste de l'eau (13 m^3/s) est refoulé à la cote + 68 m pour alimenter le canal des Costières qui va desservir les Costières et la Vistrenque.

• A l'Ouest, des barrages établis sur l'Hérault et l'Orb permettent l'alimentation des stations de pompage de la région de Clermont-l'Hérault et du Biterrois ; d'autres petits aménagements doivent assurer l'irrigation du Minervois.

L'eau est refoulée à partir des canaux sur des réservoirs aériens de mise en charge ; elle est donc uniquement distribuée sous pression pour l'arrosage par aspersion. Ces travaux, très coûteux, ont permis notamment d'irriguer environ 31 000 ha dans les Costières et la Vistrenque (casier 1), plus de 20 000 en Lunellois (casier 3), 12 000 environ dans les vallées de l'Hérault et de l'Orb. En fait, en 1972, les contrats n'avaient été souscrits que pour 25 000 ha, surtout dans le casier 1, avec un peu plus de 11 000 bénéficiaires. Si les périmètres se sont depuis un peu étendus, il reste que la Compagnie ne vend pas assez d'eau pour se permettre de financer la poursuite des travaux ; or il ne s'agit pas seulement d'installer les réseaux d'arrosage, mais encore de restructurer parfois les parcellaires, d'apporter une assistance technique aux nouvelles cultures, de mettre en place les structures commerciales d'accompagnement.

Par suite, la situation financière de la CNAR BRL est délicate ; en 1969, le prix facturé de l'eau ne couvrait pas encore les frais de gestion, alors qu'il aurait fallu rembourser les charges relatives aux emprunts et que les crédits d'investissement accordés par l'Etat ne cessaient de diminuer. Pour survivre, la Compagnie a dû quelque peu modifier ses objectifs ; elle a trouvé un nouveau débouché, à hauts prix, en fournissant de l'eau potable à Montpellier et surtout aux nouvelles ou anciennes stations de la côte languedocienne : dès 1970, cette fourniture représentait près du quart des recettes. D'autre part, elle s'est mise à vendre de l'eau pour arroser la vigne, en contradiction absolue avec sa finalité primitive ; la Compagnie se défend de vouloir accroître encore la production viticole, en déclarant se spécialiser dans l'irrigation des vignobles de qualité en zone sèche (Minervois, coteaux du Gard) ; en fait, les viticulteurs de la plaine commencent à manifester un vif intérêt pour une irrigation qui, bien dirigée, a moins pour effet d'augmenter les récoltes que d'améliorer sensiblement leur qualité.

De plus, la Société ne peut intervenir que dans le seul domaine rural ; elle est exclue des aménagements urbains, des créations industrielles, ou de l'aménagement touristique du littoral (mais l'Etat l'a laissée s'engager dans le Parc des Cévennes). C'est une situation ambiguë, liée sans doute à la crainte de voir la Société, très enracinée dans le milieu régional, prendre trop d'influence vis-à-vis des grands corps de l'Etat. Cela permet difficilement de valoriser les services techniques de la Compagnie (500 personnes à Nîmes et Montpellier), notamment les bureaux d'études, réduits à travailler à façon pour les collectivités locales, l'étranger ou... la Mission d'aménagement du Littoral. La Société reste fragile ; seule à bénéficier de services techniques étoffés, assez judicieusement installés à Nîmes, au cœur de son principal périmètre d'arrosage, elle a suscité le mécontentement des montpelliérains, et surtout la jalousie des services officiels de l'agriculture, qui s'estiment court-circuités.

L'aménagement de la Durance et le canal de Provence

D'emblée ici, il s'agit d'un aménagement à buts plus complexes ; obtenir de l'énergie électrique,

2. Aménagements de la Durance

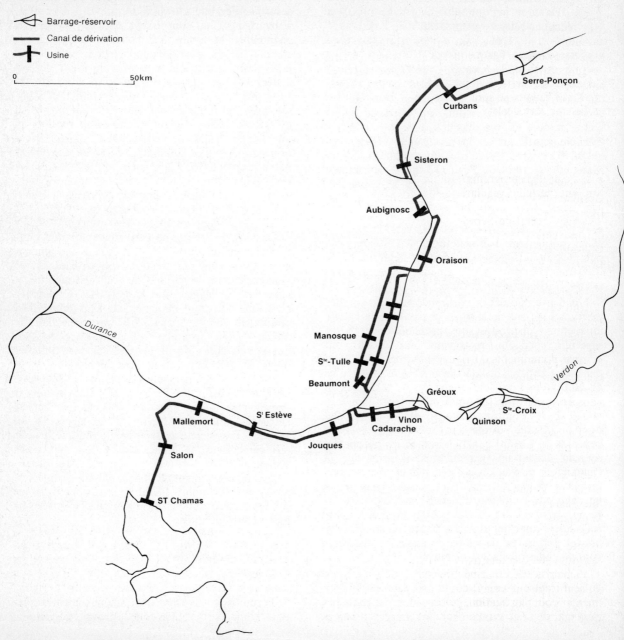

mais aussi de l'eau d'irrigation — et limoneuse —, et surtout la nécessité de fournir à Marseille et Aix, puis au littoral varois, l'eau potable et industrielle. Dans ce but, on réalisa vers le milieu du XIXe siècle une dérivation des eaux de la Durance, au nord-est de Salon ; ce « canal de Marseille » traverse l'Arc à l'acqueduc de Roquefavour. Un second ouvrage, le « canal du Verdon », amène les eaux de cette rivière dans le bassin d'Aix ; mais ces canaux se sont révélés très insuffisants au milieu du XXe siècle.

L'aménagement de la Durance et du Verdon par EDF

Il s'agit d'un programme cohérent, fondé d'abord sur une certaine régularisation des débits de tête des deux rivières par la construction de grands barrages : celui de Serre-Ponçon (1955-1960) sur la moyenne-Durance, celui de Sainte-Croix-du-Verdon, achevé en 1973, aux retenues respectives de 1,2 et 0,8 milliard de m^3.

A l'aval, des chaînes d'usines au fil de l'eau, les unes de type rhodanien, les autres en chapelet sur un canal de dérivation usinier, le principal, sur la basse-Durance, réempruntant le pertuis de Lamanon et ramenant une partie des eaux de la rivière à l'étang de Berre, à travers la Crau; les équilibres biologiques du golfe de Berre se sont d'ailleurs trouvés gravement perturbés par cet apport massif d'eau douce. On a ainsi, depuis Serre-Ponçon, un véritable escalier d'usines : Curbans, canal et chute de Sisteron (avec suppression de l'ancien canal de Ventavon), Aubignosc, Oraison, puis les deux canaux usiniers du secteur de Manosque (l'un ancien — La Brillanne, Sainte-Tulle I —, l'autre moderne — Manosque, Sainte-Tulle II, Beaumont —), enfin le grand canal usinier, en partie alimenté par le Verdon, avec les plus grosses centrales, celles de Jouques, Saint-Estève, Mallemort, Salon et Saint-Chamas. La capacité totale de production, approche, avec le Verdon, les 6 milliards de kWh.

A chacun de ces aménagements, dont EDF est le seul maître-d'œuvre, correspondent des prélèvements pour l'irrigation, avec mise en place de réseaux de distribution cohérents ; ainsi, sur le canal usinier aval, des prélèvements de 100 m^3/s peuvent être opérés, soit plus que le potentiel de la CNARBRL, ce qui, en fin d'aménagement, devrait permettre l'amélioration ou la création de l'arrosage sur environ 135 000 ha, y compris les périmètres du canal de Provence.

Le canal de Provence

A partir de Gréoux, un prélèvement des eaux du Verdon, de l'ordre de 30 à 35 m^3/s, est distribué par les soins de la « Société du Canal de Provence », créée en 1963 sur le modèle de la CNARBRL. Son objectif principal était de renforcer l'alimentation en eau de Marseille et du bassin d'Aix. Les projets primitifs ont dû être remaniés afin d'assurer la desserte du littoral varois, une des branches du canal se dirigeant sur Brignoles, Toulon, puis la vallée du Gapeau. Là encore, fourniture d'eau potable et industrielle et irrigation vont de pair : 60 000 ha pourront être irrigués, et 15 000 le sont déjà dans le bassin d'Aix. La SCP connaît des problèmes voisins de ceux de la Compagnie du Bas-Rhône - Languedoc; ses bureaux d'études n'atteignent leur pleine charge qu'en sous-traitant de nombreuses opérations pour le compte des collectivités locales ou des DDA. Mais la vente majoritaire d'eau de consommation lui garantit des rentrées d'argent beaucoup plus importantes que pour son homologue languedocienne, et mieux en rapport avec les investissements réalisés.

Ainsi le Midi a-t-il bénéficié des plus grands aménagements hydrauliques français. On est cependant surpris de la dispersion des responsabilités, partagée entre trois sociétés d'économie mixte et l'EDF (sans parler de la SOMIVAC corse...) ayant chacune leurs états-majors, leurs bureaux d'études, etc. De plus ces sociétés ont des objectifs limités : la fourniture d'eau ou d'énergie, au mieux, l'aménagement rural. Ainsi, il n'y a pas eu de conception d'ensemble prenant en compte l'ensemble de l'économie. On assiste au contraire à un tronçonnement volontaire et des responsabilités, et des domaines géographiques intéressés. C'est seulement avec l'aménagement durancien qu'on a pris conscience des complémentarités traditionnelles entre plaine et montagne. D'où les incohérences, les imperfections, l'inachevé des réalisations. Par exemple, la CNR est incapable d'assurer le contrôle hydraulique du Bas-Rhône dans la mesure où ne sont pas muselées les terribles crues cévenoles : il a fallu recourir à l'EDF pour équiper le Chassezac, l'affluent ardéchois le plus dangereux, et commencer à équiper la Cèze et les Gardons.

Cette absence d'unité de vue, ce manque d'un maître-d'œuvre unique, nous allons en sentir plus encore les conséquences à travers les autres problèmes d'aménagement.

2. Les grands aménagements touristiques

Ils ne concernent guère la Côte d'Azur, où le tissu touristique est trop ancien pour faire l'objet d'autre chose que des replâtrages, sans d'ailleurs que le prestige de la Côte soit en cause. Les grands investissements neufs vont se faire, soit sous la forme d'actions ponctuelles dans les stations de sports d'hiver, soit dans l'aménagement d'un littoral jusque là désert, du delta du Rhône à la frontière espagnole. C'est ce dernier qui est essentiel.

Avant 1960, il n'existait sur la côte languedocienne que de petites stations représentant l'évasion dominicale des villes de l'intérieur : créations anciennes, souvent antérieures à 1914, au bout d'une antenne ferroviaire ou d'un simple tramway, avec une hôtellerie toujours modeste, plus de bicoques que de résidences secondaires, parfois un petit port de pêche somnolent. C'étaient :

Les Saintes-Maries-de-la-Mer pour Arles, Le Grau-du-Roi pour Nîmes, Palavas pour Montpellier, Valras pour Béziers, Le Canet-Plage pour Perpignan.

Or, vers 1960, la Côte d'Azur a pratiquement fait le plein, et les légions de touristes filant vers l'Espagne longent la côte française sans songer à s'y arrêter.

En 1961-62 apparaissent les premiers plans d'aménagement et en 1963, une Mission Interministérielle est chargée de leur exécution. En fait, les travaux vont être menés dans le cadre de quatre sociétés d'économie mixte, une pour chacun des départements concernés, avec l'espoir qu'il en résulterait une meilleure liaison avec l'économie de l'intérieur ; mais ces sociétés vont rester sans moyens techniques, contraintes le plus souvent de s'en remettre aux services de la CNAR BRL. L'aménagement s'appuie d'abord sur une bonne maîtrise des sols, « gelés » assez tôt pour éviter une spéculation excessive ; en revanche, rien n'a été fait pour briser la spéculation immobilière. Le long de la côte on a voulu s'appuyer sur un certain nombre de points forts, bien équipés, capables d'avoir une vie propre et de susciter des emplois permanents. Certains de ces points sont d'anciennes stations : Le Grau-du-Roi, Palavas, Argelès ; d'autres vont être créés ou fortement développés : Port-Camargue, La Grande-Motte et Carnon entre le Grau et Palavas, Cap d'Agde, Gruissan, Port-Leucate et Port-Barcarès.

Pour conquérir une clientèle au moins moyenne, on a confié la responsabilité architecturale des nouvelles stations à des spécialistes de renom (ainsi, Balladur à la Grande-Motte, Candilis à Leucate-Barcarès) ; des ports de plaisance ont été systématiquement créés et on envisageait un aménagement continu des étangs, à l'abri du cordon littoral, pour la pratique de la voile. Un soin très grand a été apporté aux infrastructures : voies d'accès rapides, travaux de boisement, de démoustication, d'alimentation en eau potable.

Pour ne pas s'en tenir à la seule clientèle aisée, on a cherché à multiplier les campings, sans éviter malheureusement une certaine anarchie, et on a favorisé le développement des villages de vacances (3 500 lits offerts dès 1972), notamment à Port-Barcarès.

Le programme total, sans parler de l'expansion spontanée des anciennes stations, porte sur un total de 260 000 lits ; en 1971, étaient déjà réalisés ou en cours de réalisation, 85 000 lits de résidence individuelle, 17 000 lits en villages de vacances, maisons familiales, etc., 18 000 places de caravaning, mais seulement 7 000 lits d'hôtel. En 1977, le programme est plus qu'à moitié réalisé, malgré le ralentissement des affaires. Le succès est pourtant inégal, et les acheteurs ont souvent boudé les nouvelles constructions, rendues il est vrai onéreuses par la spéculation. Pourtant, la station la plus avancée, La Grande-Motte, avec ses immeubles pyramidaux et sa recherche d'une nouvelle architecture, est une incontestable réussite ; son port de plaisance, le standing des immeubles, la nature des équipements commerciaux, tout y témoigne d'un tourisme de résidence cossue ; cette petite ville, ingénieusement disposée, très équipée, dotée d'un certain volume d'emploi et d'une résidence permanente de gens travaillant à Montpellier, a été séparée de Mauguio et érigée en commune en 1974. L'évolution n'est pas aussi poussée ailleurs; il y a plus de laisser-aller à Carnon, plus populaire, plus de discrétion à Port-Leucate ou Port-Barcarès; les combinaisons touristiques du Cap d'Agde sont plus complexes et Port-Camargue se fait plus lentement, tandis que l'urbanisation est nettement moins bien contrôlée dans les stations roussillonnaises.

Finalement, l'étroit lido côtier devrait gagner le pari de l'aménagement touristique ; la minceur de la zone équipée, l'humidité du vent marin, l'absence d'accès ferroviaire rebutent, il est vrai, bien des clients et il faut craindre une part trop forte de la clientèle régionale, avec tous les inconvénients du tourisme de week-end. Mais quand on songe au désert des années cinquante, il faut bien parler de réussite. Une réussite qui commence à faire le profit de l'intérieur, beaucoup plus chaud l'été, mais moins cher et toujours très près des plages : tout un va-et-vient qui engorge les routes d'accès et favorise la vie des points de passage obligatoires comme Saint-Gilles ou Aigues-Mortes.

3. Le renouveau de la façade méditerranéenne

D'autres aménagements ont des conséquences à long terme probablement plus importantes.

L'amélioration des communications

Le Midi Méditerranéen doit faire face à de multiples problèmes de transport ; d'une part, il doit expédier vers le reste de la France ou l'étranger le meilleur de ses productions fruitières, légumières, florales et viticoles : ce sont des transports urgents, avec des pointes saisonnières marquées. A lui aussi d'acheminer tout ce que reçoit le port de Marseille, et d'abord une énorme masse de produits pétroliers. En sens inverse, le Midi doit faire venir à peu près tout ce qui lui est nécessaire pour vivre (céréales, viandes, produits industriels). Il doit recevoir ou renvoyer, ou faire transiter par les frontières ou les ports, des millions de touristes accourant en flots d'été extrêmement denses. Tout ce trafic vient du nord ou y retourne, et, pour l'essentiel, passe par la vallée du Rhône, formidable voie de passage sans cesse aux limites de l'engorgement. A ces trafics externes s'ajoutent les mouvements régionaux, essentiellement de la Provence vers le Languedoc et l'Aquitaine ou vice versa, parfois confondus avec les précédents, parfois empruntant des voies distinctes, mais ayant tous besoin de franchir le Rhône. Enfin, la fréquentation croissante du liseré côtier multiplie les déplacements locaux de voyageurs et de marchandises, surtout lors des week-ends.

Les relations avec le Nord, par la vallée du Rhône, sont celles qui ont le plus progressé ; l'équipement de base y est à peu près complet :

● La *navigation* reste le moyen le moins utilisé, malgré les aménagements de la CNR. Le Rhône est un fleuve puissant dont les courants impliquent des normes de construction et de puissance plus onéreuses que la moyenne. Surtout, cette voie débouche sur des culs-de-sac, aussi bien à l'amont, au-delà de Chalon-sur-Saône, tant que le canal Rhône-Rhin ne sera pas mis au gabarit international, qu'à l'aval, où l'ancien accès direct à Marseille a été coupé par l'effondrement du souterrain du Rove et les travaux de Fos ; il faut, ou s'arrêter à Port-Saint-Louis, ou risquer une courte mais aventureuse traversée maritime, en attendant une jonction de Port-Saint-Louis avec

Fos ou la rénovation du vieux canal d'Arles à Bouc. Du côté du Languedoc, l'ouverture de l'écluse à grand gabarit de Saint-Gilles constitue l'amorce de la normalisation du canal des Etangs, c'est-à-dire au mieux, jusqu'à Sète. Par suite, le trafic reste voisin des 4 millions de tonnes, moins du quart du trafic ferroviaire.

● Sur le *plan ferroviaire,* le dense réseau d'origine s'est réduit à une trame de base, bien aménagée : la ligne de Lyon à Marseille et Nice, et celle de Tarascon à Narbonne, et au-delà vers Toulouse ou la frontière espagnole. Sauf le tronçon de Narbonne à Cerbère, ce réseau de base est électrifié, mais surchargé car il doit faire face non seulement aux relations interrégionales, mais également à un assez dense trafic régional et à d'importants transits de voyageurs (pèlerins italiens ou français vers Lourdes) et de marchandises (d'Espagne vers les pays rhénans : plus d'un million de tonnes pour les seuls fruits et légumes). Le démarrage de Fos, la croissance des trafics pétroliers, des expéditions de voitures, tout concourt à surcharger la ligne de la vallée du Rhône (16 millions de tonnes de marchandises par an) et le moindre incident entraîne une désorganisation du trafic ; les seuls détournements possibles sont alors ceux du transit espagnol par Toulouse et Limoges. Aussi est-on en train d'électrifier en secours la ligne de la rive droite du Rhône, de Givors à Nîmes, et une partie de la ligne dite de l'Etang de Berre, d'Avignon à Cavaillon et Miramas. Compte tenu des traversées possibles du Rhône, notamment à Tarascon et Avignon (celle d'Arles, détruite en 1944, n'a pas été restaurée), cet équipement doit pouvoir faire face au trafic, mais avec une certaine fragilité comme l'ont montré en 1976-77 les longues interruptions du trafic entre Nice et la frontière italienne.

● Sur le *plan routier,* le réseau d'autoroutes est à peu près achevé, avec l'autoroute de la vallée du Rhône, et celle conduisant vers l'Espagne à travers le Languedoc, et vers l'Italie par la Côte d'Azur. En période de pointe de vacances, il restera embouteillé, mais quelques jours de difficultés annuelles ne peuvent justifier des voies de dédoublement.

● Le rôle des *pipes* est fondamental, tant pour les oléoducs que pour les gazoducs, ces derniers à partir du terminus méthanier de Fos. De l'étang de Berre, les trois canalisations du pipe sud-européen acheminent par la vallée du Rhône, et le pétrole brut, et des raffinés à destination de la région lyonnaise ou de la Suisse ; leur capacité théorique, incomplètement utilisée depuis la crise pétrolière, excède 65 millions de tonnes par an.

● Les *liaisons aériennes* ne sont bonnes qu'entre Nice et Paris, Marseille et Paris, la Corse et le continent. Mais, sauf pour cette dernière relation, et contrairement à l'opinion reçue, leur rôle est minime dans l'armature générale des transports alors que leur coût est très lourd pour l'économie régionale.

Les relations transversales, de la frontière italienne à la frontière espagnole ou à l'Aquitaine, très chargées pour les transports de voyageurs, sont plus difficiles. Le relief s'y opposant, il n'y a ni voie ferrée, ni grande route littorale dans une bonne partie de la Provence ; la fragilité du lido l'exclut aussi de la Camargue au Roussillon. Aussi les relations sont-elles souvent lentes. D'une part, le delta du Rhône rejette le passage est-ouest très au nord : Arles pour la route, Tarascon pour le rail ; d'autre part, la plupart des itinéraires sont lents et encombrés, et les relations ferroviaires de Nice vers le Languedoc et l'Aquitaine, bien qu'améliorées, soutiennent mal la comparaison avec celles vers Lyon et Paris.

Les relations locales ou régionales ont été les plus négligées, tant sur le plan ferroviaire que routier. Si de gros efforts ont été faits pour permettre l'accès à la mer à l'ouest du Rhône, de nombreuses difficultés subsistent : isolement relatif de Toulon et d'une partie de la Côte d'Azur, médiocres communications avec les pays duranciens et les stations de ski des Alpes ou des Pyrénées.

Le renouveau énergétique

Le Midi Méditerranéen a été très pauvre en énergie classique (charbon) et, pendant longtemps, lourdement déficitaire en électricité. La situation s'est totalement renversée et l'énergie est maintenant abondante, et, par rapport à l'intérieur, relativement bon marché.

On le doit aux grands aménagements hydro-électriques, mais aussi à la production d'électricité thermique, à partir des lignites du bassin de Gardanne ou des fuels des raffineries de l'étang de Berre (Martigues) ; la région est également bien pourvue en énergie d'origine nucléaire (Marcoule et Phénix) ; la capacité de production thermique atteint déjà 10 milliards de kWh et il va s'y ajouter celle de la centrale d'Aramon. Les larges possibilités d'utiliser l'eau du Rhône ou celle de la mer comme réfrigérant contribuent à expliquer l'essor de l'équipement thermique.

D'autre part, l'étang de Berre est le second centre français de raffinage pétrolier et le gaz algérien liquéfié arrive depuis 1973 au terminal de Fos.

Seule la Basse-Seine peut maintenant rivaliser avec le Midi pour l'abondance, la variété et le bon marché relatif de l'énergie.

Et l'industrie ?

Cette transformation des conditions énergétiques, cette amélioration des transports peuvent-elles, dans un Midi Méditerranéen désindustrialisé, renverser la tendance ? Le Midi garde contre lui l'inertie du milieu humain, l'absence d'initiatives ; un moment on a pu penser que les rapatriés d'Afrique du Nord secoueraient cette apathie ; mais les nouveaux arrivants se sont surtout tournés vers l'agriculture et le commerce. Quant à l'afflux des français du Nord, il est avant tout celui de gens âgés, souvent bien argentés, mais peu désireux d'investir au terme de leur existence. On a pu croire que l'industrialisation de l'étang de Berre, la création de la base industrielle et portuaire de Fos étaient de nature à jeter les fondements d'un Midi industriel. Dès avant la crise pétrolière, il était clair que la greffe prenait mal.

Peut-être faut-il incriminer l'insuffisance de l'armature urbaine ? Le Midi n'a pas de métropole qui puisse se comparer à Lyon. Marseille, la métropole d'équilibre, ville pourtant millionnaire, n'arrive même pas à s'imposer dans sa propre région de programme, Nice y constituant en fait une seconde métropole, à l'abri de son relatif isolement, forte de sa richesse et de ses équipements. En Languedoc, Montpellier arrive difficilement à dominer, durement concurrencée par Nîmes et Perpignan. Le partage de la presse ou de la clientèle universitaire entre les quatre grandes villes illustre assez bien cette absence d'unité. Faut-il alors évoquer cette idée d'une super-région, groupant Rhône-Alpes et Midi provençal, et affublée du sigle du « Grand Delta » ? Les lyonnais en parlent plus que les marseillais, et le grand delta est resté une chimère pour intellectuels et économistes, qui n'a pas débouché sur une reconnaissance populaire.

La région méditerranéenne, si bien définie comme région naturelle, est tissée de rivalités ; sa cohésion, qui ne fut jamais très forte, souffre maintenant des tendances centrifuges d'une partie de ses provinces : la Corse, le Roussillon, voire le pays niçois, affichent clairement leurs désirs de n'être rattachés ni à la Provence, ni au Languedoc.

4 La Corse

Beaucoup plus méridionale que le reste de la France méditerranéenne (Ajaccio est au sud du 42e parallèle), la Corse est la seule province pleinement méditerranéenne. Cette île montagneuse, allongée (un peu moins de 200 km du Cap Corse à Bonifacio, contre une largeur maxima de 80 km environ), de 8 700 km² de superficie est vraiment décalée vers l'est par rapport au reste du territoire national. Une soixantaine de kilomètres seulement la séparent des côtes italiennes (moins de 40 de l'Ile d'Elbe), quelques kilomètres de la Sardaigne, alors que la côte provençale est à près de 200 km de Calvi.

Aussi n'est-elle entrée dans l'histoire française qu'accidentellement. Terre de Pise à la fin du XIe siècle, puis génoise à partir du XIVe siècle, l'île n'a jamais su conquérir son indépendance, malgré plusieurs tentatives ; la dernière, celle de Paoli, a pu amener Gênes à rétrocéder la Corse à la France (1768), mais n'a pas suffi à décourager les français. Mieux accueillis que leurs devanciers, plus habiles à concéder des privilèges fiscaux, les français arrivèrent en Corse au moment où le surpeuplement commençait à contraindre les compatriotes de Paoli à l'émigration. Après Napoléon, le rattachement à une France accueillante aux immigrés, ne fut plus guère remis en question jusqu'à ces toutes dernières années ; les prétentions de l'Italie fasciste n'éveillèrent que des sarcasmes et l'exemple de la renaissance sarde contemporaine laisse les corses indifférents.

1. Un milieu contrasté et hostile

Avec des sommets dépassant fréquemment 2 000 m alors que la mer n'est jamais bien loin, la Corse est le pays des fortes dénivellations, des pentes raides ; les plateaux n'apparaissent guère qu'au sud de l'île et les plaines, toutes littorales, ne forment un ourlet appréciable qu'au nord-ouest, en Balagne, et sur la côte orientale.

Une structure encore imparfaitement connue, un relief contrasté

Depuis longtemps, les géologues opposent la Corse cristalline de l'ouest et du sud-ouest à la Corse schisteuse du nord-est (fig. 3). En fait le schéma est plus compliqué et l'architecture corse suscite encore des explications assez contradictoires.

● *La Corse cristalline* représente un vaste ensemble basculé vers l'Ouest, qui vient culminer, d'une façon très continue, le long d'un axe allant de Calvi à Porto-Vecchio, et retombe avec brutalité sur la Balagne, le Sillon central ou la Corse schisteuse. A l'ouest, ce bâti s'enfonce rapidement sous la mer, où les sondages ont retrouvé une vieille topographie subaérienne.

Ce bloc est très continu, très massif ; les cols qui l'échancrent ne descendent guère en-dessous de 1 200 m, ce qui explique les difficultés de

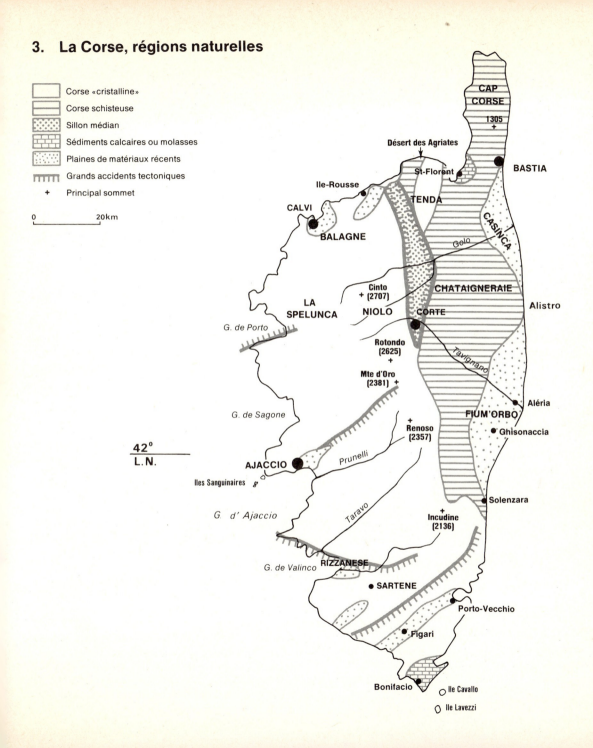

3. La Corse, régions naturelles

passage en hiver ; la ligne de faîte constitue ainsi une vraie barrière, isolant la Corse bastiaise, celle du « Deçà des Monts », de la Corse ajaccienne au « Delà des Monts » ; elle correspond aussi pour une part à la frontière des dialectes archaïsants de la Corse méridionale.

Les roches y sont plus variées qu'on ne pourrait le croire ; les granites dominent, mais le Monte d'Oro est taillé dans des protogines, le Cinto dans des porphyres ; les filons alternent fréquemment avec des zones de roches broyées. Nous avons là un vieux socle, qui a dû être pénéplané au début du Tertiaire, et qui a été localement envahi par la mer, responsable de quelques placages sédimentaires, notamment, au sud, des molasses calcaires formant les plateaux karstiques de Bonifacio.

L'ensemble a été fortement rajeuni par la poussée alpine, avec un relèvement maximum à l'est et un apaisement progressif du mouvement vers le sud ; les sommets dépassent 2 100 m à l'Incudine, atteignent 2 357 m au Renoso, 2 707 au Cinto. On ne s'étonnera donc pas que l'ancienne pénéplaine ait disparu. C'est seulement au sud que les escaliers de plateaux qui encadrent la dépression affaissée qui court de Figari à Porto-Vecchio, font encore penser aux vieilles surfaces d'érosion miocènes ou mio-pliocènes aménagées dans les roches dures du socle. Partout ailleurs règne un relief de blocs faillés et les accidents tectoniques semblent commander aussi bien les directions du réseau hydrographique que le dessin de la côte.

Au sud d'une ligne allant du golfe de Sagone à Corte, le drainage s'effectue uniformément vers le sud-ouest, par de longues vallées très rectilignes comme celles du Prunelli ou du Taravo ; mais au nord, seules les eaux périphériques s'écoulent vers l'ouest ; l'essentiel du réseau des torrents se dirige vers la côte orientale : Tavignano, Golo et leurs affluents sont restés indifférents au mouvement de bascule vers l'ouest ; ils doivent représenter un réseau plus ancien, antérieur au soulèvement actuel.

Le détail du relief est d'abord commandé par les très fortes dénivellations entre la montagne et le fond des vallées, fréquemment supérieures à 1 000 m, puis par les accidents tectoniques ; ces derniers, souvent rejeux d'accidents plus anciens, limitent les compartiments du socle, ainsi, dans le sud, la grande cassure méridionale du Sartenais. Les versants raides ou très raides dominent, se recoupant en un relief de serres plus ou moins étroites.

Quelques nuances apparaissent. Vers le sud, les reliefs s'apaisent et seuls des massifs résiduels en roches dures dominent les plateaux du Sartenais, d'altitude souvent inférieure à 300 m. Partout, des reliefs différentiels soulignent la variété des roches : raides parois dans les roches peu altérables, formes plus molles dans les roches moins résistantes qui s'enterrent sous les produits de l'altération ; certains granites sont favorables à la généralisation des chaos de boules, tandis que se multiplient des micro-formes, comme ces niches dont la roche s'alvéole : les « taffoni ». Enfin, à forte altitude, l'héritage des séquences froides du Quaternaire est important : lacs glaciaires, auges comme celle de la Restonica, au sud-ouest de Corte, ou du Haut-Golo ; moraines poussées par les glaciers jusque vers 1 200 m comme celles de Vizzavona, etc.

• *La Corse schisteuse* a la forme d'une amande relativement effilée, allant du Cap Corse aux environs de Solenzara. Tantôt séparée de la Corse cristalline par le chapelet des dépressions du Sillon central, tantôt directement à son contact, elle constitue une zone de montagnes plus basses, ne dépassant guère 1 700 m. Ces altitudes modérées n'excluent pas une vigoureuse dissection du relief : dans la très étroite presqu'île du Cap Corse (moins de 15 km), l'arête centrale monte jusqu'à 1 300 m, et, au sud de Bastia, la Corse schisteuse retombe brutalement sur la côte orientale par un abrupt raide, de tracé tendu, représentant sans doute une grande flexure.

Le matériel est d'autre part moins résistant, avec une dominante de schistes lustrés, modérément métamorphisés, et classiquement lardés de roches vertes ; les géologues y reconnaissent des nappes de charriage, analogues à celles du Briançonnais, de mise en place récente, car les anciens cailloutis de la plaine orientale proviennent exclusivement, jusqu'au Pliocène, de la Corse cristalline.

• *La zone dite du Sillon central* est en fait une succession de bassins imparfaitement dégagés au contact de la Corse cristalline et des schistes, de la Balagne à Corte. Les matériaux dans lesquels le Sillon est aménagé sont très variés, mais non métamorphisés ; à l'extrême-nord, une lame de protogine le sépare de la Corse schisteuse (massif du Tenda). Les géologues y voient parfois des écailles poussées contre la Corse cristalline par les nappes des schistes lustrés ; mais d'autres y reconnaissent plutôt une couverture sédimentaire autochtone, plissée sur place. Ce sillon tectonique est discontinu, d'une largeur très inégale, mais généralement faible ; les pentes y sont fort raides, et on n'y trouve pas la moindre plaine ; le réseau hydrographique, qui ne fait que le traverser, en a très imparfaitement assuré le déblaiement.

- *Plaines et bassins* sont donc très peu représentés. Une série de petits bassins jalonne donc le Sillon central, de la Balagne au Fium'Orbo : Balagne de Calvi, creusée dans un avant-pays de roches plus tendres, Balagne sédimentaire autour d'Ile-Rousse, séparée par une zone haute (700 m) de l'étroit bassin du Golo. A la base du Cap Corse, le petit bassin sédimentaire de Saint-Florent aligne une succession de petits crêts et de dépressions dont l'ensemble forme le Nebbio. A l'extrême-sud, le Sartenais offre des paysages apaisés, de même que la large dépression de Figari. Il existe quelques petites plaines littorales, accumulations ponctuelles de matériaux souvent grossiers ; mais le plus souvent, les côtes sont rocheuses et la montagne s'abîme directement dans la mer, rendant la circulation terrestre impossible ou difficile au long du littoral.

La seule grande plaine est celle de la côte orientale, de Bastia à Solenzara, et encore n'est-elle pas continue. C'est un pays complexe, présentant d'abord au pied de la Castagniccia un piedmont construit par les torrents venus de l'intérieur, souvent relevé par les mouvements tectoniques récents, puis lacéré en lanières. Le piedmont se termine sur la côte par des formations basses, des deltas, des lagunes et de minces cordons de sables. Les principales rivières y ont étalé des nappes de cailloutis et de sables plus ou moins grossiers. Réduit à une frange au plus épais de la Castagniccia, cet avant-pays s'élargit au nord dans la Casinca, et, au sud, dans la plaine d'Aleria et les pays du Fium'Orbo. Cette plaine n'a jamais joué dans le passé un rôle majeur ; c'était au contraire, comme toutes les plaines méditerranéennes, un pays de fièvres, une contrée maudite.

Le milieu bio-climatique

La Corse s'individualise nettement dans notre domaine méditerranéen, par une accentuation des traits méridionaux : chaleur plus forte (à la côte, les températures moyennes sont supérieures à 20 °C de juin à septembre), sécheresse de plus en plus prolongée vers le sud, à peu près absolue en juillet-août, s'attardant fréquemment sur l'automne.

Cependant, la situation de la Corse dans le golfe de Gênes, le fort volume montagneux et son orientation lui valent une grande originalité climatique.

La trame climatique

L'originalité vient du régime des vents. Si tramontane et « maestrale » ne font que prolonger leurs homologues continentaux, les autres courants marquent profondément le climat corse. Soufflant jusqu'à un jour sur deux, le « libeccio », vent de sud-ouest ou d'ouest, apporte souvent la pluie sur la Corse cristalline dont il remonte les vallées ; ainsi, la haute vallée du Taravo lui doit assurément l'abondance de ses hêtraies. Mais sur la Corse orientale, et même parfois en Balagne, il se présente comme un vent descendant, d'allure föhnique, sans apport de précipitations. Venant du sud-est, désagréable, le « sirocco » n'est pas forcément un vent sec ; il est responsable d'une bonne part des précipitations de la Corse schisteuse. Enfin, le « grecale », venant du nord-est amène un air souvent saturé d'humidité sur le Cap Corse, la région bastiaise, la Casinca, mais il devient sec au-delà des monts : le 1er décembre 1972, Bastia reçoit 110 mm de pluie et Ajaccio 2.

Il y a ainsi de très fortes dissymétries journalières entre l'Est et l'Ouest ; mais grosso modo, leurs effets se compensent sur l'année ; seuls les bassins intérieurs, très abrités, connaissent une égale médiocrité des précipitations par tous les temps. Il faut enfin souligner l'originalité du Sud corse : au sud du col de Sorba, l'été devient plus long et plus sec.

L'opposition climatique fondamentale reste celle des plaines ou des coteaux avec la montagne. Les *zones basses* sont chaudes, avec un hiver doux, des gelées peu marquées, encore qu'un peu plus nombreuses qu'on ne le croit généralement : 15 à 20 jours par an à Ajaccio (Campo-del-Oro). La pluviosité y est médiocre, la saison sèche ininterrompue sur de longs mois : Nebbio et Balagne reçoivent annuellement quelque 500 mm de pluie ; le sud corse à peine plus de 400 ; seule la côte orientale est un peu plus arrosée (700 à 750 mm). La *montagne* est au contraire plus fraîche, plus humide à la seule exception du sud ; les très rares postes pluviométriques enregistrent 1 m à 1,50 m de pluies annuelles, parfois un peu plus. Au-dessus de 1 200 m, la neige est fréquente en hiver et au printemps, bloquant souvent la circulation, les gelées nombreuses, mais modérées. L'altitude tempère aussi la chaleur estivale ; en saison chaude, la nébulosité d'après-midi n'est pas négligeable ; par temps calme, des orages locaux peuvent se produire, traduisant le transfert d'air maritime humide par les brises de mer diurnes, et sans doute, le conflit des brises d'Ouest et d'Est.

La pluviosité relativement généreuse de la montagne explique les débits honorables des torrents qui en sont issus ; ainsi, le module spécifique moyen du Tavignano au pont d'Altrani dépasse 30 l/s par km^2 ; mais les rythmes du climat restent tyranniques pour les régimes saisonniers, avec des maigres d'été prononcés ; cependant, malgré la brutalité des pentes, les crues sont plus modérées que sur la montagne continentale.

Le triomphe du maquis

La Corse ne compte guère que 2 % de sa superficie en cultures. Pourtant, les vrais paysages forestiers sont rares : quelques subéraies de plaine, quelques belles forêts de résineux en montagne, mais menacées par le feu (forêts de Tartagine et d'Aïtone dans le Nord, de l'Ospedale dans le Sud). C'est que la violence de l'érosion ou la faible capacité d'altération de la roche limitent fortement les possibilités de rétention de l'eau, comme dans le désert des Agriates ; c'est qu'en haute montagne, alors que le froid élimine les plantes méditerranéennes, la sécheresse de l'été ne permet pas à la plupart des espèces alpines de résister, ce qui explique à la fois la forte endémicité de la flore montagnarde et sa pauvreté en espèces. Mais c'est surtout que l'homme est intervenu, dévastant les associations naturelles et ne laissant subsister que des végétations appauvries, sans cesse menacées par le feu. L'action humaine a été rarement favorable, à part le développement de la châtaigneraie dans la Castagniccia et les hautes vallées de la Corse cristalline.

En haute montagne, une aulnaie broussailleuse, protégeant d'ailleurs efficacement le sol contre l'érosion, est la formation la plus répandue. En dessous de 800 m s'affirme l'universalité du maquis, dont la composition varie avec l'altitude et l'exposition ; il se substitue à la chênaie de chêne-vert, qui peut monter en adret jusque vers 900 m, et, à basse altitude, à celle de chêne-liège. C'est une formation secondaire plus ou moins continue, souvent haute de 2 à 3 mètres, difficilement pénétrable, toujours chargée en plantes odoriférantes. A basse altitude, le maquis, à base d'oléastres, de myrtes, de lentisques témoigne par sa composition de la douceur du climat ; l'opuntia, les agaves y sont naturalisés. Au fur et à mesure qu'on s'élève, le myrte puis le lentisque disparaissent ; l'arbousier, les cistes, des bruyères arborescentes, des genêts, un romarin constituent les essences les plus classiques. Sur les anciens terrains de culture, ou au terme des dégradations des paysages naturels, notamment par le feu, la cistaie finit par dominer plus exclusivement.

C'est seulement au-dessus de 800 - 1 000 m que des peuplements forestiers prennent place : des pins, notamment le Pin Laricio de Corse qui forme la majeure partie des belles futaies, des hêtres, quelques sapins même, au moins dans le nord, car, au sud de l'Incudine, les pins deviennent les seuls arbres de la montagne.

2. Une économie traditionnelle délabrée

Pour le touriste traversant la Corse, les signes du délabrement sont évidents : l'absence presque totale de cultures, les vieux villages vides d'habitants, tout témoigne de l'inexistence actuelle d'une économie rurale. Et pourtant, les corses vivent tant bien que mal et ont surtout vécu plus nombreux.

L'abandon humain

La connaissance statistique de la population corse est difficile ; les recensements sont scandaleusement truqués depuis longtemps, car des effectifs humains déclarés dépendent les subventions, le nombre de conseillers municipaux, le contenu des listes électorales. En 1975, le recensement, pourtant un peu mieux surveillé, a donné un chiffre de 290 000 habitants ; il est cependant douteux, si on s'en tient par exemple aux naissances ou aux décès, qu'il y ait en Corse plus de 170 000 à 180 000 habitants, alors que les seules listes électorales en comptent bien davantage !

Paradoxalement, on connaît mieux l'évolution ancienne; au XIXe siècle, la population a dû atteindre au maximum entre 250 000 et 270 000 habitants, soit, au plus, 30 au km², avec une distribution plus inégale qu'aujourd'hui : les côtes, le désert des Agriates étaient vides ; les hautes vallées, la Casinca ont eu parfois plus de 100 habitants au km². Actuellement, la distribution tend à s'inverser en faveur des zones côtières et des rares régions agricoles.

L'île s'est donc fortement dépeuplée. Non par dénatalité, les naissances l'ayant toujours emporté sur les décès malgré le vieillissement de la population, mais par l'exode rural qui a vidé la campagne au profit du continent, surtout vers les emplois de la fonction publique, civile ou militaire, mais aussi pour grossir les fortes colonies corses de Marseille, Toulon ou Nice. Actuellement, il semble que la population augmente à nouveau légèrement, l'implantation de non-corses, notamment des rapatriés d'Afrique du Nord, ayant abouti à une amélioration temporaire de la balance naissance-décès, et la recherche d'une main-d'œuvre pour l'agriculture ou le tourisme ayant provoqué une certaine immigration.

La disparition de la vie rurale traditionnelle

Nous ne rechercherons pas les origines de la civilisation rurale corse : importance ancienne de l'utilisation collective du sol, recul des communaux et appropriation progressive du sol, nuances entre la Corse d'en-deçà des monts et celle du Sud où le régime féodal s'est maintenu plus longtemps. Mais il faut souligner que le terroir a été largement mis en valeur aux XVIIIe et XIXe siècles, comme en témoignent la fréquence des versants terrassés, maintenant ensevelis sous la friche, ou la prolifération des châtaigneraies.

Le système agricole le plus classique est une organisation montagnarde qui essaie d'utiliser au maximum les avantages climatiques provenant des fortes dénivellations et combine toujours agriculture et élevage. Le village permanent est un village montagnard, qui juche souvent ses maisons hautes et massives sur des pentes propres à décourager d'éventuels envahisseurs ; de ces villages, on avait l'habitude, l'hiver, de « descendre à la plage », alors que la côte bénéficie pleinement de la douceur de son climat sans être pour autant insalubre ; on y amenait les troupeaux et on y faisait quelques cultures céréalières ; on y entretenait quelques olivettes. L'été, les troupeaux gagnaient la haute montagne, de sorte que leur subsistance était assurée toute l'année sans qu'il fut besoin de récolter du foin ou de s'attacher beaucoup aux cultures fourragères.

Ce schéma général connaît bien des variantes ; les migrations anciennes, à la plage ou à la montagne, étaient à l'origine familiales ; mais elles se sont étiolées pour se restreindre à celles des seuls troupeaux, ce qui a assuré progressivement la suprématie des bergers sur les paysans devenus sédentaires. La double transhumance annuelle impliquait une nécessaire complémentarité du do-

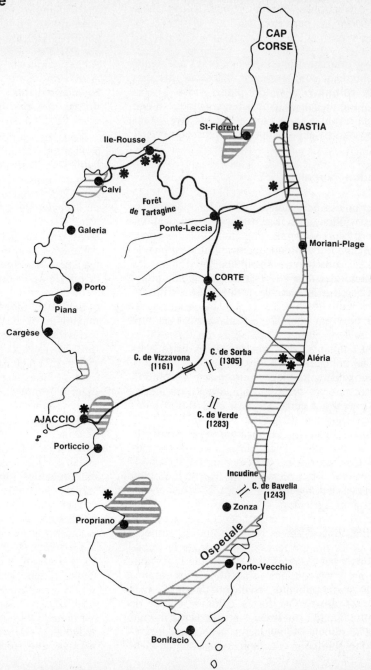

4. La Corse économique

maine côtier et de la montagne. De là ces communes gigantesques, étirées de la montagne à la mer (Zonza a par exemple un territoire de 134 km²) tout autour de l'île ; de là aussi ces possessions complémentaires : ainsi, les gens de Bastelica, dans la vallée du Prunelli, avaient leurs pâtures d'hiver à Bastelicaccia, aux portes d'Ajaccio, par 30 km de chemins difficiles. De là aussi l'opposition systématique des montagnards à une occupation agricole ou touristique des plaines ou des côtes, qui les prive de leurs terrains de parcours habituels ; ainsi, les colons grecs de Cargèse, installés au XVIIIe siècle par une administration française soucieuse de revivifier l'économie agricole, devront-ils chercher refuge à plusieurs reprises auprès des autorités ajacciennes... ; de même, les colons actuels de la plaine orientale, menacés par les anciens bergers.

Le déclin du système a été précoce. A peine l'annexion proclamée, l'administration française doit interdire de planter en châtaigniers les terres à blé et menacer de reprendre les terres en friche depuis plus de trois ans ; le mal était déjà apparemment ancien. Peu à peu la culture va disparaître, et les anciens systèmes agro-pastoraux où les troupeaux utilisaient et vivifiaient les jachères, ne subsistent plus aujourd'hui, étriqués, que dans quelques vallées montagnardes. Seule, la Casinca, associant sur ses pentes le châtaignier à la vigne et aux céréales, a conservé une vie rurale véritable, privilège qui est aussi celui de quelques petits vignobles du Nebbio et du Sartenais. Par contre, l'arboriculture méditerranéenne associée aux céréales, que les gênois avaient essayé d'introduire, a totalement disparu de la péninsule du Cap Corse et agonise en Balagne.

Un décevant bilan

Il reste bien peu de choses de la vie rurale corse. Le « désintéressement » des cultivateurs se marque d'ailleurs dans la faiblesse de l'organisation corporative : en 1971, 1 seul CETA, et 4 groupements de producteurs... En 1969, il n'y avait plus qu'un millième du sol corse en céréales alors que 150 000 ha furent jadis emblavés ; pour 189 communes dites de montagne, 121 n'ont plus aucun labour, et 134 ignoraient le tracteur (1970). Tout au plus recense-t-on quelques cellules agro-pastorales de haute montagne ayant conservé une vie pastorale plus ou moins simplifiée. Mais l'ensemble de la montagne a cessé d'être cultivée et même les châtaignes ne sont plus récoltées. La seule polyculture un peu diversifiée est celle de la Casinca, qui élève encore, au contact de la plaine et de la Châtaigneraie, porcs et brebis.

Les seules campagnes actives sont celles qui sont restées fidèles à la vigne ; celle-ci, plus ou moins en monoculture, occupe quelque 5 000 ha. Ce sont des vignobles souvent âgés, aux cépages disparates, où les 3/4 des exploitants cultivent moins d'un ha et où deux sur trois d'entre eux ont plus de 60 ans ; les rendements y sont faibles. On trouve de tels vignobles résiduels en Balagne, dans le Sud, autour de Figari, dans le Sartenais ou sur les coteaux d'Ajaccio, et surtout dans le Nebbio (vins de Patrimonio) seul vignoble traditionnel en cours d'extension ou de replantation.

La seule ressource reste donc l'élevage. Le cheval, l'âne surtout, ce chômeur permanent, subsistent à une échelle infime, en dépit de la disparition de leur rôle utilitaire. Le maquis voit toujours vagabonder des bovins minuscules, aux jarrets d'acier, qui en sortent pour batifoler sur les routes ou menacer les rares cultures, et dont les profits sont minces : il n'y a pas 1 500 bêtes laitières de race dans toute la Corse. L'élevage porcin, lié à la châtaigneraie, ne suffit pas à alimenter l'unique fabrique de salaisons de la Casinca et l'élevage caprin, jadis fondamental pour l'alimentation ne subsiste plus guère qu'en complémentarité de l'élevage ovin.

La brebis reste en effet la seule bête de rapport. Il peut rester peut-être 120 000 ovins, gardés par de 1 200 à 1 500 bergers, dont le nombre diminue. Bien qu'il y ait encore des bergers jeunes et que les revenus de l'élevage soient élevés (on comptait au moins 200 F net par bête en 1970), le métier est peu à peu délaissé. Il s'est pourtant simplifié ; les nécessités de la nourriture exigent bien toujours des migrations pastorales, mais leur amplitude a fortement diminué. L'abandon du terroir agricole a multiplié les pâturages, mais les a aussi appauvris. Enfin, le berger a changé de statut ; jadis berger collectif du village, il tend à posséder la majeure partie des bêtes sous sa garde, loue à vil prix les terres à l'abandon, parfois les achète, bref, devient souvent l'homme fortuné de la campagne corse.

Seulement, le métier garde ses servitudes, et, notamment, celles de la traite, car il s'agit uniquement d'un élevage laitier pour la fabrication de Roquefort. C'est le fruit d'une évolution assez récente, car la première laiterie, fondée par la société Grimal, remonte à 1893. Les progrès de la circulation routière ont permis une rapide concentration des cent laiteries anciennes, dont les 3/4 appartiennent à la Société des Caves de Roquefort, le reste à la société Marie Grimal. En dehors de la période de collecte ou dans les zones non desservies par les laiteries, lait de brebis, et, toute l'année, celui de chèvre, servent surtout à la fabrication artisanale de fromages du type « broccio ». Le lait de brebis est payé par les sociétés un peu moins cher que sur les Causses, à la grande irritation des insulaires, mais beaucoup plus qu'en Sardaigne. Les bêtes, de race rustique, sont assez bonnes laitières (80 à 100 l par lactation), mais assez médiocrement nourries, ce qui entraîne des performances très insuffisantes au niveau de la production de viande (aussi bien les agneaux que les bêtes de réforme).

3. La Corse moderne

Des carences dont on s'accommode

L'isolement issu de l'insularité est ce qui pèse le plus. A les en croire, les Corses verraient doubler les coûts des produits importés du fait du transport maritime ! En fait les économistes estimaient que le coût supplémentaire réel n'excédait pas 5 % de la valeur des produits et qu'il était globalement plus que compensé par les immunités fiscales et les aménagements de la TVA.

Il est vrai que l'organisation des transports maritimes, mise sur pied par la vieille Compagnie Générale Transatlantique, puis reprise par une filiale de la SNCF, n'est pas toujours sans lacunes, notamment lors des fortes pointes de trafic de l'été, avec un afflux croissant de passagers et de voitures à transborder, et parallèlement du trafic des denrées nécessaires à l'alimentation des visiteurs. Un gros effort a été fait, avec la mise en service de cars-ferry modernes, aux rotations plus rapides. Une partie des difficultés tient aux corses eux-mêmes; alors que la ligne Nice-Bastia est la plus courte et permet des rotations plus rapides des bateaux, Ajaccio et Calvi, voire Porto-Vecchio veulent leur propre desserte, et tous les ports réclament des liaisons directes avec Marseille...; on en arrive ainsi à gonfler les investissements ou à des réalisations plus que discutables : le dernier car-ferry mis en service, de jauge trop élevée, ne peut être accepté par les ports de Bastia et de Nice ! La situation de monopole dont dispose la SNCF n'est guère mise en question par l'ouverture de lignes directes entre Bastia et l'Italie par des sociétés italiennes.

Les corses ont beaucoup agité le principe de la « continuité territoriale » pour neutraliser le coût du trafic maritime ; son accord a abouti à un abaissement sensible des tarifs, calculés désormais sur la base des tarifs SNCF. Mais la généralisation des bateaux rouliers, en ouvrant la Corse aux transporteurs du continent, en général moins chers, introduit une sérieuse concurrence pour les transporteurs intérieurs corses.

Surtout, force est de constater que, pour satisfaire un gros trafic de trois mois d'été, on est obligé de mettre en place, tant sur les lignes aériennes que maritimes, un matériel pléthorique, générateur de déficits considérables.

La circulation intérieure reste malaisée ; le réseau routier est assez dense, mais les routes sont étroites, sinueuses, encombrées durant la saison touristique, souvent en mauvais état, et, en altitude, de viabilité hivernale précaire. Cette faiblesse du réseau routier sert de prétexte au maintien d'un petit réseau ferré en miniature. Bien que l'état des routes se soit amélioré, la circulation reste lente : comment aller, lorsqu'on ne dispose pas de sa propre voiture, de Porto-Vecchio à Ajaccio ou de Calvi à Ajaccio ?

Les ressources industrielles sont négligeables ; la consommation d'électricité reste faible ; elle n'est assurée qu'à partir de deux modestes retenues sur le Prunelli et le Golo, et de deux centrales thermiques de secours. Qu'une installation soit défaillante et la fourniture du courant ne peut être assurée que par des expédients ; on ne peut même pas emprunter à la ligne à 200 kv, qui, de Bastia à Bonifacio, assure l'interconnexion entre Italie et Sardaigne à l'aide de câbles sous-marins. L'absence de toute industrie grosse consommatrice n'incite pas à améliorer le système.

Sans doute les corses s'en accommodent-ils, car il y a eu longtemps peu de demandes d'emploi non satisfaites et peu de chômeurs secourus. Peut-être parce qu'il y a beaucoup de revenus annexes : le volume des retraites payées à des titres divers dépasserait de deux fois les salaires des actifs ; les revenus sociaux sont sans commune mesure avec les charges supportées : en dépenses d'aide sociale, l'Etat verse trois fois plus aux Corses qu'à tout le département de la Seine... Les progrès du commerce et du tourisme viennent renforcer cette tendance ; après avoir longtemps stagné, les revenus des corses se sont fortement relevés et le retard sur le continent se comble rapidement.

La SOMIVAC et le renouveau agricole

Corps étranger entièrement financé de l'extérieur, la Société de Mise en Valeur de la Corse (SOMIVAC) s'est donné pour objet, à l'imitation des bonifications italiennes, de mettre en valeur les régions côtières. C'était oublier que les densités ne dépassent pas 20 habitants au km² et qu'il n'y avait pratiquement plus de jeunes agriculteurs corses à la fondation de la Compagnie, en 1957. D'où l'échec de la plupart des tentatives, par exemple en Balagne, ce fleuron de l'ancienne colonisation génoise où la SOMIVAC s'est heurtée à un parcours pastoral encore actif et aux difficultés d'arroser un pays trop coupé.

Aussi la Société s'est-elle attaquée essentiellement à la mise en culture de la plaine orientale, plus ravagée par la guerre, plus délaissée par les bergers, en apparence vacante. Le travail était facile au contact de la Casinca, encore peuplée, plus difficile au sud d'Alistro, dans les plaines du Bravone, du Tavignano et du Fium'Orbo ; ces dernières, très impaludées, étaient pratiquement vides, vouées à un parcours extensif, et deux communes seulement avaient leur chef-lieu en plaine, Aleria et Ghisonaccia, elle-même ancienne « plage » de Ghisoni.

La mise en valeur a d'abord exigé de gros travaux de drainage puis la mise en place de réseaux d'irrigation par aspersion (barrages de Calacuccia, sur le Golo, pour la Casinca, de l'Alesani, d'Alzitone), l'éradication du paludisme, l'éviction difficile des bergers. Les difficultés techniques surmontées, à qui accorder les lots de colonisation, boudés par les corses, et quelles cultures pratiquer ? L'expédition de fruits ou de légumes sur le continent suppose des tonnages récoltés suffisants ; la SOMIVAC suggéra les agrumes, créa une station de recherches pour l'implantation du clémentinier, fit construire au sud de Bastia, à Casamozza, une conserverie qui ne put guère tourner faute de fruits ou de tomates.

Le repli des européens d'Afrique du Nord a fourni à la SOMIVAC les colons nécessaires, bénéficiant de possibilités de crédit supérieures à celles des indigènes. Ces agriculteurs, profitant de ce que la Corse n'était pas soumise aux contingentements du statut viticole, au lieu de planter les agrumes qu'ils s'étaient engagés à cultiver, se tournèrent vers la vigne, ne respectant même pas les obligations d'encépagement et prétendant chaptaliser les moûts : 20 000 ha de vignes ont été plantés, contre 3 000 à 4 000 d'agrumes ; en 1971, en face de 9 000 t d'agrumes, on a produit 2 millions d'hl de vins courants, de qualité insuffisante, dont 1,4 exportés sur le continent. Les rares colons à avoir respecté les obligations de plantation en agrumes risquent fort d'être condamnés à la faillite, la production étant insuffisante pour assurer la rentabilité du système d'exportation. On a vu ainsi se créer une civilisation viticole, transposée de l'ancien vignoble algérien, avec de grands domaines en monoculture, très souvent constitués sous forme de sociétés civiles; la main-d'œuvre est presque exclusivement recrutée en Afrique du Nord et l'environnement viticole habituel se généralise : cave coopérative, courtier, etc. Ainsi se constitue un vignoble de type languedocien, de qualité banale, au mépris des règlements et des espoirs de la SOMIVAC. A travers cette colonisation, une nouvelle province corse apparaît, prospère, moderne, avec ses petits centres de services en rapide croissance (Aleria, Ghisonaccia), et qui, en 1971, assurait déjà, en valeur, près des deux tiers des productions rurales de la Corse, suscitant du même coup la jalousie et l'irritation du reste de l'Ile.

Une orientation touristique discutée

Longtemps la Corse a été surtout fréquentée l'été par ses propres enfants, partis sur le continent et revenant aux vacances au village natal avec une tenace fidélité. L'arrivée d'une autre clientèle touristique remonte aux années soixante ; elle n'alla pas sans problèmes, tant les équipements hôteliers étaient médiocres, les services commerciaux insuffisants, les points d'eau indispensables au camping rares sur les côtes, le coût des séjours élevé par rapport aux prestations fournies. Mais la Corse offrait la garantie d'un été sec et la beauté encore peu prospectée de ses côtes.

Pour tenir compte du goulot que représente l'encombrement estival des bateaux, on a opté pour un développement touristique de qualité, visant une clientèle qui a en fait les moyens d'aller plus loin et d'y trouver mieux encore. L'encadrement a été confié à une nouvelle société d'économie mixte, la SETCO, et on s'est orienté vers la construction d'hôtels de luxe ; rien que de 1968 à 1970, 62 millions ont été prêtés à l'hôtellerie classée, et 5 seulement consacrés au tourisme social. En 1976, l'hôtellerie homologuée offrait 9 500 chambres, soit le plus fort équipement français par rapport à la population locale. Le succès est net, permet de vivifier de petites régions comme la Balagne et de multiplier les petites stations littorales : Porto, Propriano à l'Ouest, Solenzara, Moriani-Plage et surtout Porto-Vecchio sur la côte Est. La SETCO a de grands projets sur la côte orientale, actuellement retardés par les incertitudes de la situation économique et politique de la Corse.

C'est que les corses reprochent à un littoral qui n'avait jusqu'ici guère joué de rôle dans leur vie, de monopoliser les revenus du tourisme, d'absorber les crédits d'équipement dans tous les domaines et de faire la part belle à des réalisations sophistiquées du style « Club Méditerranée ». Pour faire droit à leurs plaintes, une certaine réorientation a été esquissée : en 1972 a été créé un Parc régional qui prend en écharpe la Corse montagneuse du sud de Calvi à Porto-Vecchio ; la protection de ce qui reste des forêts, le maintien d'une petite économie montagnarde ont plaidé en faveur de réalisations touristiques d'un style plus modeste dans cette admirable région montagneuse qui intéresse près du cinquième du sol corse.

Un essor urbain artificiel

La tradition urbaine corse est fort ancienne, avec des générations de villes successives : vieilles cités corses de l'intérieur, ports fondés et développés par les génois, cités parfois plus récentes, telle Ile-Rousse, créée par Paoli pour faire échec à Calvi. Mais la ville, même portuaire, fuit la plaine, cherche le contact avec les collines et la protection de sites défensifs incommodes : forteresses perchées, marines agrippées au littoral rocheux, autant d'emplacements incapables d'offrir les espaces nécessaires à l'expansion urbaine moderne.

Or, plus de la moitié de la population corse vit dans les villes ; c'est peu si on songe à la disparition de toute vie rurale ; c'est beaucoup si on pense à l'absence totale d'industrie et à la médiocrité des fonctions urbaines. Cette ambiguïté se retrouve au niveau des équipements : la population est trop peu nombreuse pour s'offrir une université ou une presse indépendante (« Nice-matin » est le quotidien le plus diffusé) ; et pourtant, l'île est trop isolée pour qu'on puisse dépendre pour les services ordinaires, du continent, ce qui conduit à une pléthore d'équipements sanitaires, scolaires ou sociaux, sous utilisés.

Le parasitisme de la plupart des villes n'est pas

moins certain ; leur population abondante s'explique pour une bonne part par la résidence, notamment de retraités, voire, comme à Ajaccio, par une population flottante aux ressources équivoques ou par la prolifération de services aux effectifs excessifs : il n'y a pas loin de 180 médecins à Ajaccio pour 30 000 ou 35 000 habitants permanents, et un quarteron de pharmacies (26). L'oisiveté éclate dans le « cinq à sept » de rigueur, où les citadins arpentent les rues principales de leurs villes; oisiveté, mais aussi un certain étalage de la puissance urbaine. Quant à l'ampleur du parc immobilier, notamment à Ajaccio et à Bastia, il s'explique plus logiquement par le développement pris par la résidence secondaire. Le découpage de la Corse en deux départements (Corse-du-Sud et Haute-Corse), décidé en 1975, va encore accentuer cette multiplication des services : deux caisses de sécurité sociale alors qu'il n'y a pas d'ouvriers, deux caisses d'allocations familiales, alors qu'il n'y a presque plus d'enfants, deux administrations académiques, etc.

Les grandes fonctions urbaines sont d'ailleurs monopolisées par Ajaccio et Bastia, régnant respectivement sur 2/5 et 3/5 de la Corse. En dehors de ces deux villes, on ne compte qu'une seule clinique privée, un seul laboratoire d'analyses, un seul médecin opticien, pas un seul expert-comptable, fort peu d'architectes. Ajaccio et Bastia accaparent tout, avec souvent une dualité d'équipements lourds qui s'explique par la lenteur des communications et la volonté délibérée des deux cités de s'ignorer. Elles furent chacune à la tête d'un département à la Révolution, jusqu'à ce que Napoléon unifiât l'administration de l'île au profit d'Ajaccio ; Bastia ne l'a jamais pardonné et le retour actuel aux deux départements ne résout rien, Ajaccio devenant capitale régionale.

● *Ajaccio* reste donc la capitale administrative, sauf pour les institutions sociales ; les services y sont surdéveloppés, la fonction commerciale médiocre ; mais le souvenir de Napoléon est un atout de choix ; il n'est que de consulter les noms des principales artères ou des hôtels pour s'en convaincre ; et le tourisme est lié au « petit » empereur, encore que l'imagerie populaire vendue aux visiteurs provienne pour l'essentiel du continent...

Sans Napoléon, ironisent les bastiais, nous n'aurions que Digne ou Mende. En attendant, Ajaccio affirme une vocation résidentielle de qualité ; les constructions se multiplient dans un site linéaire le long du golfe, peu favorable à la circulation qui y devient difficile.

● *Bastia* (plus peuplée, 45 000 habitants permanents environ) est plus active, contrôle les régions les plus prospères : la Casinca, la plaine orientale, la Balagne. C'est elle qui anime l'économie corse, ce qui s'affirme dans la croissance du trafic portuaire ; alors qu'en 1967, le trafic des deux ports était à peu près équivalent, tant pour les voyageurs que pour les marchandises, en 1976, Bastia a vu passer près de 600 000 voyageurs contre moins de 400 000 à Ajaccio, a débarqué ou embarqué 760 000 t de marchandises contre 470 000 à Ajaccio. La ville possède les rares ateliers de l'île : ateliers du chemin de fer, manufacture de tabac. D'où le sentiment de frustration des bastiais vis-à-vis d'Ajaccio ; Paoli est plutôt leur héros que Napoléon, les bonapartistes s'appellent ici « radicaux ». Les inconvénients du site sont aussi grands qu'à Ajaccio : la ville est bloquée vers le sud par la cité ancienne et des collines que la voie ferrée franchit au prix d'un long tunnel ; or, c'est au sud, en direction de l'aéroport, de la Casina, que la ville s'étend maintenant, ce qui crée d'extraordinaires difficultés de liaison.

● Les autres villes ne sont que des centres mineurs, sans réelle autonomie. Il y a nettement sous-équipement à *Calvi,* que le développement touristique de la Balagne promet à un certain avenir et dont le port progresse un peu ; or, il n'y a ni enseignement secondaire long, ni équipement hospitalier, alors que Bastia est à 100 km par des routes difficiles ou une voie ferrée plus lente encore ; c'est assurément la petite ville française la plus éloignée des équipements de base. La capitale du Rizzanese et du sud corse, la minuscule *Sartène,* résidence des grands propriétaires fonciers ruinés maintenant par l'absence de métayers ou de bergers, est une ville déchue qui n'a pas su contrôler un développement touristique dont les bénéfices vont à Propriano ou Bonifacio. Le même déclin frappe *Corte,* vieille capitale d'une montagne exsangue, à un carrefour de vieux chemins et d'itinéraires de transhumance, au confluent du Tavignano et de la Restonica, juchant ses hautes maisons de fière allure au-dessus des gorges. Le souvenir de Paoli, la vie de garnison que lui valut sa forteresse, un bon équipement lui maintiennent un petit rôle. Malgré des liaisons faciles avec la côte orientale, Corte n'a pas su disputer à Bastia l'équipement de la plaine ; elle reste la capitale d'une montagne ruinée, ce qui n'est guère prometteur ; cependant, la création du parc régional, l'installation promise d'un embryon d'université redonnent espoir à la ville.

En revanche, on est surpris de trouver sur la côte orientale une ville rajeunie, une sorte de centre régional secondaire ; ce ne sont pourtant pas les bourgs ruraux neufs de la plaine qui se sont imposés, mais, beaucoup plus au sud, le vieux centre traditionnel de *Porto-Vecchio*. On est pourtant déjà loin de la plaine, un véritable bout du monde, à 150 km de Bastia, à 130 d'Ajaccio par une route délicate ; il n'y avait là qu'un petit port exportateur de liège et le bourg dépendait de Bonifacio. Cette dernière ville n'est plus rien alors que grâce au dynamisme de sa municipalité, aux capitaux et aux initiatives des rapatriés d'Afrique du Nord, Porto-Vecchio est maintenant un centre bien équipé, qui a tout misé sur le tourisme et la résidence et se veut le centre de service du sud-est corse : une grosse clinique polyvalente, des guichets bancaires nombreux, des services à peu près complets, un port qui étoffe un peu son trafic, une frénésie de construction, tout dit le succès et la conquête de l'autonomie d'une ville il est vrai très bien placée, ses admirables plages n'étant qu'à quelques minutes de la fraîcheur de la montagne de l'Ospedale. Porto-Vecchio symbolise assez bien la montée d'une Corse nouvelle, qui a accepté la mutation économique et sociale.

Le problème corse

Nul ne saurait nier aujourd'hui l'existence d'un profond malaise corse, dont la renaissance des dialectes est peut-être le premier signe. Par les coutumes, par la langue, par l'histoire, la Corse s'apparente plus à l'Italie méditerranéenne qu'à notre propre Midi. Le dialecte, surtout en Corse d'Ajaccio, est bien plus proche de l'italien que ne le sont les patois de l'Italie du Nord, et il n'a guère de rapports avec la langue d'oc. Malgré la généralisation précoce de l'école française, l'insularité, mais aussi les solidarités villageoises, ont protégé la Corse d'une francisation excessive. Il a fallu l'invasion touristique et la conquête des terroirs de la plaine orientale pour que la population prenne mieux conscience de l'originalité d'une civilisation pourtant jalousement et fièrement maintenue à travers les siècles, mais comme tenue cachée, au moins aux regards des continentaux.

Une bonne partie des ressources de l'île, notamment au plan des investissements, résulte de transferts métropolitains ou des revenus des corses installés en France. Le continent n'a guère plus à offrir, certaines améliorations réclamées par les insulaires se retournant parfois contre eux (par exemple, la fin du monopole des transporteurs corses dans l'île, du fait des nouveaux services de bateaux qui amènent les camions du continent). La bidépartementalisation procurera quelques emplois administratifs ; mais certaines créations (région de programme pour moins de 200 000 habitants, université de Corte) sont des fantaisies ruineuses, qui risquent d'ailleurs, à terme, d'aggraver l'isolement culturel et économique.

Le développement de la Corse dépend peu maintenant d'actions métropolitaines ; par tête d'habitant, la métropole a plus investi dans l'île que l'Italie en Sardaigne, encore que plus tardivement ; mais cette intervention a eu peu de résultats positifs en dehors du tourisme ; l'industrialisation est restée et restera un mythe et le secteur tertiaire est maintenant pléthorique. La chute de la natalité, en réduisant la montée des jeunes sur le marché du travail, peut faciliter la « corsication » de l'emploi réclamée par les autonomistes. Mais la migration continentale actuelle procure aux corses des revenus salariaux probablement plus élevés, notamment dans la fonction publique, que ceux que peut donner un marché local du travail, forcément limité et peu varié, et ne pouvant comporter, pour 200 000 habitants, que très peu d'emplois supérieurs. Ce que la nation méconnaît, mais c'est vrai pour toutes les régions pauvres, c'est que les corses ont consenti, sur le plan familial, de très gros sacrifices pour que leurs enfants puissent, par le biais d'une scolarisation poussée, trouver leur place sur le « continent » ; ceux-ci en ont d'ailleurs retiré, par une émigration d'un niveau qualitatif élevé, de grands avantages financiers, l'argent ayant par contre peut-être manqué pour améliorer l'économie locale.

Il reste que le patrimoine corse, tant matériel que culturel, a été négligé ; la métropole a systématiquement ignoré les dialectes, ignoré toute une civilisation, restée par suite figée depuis deux siècles ; il est aberrant qu'il ne subsiste même pas un quotidien spécifiquement corse. Il est vrai que les corses, soucieux de leur avancement de fonctionnaires, ont rarement élevé la voix ; il est vrai aussi que le mal corse n'est pas fondamentalement différent de celui des autres provinces de montagne ; il est vrai enfin que la faible pression démographique, le peu de main-d'œuvre jeune disponible, l'étroitesse du marché local contrecarrent toute politique d'aménagement. L'isolement et l'éloignement restent des handicaps. Mais le refus des capitaux locaux de s'investir dans des opérations économiques locales dont le succès n'est évidemment pas garanti, comme l'a bien montré la mise en valeur de la plaine orientale, constitue un facteur encore plus grand de paralysie.

5 La montagne méditerranéenne

C'est certainement le milieu géographique méridional le plus difficile à cerner. La tradition géographique le rattache aux Pyrénées, au Massif Central ou aux Alpes, alors que ces montagnes sont économiquement tournées vers le midi. Nous n'avons plus, pour fixer des limites, l'aide des biotopes méditerranéens habituels, exclus de la zone montagneuse ; les aspects morphologiques sont rarement déterminants : peut-être les glacis de versants ou les énormes lits majeurs des torrents que gonflent démesurément les averses méditerranéennes. On peut rechercher la limite de certaines cultures, comme la lavande, ou la prédominance de l'élevage ovin. En géographie humaine, les montagnards, pour les gens des plaines, sont tous des « gavots », des sauvages... Que l'on cherche du côté des migrations de moissonneurs ou de vendangeurs, du rayon de recrutement de la population urbaine ou, à l'inverse, du rôle de refuge de la montagne, aucun fil directeur n'apparaît qui pourrait suggérer des limites. Il en est de même des frontières linguistiques, ou des rattachements historiques : Dauphiné et Provence se sont par exemple partagés Préalpes du Sud et pays duranciens.

Il est pourtant clair qu'une partie de la montagne est entrée dans la mouvance économique du Midi : la pénétration de la presse, le recrutement des universités, les habitudes migratoires, la clientèle touristique, autant de critères de rattachement.

D'autre part, la disposition même du relief intervient pour limiter les pénétrations méditerranéennes ou faciliter leur invasion. Ainsi, la rigide bordure cévenole constitue un écran que le climat méridional ne franchit guère, ce qui revient pratiquement à exclure tout l'intérieur du Massif Central de la montagne méditerranéenne, alors que le département de la Lozère est rattaché à Montpellier. La montagne niçoise ne favorise guère non plus les infiltrations méditerranéennes. La retombée orientale des Pyrénées offre déjà plus de moyens de pénétration, grâce à une série de dépressions orientées d'est en ouest par lesquelles les influences méridionales peuvent s'infiltrer.

La grande aire de pénétration du climat méditerranéen, c'est dans les Alpes méridionales qu'il faut la chercher ; grâce aux larges portes rhodaniennes et duranciennes, des barrières comme l'anticlinal Ventoux-Lure ne constituent pas un écran efficace. Toutes les Préalpes du Sud, tous les pays de la Moyenne-Durance jusqu'à l'Embrunais présentent de très nettes affinités méditerranéennes ; au-delà, en Dévoluy ou dans les Grandes Alpes duranciennes, les problèmes sont déjà ceux de la grande montagne alpestre ; aussi est-ce à leur seuil que nous limiterons le domaine alpin méditerranéen.

1. Les Pyrénées méditerranéennes

On parlerait volontiers de Pyrénées catalanes ; mais outre que la frontière coupe en deux le monde catalan, une partie des Pyrénées méditerranéennes (pays de l'Aude, Mouthoumet et ses bordures) ne sont pas de civilisation catalane. On peut d'ailleurs parfois douter que ces Pyrénées soient vraiment méditerranéennes. On en est bien

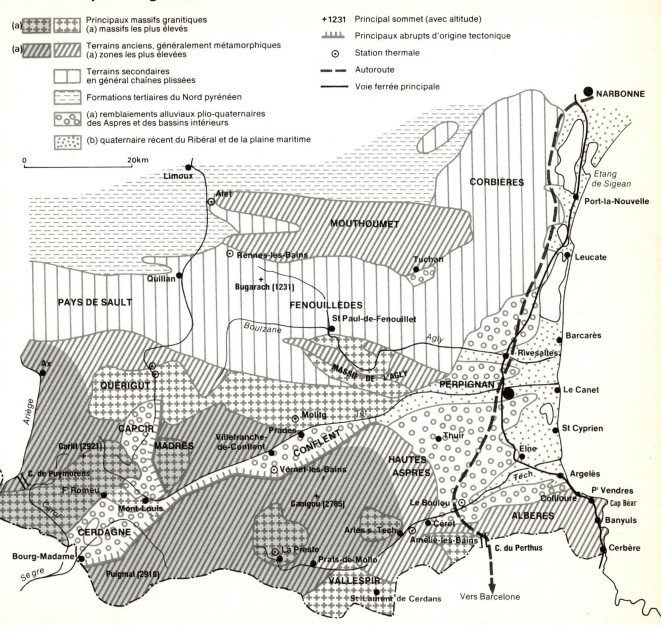

5. Roussillon et Pyrénées orientales, les aspects régionaux

convaincu pour les Albères, les pays du Canigou, les Fenouillèdes, les Corbières et le Mouthoumet. Mais de part et d'autre de l'Aude, la bordure septentrionale est déjà un milieu ambigu ; le Quérigut, le pays de Sault, avec leur fort enneigement hivernal, leurs sapinières et leurs hêtraies qu'on retrouve parfois entre Aude et Agly font montre de fraîcheur et d'humidité. A l'amont de Quillan, le chêne-vert ne tient guère qu'aux adrets de la vallée de l'Aude, et pas pour longtemps. Le creux pluviométrique de l'été est faible et le maximum de mai-juin trahit des influences aquitaines, ce qui est d'ailleurs une constante climatique des pays de l'Aude, car les analyses polliniques nous montrent dans le passé des formations végétales correspondant à un climat toujours plus frais et plus humide.

La montagne et les bassins intra-montagnards ont aussi leurs singularités. La sécheresse d'été, élément essentiel du climat méditerranéen, n'y sévit qu'assez exceptionnellement ; les orages estivaux sont fréquents, aussi bien en Haut-Vallespir, où La Preste a un maximum pluviométrique d'été, qu'en Cerdagne ou en Capcir. Dès qu'on aborde la montagne, l'hiver est la saison la plus sèche, et le fait est déjà net à l'est du Canigou et même sur les Hautes-Aspres.

La répartition des grandes averses confirme cette dégradation des traits méditerranéens ; il est rare qu'elles coïncident avec celles du Languedoc ; les grandes pluies paraissent souvent liées à des perturbations atlantiques à l'ouest de l'Espagne, surmontées de talwegs froids de haute altitude ; les vents pluvieux, venus de sud à est, déversent alors souvent plus de précipitations dans la plaine roussillonnaise qu'en montagne ; ainsi, du 6 au 10 octobre 1965, alors qu'il tombe de 400 à 500 mm en plaine, le Vallespir, le Canigou, le Puigmal se contentent de 200 à 300 mm, le Conflent de 100 à 200 mm, le Capcir et la Cerdagne, le Madres et le Carlit d'environ 50 mm.

Cette montagne pyrénéenne de l'est est très ensoleillée ; si le Canigou, surtout l'été, est fréquemment perdu dans les nuées, le reste de la montagne et plus encore les hauts bassins jouissent d'une exceptionnelle luminosité de l'atmosphère, avec une durée d'insolation sans égale en France, expliquant l'installation à Font-Romeu d'un four solaire pour l'obtention des très hautes températures. Cet ensoleillement est aussi un trait permanent du climat, auquel il faut sans doute relier les caractères de la glaciation dans le Carlit et le Puigmal. Il a profondément marqué le paysage végétal de la haute montagne ; hêtraies et sapinières ne se maintiennent guère qu'au flanc nord du Canigou et de part et d'autre du Haut-Vallespir ; partout ailleurs, passé 1 500 m, c'est la forêt de pins à crochets qui l'emporte, appauvrie par l'abus du pacage et faisant souvent place, en soulane, à des landes de genêt purgatif, et, en altitude, à une pelouse subalpine assez dégradée.

Une disposition du relief compliquée

Les Pyrénées orientales ne ressemblent guère au reste de la chaîne pyrénéenne (voir p. 132). Un jeu de blocs relevés et de fossés s'y substitue à la zone axiale, et la chaîne est redoublée au nord par un ensemble complexe disposé autour du voussoir ancien du Mouthoumet. Les contrastes d'altitude sont très accusés : par exemple, les 2 785 m du Canigou dominent brutalement des vallées ne dépassant pas 300 ou 400 m.

La zone axiale

Elle débute à l'est, entre Ampurdan et Roussillon par le horst des Albères et du Roc-de-France, échancré de cols assez bas (le Perthus est à moins de 300 m) ; les granites y affleurent largement à l'ouest, où leur médiocre résistance leur a valu d'être aménagés en zone déprimée (bassin de Saint-Laurent-de-Cerdans) ; malgré sa modeste altitude, cette zone est déjà fortement arrosée, ce qui lui permet de conserver sur sa retombée nord des forêts un peu inattendues : hêtraies de la forêt de Sorède, hêtraies mêlées de châtaigniers du Vallespir.

L'étroit sillon du *Vallespir* sépare cette chaîne-frontière du puissant rempart montagneux allant du Canigou au Puigmal, porté à près de 2 800 m au Canigou, 2 900 m au Puigmal, et n'offrant pratiquement pas de passage au-dessous de 2 000 m. Cette barrière étroite, parfois réduite à une ligne de crête, retombe brutalement au nord par un grand accident majeur qui a dû rejouer jusqu'à l'extrême fin du Tertiaire, sur le Conflent, le plateau de Montlouis et la Cerdagne. D'un ensemble probablement d'origine hercynienne, composé surtout de roches métamorphiques, émergent ici et là quelques massifs granitiques, comme celui de Batère, au sud-est, au-dessus d'Arles-sur-Tech, qui constitue aussi un alvéole relativement déprimé au flanc de la montagne.

Vers l'est, cet anticlinal du Canigou s'abaisse et s'enfouit sous une couverture sédimentaire cambrienne, de moins en moins métamorphisée en direction de la plaine : c'est le massif des Hautes-Aspres. Entre les gneiss du Canigou et les Hautes-Aspres, une auréole de micaschistes relativement tendres a été évidée par l'érosion au point de constituer comme une ébauche de dépression périphérique qui a pour effet de priver les Aspres des eaux de la montagne.

Au nord de l'axe Conflent-Cerdagne, une nouvelle zone de hautes terres, plus massives, souvent granitiques, s'élargit vers l'ouest. Au sud-ouest, ce sont les hauts massifs granitiques du Madres et surtout du Carlit, culminant à plus de 2 900 m, séparés l'un de l'autre par le fossé du Capcir. Ces ensembles compacts, qui dominent des bassins élevés (plus de 1 500 m d'altitude) offrent de grandes surfaces monotones ; celle du Carlit est criblée de lacs, legs d'une glaciation modeste qui a sculpté par ailleurs quelques hautes vallées comme celle du Carol. Au nord, les massifs granitiques du Quérigut, du Roquefortès, de Roque-Jalère sont déjà beaucoup plus bas ; l'érosion y a aménagé quelques bassins (cuvette d'Escouloubre, Donezan) aujourd'hui perchés au-dessus des gorges de l'Aude.

Entre ces massifs montagneux, les bassins du Conflent, de la Cerdagne et du Capcir se présentent tous sous la forme de gouttières dissymétriques, encadrées d'un versant raide, lié à de grands accidents tectoniques, et d'un versant plus adouci. Le *Conflent*, ou bassin moyen de la Têt, comporte plusieurs paliers dominés au sud par l'impressionnante retombée du Canigou et au nord, par les schistes et calcaires dévoniens du pays des Garroches dont les vallées remontent vers le Madrès. Le Bas-Conflent, entre Prades et Villefranche, est encore très bas (350 m) ; en Moyen-Conflent, de Villefranche à Olette, la dépression devient plus étroite pour finir en Haut-Conflent sur de véritables gorges. Le Conflent n'est jamais une plaine : des épaisseurs considérables de cailloutis, descendus du Canigou au Pliocène, ont comblé le bassin et rejeté la Têt à sa bordure nord ; la rivière et ses affluents s'y sont fortement encaissés, avec un dédale de vallées et de crêtes prolongeant vers le bas les serres du Canigou : un relief heurté, émietté, au creux d'un bassin très sec, mais riche de toutes les eaux venues du Canigou.

Le massif du Madrès retombe lui aussi par un escarpement rigide, cette fois de direction méridienne, sur le *Capcir,* alors qu'à l'ouest le Carlit se relève plus doucement. A 1 500 m d'altitude, le Capcir a un relief peu accusé, avec un ensemble de vieilles terrasses alluviales, peut-être pré-glaciaires, et des moraines abandonnées par les petits glaciers du Carlit. Le climat y est rude, sec, ensoleillé ; les forêts de pins tapissent tous les versants, parfois même le fond de la cuvette (forêt des Mattes).

Un seuil granitique peu élevé (1 720 m au col de la Quillane) fait communiquer le Capcir avec la haute vallée de la Têt et la *Cerdagne* ; cette dernière est nettement en contre-bas du plateau de Montlouis, à 1 200 m d'altitude. Il s'agit d'un fossé tertiaire, longtemps occupé par un lac, dominé au sud par les raides versants du Puigmal d'où les torrents ont amené de fortes quantités d'alluvions qui ont rejeté le Segre au nord du bassin. Sur les sédiments lacustres de l'ouest, la Cerdagne a l'allure d'une véritable plaine ; l'altitude modérée lui vaut un été plus chaud qui permet le blé ; ce serait un bon pays, n'était-ce l'extrême sécheresse due au climat d'abri qui fait de l'irrigation une nécessité.

La bordure sédimentaire et l'avant-pays

La bordure sédimentaire nord de la zone axiale apparaît très différente de part et d'autre de l'Aude.

● *A l'ouest de l'Aude,* ce sont les tables calcaires du Pays de Sault, constituant, vers 900 - 950 m un haut plateau karstique, déjà très océanique, rude et neigeux l'hiver, partiellement habillé de futaies de sapins ou de hêtraies. Ce plateau tombe au nord, par un rebord largement entamé par l'érosion, sur des collines développées dans des molasses tertiaires et prolongeant le Plantaurel.

● *A l'est de l'Aude,* la disposition du relief se complique ; une bande de terrains sédimentaires prolonge bien les tables calcaires du Pays de Sault. Mais, d'une part, l'ensemble bute au nord sur un massif ancien, le Mouthoumet, sur lequel les plis des Fenouillèdes sont plus ou moins poussés et déversés ; d'autre part, les faciès sédimentaires y sont plus variés, avec une prédominance des marnes noires, largement présentes tout le long du grand synclinal des Fenouillèdes qui introduit des altitudes de plaine au cœur de la montagne et a toujours constitué la voie de passage entre le Roussillon et les pays moyens de l'Aude. Enfin, un petit massif ancien, celui de l'Agly, s'interpose au sud entre les Fenouillèdes et la montagne. A l'est, la zone sédimentaire déborde le Mouthoumet, l'enveloppe à l'est et au nord-est pour donner les reliefs peu élevés, mais très morcelés des Corbières, où les barres calcaires alternent avec de petits bassins marneux.

Tout cela ne peut guère être qualifié de montagne. Corbières et Mouthoumet sont plutôt des pays de collines où les glacis d'érosion jouent un rôle morphologique important ; la cistaie dans le Mouthoumet, la garrigue dans les Corbières remplacent les forêts audoises. La complexité de l'évolution morphologique est soulignée par le tracé de l'Agly qui abandonne un moment le synclinal du Fenouillet, pour inscrire une étroite vallée dans le massif ancien. L'abondance de la vigne montre combien ce sont déjà de bas-pays.

Des pays déshérités et abandonnés

Toute cette montagne est aujourd'hui faiblement peuplée ; dans les bassins, la densité ne dépasse plus guère 20 habitants au km² et la montagne est vide. Le dépeuplement a été sévère, sauf dans les Fenouillèdes ; depuis 1876, il a privé le Quérigut des 3/4 de sa population, le Conflent et le Pays de Sault des 2/3. Cet abandon se poursuit partout, sauf sur le plateau de Montlouis et en Haute-Cerdagne ; il frappe davantage la montagne : de 1936 à 1968, six communes des Garroches, au nord du Conflent, ont perdu par exemple les 3/4 de leur population. Sauf en Cerdagne, la balance naissances-décès est partout déficitaire, avec des taux de natalité très bas (ainsi, le canton d'Olette a des taux respectifs de natalité et de mortalité de 6,6 et 21,4 ‰ entre 1968 et 1975).

C'est que l'ancienne économie rurale, déjà peu prospère, s'est effondrée ; la culture, fondée presque toujours sur la distinction entre terroir irrigable et aspres sèches, était associée à des élevages compliqués ; les exploitations étaient trop petites, mal épaulées par d'immenses communaux de bois ou de landes médiocres. L'élevage comportait quelques bovins, surtout pour le travail, et un troupeau ovin ou caprin ; la pratique des migrations pastorales était générale, avec utilisation des alpages autour des bergeries ou vacheries de montagne (les « cortals »), mais elle a aujourd'hui à peu près disparu ; les cortals abandonnés tombent en ruines ; seul le parcours ovin se maintient ; il arrive que certains villages ne soient plus occupés que l'été et on assiste à des achats massifs de terre par des citadins, des belges notamment, à des fins touristiques; l'aménagement de routes dites pastorales ouvre la haute montagne aux touristes, permet de passer d'une vallée à une autre, mais ne ranime guère la vie pastorale.

La forêt, appauvrie jadis pour alimenter les forges, ne procure guère que du bois d'affouage. Quelques gîtes minéraux (gisements de minerai de fer du massif du Canigou) ont alimenté des forges. Les venues hydrothermales sont parfois exploitées dans de minuscules stations thermales, comme Usson, Carcanières ou Escouloubre dans la vallée de l'Aude. La brutalité des dénivellations, l'héritage glaciaire, la fréquence des gorges épigénétiques ont favorisé les aménagements hydro-électriques, presque tous anciens et modestes : le bassin de l'Aude, les pentes nord et sud du Canigou, le Carlit sont à peu près entièrement équipés ; les grandes retenues (lac des Bouillouses) sont rares et on a surtout des usines de haute chute turbinant de petits débits.

Deux basses vallées : Vallespir et Conflent

L'étroit sillon du *Vallespir*, entre Roc-de-France et Canigou, est la seule vallée vraiment humide des Pyrénées orientales. Les orages d'été, alimentés par la brise marine, y sont de plus en plus fréquents vers l'amont, et les grandes pluies amenées par les courants d'est et de sud-est, souvent diluviennes. En octobre 1940, en 4 jours, il put tomber jusqu'à 1,50 m de pluie, peut-être même 2 m, ce qui provoqua des crues fantastiques (le Tech débita sans doute 3 500 m³/s à Amélie-les-Bains) ; c'était sans doute un flot de rythme millénaire, mais les remaniements morphologiques furent exceptionnellement importants : glissements de terrains, épandages énormes. Ce sont sans doute des accidents de ce genre qui expliquent la disparition à peu près totale de l'ancienne morphologie élaborée par les glaciers quaternaires. En 1940, le réseau des canaux d'irrigation a été décapité ou ensablé, souvent abandonné ; la voie ferrée d'Arles-sur-Tech n'a pas été reconstruite, et le minerai de fer du Canigou (mine de Batère), descendu dans la vallée par transporteur aérien, doit ensuite être acheminé par camion à la gare de Céret.

La population, qui s'effondre à l'amont dans le canton de Prats-de-Mollo, augmente au contraire à l'aval où la douceur du climat favorise la résidence. L'agriculture est abandonnée. Le Vallespir est volontiers industriel : si les forges ont disparu, la fabrication des sandales et des espadrilles, le tissage subsistent, notamment à Saint-Laurent-de-Cerdans. Tout à l'amont, la station thermale de La Preste accueille chaque année quelque 5 000 curistes venus soigner leur colibacillose dans un cadre austère tandis qu'à l'aval, Amélie-les-Bains doit à son thermalisme en pleine croissance (17 000 curistes) et à sa fonction résidentielle d'avoir détrôné Arles-sur-Tech et d'être devenue une petite ville animée et cossue. Quant à la frontière, elle ne joue pratiquement plus aucun rôle dans la vie quotidienne du Vallespir.

Le *Conflent* est bien différent. La basse vallée, autour de Prades et même de Villefranche a conservé des cultures maraîchères et fruitières qui en font une annexe de la huerta roussillonnaise ; l'altitude y fait passer progressivement du pêcher au poirier, puis au pommier dont les vergers tapissent les vallons remontant vers le Canigou; on est bien loin de l'ancienne polyculture, naguère développée à partir des monastères de Saint-Michel-de-Cuxa et de Saint-Martin-du-Canigou. Ces deux monastères devenus des hauts-lieux de la civilisation catalane, les nombreuses églises romanes, les fréquentes venues d'eaux thermales (Vernet-les-Bains, Molitg), la montée au Canigou, autant d'atouts touristiques qui expliquent le maintien de la population, alors que la haute vallée et la montagne sont fort dépeuplées, surtout depuis qu'ont disparu les vieilles activités minières. Un peu partout on a jadis exploité le minerai de fer ; souvent, à un détour de la route, on tombe encore sur les vestiges d'une ancienne minière ou d'une forge catalane, même au cœur de la montagne où on disposait de la force hydraulique et du bois. Un peu de sidérurgie s'est maintenue longtemps juste à l'amont de Prades, et les grandes sociétés sidérurgiques (Usinor à Villefranche) n'avaient pas dédaigné un minerai excellent, mais dont l'exploitation a été condamnée par les coûts excessifs de transport. Reste un peu d'exploitation de talc, de spath-fluor (Comifluor à Olette) qui ne suffit pas à occuper les anciens mineurs-paysans du Conflent. Malgré cela, Prades, bien placée sur la route de la Cerdagne, est une manière de petite capitale du Conflent.

Les hauts-bassins : Capcir et Cerdagne

Bien qu'offrant de vastes surfaces planes, souvent sur épandages alluviaux, Capcir et Cerdagne sont des pays peu peuplés : densités voisines de 10 au km² en Capcir, de 15 à 20 en Cerdagne. Les densités anciennes, plus élevées, n'atteignirent cependant jamais celles du Conflent.

C'est que la vie n'y fut jamais très facile : des sols pauvres, un climat dont il fallait craindre la sécheresse, de fortes inversions de température au cœur des bassins au point que les villages ont fui le cœur de la Cerdagne ou du Capcir pour se réfugier au contact de la montagne, sur quelque lambeau de terrasse ou sur un éperon entre deux vallons ; en Cerdagne, à part Valcebollère très engagé dans le Puigmal, presque tous les chefs-lieux de communes sont alignés aux bordures sud et nord du bassin, le centre n'ayant guère fixé que deux ou trois villages (dont l'ancien bourg de Llivia, demeuré enclave espagnole) ; on échappe ainsi aux rigueurs des fonds, mais alors que de difficultés pour arroser !

La Cerdagne, plus basse, a connu le blé, possède quelques vergers ; un peu d'élevage laitier s'est organisé autour de la laiterie coopérative d'Err : troupeaux minuscules, bêtes mal sélectionnées, rendements faibles. L'élevage ovin persiste, avec quelques gros éleveurs. Les exploitations, souvent en fermage en Cerdagne, ne sont guère viables, faute d'une surface suffisante. Dans la belle lumière des soir d'été, on se croirait parfois plongé dans quelque bucolique civilisation en train de mourir.

Seulement, plus qu'en Vallespir ou au Conflent, le tourisme a pris le relais. Dans ce domaine sec et ensoleillé, où la plupart des vents ont un caractère föhnique, on a d'abord cherché la pureté de l'air pour des cures de repos, notamment sanatoriales : le magnifique adret du plateau de Montlouis, dominant la Cerdagne a été le point de départ des implantations. Résidence d'été, puis sports d'hiver s'y sont ajoutés : Font-Romeu et Bolquère en Cerdagne, les Angles en Capcir, Porté dans la vallée du Carol sont déjà bien équipés en remontées mécaniques et bien des villages essaient de se doter de petites installations.

Le climatisme reste cependant l'essentiel. Font-Romeu, au balcon de la Cerdagne, au milieu des pinèdes, en est le centre principal avec son lycée climatique, son centre olympique, ses maisons de cure et de repos, surtout pour enfants, le tout offrant plus d'un millier d'emplois. Côté Puigmal, Saillagouse, Err et surtout Osséja en profitent largement. On compte ainsi une vingtaine d'établissement spécialisés dans l'accueil des jeunes asthmatiques, avec une capacité de 900 lits. Maisons familiales, villages de vacances, résidences secondaires se multiplient. Partout on construit, on ouvre des routes, on crée, notamment à l'ubac du Puigmal où la neige tient mieux, de nouvelles installations de ski. Cela stimule l'industrie du bâtiment et des travaux publics, développe l'artisanat : la Cerdagne se repeuple et s'enrichit.

Pourtant, l'accès en est malaisé. Le plateau de Montlouis voit bien se croiser, sous le contrôle jadis de sa citadelle, des routes dites de grande circulation ; mais toutes, du côté français, sont verrouillées : passage du Puymorens vers l'Ariège, gorges de l'Aude et du Haut-Conflent. Avant l'automobile, on arrivait de Perpignan, ou plutôt de Villefranche, par un petit chemin de fer à voie métrique, audacieux et capricieux, installé à la bordure méridionale de la Cerdagne et rejoignant à la gare frontière de La Tour-de-Carol, la voie normale venant de Toulouse qui franchit le Puymorens par un long tunnel. Deux voies ferrées électrifiées, mais lentes et de faible capacité : il faut près de 4 heures pour venir de Perpignan, plus de trois de Toulouse. La route n'est guère meilleure, avec des tracés difficiles et des cols enneigés : on ne passe pas toujours au Puymorens... Bref, ces hauts bassins, sur une route transpyrénéenne peu fréquentée, restent isolés ; la frontière n'y joue qu'un rôle effacé ; pourtant, malgré leur éloignement, ils n'ont pas de vraie ville, pas de centre commercial, et les relations anciennes se faisaient plus avec l'Espagne qu'avec le Roussillon.

Bassins intramontagnards et hauts massifs font tous partie du domaine catalan ; Prades est même devenue l'un des foyers culturels de la civilisation catalane ; les grandes abbayes du Conflent recevaient et reçoivent plus de pèlerins venant d'Espagne que de roussillonnais. La frontière n'a jamais été un fait de civilisation, puisqu'elle se bornait à couper artificiellement une unité humaine profonde. Par là, la montagne est solidaire de la plaine roussillonnaise ; plus peut-être encore que le relief ou le climat, c'est ce qui la différencie du reste des Pyrénées et la rattache au monde méditerranéen.

2. L'escarpe bordière du Massif Central

A l'horizon de la plaine languedocienne, le Massif Central dresse une barricade continue. Si nous laissons la Montagne Noire à ses destinées aquitaines (voir p. 177), le rebord, depuis Saint-Pons, est d'abord moyennement élevé (moins de 1 100 m, mais dominant des vallées très basses : 300 m à Saint-Pons, 200 m à Lamalou) dans l'Espinouse, le Caroux, le rebord caussenard de la Seranne. Au droit de l'Aigoual, en même temps que le rebord s'incurve vers le nord-est, la disposition se complique : une série de blocs monoclinaux, obliques par rapport au tracé du rebord, constitue les massifs du Lingas-Saint-Guiral, de l'Aigoual, puis, après un large hiatus, du Bougès et du Lozère, enfin du Tanargue. L'escarpement est ici beaucoup plus haut (1 567 m à l'Aigoual, 1 511 au Tanargue), évidé par des vallées qui remontent profondément entre les massifs de l'Aigoual et du Bougès (système des Gardons : Vallée Borgne, Vallée Française, Vallée Longue) ou de part et d'autre du Tanargue (Ardèche et ses affluents). Le domaine méditerranéen cesse au fond des vallées de l'Ardèche méridionale, à la limite du Coiron.

Ce rebord est découpé par des vallées étroites, montant à l'assaut de la montagne, et séparées par d'étroits interfluves, burinés par une érosion violente : les *serres;* la hiérarchie des vallons affluents introduit un extraordinaire morcellement du paysage : tout s'inscrit ici sous le signe de la pente ; c'est à peine si au fond des vallées, un ourlet de graviers arrachés à la montagne offre quelques espaces plans, sans cesse menacés par les crues des torrents.

C'est le domaine par excellence des averses méditerranéennes, pluies généralisées ou terribles orages ponctuels, fréquents de septembre à mai, avec un maximum d'automne et un affaiblissement hivernal. L'Aigoual et le Tanargue battent les records de pluviosité (2 m environ), mais le fond des vallées, jusqu'à la limite du Velay, est à peine moins arrosé. Ces averses violentes sont suivies d'un ruissellement instantané et de crues subites. Les cours d'eau cévenols sont réduits à la seule alimentation du rebord, car, dès la ligne de faîte, le drainage se fait vers l'Atlantique. Aussi les hautes eaux ne durent-elles que quelques heures, et, sauf en bordure des hauts massifs, les débits d'été sont faibles et irréguliers, parfois nuls ; l'irrigation est par suite bien difficile, incapable, sur ces versants brûlés de soleil, de contrebalancer la sécheresse de la belle saison. Les réserves d'eau constituées ici et là l'ont été pour l'arrosage des plaines ; sauf sur l'Orb, la dispersion du réseau et le caractère souvent local des paroxysmes orageux rend assez illusoire l'efficacité des barrages dans la lutte contre les crues. On n'est pas près d'étouffer les crues cévenoles et Gardons ou Vidourle continueront à dépêcher vers la plaine ces vagues furieuses qui suivent les fortes averses.

Pour qui vient d'en bas, le rebord c'est aussi la fraîcheur, grâce à un gradient thermique anormalement fort ; la montagne est souvent « bouchée », peu ensoleillée; aux ombrées, dès 800 m, le hêtre domine; plus haut, les futaies résineuses peuvent prospérer. Cette montagne fraîche et relativement humide, avec ses sources glacées, contraste avec les fonds de vallons emprisonnés dans la chaleur diurne.

Les fortes pentes font que les produits d'altération de la roche sont vite entraînés vers les fonds qu'ils viennent engraver. Pour prendre possession du versant, l'homme a dû systématiquement terrasser, transformer les pentes en escaliers de murettes, remonter la terre qui glisse, capter la moindre source pour acheminer les eaux, par de tortueux béals, vers les jardins ou les bouts de pré auxquels elles sont réservées. Sauf la Seranne calcaire, le rebord du Massif Central fut partout une châtaigneraie ; c'est elle qui, par ses vertus nourricières, permit en Cévenne et en Vivarais le refuge protestant. Les châtaignes, de maigres récoltes de céréales sous les arbres et un petit élevage ne permettaient pourtant qu'une chiche subsistance ; au bas des versants seulement, l'élevage du ver à soie apporta un peu de prospérité. On y vivait au prix d'expédients : migrations de travail aux moissons ou aux vendanges de la plaine, longs trajets quotidiens vers les filatures ou les mines des bas de vallée, avec cette harassante remontée aux petits mas des versants, après de longues journées de travail.

Les versants ont été cependant entièrement occupés, tapissés par les terrasses de minuscules exploitations, aux bâtiments dispersés dans la châtaigneraie. Les densités ont été souvent supérieures à 50 habitants au km². Ce rebord a formé un écran que les transhumants languedociens devaient traverser par de longues drailles accrochées au sommet des serres, tout comme les vieux sentiers de la montagne. Tout cela pour une vie de misère justifiée par le refuge ou l'égale précarité des économies voisines.

Le retour à la tolérance religieuse, la ruine du ver à soie, la disparition des emplois miniers, surtout cette espèce de démesure entre un travail acharné et des revenus monétaires infimes ont précipité les cévenols vers la plaine ou les villes. Depuis le maximum du XIXe siècle jusqu'en 1975, la population a décrû de 82 % dans le canton de Barre, de 87 % dans celui de Valgorge, de 78 % pour Saint-André-de-Valborgne, de 74 % en Vallée Française et Vallée Longue, etc. Localement, le déchet peut excéder 90 %. C'est une des régions françaises les plus dépeuplées, les plus vieillies : de 1962 à 1970, on a dû fermer un tiers des dernières classes dans le canton de Villefort ou dans celui de Saint-Germain-de-Calberte.

Le délabrement économique n'est pas moins grand ; vaincue plus par l'abandon que par les maladies ou l'abattage, la châtaigneraie disparaît ; sauf autour des hameaux, les terrasses sont abandonnées et les murettes s'effondrent ; seuls, les ourlets alluviaux, complantés de pommiers, restent vivants. Beaucoup de maisons abandonnées, écartelées par leurs toits de lauzes, s'écroulent, avant que n'intervienne la recolonisation temporaire d'été par les vacanciers. On a pu reboiser avec succès la montagne, comme Georges Fabre l'avait expérimenté dans le massif de l'Aigoual ; mais l'incendie menace partout friches et forêts. Les tentatives de rénovation par de petits élevages (chèvres pour la fabrication du « pélardon »), par l'accueil de vacanciers ou de citadins rêvant de revenir à la nature et reprenant parfois de vieux mas, ne constituent que des exemples isolés. La disparition des emplois du charbon dans les vallées au pied du Lozère a aggravé encore le délabrement.

Partout aussi, il faut compter avec l'isolement, les interminables trajets sur des routes difficiles, l'équipement très insuffisant des petits centres élémentaires : de Valleraugue à Burzet, les chefs-lieux de canton participent un peu du réveil de l'avant-pays, mais insuffisamment pour transmettre le mouvement aux hautes pentes.

3. La montagne niçoise

Vue de la côte, la proche montagne niçoise a déjà fière allure ; peu de côtes méditerranéennes peuvent trouver à si petite distance une haute montagne fraîche en été, fortement enneigée en hiver.

Une montagne humide

Les Alpes niçoises comportent trois ensembles : dès la mer, le domaine préalpin ; au centre, entre Var moyen et Argentera, une zone assez confuse qui correspond à la couverture sédimentaire des Massifs centraux ; au nord, le massif ancien de l'Argentera.

● Les *Préalpes niçoises* sont entièrement situées à l'est du Var ; nous y joindrons la partie septentrionale des Préalpes de Grasse, les pays de l'Estéron où deux longs anticlinaux, celui de Gourdan au sud du Var et celui du Cheiron, encadrent une grande zone synclinale complexe où se dégagent à la faveur d'accidents de détail, de fréquents crêts monoclinaux. A l'est du Var, les plis niçois sont très compliqués, venant en gros se mouler sur des zones synclinales anciennes, rendues rigides par de puissants dépôts tertiaires. Mais alors que les plis de l'Estéron sont fortement perchés au-dessus du Var, les Préalpes niçoises sont plus faciles d'accès le long des deux branches du Paillon.

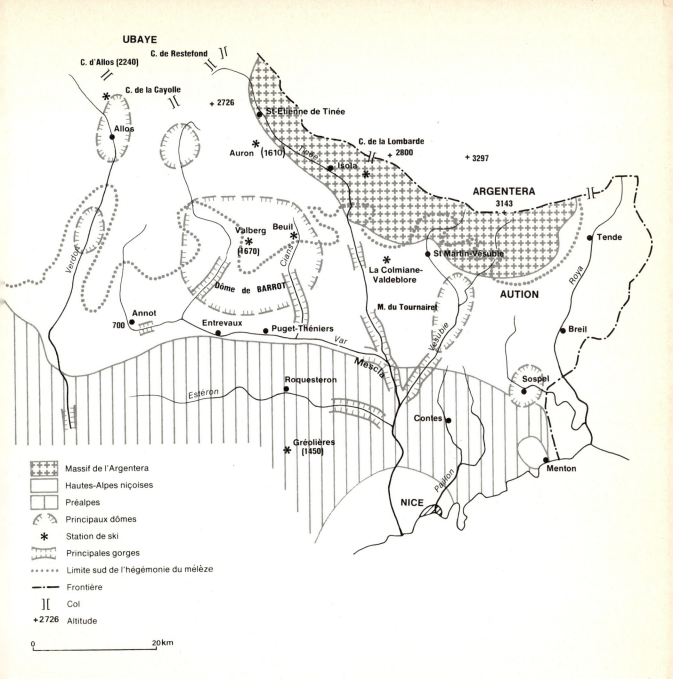

6. **Domaine alpin niçois**

● *La moyenne montagne* niçoise constitue, de la Roya jusqu'au Verdon, un ensemble déjà élevé : 2 000 m à l'est dans l'Aution et le Tournairet, plus de 2 500 m à l'ouest au nord du Dôme de Barrot et entre Var et Verdon. Au nord-ouest du Haut-Verdon et du Haut-Var, cette moyenne montagne vient se confondre avec les nappes de l'Embrunais-Ubaye. La couverture sédimentaire a été ici ployée, dès le début du Tertiaire, en une série de dômes et de cuvettes, fortement remaniée lors des mouvements fini-miocènes. Les dômes, assez simples, font apparaître, dans leur cœur toujours éventré, des terrains plus anciens, peu résistants ; à l'ouest, dans les dômes de Beauvezer et d'Allos, n'apparaissent guère que des terrains crétacés ; mais les marnes oxfordiennes affleurent largement dans le dôme éventré du Haut-Var, tandis que les cargneules, les dolomies triasiques, les schistes rouges permiens dominent au cœur du dôme de Barrot ; plus à l'est, le trias réapparaît dans les dômes de la moyenne Vésubie et de Sospel. Enfin, un ourlet de ces terrains permo-triasiques apparaît tout autour du massif de l'Argentera-Mercantour.

Ces dômes ont constitué autant de zones faibles, lors des épisodes successifs des plissements alpins. Au contraire, les aires synclinales crétacées, épaissies de puissantes séries tertiaires (calcaires éocènes, grès d'Annot) ont acquis une grande rigidité qui les a préservées, et des remaniements tectoniques, et des coups de l'érosion. Ces synclinaux apparaissent souvent perchés en vasques, comme l'aire synclinale d'Annot ou le grand synclinal du Var moyen, entre cette rivière et le dôme de Barrot, ou encore le grand ensemble synclinal de la Basse-Roya.

Ces synclinaux, presque tous disposés d'est en ouest, barrent l'accès à la montagne et ont été percés de gorges par un réseau hydrographique essentiellement méridien. L'altitude est suffisamment forte pour que les appareils glaciaires du Haut-Var et du Haut-Verdon aient été puissants et soient descendus jusque vers 1 000 m.

● Mais l'action glaciaire a été beaucoup plus puissante dans le *haut massif de l'Argentera-Mercantour* qui se dégage lentement de sa couverture permo-triasique au contact de laquelle s'est installée la haute vallée de la Tinée et s'est dégagée la conque montagneuse de Valdeblore. Le massif lui-même essentiellement gneissique, fait très « haute montagne », avec ses vallées en auge, ses gradins de confluence sciés de cascades, ses petits lacs d'ombilic ou de cirque, sa morphologie de détail assez différente de celle des Alpes sèches de la haute Tinée ou de l'Ubaye et où les glaciers rocheux jouent un grand rôle. Mais si les glaciers quaternaires sont descendus loin à l'aval dans les vallées de la Tinée, de la Vésubie et de la Roya, les formes glaciaires ne se sont bien conservées que dans la montagne. La glace n'a jamais recouvert la montagne très bas ; même une haute vallée annexe comme celle de Valdeblore n'a été que partiellement recouverte, et encore par des glaces venant de la Vésubie. Cette répartition de la glace ancienne atteste le conflit climatique majeur des Alpes niçoises : celui d'une humidité forte, propice à l'enneigement, et des températures douces qui en relèvent singulièrement les limites.

Car les hivers sont doux : à 1 000 m, la moyenne des température hivernales, en haute Vésubie, est déjà supérieure de 2 °C à celle de Gap, alors que celles de l'été sont sensiblement identiques. La sécheresse d'été est bien un trait méditerranéen, de même que le minimum secondaire d'hiver et le puissant maximum d'automne. Mais les pluies sont très rarement synchrones de celles du reste du midi, et la sécheresse estivale n'est jamais totale, même en juillet. Les étés « pourris », pour être rares, ne sont pas exceptionnels. Le rôle des vents d'est (la « lombarde » de haute montagne) liés aux perturbations méditerranéennes, paraît fondamental, expliquant l'abri progressif vers l'ouest et le creux pluviométrique des vallées méridiennes. Mais même ces bassins abrités reçoivent plus d'1 m de pluie, de même que l'immédiat arrière-pays niçois; les pays de la Roya enregistrent de 1 100 à 1 300 mm, de même que les hautes Préalpes de Grasse, où les moyennes peuvent monter, au Cheiron, jusqu'à 1500 mm. On enregistre de 1 200 à 1 300 mm en bordure de l'Argentera, et il se peut que la haute montagne ne soit pas beaucoup plus arrosée. Le manteau nival, fugace au-dessous de 1 200 m, devient au contraire épais au-dessus de 1 500 m, mais avec une forte part des neiges de printemps. Sauf dans les basses vallées, l'eau est abondante et on peut la faire ruisseler sans souci dans les « gargouilles » des villages.

Au-dessous de 1 000 m, l'ambiance est au contraire très méridionale ; l'olivier grimpe haut sur les pentes, jusque vers 700 m, occupe encore les adrets de Saint-Sauveur-de-Tinée ou du grand synclinal de l'Estéron. En montagne, il n'y a pas cette invasion de hêtres, si caractéristique du versant italien ; mais des sapinières garnissent fréquemment les ubacs, sans que l'homme soit pour quelque chose dans leur introduction. Le mélèze est souvent l'arbre de la haute montagne, mêlé parfois au pin Cembrot, refoulant le pin sylvestre vers le sud ; la carte 6 montre la limite méridionale du mélézin dominant ; enfin, en haute montagne, le pin à crochets règne sans concurrent.

Cette originalité climatique et biogéographique est un fait ancien ; le domaine paléosylvatique des Alpes niçoises, où le pin s'est effacé au profit du sapin, est profondément original.

Le dessin du réseau hydrographique constitue un dernier problème. Le réseau local des Préalpes de Grasse et de Nice est conforme aux grandes lignes structurales ; il en est de même du Var moyen, orienté d'ouest en est, ou de la haute Tinée au contact de l'Argentera. La plupart des autres rivières ont un tracé méridien, qui les a obligées à traverser en gorge les synclinaux de roches dures (gorges de la basse Vésubie, de la Mescla, du Cians inférieur) ; certains cours s'enfoncent au cœur des dômes de roches permiennes, dans d'extravagantes gorges rouges, aux pentes ruisselantes de pierraille (Cians supérieur, gorges de Daluis sur le Var, etc.). Les avatars de détail sont nombreux. Tout cela a pour effet de verrouiller les hauts pays et de provoquer l'isolement ; partout on trouve de ces « clues » étroites, vraies fissures comme celle d'Aiglun sur le Haut-Estéron.

Une montagne abandonnée

Au moment de l'annexion, la montagne niçoise était vivante : 55 habitants au km² dans les Préalpes de Nice, plus de 30 dans les austères montagnes de Grasse ou les pays de la Vésubie, plus d'une dizaine encore dans l'effroyable corridor de la moyenne et haute Tinée. Partout, l'habitat rural était fortement groupé et on pourrait organiser un concours d'extravagance quant aux sites toujours perchés, parfois vertigineux, des villages. Nulle part dans le Midi on s'est tant préoccupé de défense, ce qui signifie aujourd'hui d'ahurissantes successions de lacets pour gagner des villages presque abandonnés : Ilonse en Tinée, Utelle en Vésubie, deux exemples parmi des dizaines d'autres. L'originalité humaine réside aussi dans la nature des relations sociales anciennes : comme en Corse, des « familles » ont dirigé le pays, se constituant de véritables fiefs, avec des clientèles de nature quasi-féodale, explicables par la pauvreté d'un pays où l'homme bien placé pouvait apporter beaucoup...

Dans les Préalpes, dans les basses et moyennes vallées de la montagne, le village se tapit au milieu ou au-dessus de ses olivettes : nul pays en France n'en a conservé autant, encore que de maigre rapport. La montagne a connu un élevage bovin et des migrations pastorales actives, et recherchait dans la migration temporaire en Provence un gagne-pain complémentaire.

Après 1860, le premier souci de la nouvelle administration française sera de désenclaver chaque vallée, en application d'un programme sarde dont seule la route de Nice à la Roya et au col de Tende avait été réalisée. Ce ne fut pas chose facile ; ainsi, pour gagner les pays de la Vésubie, on partit d'abord par la vallée du Paillon, par le col Saint-Roch ; en 1863, une route est construite par Levens en évitant les gorges de la basse Vésubie ; en 1894, on ouvre enfin l'actuelle route des gorges. Toutes les vallées sont peu à peu débloquées ; un chemin de fer à voie étroite remonte la vallée du Var et lance même d'éphémères et audacieuses antennes électrifiées vers Roquestéron, la haute Vésubie, la Tinée, le haut Var, en vue notamment de collecter les laits de la montagne. L'ouverture des routes coïncide avec une accentuation de l'exode, amorcé depuis l'annexion ; pourtant, cette migration a moins vidé les villages que dans le reste des Alpes du Sud ; depuis 1876, les pertes sont de l'ordre de 50 % ; il est vrai qu'une falsification assez systématique des recensements tend à gonfler les effectifs réellement présents. Actuellement, le déclin est toujours fort dans les hautes vallées ; mais en moyenne montagne et surtout dans les Préalpes une fonction nouvelle de résidence ralentit aujourd'hui l'exode. Il reste que le Haut-Var, le Haut-Verdon ont maintenant moins de 5 habitants au km², et que sauf dans l'immédiat arrière-pays niçois les densités sont partout inférieures à 20.

Le délabrement économique est plus grand encore. L'absurde frontière de 1860, en coupant les communes de la haute Vésubie et de la haute Tinée de leurs alpages, avait entravé la vie pastorale ; la nouvelle frontière de 1947 a supprimé ces obstacles juridiques, mais la vie pastorale a presque disparu ; de nombreuses vacheries sont abandonnées ; celles qui subsistent, pourtant rénovées, doivent regrouper des bêtes venant de fort loin. L'ancienne surcharge en bétail a totalement disparu ; il y a eu 750 vaches laitières à Saint-Martin-Vésubie, il n'en restait pas 50 en 1972 et c'est pourtant une des rares communes à avoir conservé ses vacheries. La production laitière ne suffit même plus aux besoins des communes montagnardes. L'économie de la basse montagne, restée aux petits élevages, aux olivettes, aux figuiers, parfois, lorsque le sol s'y prête, aux châtaigniers, est plus délabrée encore.

Cette montagne reste à l'écart du trafic ; seules les routes de la vallée du Var et du col de Tende ont une forte circulation. Outre le col de Tende, la frontière ne dispose que d'un seul autre passage carossable, celui du col de la Lombarde, à 2 350 m, ouvert seulement en été. Toutes les vallées sont ainsi des cul-de-sac ou n'ouvrent sur l'Ubaye que par de très hautes routes, praticables quatre à cinq mois de l'année, et très peu fréquentées. Il n'y a donc d'autre tourisme que celui des niçois, sans grand rapport avec la fréquentation du littoral. C'est un tourisme faiblement hôtelier; il est plutôt fait de visiteurs pour la journée, d'alpinistes, de possesseurs d'une résidence secondaire. La vogue du village provençal s'est étendue à tous les vieux villages perchés, recolonisés, réparés, souvent avec goût, par les citadins de la côte ; l'extension de Nice dans les vallées du Var et du Paillon fait même de ces villages de nouveaux foyers de résidence permanente d'actifs urbains.

La haute montagne a connu d'abord une fréquentation d'été, vacanciers et alpinistes (vallée des Merveilles, vallons du Boréon, de la Madone de Fenestre, de la Gordolasque) ; tout le Mercantour est bien équipé en refuges. Depuis 1950, c'est le développement des stations de sports d'hiver, trop proches de Nice pour que le séjour hôtelier y soit très développé, plus orientées vers la résidence secondaire ou le séjour dominical, ce dernier étant tout de même contrarié par la lenteur et la précarité des relations routières. Les stations à fort potentiel hôtelier, bien équipées, sont surtout Valberg, implantée au milieu du mélézin, sur un alpage de la commune de Péone, Auron, en haute Tinée, très bien pourvue en champs de neige, La Foux-d'Allos, sur le haut Verdon, handicapée par un interminable parcours routier. Ces stations, médiocrement élevées, n'ont pas toujours de la neige, ce qui a incité le conseil général des Alpes-Maritimes à promouvoir une station plus élevée, Isola-2000, sous le col de la Lombarde, dont les accès ont coûté fort cher et dont la conception architecturale est si discutée qu'elle a suscité une forte opposition à la naissance de stations identiques au contact de l'Argentera. Quelques petits équipements existent ici et là, par exemple Gréolières-les-Neiges aisément accessible de Grasse, mais uniquement pour le ski de la journée.

Le tourisme favorise le développement de petits bourgs : Breil, Saint-Martin-Vésubie ou Annot. Mais l'absence d'industrie, l'évanouissement total de la vie rurale, ne favorisent guère les anciens petits centres d'échanges dont aucun n'atteint le stade de la petite ville ; Puget-Théniers et Sospel sont les deux centres les mieux équipés, gardant une petite allure urbaine avec leurs hautes maisons anciennes, mais restés minuscules.

4. Les Préalpes du sud et les pays duranciens

Au sud des Alpes humides, le domaine préalpin du sud constitue un monde de transition : du soleil assurément, de la chaleur et de la sécheresse d'été, rarement rompue par quelques orages ; des hivers peu neigeux, relativement doux, mais coupés de brefs assauts du froid à chaque déclenchement du mistral, assauts partagés par les pays de la moyenne Durance, même au printemps ; à la mauvaise saison, et surtout en automne, de copieuses averses méditerranéennes, mais moins durables que sur la Cévenne ou dans la montagne niçoise. Les précipitations sont d'ailleurs maigres : 800 à 900 mm en Diois et dans les Baronnies, un peu plus dans les Monts du Vaucluse, dans les Préalpes de Digne ou de Castellane, mais 600 à 800 mm seulement dans les pays abrités du bassin durancien. La seule montagne vraiment humide est le faîte Ventoux-Lure (1 350 mm au Ventoux) dont les aptitudes forestières contrastent avec les maigres bois du reste des Préalpes, ces « blaches » que les forestiers enrésinent au fur et à mesure de l'exode humain.

Les éléments du relief

La figure 7 montre la disposition d'ensemble du relief, l'ensemble des Préalpes étant scindé en deux par les pays duranciens, dilatés au nord autour du dôme de Gap, au sud dans le grand bassin tertiaire de la Basse-Durance.

Le domaine préalpin

Il se partage en deux du fait de la lithologie [1] :
— Au nord entre le Vercors et le Ventoux et jusqu'aux Préalpes de Digne, les calcaires crétacés dits urgoniens manquent, remplacés par des roches tendres, marneuses ou marno-calcaires ; les seules assises résistantes y sont représentées par le calcaire tithonique (Jurassique supérieur), dont la puissance excède rarement 100 m et un mince bandeau de calcaires barrémiens, au moins dans les Baronnies.
— Au sud, à partir de l'axe Ventoux-Lure, les faciès récifaux réapparaissent dans une bonne partie du crétacé et l'armature de calcaire urgonien forme un bâti rigide difficilement déformable.
— A l'est de la Durance, dans la zone des plans, c'est le jurassique supérieur qui est représenté par de puissants bancs de calcaires coralliens qui jouent un rôle analogue.

Aussi les différents domaines ont-ils réagi très différemment aux poussées tectoniques (ébauche sénonienne, phase paroxysmale pyrénéo-provençale éocène, faibles mouvements oligocènes, nouvelle phase paroxysmale dite alpine, post-miocène). Trois styles structuraux en découlent :

1. Dans les *Baronnies*, le *Diois*, le *massif de Barcillonnette* entre Buech et Durance, ainsi que dans le *massif de Gigondas,* à l'ouest du Ventoux, les anticlinaux éocènes sont éventrés alors que les synclinaux sont plus ou moins bourrés de sédiments. Par suite, lors du paroxysme alpin, les anticlinaux, étroitement comprimés, viennent chevaucher les aires synclinales rigides. Il en résulte une inversion assez générale du relief, avec des aires synclinales perchées et des bombements anticlinaux éventrés en combe et cernés par des crêts de calcaire tithonique (combe de Die par exemple). Les altitudes y restent faibles, dépassant rarement 1 500 m ; vu du Ventoux, le domaine baronniard apparaît comme une zone compliquée, confuse, largement alvéolée.

2. Dans les *Préalpes de Digne et de Castellane,* l'ensemble sédimentaire est fortement poussé vers le sud, avec des chevauchements de grande ampleur et un début d'écaillage des plis ; de vigoureux talus calcaires, atteignant parfois 2 000 m d'altitude, dominent vers le sud-ouest ou le sud des synclinaux emplis de crétacé ou viennent chevaucher le bassin tertiaire durancien (plateau de Valensole, pliocène, chevauché par les blocs de calcaires jurassiques de la région de Majastres).

3. Les ensembles rigides du sud débutent au

---

1. Pour tout ce qui concerne la formation des Alpes, voir le volume 2, 1re partie.

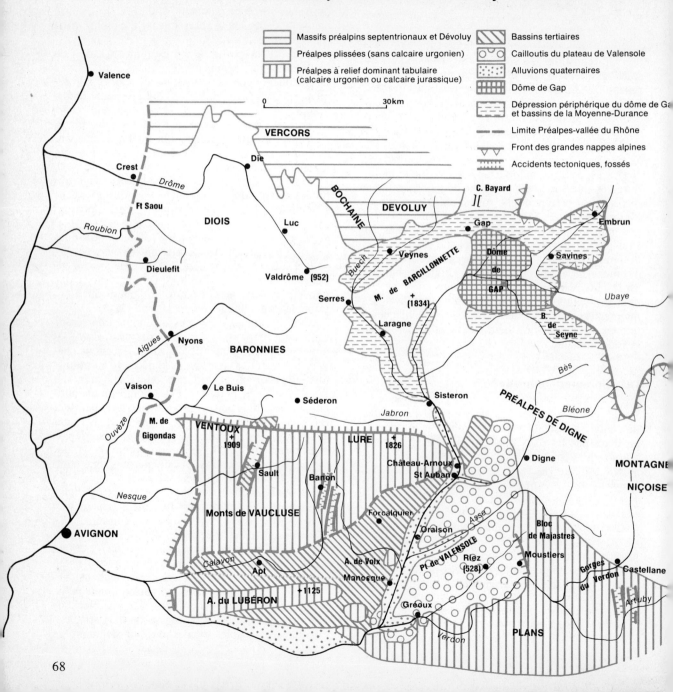

nord par le grand pli dissymétrique *Ventoux-Lure*, le plus long des Alpes, avec ses 70 km de développement d'est en ouest; en pente brutale sur les Baronnies, il descend doucement au sud vers les *Monts de Vaucluse*, qui dominent eux-mêmes vigoureusement la plaine rhodanienne et le bassin d'Apt. Les reliefs de plateau dominent, accidentés de compartiments affaissés de direction nord-sud (fossés de Banon, de Sault).

Les mêmes accidents de direction méridienne se retrouvent à l'est de la Durance, dans la *zone des Plans*, notamment dans les pays de l'Artuby où ils compartimentent de lourds plis faillés, déversés vers le sud en un escalier de plateaux sur lesquels l'érosion méditerranéenne mord furieusement.

L'altitude des plateaux méridionaux est médiocre : 1 000 m à 1 100 m ; c'est seulement au nord que l'altitude se relève : 1 826 m à Lure, un peu plus de 1 900 au Ventoux.

Les pays duranciens

Au nord, le dôme de Gap constitue un bombement, où l'altitude dépasse 1 700 m, où réapparaissent en boutonnière des terrains triasiques ou permiens, mais dont l'unité est brisée par une série de petits fossés méridiens. Autour du dôme, dans la couverture jurassique tendre, ont été aménagés tout un ensemble de bassins périphériques : bassin de Turriers au sud, de la Blanche — ou de Seyne — au sud-est; surtout, la longue dépression qui se suit de l'Embrunais à l'ouest de Gap, puis, après le haut seuil de la Freissinouse, à près de 1 000 m, se poursuit par la vallée du petit Buech, et, au-delà de l'étranglement de Serres, par la large dépression et les terrasses du Bas-Buech. Ce boulevard de circulation facile, en partie récuré par les glaciers quaternaires, contraste avec l'étroite vallée que la Durance a creusée dans la retombée sud du dôme de Gap, entre la confluence de l'Ubaye et Tallard.

Après la jonction des plaines de la Durance et du Buech, la dépression durancienne se verrouille brusquement dans l'étroit qui va de Sisteron à la retombée de Lure. Au-delà commence le bassin tertiaire de la Basse-Durance, opposant deux volets ouest et est. A l'ouest, c'est un ensemble de terrains oligocènes que le grand pli du Lubéron-anticlinal de Volx partage en deux domaines : synclinal du Calavon et *pays de Forcalquier* au nord, pays de la Basse-Durance au sud. Dans le bassin de Forcalquier, les couches tertiaires se relèvent au sud vers l'anticlinal de Volx, au nord vers Lure ; de ce fait, les assises résistantes y donnent 3 ou 4 cuestas modestes, tournées vers la montagne.

A l'est, ce sont les formations tabulaires du *plateau de Valensole*. Elles dessinent une vaste surface qui s'incline de l'est vers l'ouest et du nord vers le sud, pour atteindre 500 m d'altitude au-dessus du confluent Durance-Verdon. Les couches qui forment ce plateau se sont accumulées sur plus de 1 500 m d'épaisseur dans un bassin subsident pliocène ; les plus récentes remontent au début du Quaternaire. Il s'agit uniquement d'alluvions grossières, issues des Préalpes, souvent consolidées en poudingues. Ce plateau, découpé par des vallées affluentes de la Durance (Bléone, Asse), domine d'environ 200 m la vallée de la Durance et celle du Verdon.

Quant à la vallée de la Durance, installée à peu près au contact des formations de Valensole, large de 4 à 5 kilomètres, elle est constituée à peu près exclusivement par le lit majeur actuel de la rivière.

Les grands traits morphologiques

Le domaine préalpin du sud n'a jamais connu de glaciers; seules les glaces venues de la haute montagne ont submergé le sillon de Gap (sauf les pays du Buech), occupé le bassin de Seyne, et descendu la vallée de la Durance jusqu'à Sisteron ; l'épaisseur de la glace ne devait pas être très grande et l'empreinte glaciaire est modeste, sauf dans le sillon de Gap et le pays de Seyne. Nous sommes dans une zone de marge glaciaire, mais à peu près privée de son cortège habituel de formes d'accumulation, nappes d'alluvions fluvio-glaciaires mises à part.

Les formes propres aux pays méditerranéens sont plus caractéristiques. Les glacis de versant sont particulièrement abondants dans le Diois, les Baronnies, les pays du bas Buech, plus rares là où

69

dominent les roches dures. Dans les marnes noires, c'est le classique relief de bad-lands, recouverts d'une fine grenaille schisteuse que le vent suffit à mobiliser et que le ruissellement des averses balaie périodiquement. De même abondent les lits majeurs encombrés de cailloutis grossiers, où les rivières se perdent en sous-écoulements, les cônes de déjections qui inspirèrent Surell, cônes que les forestiers ont fini par stabiliser, confirmant par là même que l'insuffisance du manteau végétal est à l'origine de la trop facile mobilisation des matériaux lors des averses méditerranéennes.

Les plateaux du sud, par l'épaisseur de leurs masses calcaires, ont permis le développement des canyons étroits, comme ceux de la Nesque ou du Verdon ; les poljés sont fréquents, parfois difficiles à distinguer des bassins effondrés ; les formes karstiques superficielles peuvent être étonnamment denses, comme dans le semis de dolines des plans de Caussols. Mais la perméabilité du calcaire bloque ici presque complètement l'érosion subaérienne.

Enfin, comme dans les Alpes niçoises, le réseau hydrographique est souvent indifférent à la structure : rivières traversant les fossés effondrés, sans les longer, comme la Nesque ou l'Artuby, ou installées en position anticlinale, comme la Drôme dans la Combe de Die, innombrables inadaptations de détail des moindres torrents. Tout témoigne que le réseau s'est installé sur un relief imparfaitement dégagé et assez différent de l'actuel.

L'univers de Giono : l'abandon de la montagne.

A l'exception de la vallée de la Durance, les Alpes du Sud ont connu un dépeuplement exceptionnellement grave. Pourtant, ces montagnes ont été chargées d'hommes, que l'on accusait de ravager les bois pour y ouvrir des champs ou des pacages, et qui étaient sans doute fort pauvres. On a dû atteindre le maximum de population dès le XVIIe siècle ; du milieu de ce siècle jusque vers 1800, il y a eu un premier reflux, peut-être lié à l'exode de protestants particulièrement nombreux dans les Préalpes ; la Révolution a été suivie d'une légère reprise qui ne dépasse pas les années 1830-40. C'est ensuite l'hémorragie, accompagnée d'un précoce déficit des naissances ; de 1850 à 1900 ce seul déficit représente 40 000 personnes, soit plus de la moitié des pertes réelles.

L'effondrement humain est donc lié aussi bien à la dénatalité qu'à l'exode. Ici, les migrants ont été surtout des paysans cherchant à le rester en s'établissant au plus près dans les plaines voisines, suivant les anciennes migrations temporaires de moissonneurs. L'exode a surtout frappé le Diois, les Baronnies de l'est et du centre, l'est de Lure, les Préalpes de Digne et de Castellane et même le plateau de Valensole. Le délabrement bat ici des records ; dans le pays de Majastres, à l'est de Valensole, on comptait en 1836 2 400 habitants sur 8 communes, et seulement 120 en 1975, cinq des communes ayant totalement disparu. De 1962 à 1975, dans le Haut-Diois, les pertes communales sont souvent comprises entre 30 et 50 % ; de 1968 à 1975, 40 communes des Alpes-de-Haute-Provence ont dû fusionner avec des communes moins délabrées...

Les densités actuelles sont ainsi très basses : 6 à 7 pour les Préalpes à l'est de la Durance, moins de 10 en Diois et sur le plateau de Valensole, 12 dans les Baronnies. Depuis 1960, la chute de la population s'est ralentie dans les monts de Vaucluse, le pays de Forcalquier, l'ouest des Baronnies ; il y a même parfois reprise démographique. Les pays de la Durance, où les pertes avaient été faibles, ont connu une forte progression ; depuis la Seconde Guerre mondiale, la vallée de la Durance, de Volonne à Manosque a gagné plus de 25 000 habitants.

Les secteurs en progrès n'ont pas une balance des naissances positive ; l'essor est donc lié à une immigration qui ne peut être qu'extérieure. La séduction d'un certain Midi en est responsable : retraités, gens épris de solitude, candidats au retour à une vie ancienne à l'instar des protagonistes de « Regain » ; c'est un univers assez sophistiqué où les jeunes sont rares, mais où l'argent l'est heureusement moins ; des villages se recolonisent, des petites villes grandissent sans vraiment revivre. Le tourisme a sa part dans cette reprise ; le Ventoux, les gorges du Verdon attirent des foules ; l'artisanat local manifeste un certain renouveau (faïencerie de Moustiers-Sainte-Marie) ; mais, sauf dans le petit bassin de Seyne, il ne peut y avoir de tourisme d'hiver et l'emploi hôtelier reste saisonnier; il en va de même avec la renaissance de la station thermale de Gréoux (plus de 15 000 curistes par an).

D'autres facteurs ont pu jouer. L'installation des bases de missiles sur le plateau d'Albion (monts de Vaucluse) a procuré un flot d'investissements et une reprise démographique qui s'est déjà essoufflée (Sault continue à décliner). Les causes essentielles du renouveau sont à chercher dans la prospérité durancienne et la croissance des petites villes ; là seulement il y a vraiment rajeunisement de la population, afflux de jeunes, reprise de la natalité : de Laragne à Pertuis, tout le pays durancien connaît des taux de natalité supérieurs à la moyenne nationale.

La résistance de l'agriculture

Au royaume de la lavande :
Préalpes et plateau de Valensole

Si peu nombreux qu'ils demeurent, ces hommes ont su créer une agriculture originale, à l'affût des nouveautés et des progrès techniques, surtout dans les Préalpes et les pays duranciens. Apparition précoce des fourrages artificiels, emploi rapide et massif des engrais, mécanisation parfois outrancière, recherche de la spéculation, tout dit l'originalité d'un milieu montagnard où ont jadis germé les hérésies, maintenant les idées nouvelles, où le sens de la solidarité a précocement ouvert la voie au mouvement coopératif, mais où chacun, persuadé d'être le meilleur, tient jalousement à son indépendance.

Le fort exode a limité l'agriculture aux bonnes terres et a permis un agrandissement des fermes là où dominait jadis la petite exploitation. Seuls, les plateaux de Saint-Christol et de Valensole ont toujours connu une certaine concentration de la terre entre les mains de gros exploitants. Agrandie, très mécanisée, cette exploitation de demi-montagne demeure fidèle à la polyculture et le blé reste la culture de base en assurant des revenus stables grâce à des rendements élevés ; les fourrages artificiels, souvent arrosés, ont révolutionné l'élevage du mouton ; d'un élevage naisseur on est passé, avec une race rustique bien sélectionnée (Sahune, Savournon) à la production d'agneaux gras de boucherie, abattus sur place et expédiés à Paris ; partie du Diois, servie par une foule d'abattoirs locaux (en on compta plus de 130), cette spéculation a gagné toute la montagne ; le double agnelage annuel, la fréquence de l'agnelage gémellaire, la tenue des bêtes en bergerie, sans souci de garde une partie de l'année constituent autant de facteurs de productivité. Les abattoirs se sont concentrés, notamment à Gap, Aspres, Serres, Laragne, Sisteron et le marchand-expéditeur est devenu un personnage de poids : les plus puissants sont ceux de Sisteron, qui négocient 120 000 agneaux par an. Le reste de l'ancienne polyculture (noyer, amandier) s'est moins bien maintenu.

Le paysan sud-alpin a depuis longtemps recherché des cultures ou des cueillettes spéculatives, capables d'assurer de grosses rentrées d'argent : on a cherché les truffes, cueilli les « simples », élevé le ver à soie. Les Baronnies récoltent encore le tilleul ; la plupart des vallées cultivent les arbres fruitiers, poiriers et pommiers comme dans les pays de la Sasse, abricotier dans les pays de l'Ouvèze. La vigne est aussi présente partout ; dans les combes de Die et de Vercheny, la fabrication de la « Clairette de Die » place le vin en tête des revenus ruraux.

La grande affaire reste la lavande ; produit de cueillette, distillé dès le XVIe siècle, la lavande est devenue après la Première Guerre mondiale, la plus grosse source de profits, donnant au cœur de l'été ces paysages polychromes associant le roux des blés aux bleus de la lavande, ou plutôt du lavandin qui procure des rendements plus élevés et dégénère moins vite en culture que la lavande fine. Culture facile, mais exigeant des sarclages soignés, elle demandait à la cueillette beaucoup de main-d'œuvre jusqu'à la récente mécanisation ; après la plantation, il faut attendre 3 ans la première bonne récolte et on peut compter sur 6 à 8 ans de production avant d'arracher et de revenir au blé ou à la luzerne. La distillation a lieu sur place, dans des distilleries artisanales, gourmandes en eaux de refroidissement, ce qui les localise aux bords des torrents.

Mais les cours des essences sont terriblement variables ; dans une année moyenne, le revenu à l'ha est facilement double de celui du blé ; en période de prix élevés, les gains sont fabuleux ; mais les années de prix médiocres sont les plus nombreuses et elles rentabilisent mal le travail. Or, chaque période de hauts cours est suivie d'une fièvre de plantation, débouchant quelques années après sur une inévitable surproduction. Pour remédier à ces cycles désastreux, un effort coopératif a abouti, en 1968, à la mise sur pied, en accord avec le négoce, de SICA départementales (Alpes de Haute-Provence et SICALAV de la Drôme) dont on attend une stabilisation du marché et une concentration des distilleries au profit d'unités coopératives plus puissantes et mieux équipées.

De la sorte, les surfaces consacrées à la lavande varient rapidement. Des régions qui lui étaient vouées, comme la haute vallée de la Drôme, l'ont presque abandonnée ; les secteurs les plus orientés vers la lavande restent les monts de Vaucluse et surtout le plateau de Valensole où la lavande occupe près du tiers du sol cultivable. Apiculture et production du miel blanc accompagnent partout la lavande. La fréquence des cultures spéculatives et des cueillettes a introduit dans les Alpes du Sud la figure pittoresque du courtier, homme de toutes les spéculations, collecteur d'essence de lavande, de tilleul comme de miel, travaillant à la commission, profitant de l'individualisme excessif des producteurs.

Il y a ainsi de très belles économies agricoles, notamment sur le sud du plateau de Valensole. Mais le morcellement du relief, la nécessité de se cantonner aux pentes cultivables à la machine, conduisent à une exploitation très discontinue dans l'espace, une sorte d'agriculture ponctuelle qui s'accommode du dépeuplement et de l'abandon des villages, avec parfois une dispersion de l'habitat et contraste avec l'occupation intensive de la vallée de la Durance.

Les huertas duranciennes

Dans la dépression durancienne, très sèche, l'irrigation est primordiale. La dépression gapençaise, sans eaux courantes, a dû prélever son eau d'arrosage sur le haut-Drac, au prix d'un long tunnel. A l'aval de Tallard, sur la Durance, ou de Serres sur le Buech, les systèmes d'arrosage, modernisés par l'équipement récent, se sont généralisés et l'arrosage par aspersion s'est à peu près partout imposé.

Toute la vallée se transforme ainsi en huerta ; les vergers, poiriers ou pêchers, dominent à l'amont de Sisteron ; à l'aval, la douceur plus grande de l'hiver oriente également vers les légumes, les melons, tandis que se maintient la traditionnelle pomme de terre de Manosque. On voit se généraliser une économie intensive, exigeante en main-d'œuvre et en structures d'accompagnement, transformant les bourgs traditionnels en répliques de ceux du Comtat.

Le renouveau urbain

La vallée de la Durance a toujours été une voie de passage, celle des échanges entre la montagne et la Provence, celle des bergers transhumants et de leurs troupeaux ; par elle, le provençal a pénétré au détriment des dialectes dauphinois, avant qu'elle ne serve d'axe de propagation à la francisation. Pourtant, cette vallée n'a jamais eu de grandes villes. Il n'y a, il est vrai, aucune industrie qui puisse soutenir la vie urbaine ; ironie du sort, la seule grosse usine, électrochimique et pétrochimique, celle de Saint-Auban (commune de Château-Arnoux), malgré ses 2 000 salariés, n'a pas suscité de ville véritable. Les vieilles industries lainières ont tôt disparu. Le chemin de fer avait lancé Veynes, que la diésélisation a privée de son dépôt. La grande route qui remonte la vallée de la Durance est assez fréquentée pour connaître les « bouchons », mais n'a pas assez de trafic lourd pour influer sur le développement urbain.

Préalpes et pays duranciens ont par suite une foule de petits centres d'échanges, au mieux sous-préfectures comme Castellane, Die ou Forcalquier, le plus souvent simples bourgs de commerces et de services, comme Riez, Sault, Le Buis ou Dieulefit. Nyons et Vaison, plus orientées vers le tourisme, au creux d'abris ensoleillés, ajoutent à la collecte des produits agricoles une fonction de résidence.

Mais les seules villes actives sont duranciennes ou proches de la Durance, comme Laragne, Serres ou Veynes dans les pays du Buech. Sisteron est déjà mieux équipée, en position forte de contrôle de la vallée, étape touristique, ville de marchés et de foires. Le cas de *Digne* est plus complexe ; en fait il s'est créé une petite région urbaine sur une vingtaine de kilomètres, de Digne au confluent Bléone-Durance, à Château-Arnoux ; Digne même bénéficie de son rôle de préfecture et de ses équipements scolaires, qui lui procurent une quinzaine de milliers d'habitants.

Les deux villes les plus dynamiques sont aux deux extrémités. Au nord, *Gap,* avec 30 000 habitants est une ville moyenne bien équipée, au commerce florissant, avec une fonction de collecte et de redistribution, et un rôle non négligeable dans le contrôle du tourisme hivernal. Au sud, *Manosque* n'était en 1900 qu'un bourg ; elle a connu depuis 1950 une remarquable expansion qui la porte à plus de 20 000 habitants ; sans industrie, sans rôle administratif, elle est avant tout la capitale agricole durancienne, siège par exemple de la SAFER départementale ; elle est aussi une ville de résidence pour retraités ainsi que pour les cadres du CEA travaillant à Cadarache. C'est sans doute elle qui exprime le mieux le réveil de la Haute-Provence.

Cependant, l'absence de grande ville fait ressortir la dépendance des Alpes du Sud ; or, si les pays duranciens relèvent de Marseille, c'est de Lyon que dépendent Diois et Baronnies, et l'ancienne vocation administrative et universitaire de Grenoble se retrouve dans la diffusion de sa presse qui domine toute la Drôme et les Hautes-Alpes.

6 Provence intérieure et Côte d'Azur

1. Un relief complexe

L'histoire géologique oppose des massifs hercyniens, ceux des Maures et du Tanneron, sur lesquels s'appuie une sédimentation allant du permien au crétacé inférieur et deux provinces sédimentaires, l'une au nord-est, où la sédimentation a cessé dès le Crétacé et où les couches calcaires jurassiques, élimées par l'érosion, flottent sur un trias très épais, l'autre au sud-ouest où la sédimentation calcaire s'est poursuivie au Crétacé dans une série de bassins. Certains de ces derniers vont se trouver exondés après la première grande phase de plissements (éocène) ; d'autres au contraire se creuseront, recueillant une abondante sédimentation tertiaire et demeureront stables lors des phases orogéniques ultérieures, alors que les zones anticlinales seront très fortement déformées. Le canevas général de ces déformations est est-ouest (canevas provençal) ; mais en Provence orientale se multiplieront des accidents nord-sud, dès l'Eocène, avec de petits fossés effondrés. La grande phase orogénique alpine provoque un mouvement de bascule vers le sud et le sud-ouest, provoquant l'ennoiement du massif des Maures ; les accidents cassants se multiplient et, en Provence sédimentaire, on assiste à des décollements et des chevauchements, avec accompagnement de manifestations volcaniques, surtout pliocènes.

Massifs anciens et dépression permienne

L'agencement d'ensemble est classique : massif ancien et dépression périphérique dans la couverture tendre permienne. Mais le massif ancien est fragmenté en plusieurs unités séparées par des inflexions du socle (« synclinaux » du Mont-des-Oiseaux, en région hyéroise, et du bas-Argens) ou de petits fossés tectoniques. La dépression permienne cesse au nord de l'Argens, le trias venant border directement le massif ancien et ne donnant que des alvéoles discontinus et mal dégagés.

Il y a essentiellement deux massifs anciens, les Maures et le Tanneron; au sud-ouest, les Maures se prolongent dans les éléments anciens du massif toulonnais (cap Sicié) et des îles d'Hyères (Porquerolles, presqu'île de Giens), tandis qu'au nord-est une succession de petits horsts prolonge le domaine ancien jusqu'au-delà de Cannes. Les terrains métamorphiques dominent, disposés en larges bandes méridiennes ; quelques massifs granitiques apparaissent, comme celui du Plan-de-la-Tour dans les Maures. Des accidents cassants jouent un rôle important dans le compartimentage du relief, comme dans le dessin de la côte (golfe de Saint-Tropez).

La dépression permienne, aménagée le plus souvent dans des arkoses, commence à l'ouest au nord du cap Sicié pour venir se terminer, à l'est, dans le synclinal du bas-Argens. Etroite dans la région toulonnaise, elle se dilate dans la vallée du Gapeau, puis à nouveau dans la cuvette du Luc ; le seuil de Vidauban sépare ce bassin du bas-Argens. Déjà dans la cuvette du Luc apparaissent des épanchements de rhyolites permiennes, qui, plus au nord, ont envahi le synclinal du bas-Argens, donnant les paysages aux teintes violentes et aux versants raides de l'Estérel. La dépression permienne est dominée au nord-ouest par des bandeaux calcaires plus ou moins continus ; le réseau hydrographique ne la suit qu'imparfaitement : l'Argens, le Gapeau ou son affluent le Réal mordent parfois dans les roches du socle.

La Provence orientale

Dominée au nord par le rempart des Plans préalpins, la Provence orientale superpose des calcaires jurassiques peu épais aux terrains triasiques ; elle se dispose de part et d'autre d'une sorte de grande voûte anticlinale est-ouest où sont montés les terrains du Trias ; au nord de cet axe domine un régime de plis courts morcelés, avec de nombreux accidents de direction alpine (style dracénien) ; au sud, la structure est plus simple, mais le manteau calcaire moins continu laisse fréquemment pointer le trias. Exondée depuis le début du Crétacé, cette Provence orientale, très vigoureusement dépecée par l'érosion, correspond en gros à l'aire bauxitique du département du Var.

La Provence occidentale

La disposition du relief y est en apparence plus simple ; des aires synclinales relativement stables sont séparées par des structures anticlinales très complexes, chevauchant plus ou moins les synclinaux, et les dominant nettement, leur altitude atteignant 1 000 m. A leur pied, les bassins offrent des paysages apaisés ; la variété des couches y a favorisé le développement de reliefs monoclinaux. Du sud au nord, à partir du cap Sicié et de la dépression triasique de Sanary, on trouve :
— le synclinal de Bandol-Ollioules, dont la bordure nord vient chevaucher :
— l'aire synclinale du Beausset, vaste bassin crétacé, où ont été dégagées des cuestas et des ébauches de dépressions monoclinales, sensibles jusque dans le tracé de la côte ;
— le vaste ensemble anticlinal des massifs de Marseilleveyre, de Carpiagne, de la Sainte-Baume, cette dernière chevauchant au nord le synclinal crétacé du Plan-d'Aups ;
— la très complexe zone marseillaise ; le bassin oligocène de l'Huveaune (d'où émerge le dos calcaire de N.D. de la Garde) se ferme à l'est sur le massif d'Allauch ; dans le bassin même, la remontée du trias témoigne et de la proximité du socle et du morcellement tectonique ;
— la grande barricade de chaînons qui limite au nord le bassin de Marseille (massif de Martigues, chaîne de la Nerthe, chaîne de l'Etoile chevauchant au nord le bassin d'Aix) ;
— le bassin d'Aix (ou de l'Arc), le plus vaste, avec une sédimentation allant du Crétacé au Miocène, et offrant une disposition en auréoles, avec cuestas successives, notamment à l'ouest, au-dessus de l'étang de Berre;
— la chaîne de la Sainte-Victoire, qui domine au nord une nouvelle zone synclinale plus confuse (synclinal de Rians) et qui, au sud chevauche le bassin d'Aix, se couchant sur le massif du Cengle ;
— tout au nord, les chaînons des Alpilles prolongent en-deçà de la Durance le grand anticlinal du Lubéron.

Le modelé superficiel

Il est commandé à la fois par la multiplicité des épisodes tectoniques et la vigueur de l'érosion contemporaine sur des terrains mal protégés par la végétation. En effet, les coups de froid, si rares soient-ils, bloquent le développement de la végétation méditerranéenne, alors que la sécheresse estivale interdit l'implantation d'espèces océaniques et favorise les incendies ; d'où les facilités offertes à l'érosion mécanique, à la gélivation, aux morsures de l'érosion linéaire. D'autre part, la longue période d'émersion, depuis le Crétacé, a permis le développement de surfaces d'érosion, conservées parfois dans les roches résistantes ou exhumées dans les bassins. L'héritage des variations climatiques quaternaires se retrouve dans le développement des glacis.

Sur les calcaires, les lapiés superficiels sont fréquents ; par suite, les eaux d'infiltration, déjà fortement chargées de produits de dissolution, n'ont que peu aménagé de karst profond ; les vrais reliefs karstiques sont rares : peu de dolines, moins encore de poljés, comme celui de Cuges.

75

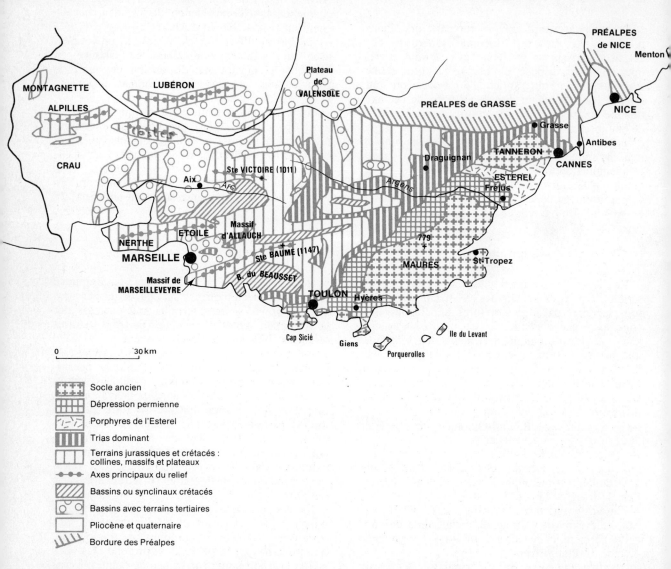

8. Basse-Provence, éléments de la structure et du relief

Enfin, la côte n'offre que rarement des littoraux de régularisation (double tombolo de la presqu'île de Giens, delta du Gapeau). Elle est généralement rocheuse, avec un dessin souvent commandé par la structure (ennoiement des bassins ou des dépressions monoclinales) ou les accidents tectoniques (ex : la côte sud du massif de Marseilleveyre). Son trait le plus original réside dans la présence des *calanques*, surtout développées dans les calcaires de la Provence occidentale, mais pas tellement différentes dans les terrains anciens des Maures. Leur origine reste discutée : petits fossés, tant elles paraissent souvent guidées par les réseaux de failles ? poljés ou reculées calcaires ? Sur cette mer sans marées, mais aux fortes tempêtes du sud, on est tenté d'en rester à la notion de vallées envahies par la mer, se terminant souvent par des « bouts du monde ».

2. Les difficultés de la Provence intérieure

Depuis le milieu du XIXe siècle, on assiste à un reflux généralisé de la population, en liaison avec la crise de l'économie traditionnelle ; sauf dans les bassins les plus fertiles ou les marges urbaines, la population a souvent diminué de plus de moitié et les densités sont faibles, surtout dans le nord du département du Var (7 au km² dans les cantons de Tavernes et d'Aups, 9 à Rians, etc.). Plus modérée à l'ouest, la dépopulation a conduit partout à un fort vieillissement et à un déficit généralisé des naissances.

Pourtant, depuis quinze ans, la tendance paraît s'inverser et la population a pratiquement cessé de diminuer ; bien plus, sauf dans les cantons les plus septentrionaux, la population augmente, même en milieu rural. Cette hausse est explicable à l'ouest, dans le sillage de l'expansion marseillaise, ainsi que dans les collines de Grasse ou de Vence, profitant de la prospérité de la frange azuréenne. Ailleurs, surtout au centre, l'accroissement est plus faible. Partout, compte tenu du déficit des naissances, ce renversement de tendance est imputable à la seule immigration ; une certaine augmentation de la natalité indique que les nouveaux-venus ne sont pas seulement des retraités, mais qu'il y a établissement de jeunes ménages.

Une telle renaissance ne doit rien à l'agriculture. La vieille économie achève de se dégrader. La transhumance a beaucoup décliné ; elle a cessé depuis longtemps pour les troupeaux alpins, et les ovins du Midi montent chaque année moins nombreux. L'olivier est en pleine déroute et la châtaigneraie des Maures a disparu ; les céréales résistent à peine mieux, le blé tenant tout juste 2 % de la SAU. Tout n'est plus que pacages à moutons ou vignes.

Car la vigne non seulement se maintient, mais gagne du terrain, soit en monoculture, soit partageant le sol avec les cultures fruitières. Sa culture est aujourd'hui cantonnée aux bassins, gagnant un peu les régions côtières ; ainsi, dans la presqu'île de Saint-Tropez, la vigne couvrait 275 ha à Ramatuelle en 1848 et déjà 1 000 en 1956. La production de vin ordinaire domine, mais les aléas de la vente orientent de plus en plus vers la production de VDQS à partir de cépages de carignan ou d'ugni blanc ; cette production de qualité domine dans les bassins de Carcès, de Lorgues, de Cotignac, dans les Maures. Les deux tiers des vignes appartiennent encore à de micro-exploitants, mais la part des grosses exploitations, souvent aux mains de citadins, augmente.

Les 3/4 de la récolte sont transformés, puis négociés par un réseau de caves coopératives dont la dominance est surtout nette pour les vins de pays : le Var compte une centaine de caves, les Bouches-du-Rhône une cinquantaine ; plus du tiers de ces caves fonctionnaient déjà avant 1920 ; une quarantaine seulement livrent des VDQS ; la plupart travaillent avec des distilleries coopératives, peu nombreuses. Dans une douzaine de communes du Var subsistent deux caves, rappelant l'opposition entre petits et gros exploitants, ou des rivalités politiques ; ainsi, à Bras, la « Laborieuse » concurrence « les Travailleurs »... La plupart de ces caves sont petites ; une vingtaine

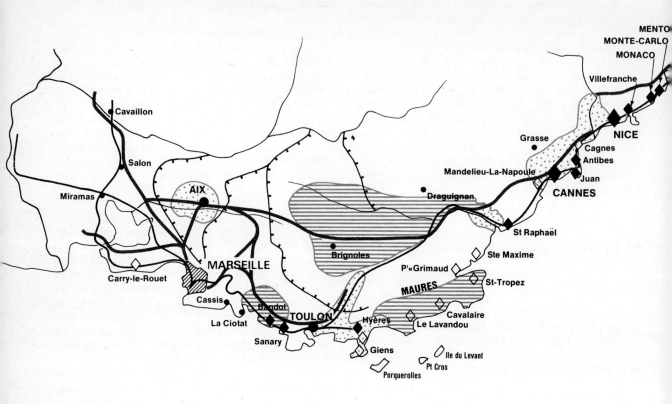

9. Basse-Provence, éléments de vie économique

d'entre elles seulement ont une capacité de stockage supérieures à 50 000 hl.

Le renouveau démographique n'a pas non plus son origine dans le développement industriel ou urbain. Il n'y a aucune industrie nouvelle et les anciennes sont souvent en difficulté. L'avenir du bassin de lignite de Gardanne-Fuveau est incertain. Les bauxites de la région de Brignoles sont extraites à raison de 2 400 000 t par an, pour les 2/3 au profit de Péchiney, par un millier d'ouvriers environ ; leur extraction relève plus des techniques des entreprises de travaux publics que de l'industrie et va diminuer assez rapidement. Pour le reste, la Provence intérieure, démunie de voies ferrées, est peu accessible ; l'autoroute A8 et la vieille RN 7 la traversent dans sa partie méridionale ; Brignoles, Le Luc, tirent du trafic routier une partie de leur activité. Ailleurs, il n'y a que des bourgs minuscules ; en dehors du système urbain marseillais et des villes de la côte, l'intérieur ne compte qu'une ville dépassant les 20 000 habitants : Draguignan, qui vient de perdre la préfecture du Var au profit de Toulon et risque de décliner tant sa croissance se trouvait liée à l'existence des administrations départementales.

3. La frange côtière de Marseille à la frontière italienne

Les côtes provençales et niçoises sont loin d'être uniformes. On peut déjà opposer la côte calcaire à calanques, à l'ouest de Sanary, à la côte des Maures et de l'Estérel ou aux versants abrupts des corniches niçoises. Les reliefs côtiers sont cependant presque partout vigoureux, rendant difficile l'accès à la mer et le cheminement au long du littoral. Mais on peut aussi opposer la côte exposée au mistral, à celle qui en est totalement à l'abri, à l'est de Saint-Raphaël, la vraie Côte d'Azur, à peu près hors gel et hors neige, largement soumise au régime des brises de terre et de mer. Historiquement, on peut isoler la côte niçoise, à l'est du delta du Var, seulement rattachée à la France en 1860 (et même 1861, entre Monaco et la frontière, où la côte appartenait aux Grimaldi monégasques). Aujourd'hui, toute la côte est profondément marquée par le phénomène touristique.

L'essor touristique

Le tourisme méditerranéen ne rencontre pas que des faveurs, car la nature est souvent hostile. La côte est certes pittoresque, mais inégalement douée, et sur les rares « plages », il y a plus de pierraille que de sable ; la mer est souvent calme, mais sans marée, ce qui aggrave les risques de pollution ; les eaux sont tièdes, avec une assez longue période d'utilisation. Mais il faut compter avec les difficultés d'accès : avant l'automobile, seuls les secteurs directement desservis par la voie ferrée se sont bien développés. Le relief tourmenté se prête mal à l'organisation urbaine justifiant dans les secteurs favorisés des prix de terrain prohibitifs et une extraordinaire spéculation foncière et immobilière. Le ravitaillement en eau potable est difficile, surtout à l'ouest. Enfin, la région ne produit à peu près rien, hors les fleurs, le vin et quelques légumes et il faut tout faire venir de l'extérieur. Tout ceci fait que la côte, au moins à l'est d'Hyères, est promise à la vie chère.

Historiquement, le tourisme a débuté par la saison d'hiver ; c'est moins la mer qui attirait que la douceur du climat et l'originalité du milieu biogéographique ; la plage était moins recherchée que les sites bien abrités (cf. Hyères). Les anglais sont venus les premiers, dans la seconde moitié du XVIIIe siècle, à Hyères et à Nice ; ils ne restaient guère l'été, compte tenu d'un paludisme encore fréquent ; Arthur Young, de passage à Nice en 1789, notait : « La ville est florissante » et attribuait ce fait à la fréquentation des étrangers, surtout anglais, qui y jouissaient l'hiver des bienfaits du climat ; mais il ajoutait : « Le dernier hiver, il y avait 57 anglais et 9 français », ce qui paraît bien mince si on songe que les Anglais avaient installé un consul à Nice dès 1787. Longuement ruiné par les guerres révolutionnaires et impériales, le tourisme reprend après 1820 ; la fréquentation de Cannes débute vers 1835, celle de Menton vers 1860. Mais le grand essor viendra du chemin de fer, donc après l'annexion puisque la voie ferrée arrive à Nice en 1864, à Monaco en 1868.

Ce tourisme était affaire de gens riches ou de malades fortunés, capables de financer un séjour long et raffiné. Il ne se concevait guère que dans de véritables stations, dotées d'équipement hôteliers de luxe ou de résidences privées, épaulées par un ou plusieurs casinos ; cela supposait un personnel d'entretien et de service considérable. Le tourisme fut ainsi générateur d'emplois, de commerces et de services de luxe, d'industries du jeu et du spectacle. Beaucoup de touristes étaient étrangers : Anglais et Russes avant 1964 ; Américains ou Scandinaves après. De véritables villes touristiques en sont issues : Hyères, Fréjus-Saint-Raphaël, Cannes, Antibes, Nice et les stations de la Riviera française. Ce tourisme ne s'intéressait à la mer que pour le spectacle qu'elle offrait ; saisonnier, il présentait tous les inconvénients des activités trop rythmées : pour les commerçants, les hôteliers, le personnel de service même, il fallait combiner cette saison hivernale avec une saison thermale d'été, à Vichy ou Aix-les-Bains notamment.

La saison d'hiver a été mise à mal par la crise des années trente et les conséquences de la Seconde Guerre mondiale. Les étrangers se sont raréfiés, les séjours se sont faits brefs, moins fastueux. La première victime est la grande hôtellerie : de 1930 à 1957, 60 % des chambres de luxe disparaissent ; Menton ou Saint-Raphaël offraient en 1960 deux fois moins de chambres d'hôtel qu'en 1930. Les hôtels de luxe qui subsistent sont souvent démodés, mal adaptés à l'amenuisement du personnel de service, spécialisés dans la clientèle « internationale » ou d'affaires ; leurs prix sont prohibitifs par rapport à ceux des hôtels de luxe des stations de sports d'hiver. Si la saison hivernale représente encore une grosse « tombée » d'argent, Nice ou Cannes n'accueillent plus l'hiver qu'à peine 20 % de la clientèle touristique de l'année.

Parallèlement, surtout après 1936, s'est développé un tourisme d'été, étroitement lié, lui, au soleil et à la mer, de plus en plus massif et hétéroclite. Hétéroclite par les systèmes d'hébergement : une faible participation hôtelière, beaucoup de locations ou de résidence secondaire, tant en « villages » qu'en grands immeubles, surtout beaucoup de caravaning et de camping. Hétéroclite aussi par les origines sociales ou géographiques (avec une forte proportion de parisiens et d'étrangers). Hétéroclite enfin par ses aspirations ce qui explique le côtoiement de plages sans façon, familiales, et de créations architecturales qui se veulent d'avant-garde autour de ports de plaisance dispendieux. Sur l'ensemble de l'année, la participation étrangère reste forte dans les grandes stations : 40 % à Cannes, 50 % à Menton, etc.

Dérivant de l'ancienne résidence hivernale de luxe, les séjours de retraite, saisonniers ou permanents, se sont généralisés. A partir d'un certain niveau de retraite, l'hiver sur la côte devient un luxe tentant. La spéculation foncière, la cherté de la vie écartent peu à peu les gens modestes, du moins du littoral. Mais la prolifération des résidences de retraite, souvent acquises au cours de l'activité, habitées pendant les trop brèves années de la vieillesse, contribue largement à cette fièvre foncière et immobilière, de même qu'à l'extraordinaire mobilité de la propriété.

On ne peut guère chiffrer cette avalanche ; pour les seuls séjours d'été des français, la fréquentation était évaluée officiellement, en 1975, à 3 300 000 personnes (15 % des journées de vacances d'été des français) ; mais il faut y joindre les étrangers, le tourisme d'hiver et hors saison, la résidence de retraite, etc. Cette fréquentation aboutit à des types d'occupation de la côte très différents.

Le type classique est celui de la station d'hiver, peu sensible aux attraits de la plage, se contentant de jouir de la vue sur mer et dressant à son bord un rempart d'hôtels et de résidences de luxe le long d'une promenade prestigieuse comme la Croisette à Cannes. Le tourisme d'été s'y trouve au contraire à l'étroit, hors le yachting, et recherche des zones moins densément construites ou moins chères comme la côte des Maures et de l'Estérel. Le tourisme revigore parfois des bourgs anciens, comme Saint-Tropez où le premier grand hôtel apparaît en 1932 et où l'essor est postérieur à 1950. Il est plus souvent générateur d'agglomérations nouvelles, parfois en marge des anciennes, plus souvent sur le territoire de communes rurales incapables d'organiser l'urbanisation, mais dont les habitants profitent de la montée du prix des terrains ou des locations. Hors agglomérations, toutes les formes existent : campings rarement de bonne qualité, cités de bungalows ou de villages de vacances, etc.

Le dynamisme varie avec les régions ou avec les engouements du moment ; ainsi, le secteur hyérois, longtemps assoupi, se réveille alors qu'à l'est de Nice, la vigueur du relief côtier et l'absence de plage freinent la croissance.

Les conséquences de l'essor touristique

Un hospice pour riches

Depuis 1954, la croissance démographique de la côte est à peu près générale. Cependant, malgré l'accroissement rapide de la population, le déficit des naissances est fréquent, surtout sur la Côte d'Azur. C'est que la croissance de la population permanente s'accompagne d'un fort vieillissement, à la fois par l'afflux de retraités et l'arrivée en fin de carrière de fonctionnaires ou de cadres à la recherche du soleil azuréen. Toute la côte se transforme en une sorte de mouroir pour riches, qui ne se rajeunit que l'été, avec le flot des vacanciers. Heureusement, le vieillissement trouve une limite dans l'emploi induit par les séjours de retraite : commerces, services, construction, attirent des éléments jeunes, souvent étrangers. Ce rajeunissement est surtout sensible entre Toulon et Nice, moins marqué au-delà du Var où la résidence de retraite est déjà ancienne.

La marée des constructions

L'accueil des résidents permanents ou des touristes a déchaîné une extraordinaire fièvre de construction ; de 1962 à 1968, le canton de Cagnes s'enrichit de 4 000 résidences supplémentaires, ceux de Cannes d'environ 5 000 ; de 1968 à 1975, la construction est frénétique entre Cannes et le delta du Var ; mais elle s'est ralentie à l'ouest de Fréjus, devient faible sur le littoral des Maures. Le parc de résidences secondaires est considérable : 20 000 dans l'agglomération de Nice en 1975, 34 000 dans le groupe Grasse-Cannes-Antibes. Aussi, les lotissements, les grands immeubles envahissent la campagne, compliquant la mise en place des équipements : voirie, alimentation en eau ; le rejet des eaux usées est si mal assuré que la plupart des plages sont aujourd'hui polluées, parfois dangereuses.

La spéculation est intense, libre de toute entrave, sur les terrains, les immeubles, les fonds de commerce. L'abondance des vieillards entretient une mobilité foncière qu'on retrouve également au niveau des fonds de commerce. Les agences immobilières, souvent spécialisées, se sont multipliées. La nécessité de répondre à des besoins très divers conduit à des formules de plus en plus souples de copropriété ou de location, à la multiplication des Sociétés civiles immobilières n'offrant guère de garanties, au développement de services domestiques et d'entretien qui assurent une assez forte progression de l'emploi.

Cette construction est rarement homogène ; sur un terrain déjà très occupé, les grandes opérations d'urbanisme sont difficiles et la construction progresse surtout au hasard des terrains disponibles. On recourt de plus en plus aux immeubles collectifs, mais sans plan d'ensemble. Rares sont les vieux centres restés actifs (Fréjus, Menton) ; le plus souvent, ce sont des villes jeunes, composites, associant des ensembles de quartiers récents à ceux hérités de la résidence hivernale de luxe. La vraie ville touristique s'organise à partir d'un front de mer, magnifiquement développé à Cannes ou à Antibes, réservé à la résidence de luxe ou aux anciens palaces, et où il faut essayer de concilier la circulation locale, l'accès à la plage et le stationnement des visiteurs ; comme la place manque, on essaie de prendre sur la mer et de constituer des fronts de mer artificiels comme à Menton ou à Monaco. Il faut aussi sacrifier aux besoins des touristes les plus riches, notamment à la navigation de plaisance, exigeante en ports : yachts lourds comme à Cannes ou Antibes, petites embarcations des ports plus récents. Cela aboutit parfois à des créations entièrement nouvelles, comme à Port-Grimaud, au fond du golfe de Saint-Tropez, où habitat et port de plaisance ont été étroitement associés par une construction sur un réseau de canaux, ou « marinas » plus ou moins réussies comme à Port-la-Galère, au nord de l'Estérel. Plus souvent encore, à partir des anciens villages de la côte, on assiste à une urbanisation diffuse, de plus en plus continue, rusant avec le relief ou les servitudes issues des voies de communications.

L'impossible circulation

La lenteur, voire la congestion de la circulation en bordure du littoral sont un fait ancien, au moins en été. La RN 7 évite toute la côte ouest et ne rejoint le littoral qu'à Fréjus, pour s'en écarter à nouveau et gagner Cannes par l'intérieur de l'Estérel. L'autoroute A 8 suit le même itinéraire et reste à l'intérieur jusqu'à Antibes. La desserte côtière n'est assurée que par des routes secondaires, sinueuses, coupées d'innombrables feux, où la circulation est forcément très lente. La voie ferrée, qui néglige la côte entre Toulon et Fréjus au profit de la dépression périphérique des Maures, constituerait un moyen de transport plus massif et plus rapide; mais, pourtant électrifiée, elle n'a guère été adaptée dans son exploitation aux besoins de la côte, bien qu'elle soit loin de la saturation et ne connaisse qu'un trafic de marchandises assez médiocre.

Le reflux vers l'intérieur

L'encombrement du littoral pousse à la conquête des terres intérieures : il est facile d'accéder à la côte, quand on ne cherche pas à la longer ; les terrains y sont meilleur marché, l'urbanisation peu active ; et quelques hommes célèbres n'ont-ils pas donné l'exemple. Le climat est assurément moins agréable, l'été étant beaucoup plus chaud qu'au voisinage de la mer. D'abord terre de résidence secondaire, l'intérieur est maintenant l'objet d'une intense colonisation. Marseillais, toulonnais, futurs retraités se disputent les terres ; la population a cessé de décliner et la reprise de la natalité témoigne des effets induits de cette marée et du développement du secteur tertiaire lié aux besoins de la résidence.

Cette annexion de l'intérieur à partir de la côte est acquise depuis longtemps pour Vence ou Grasse (pour elle, on remet en état la voie ferrée de Cannes à Grasse) ou l'arrière-pays niçois. Elle progresse plus lentement ailleurs où les densités côtières sont moins fortes et le déversement moins urgent.

Un *bilan global* n'est pas aisé à établir. Ce qui est clair, c'est l'immense transfert de richesse au profit de la côte à partir du reste de la France, notamment de Paris. Ce transfert ne concerne pas seulement les revenus consommés sur place par les touristes ou les retraités, mais aussi les investissements publics très élevés consentis par l'Etat ou les collectivités locales en faveur des aménagements côtiers. Toute une vie artificielle, financée essentiellement de l'extérieur, apparaît ; du moins a-t-elle multiplié les emplois dans la construction, le commerce, les services. Cependant, par le biais notamment de la spéculation ou de la construction, par celui aussi de la fiscalité, une partie des sommes transférées sur le littoral échappe à la consommation locale et retourne vers l'intérieur, essentiellement à Paris. La côte connaît nombre d'activités marginales, assurant en principe d'assez hauts niveaux de vie, mais de façon souvent précaire et plus souvent à des immigrés récents qu'aux populations autochtones. On aimerait voir les revenus directs ou indirects du tourisme équilibrés par ceux d'autres activités. On le voudrait d'autant plus que le développement touristique n'a pas que des effets favorables, qu'il a assez largement provoqué la destruction des paysages naturels, qu'il est responsable de l'anéantissement d'une bonne partie des formations forestières et qu'il a compromis bien des équilibres biologiques traditionnels. Or, la moisson des revenus annexes est fort mince : la côte n'a été capable de secréter aucune activité proprement créatrice.

La faiblesse des activités non touristiques

Une côte sans activités maritimes ou industrielles

Si on excepte la plaisance et le trafic touristique, cette côte provençcale n'a guère de rapports avec la mer. Il n'y a que très peu de pêche, et, contrairement au Languedoc, le repli des pêcheurs d'Afrique du Nord n'a pas provoqué de reprise appréciable. Peu ou pas de trafic commercial ; hors Toulon et Nice, aucun port ne peut faire face à un trafic même minime, et Nice ne peut recevoir que de modestes bateaux.

Il en va de même de l'industrie, à peu près entièrement réfugiée à Toulon et à Nice. Seuls, les chantiers navals de La Ciotat, fondés dans la première moitié du XIXe siècle, contrôlés à 90 % aujourd'hui par des capitaux arabes constituent une grosse entreprise (6 000 salariés), sans grandes racines locales, et n'alimentant qu'une assez modeste sous-traitance. La presqu'île de Saint-Tropez a pu compter quelques activités liées à la mer (câbles sous-marins, centre d'essais de la marine) et les immunités fiscales ont attiré dans la principauté de Monaco quelques industries fines (produits pharmaceutiques, cosmétiques) ; enfin, quelques artisanats ont pu être rénovés par le tourisme (céramique de Vallauris).

Une agriculture hors-gel

L'agriculture emploie encore moins de monde que l'industrie ; de plus l'urbanisation lui dispute ses dernières places. Des charges foncières trop élevées, une eau trop chère, mais indispensable, une main-d'œuvre difficile à recruter, tout concourt à limiter l'agriculture à quelques orientations spéculatives, parfois le maraîchage, surtout la culture florale de plein air ou, de plus en plus, sous serre. Encore cette activité est-elle géographiquement très limitée : région hyéroise, synclinal du bas Argens, autour de Fréjus, mimosas de l'Estérel, région de Grasse et d'Antibes, basse vallée du Var où, chassée de la plaine par l'urbanisation, l'agriculture de serre escalade les coteaux. Les entreprises de cultures florales sont presque toujours minuscules produisant tantôt des plantes à parfum, tantôt de la fleur coupée, tantôt des boutures ou des plants. L'essence de rose paraît avoir été fabriquée à Grasse dès le XVIe siècle ; on l'y produit assurément lorsque le tourisme apparaît. Mais la culture florale s'est surtout développée après 1850 : oranger bigaradier, rosier dit de mai, jasmin ; mais c'est une culture peu payante, longue à rapporter : pas avant 4 ans pour le jasmin, 10 ans pour le bigaradier. Aussi s'est-on de plus en plus tourné vers la fleur coupée ; si en 1927, les superficies en plantes à parfum l'emportaient encore, en 1939, la fleur coupée tenait deux fois plus de place, aujourd'hui cinq ou six fois plus et encore sans tenir compte du mimosa de l'Estérel et du Tanneron. La spéculation principale reste l'œillet (de Nice à l'air libre, américain sous serre) et tout le système repose sur l'expédition par des courtiers spécialisés, sur Paris ou les grandes capitales européennes ; les fleurs partent surtout par route, mais aussi par avion ; le rôle des anciennes criées aux fleurs, comme Nice ou Antibes, est maintenant faible. Grâce à l'utilisation des tunnels en plastique, l'essor actuel de la culture, surtout autour d'Antibes, est assez spectaculaire; les superficies cultivées restent cependant minimes, mais beaucoup d'horticulteurs sont jeunes et l'avenir n'est pas inquiétant.

L'encadrement urbain

La plupart des villes de la côte n'ont que des fonctions touristiques ; cela peut suffire à leur conférer des équipements tertiaires de très bonne qualité, encore qu'orientés vers les besoins spécifiques d'une clientèle fortunée ; c'est le cas à Hyères, Saint-Raphaël, Cannes, Antibes, et, à l'est de Nice, dans la principauté de Monaco et à Menton. Certaines de ces agglomérations sont considérables : dans le triangle Cannes-Antibes-Grasse on ne compte pas moins de 220 000 habitants. Quelques-unes ont conservé de vieux quartiers traditionnels comme Antibes. Mais ces villes touristiques, sans industries, n'ont guère de rayonnement et leur emprise commerciale reste modeste ; pourtant Hyères exerce un certain contrôle sur l'agriculture de la vallée du Gapeau, commande le tourisme de sa presqu'île et des îles ; Grasse a un rôle administratif et fait sentir son influence assez loin dans la montagne. Tous ces centres bien équipés ont plutôt pour effet de limiter le rayonnement des métropoles à fonctions

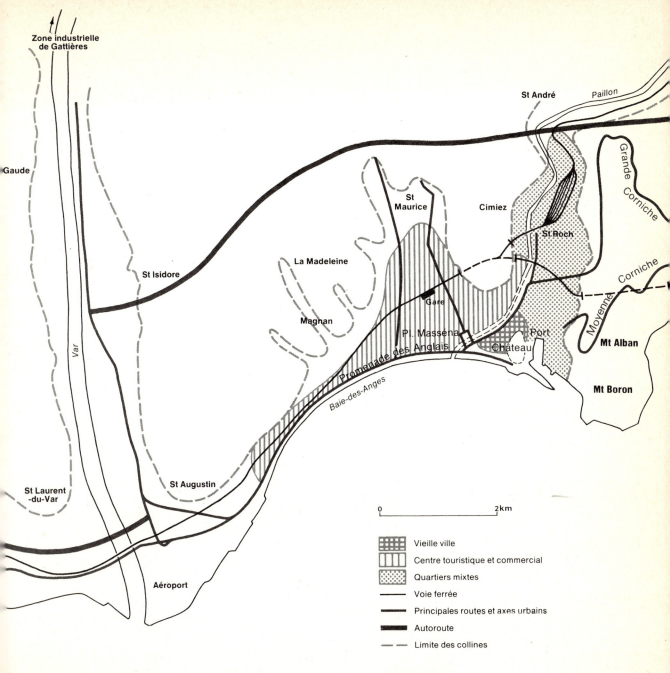

10-B Nice

multiples dont les équipements sont vite concurrencés, au moins au long du littoral.

Une grande cité inquiète : Toulon

Rien ne justifiait ici la présence d'une ville ; une situation de pointe, défavorable pour les relations avec l'intérieur, la proximité de Marseille, la concurrence même d'Hyères, tout milite contre Toulon. Les avantages viennent du site : une rade bien protégée du sud par la presqu'île de Saint-Mandrier, presque entièrement cernée de montagnes, un accès maritime commode, et, de La Seyne à La Garde, un liseré de plaine suffisant pour accueillir et les installations militaires, et la ville. Cependant, ce site s'est révélé assez vite exigu, obligeant la ville à s'étirer autour du golfe, puis, aujourd'hui, à escalader les pentes du Mont-Faron alors que de nombreux terrains constructibles (un quart de la surface communale) restent bloqués par des emprises militaires.

Toulon est avant tout un port de guerre, dont la prospérité suit celle de la flotte militaire, avec de brusques ascensions et de longs reculs ; actuellement, privée de son escadre, avec un arsenal en récession, la ville est en situation difficile. Cependant, si elle accueille la flotte, elle ne participe guère à son fonctionnement et les équipages sont surtout bretons... Les toulonnais de souche vivent d'abord de l'industrie ; l'arsenal emploie encore près de 12 000 salariés, les chantiers navals de La Seyne, 4 500 ; ces derniers fabriquent surtout des bateaux spécialisés : méthaniers, porte-conteneurs, etc. et alimentent une certaine sous-traitance. Mais tout repose sur la marine et l'emploi est peu différencié, avec très peu de postes de travail pour les femmes et des records de chômage. Promue préfecture, elle peut en tirer quelque emploi ; trop près de Marseille et de Nice, elle n'a pu ni maintenir une presse indépendante, ni accéder pleinement à la fonction universitaire, ni même conserver une partie du trafic avec la Corse, malgré le privilège de la plus courte distance. Et son rayonnement commercial est faible.

Etirée autour de son golfe, c'est une agglomération composite ; l'industrie a été rejetée à l'ouest (La Seyne) alors qu'à l'est, les quatiers résidentiels rejoignent les pittoresques bourgs ruraux de La Valette et de La Garde. Cité populaire, bien que votant prudemment à droite, Toulon est une ville vivante, animée, mais où les revenus familiaux sont modestes (il n'y a que 32 % d'actifs dans la population) et l'avenir incertain. A l'étroit dans son cadre, elle loge de plus en plus d'actifs dans la vallée du Gapeau, vers Solliès, ou à l'ouest, vers Sanary. Mais il a fallu les destructions de la guerre pour obliger les municipalités toulonnaises à un minimum d'urbanisme et de voirie ; il a fallu l'intervention du canal de Provence, à la demande pressante de l'Etat, pour avoir enfin une alimentation correcte en eau potable. Il est vrai que le Conseil Général du Var, qui a longtemps siégé à Draguignan considérait un peu la ville comme « étrangère » au pays, avec ses forts noyaux de population immigrée (fonctionnaires de la marine, corses, étrangers).

Avec 180 000 habitants à Toulon-ville, environ 300 000 avec la banlieue (groupe hyérois non compris), l'agglomération fait tout de même figure de grande ville ; mais la croissance est maintenant lente (moins de 1 % par an) et la population a fortement vieilli.

Une métropole contestée : Nice

Nice n'est pas installée au débouché de la vallée du Var, mais à celui du Paillon, petit torrent préalpin turbulent dont Nice a longtemps évité la plaine inondable pour se jucher sur une butte, celle du Château, en bordure d'une crique au pied du mont Boron qui abritera le port. Ce n'est qu'au XVIIIe siècle que la ville commence à descendre vers le Paillon, et à la fin de ce siècle se crée pour les touristes le premier faubourg de rive droite, le long de ce qui est maintenant la rue de France. La croissance de la ville sarde ne peut pourtant se faire qu'en affrontant les caprices du Paillon ; au milieu du XIXe siècle, à partir de la place Masséna, la ville développe un nouveau centre cosmopolite en direction de la gare, tandis qu'un front de mer s'allonge vers l'ouest, sur la célèbre promenade des Anglais, ouverte en 1824 au long de la baie des Anges ; la vieille ville devient alors de résidence populaire.

L'extension ultérieure sera difficile compte tenu des contraintes d'un site montagneux ; la vallée du Paillon a surtout vu s'édifier des dépôts, des installations ferroviaires, des casernes, des industries, quelques quartiers de résidence populaire, alors que la résidence aisée colonisait l'espace compris entre la mer et la voie ferrée, commençait à escalader les collines, notamment celle de Cimiez. Le site est actuellement complètement occupé et ne peut que se prêter à des opérations de détail : couverture du Paillon pour y installer des axes de circulation, des parkings ou des édifices publics, substitution de grands immeubles aux sordides bâtisses ou entrepôts du quartier Saint-Roch, couverture partielle de la voie ferrée pour créer une rocade est-ouest. Pour s'étendre, il faut remonter la vallée du Paillon ou escalader les collines : le Mont-Boron, les collines de La Madeleine sont battues peu à peu par le flot des constructions neuves.

Le cadre est devenu insuffisant et Nice a dû glisser vers l'ouest en direction de la vallée du Var ; le blocage créé là par l'aéroport reporte la construction sur la rive droite ou oblige à remonter la vallée, envahie à l'abri de ses digues par tout ce qui exige de la place ; installations sportives, entrepôts, ateliers. Une vaste zone industrielle nouvelle a été implantée à 12 km de la mer (zone de Carros) et on cherche à y développer une ville nouvelle. Mais l'habitat individuel monte toujours plus haut entre Var et Paillon, redonnant vie à toute une série de villages perchés, disputant la place à l'horticulture florale.

Cet étirement de la ville donne une nouvelle dimension aux problèmes de circulation. Un premier aspect est celui du transit, difficile à assurer, l'autoroute A 8 restant inachevée dans la traversée des collines niçoises ; il faut ensuite pouvoir gagner rapidement la ville à travers les banlieues et enfin assurer, grâce à un réseau d'autobus auquel on a accordé certaines priorités de circulation, les transports intra-urbains.

Grande cité du tourisme, Nice demeure inégalable par les fastes de son front de mer, l'opulence de ses quartiers de luxe, la célébrité de quelques fêtes symboliques (Carnaval), mais l'absence totale de plage, la carence des installations de plaisance la confinent à un rôle touristique traditionnel qui n'anime qu'une façade étroite et ne prend quelque ampleur qu'au droit de la place Masséna ; de plus, il ne fournit directement du travail qu'à une très faible partie des actifs. Mais Nice doit au tourisme d'être une ville très bien équipée, avec ses commerces de luxe, ses services de très haut niveau dans presque tous les domaines. L'équipement niçois c'est aussi la jeune et déjà pléthorique Université, ce sont les centres hospitaliers ; c'est aussi le port, à peu près réservé au trafic avec la Corse ; c'est enfin, à quelques minutes du centre, l'aéroport international, le mieux desservi des aéroports provinciaux, l'un des atouts majeurs de la croissance niçoise.

Car Nice qui se proclame résidentielle et touristique, a aussi d'autres ambitions. Les espoirs industriels sont limités, encore que la ville recèle plus de petites industries qu'il n'y paraît. Mais l'excellence du cadre et les liaisons aériennes sont de nature à attirer des industries de pointe, aux techniciens nombreux, ou des centres de recherches pour lesquels l'installation dans une ville réputée chère, mais admirablement équipée, n'est pas un handicap. Le succès des premières implantations (Texas-Instruments à Villeneuve-Loubet, centre IBM de La Gaude) a donné aux niçois l'ambition d'associer la recherche de pointe et l'industrie et de concentrer autour de Nice la matière grise ; on a réservé entre Grasse et Nice, tout l'espace nécessaire à une cité de la science (Valbonne) où les laboratoires commencent à s'installer, mais plus lentement qu'espéré.

Cette volonté de créer rejoint les désirs de s'affirmer comme métropole ; Nice en a les moyens, en possède les attributs et les équipements, mais la géographie en a singulièrement limité les possibilités, Nice étant bloquée par la montagne, la frontière et la mer. Elle a néanmoins engagé la lutte contre Marseille, comme en témoigne le rattachement du département du Var à l'académie de Nice, le développement de l'université, la bataille de clientèle entre *Nice-Matin* et les quotidiens marseillais à travers le département du Var ; elle essaie d'accaparer les relations avec la Corse, mais joue perdant si elle n'est pas capable d'améliorer son port. Elle nourrit même des espoirs du côté italien, avec le rétablissement en cours de la jonction ferroviaire avec l'Italie du nord, mais des espoirs que la médiocrité du port risque de décevoir.

Plus qu'une capitale régionale, ne faut-il pas voir dans Nice, grâce non seulement à son aéroport, mais surtout à son prestige, à son renom, une sorte de capitale internationale ? Il y a là pour la cité azuréenne une carte à jouer qu'aucune ville française ou italienne ne peut lui disputer ; ce qui est un obstacle au rôle régional, cette montagne si proche de la mer, pourrait être pour les ambitions niçoises un atout majeur.

Par ses effectifs humains, Nice atteint bien déjà la dimension métropolitaine ; en 1975, 345 000 habitants à Nice-ville, 437 000 pour l'agglomération, près de 500 000 pour la région influencée par les migrations quotidiennes de travail. Le rythme de croissance est cependant lent (1,5 % par an), la démographie alourdie par la résidence massive de retraités. L'immigration qui nourrit la ville est en tout cas fort peu régionale, vient de toute la France, noyant peu à peu la population autochtone, sauf dans la vieille ville.

7 Les pays du bas Rhône

Rappelons les difficultés de délimiter le secteur méditerranéen rhodanien. Rive droite, on peut hésiter entre la bordure des Coirons ou plutôt la vallée de l'Ouvèze ardéchoise, rive gauche à la bordure nord du bassin de Montélimar. Cependant, si cette limite physique est valable, sur le plan économique une partie de l'Ardèche et le sud de la Drôme sont d'obédience lyonnaise et non marseillaise.

Le sillon a été très subsident ; les sondages pétroliers dans le bassin de Montélimar n'ont atteint le substratum qu'à plus de 5 000 m ; à Pernes, dans le Comtat, on était encore dans l'Oligocène à − 560 m. Il est ainsi garni d'une épaisse sédimentation secondaire dont le toit est généralement représenté par le calcaire urgonien ; ces matériaux ont été vigoureusement plissés et des anticlinaux de direction est-ouest séparent des bassins où la sédimentation tertiaire a accumulé les molasses, pierre tendre facile à travailler, qui a servi à construire tant de monuments anciens : on trouve du nord au sud, à partir de l'anticlinal de la forêt de Marsanne, le bassin de Montélimar, puis l'anticlinal de Donzère, les pays cloisonnés du Tricastin, la plaine d'Orange et le Comtat, fermés au sud par la zone anticlinale du Lubéron et des Alpilles, enfin les deltas de la Crau et de la Camargue.

Le sillon est très complexe ; entre la montagne et la plaine, des avant-pays s'interposent, surtout développés au pied du Vivarais et de la Cévenne.

1. Collines et avant-pays

*Plateaux et dépressions
au pied du Massif Central*

Au sud de la vallée de l'Ouvèze ardéchoise, le rebord du Massif Central est accompagné d'une auréole sédimentaire classique, débutant par des terrains liasiques tendres et donnant naissance à une longue et étroite dépression périphérique que viennent dominer à l'est des plateaux de calcaires jurassiques (plateaux des Gras). La dépression, interrompue un moment par la coulée des Coirons, se poursuit d'Aubenas à Joyeuse pour se terminer à la vallée du Chassezac, aux Vans. Plus à l'est s'appuient sur les calcaires jurassiques des sédiments crétacés tendres (avec de petits bassins : Chomérac, Villeneuve-de-Berg, Vallon) puis des dalles de calcaire urgonien formant des plateaux monotones qui s'élargissent de plus en plus vers le sud.

Ces plateaux, dont l'altitude dépasse parfois 400 m, sont affectés d'ondulations est-ouest et surtout d'accidents cassants, justifiant l'existence de minuscules bassins, et plus au sud, l'apparition des fossés tertiaires d'Uzès et d'Alès. L'épaisseur des calcaires urgoniens explique la sauvagerie des gorges de l'Ardèche, entre Vallon et le Rhône et l'ampleur du karst profond (Orgnac, Marzal). Au nord, les puissantes coulées basaltiques des Coirons se sont étalées sur les plateaux ; plus ou moins déchaussées par l'érosion, elles dominent nettement cet avant-pays, l'altitude pouvant y atteindre 700 m.

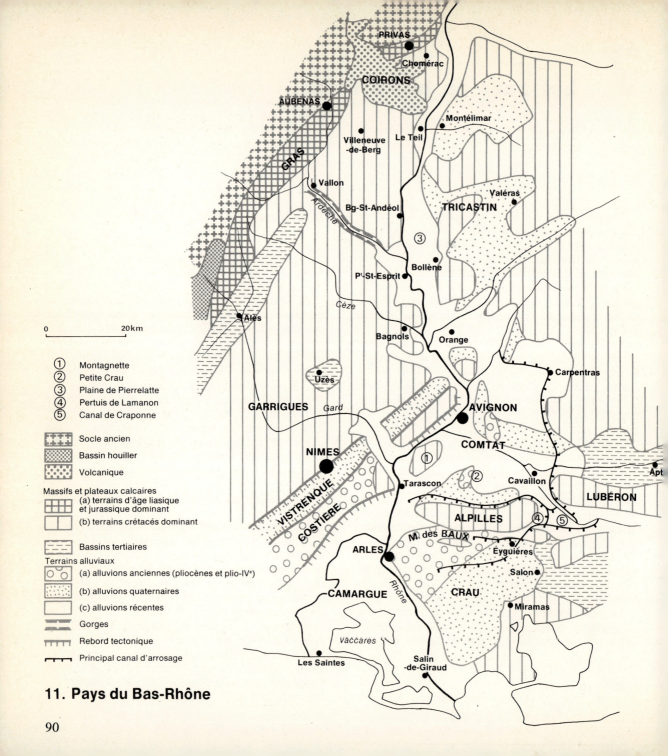

11. Pays du Bas-Rhône

Tous ces plateaux sont à peu près vides, avec des densités souvent inférieures à 5, tombant parfois à 1 habitant par km². Pourtant, dans les Coirons, les communes installées à cheval sur les coulées et le soubassement ont offert autrefois d'assez bonnes conditions à une polyculture mâtinée d'élevage ; mais le fractionnement des terroirs, jadis assurance contre les mauvaises récoltes, est devenu un handicap insurmontable. Les bassins et la dépression périphérique sont, eux, fortement peuplés (densités souvent supérieures à 50); leur économie, irriguée dans les vallées, est avant tout viticole et fruitière ; là se trouvent la plupart des 38 caves coopératives de l'Ardèche, qui vinifient plus des 3/4 de la vendange. On est un peu étonné que sur des terroirs de qualité, la viticulture ardéchoise en soit restée à la production de vins de qualité courante ; cela dénote une inertie peut-être due au vieillissement d'une population qui se renouvelle mal, avec de forts excédents de décès sur les naissances.

Il est vrai que toute la région a durement subi la crise des petites industries installées au débouché des vallées venant de la montagne. Il ne reste de l'ancienne activité textile qu'une trentaine de moulinages ou de tissages à Largentière, Aubenas ou Vals ; les vallées qui pénètrent dans la montagne (Ardèche et ses affluents) se sont vidées. Thermalisme et embouteillage des eaux animent un peu Vals ; l'exploitation minière est active à Largentière (Peñarroya) et près de Chomérac. La seule grande attraction touristique est la visite des gorges de l'Ardèche et de quelques avens ; mais le camping, les colonies de vacances, la résidence secondaire, les séjours de retraite se sont beaucoup développés malgré la médiocre desserte routière et la disparition de toutes les relations ferroviaires.

Le contact entre montagne et avant-pays a multiplié les bourgs d'échanges, souvent bien équipés, rajeunis et vivifiés par le tourisme : Les Vans, Joyeuse, Largentière. Mais l'obstacle des Coirons, en morcelant la dépression sous-vivaroise, a empêché le développement d'une ville moyenne et fragmenté les fonctions urbaines entre Privas et Aubenas. Privas ne doit ses 14 000 habitants qu'à l'hébergement de la Préfecture, des établissements scolaires et de son très gros hôpital psychiatrique. *Aubenas,* avec plus de 25 000 habitants, est la capitale incontestée du sud ardéchois, celle de l'ancienne industrie textile, le centre des institutions médicales et sociales, la ville du commerce ; mais elle souffre de l'absence de rôle administratif et de la médiocrité de la fonction scolaire. Accrochée aux flancs d'une vallée de l'Ardèche où les crues sont redoutables, la ville doit continuer à s'étendre sur les pentes ou à s'infiltrer dans les vallées de la montagne en d'interminables faubourgs.

Le Tricastin

Le Tricastin débute, au-dessus de la plaine de Pierrelatte, par un ensemble de collines calcaires ou molassiques relativement raides qu'interrompt seulement, au droit de Bollène, le passage de la vallée du Lez. A l'arrière, de vastes golfes de terres basses correspondent sans doute à un ensellement synclinal dans la molasse et se trouvent bourrées d'alluvions récentes. Le réseau hydrographique (Ouvèze, Eygues, Lez) n'emprunte guère ces dépressions qu'il traverse du nord-est au sud-ouest pour rejoindre le Rhône à travers la barrière des collines.

Ces pays abrités et secs, difficilement irrigables ont connu une agriculture méditerranéenne très classique ; après la crise phylloxérique, un fort dépeuplement a permis l'agrandissement des exploitations. Aujourd'hui le Tricastin s'éveille à la prospérité : l'agriculture, encore assez fortement céréalière, fait des fruits, de la tomate de conserve, mais surtout s'oriente vers la monoculture de la vigne. Contrairement au Bas-Vivarais, la croissance du vignoble s'est faite sur la base de la qualité ; de grosses caves coopératives ont encadré la transformation de la production, orientée vers le label « Côtes-du-Rhône », sans doute un peu trop généreusement accordé. Mais la remontée de la population, souvent spectaculaire, est surtout liée à la fonction résidentielle : travailleurs des usines et chantiers de la vallée du Rhône, retraités ; les bourgs sont devenus de petites villes actives (Valréas, Saint-Paul-Trois-Châteaux) ; même les vieux villages perchés, que P. George, en 1930, montrait à l'abandon, telle La Garde-Adhémar, sont en pleine renaissance.

Le bassin d'Apt

Plus méridional, en partie protégé des flux du nord par la retombée des Monts de Vaucluse, prolongement naturel du Comtat de Cavaillon, le bassin d'Apt offre des conditions assez différentes. Bassin tertiaire, bien connu pour ses ocres, assez resserré et de ce fait sensible aux inversions de température nocturnes, le pays d'Apt a une économie polyculturale où la viticulture en VDQS et en raisin de table domine ; on assiste à une extension des cultures fruitières, du melon, des légumes, malgré les faibles possibilités d'arrosage, ce qui témoigne du désir des agriculteurs de trouver un correctif à l'exiguïté de leurs exploitations en profitant du tout proche marché de Cavaillon.

La population augmente ; mais on le doit davantage à la colonisation résidentielle des villages perchés, souvent très sophistiquée (Gordes, Roussillon, Saint-Saturnin-d'Apt) qu'aux progrès agricoles. De même, si Apt touche aux 10 000 habitants, elle le doit fort peu à son industrie (fabrication en déclin des fruits confits), mais à son rôle de petit centre bien équipé, et surtout à l'installation des bases de missiles atomiques du plateau d'Albion, la plupart des cadres civils ou militaires résidant dans la ville où ils dépensent des revenus beaucoup plus élevés que ceux que procurent les activités traditionnelles ; les travaux, la construction de logements assurent la fortune des entreprises du bâtiment et de l'artisanat, déjà stimulé par la restauration des vieux villages.

Entre Comtat et Bas-Rhône : Montagnette, Alpilles, Luberon

Une cloison calcaire très discontinue sépare le Comtat des plaines du Bas-Rhône ; la Montagnette tout à l'ouest, puis l'ensemble plus complexe des Alpilles entre Rhône et Durance, avec ses crêts calcaires violemment redressés, enfin, à l'est de la Durance, le grand anticlinal déversé vers le sud, plus simple, mais plus élevé (plus de 1 000 m) du Lubéron. Tous ont des airs de famille : mêmes vallons bourrés de grèzes, mêmes reliefs saillants dans les calcaires urgoniens, même enveloppe de terrains tertiaires où prédominent les molasses comme aux Baux, même milieu végétal semi-aride, avec des garrigues maigres et des bois clairsemés ; seul le Lubéron, plus élevé, connaît de véritables peuplements forestiers, difficiles à disputer aux incendies.

Domaine d'agriculture sèche et de parcours ovin, ces collines abritent à leur flanc sud quelques-unes des belles olivettes traditionnelles de la Provence. Aux portes de terroirs surpeuplés, elles ont été longtemps vides, ourlées seulement à leurs bords, là où les eaux ressortent en grosses sources, d'établissements humains fort anciens et faciles à défendre (refuge « vaudois » du Lubéron). Mais aujourd'hui elles constituent des îlots assiégés par les touristes et les gens en quête de résidences secondaires. Poètes et romanciers, en en louant les mérites les ont mis à la mode et essaient paradoxalement aujourd'hui d'endiguer le flot, de sauver les vieux villages, comme Lourmarin au pied sud du Lubéron, et de défendre la garrigue contre les empiètements des promoteurs ou les carrières de bauxite. C'est sans doute combat d'arrière-garde, comme on le voit déjà dans la Montagnette, et comme on le pressent à travers les cohues de touristes embouteillant les routes des Alpilles autour du site des Baux.

2. Les plaines du Rhône moyen

Du bassin de Montélimar au Comtat se dévide un chapelet de petites plaines séparées par des échines calcaires que le Rhône franchit par des défilés. Il s'agit le plus souvent de plaines alluviales, bâties par le Rhône ou ses affluents, hiérarchisées en terrasses. Ce sont des régions relativement bien arrosées, mais le mistral y atteint son maximum de violence.

Pour l'agriculture, les conditions naturelles ne sont pas toujours favorables : zones mal colmatées des « paluds », tardivement drainées ; basses terrasses trop facilement inondables et hautes ter-

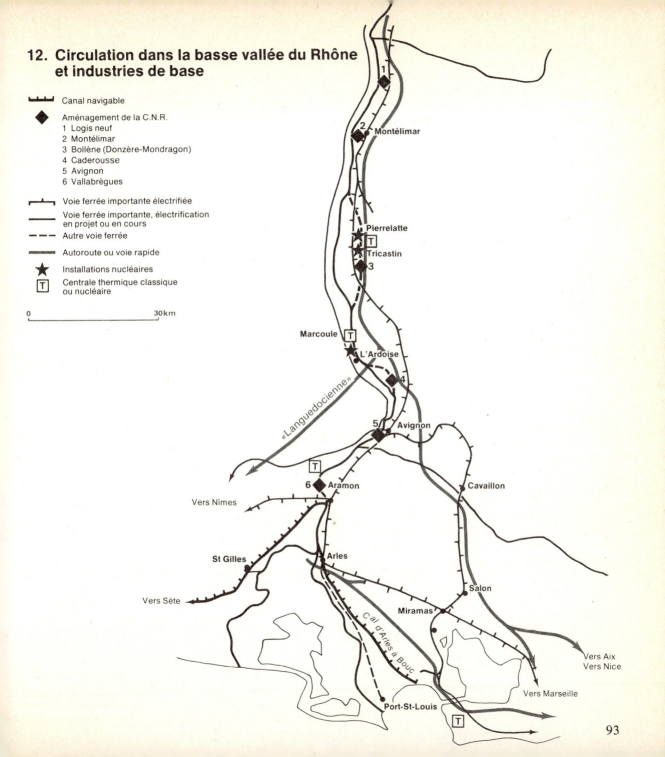

rasses souffrant de la sécheresse, mistral trop violent. L'irrigation est restée longtemps archaïque ; le canal de Pierrelatte n'a été terminé qu'à la fin du XIXe siècle, restant mal utilisé. Ainsi s'est justifiée une prépondérance céréalière qui persiste encore ; l'arrosage moderne facilite parfois une évolution fruitière comme en plaine de Montélimar, favorise le recul du blé au profit du maïs ou du sorgho, tandis que la recherche d'une certaine intensivité dans les profits a parfois orienté vers les blés durs. Les secteurs très spécialisés sont rares : fruits et vignes de la basse vallée de la Cèze, vignobles des hautes terrasses, essentiellement celui de Châteauneuf-du-Pape, quelques cultures légumières, notamment la tomate pour conserverie de Pierrelatte à Orange, mais peu de vrai maraîchage, faute d'une population suffisante.

Le pays est resté longtemps endormi, indifférent aux voies de passage qui le sillonnaient, avec une série de vieilles villes : ponts ou étapes de batellerie sur le Rhône, à Bourg-Saint-Andéol et Pont-Saint-Esprit, marchés au contact des collines à Montélimar, Bollène et Orange que la voie ferrée n'avait pas réussi à vivifier au point qu'on recherchait volontiers un complément d'activité dans l'hébergement d'une garnison. Une ville ferroviaire, Le Teil, survit mal à la fermeture du dépôt et à la fin du trafic des voyageurs. L'industrie moderne anime le petit centre de l'Ardoise (commune de Laudun, au sud de Bagnols) qui possède de grosses usines d'électrométallurgie, de tôlerie, de fibres de verre.

Mais depuis les années 1950, la région est secouée de véritables bouleversements ; la population croît vigoureusement, fait plus que doubler dans certains cantons, avec un apport de jeunes qui s'est traduit, momentanément, par une spectaculaire remontée des taux de natalité. Les petites villes ont commencé par héberger les chantiers de la CNR ; elles ont surtout profité des industries atomiques : installation du CEA à Marcoule, usines de séparation isotopique de Pierrelatte et du Tricastin. L'abondance de l'eau fournie par le Rhône, celle de l'énergie livrée par la CNR, le coût initialement peu élevé des terrains, la violence du vent garantissant contre les risques de pollution, ont permis la multiplication des installations,
les dernières en date étant celles du surgénérateur Phénix et de l'usine du Tricastin. C'est là une mono-industrie qui ne va pas sans risques ; mais elle requiert de forts effectifs de main-d'œuvre, avec de hauts niveaux de salaires ; il y a peu d'emplois féminins, mais quelques industries nouvelles apparaissent, sans grand espoir de développement tant la pression sur les salaires est forte. Ces milliers d'emplois nouveaux ont stimulé le développement des petites villes, qui se hérissent de hautes constructions insolites, mais les travailleurs du CEA ou des usines de séparation isotopique ont encore davantage cherché à se loger en milieu rural, dans le cadre accueillant des vieux villages.

Cependant, malgré l'essor remarquable aussi du transport routier, aucune agglomération importante ne s'est développée. Trois petites villes se détachent : *Montélimar,* vieille capitale du nougat, mais avant tout commerçante et centre de services (30 000 habitants) ; *Bagnols-sur-Cèze,* ville neuve née des besoins résidentiels du personnel du CEA à Marcoule ou des industries de l'Ardoise, bien équipée, mais dont la croissance paraît maintenant bloquée à 17 000 habitants et surtout *Orange* capitale du Vaucluse non maraîcher ; avec 25 000 habitants, Orange est une ville d'activités multiples : commerce, base militaire aérienne, tourisme né du passage et surtout des reliques du passé (théâtre), résidence, et même une petite expansion industrielle récente (laine de verre) ; l'importance de ses équipements scolaires et sanitaires lui confère une autonomie presque complète.

3. Les huertas comtadines

Le Comtat est une grande plaine de remblaiement, accumulée derrière les barres calcaires de la Montagnette et des Alpilles, constituée de matériaux assez variés d'où émergent parfois des dos calcaires comme celui de la Petite-Crau. Il est par excellence le domaine irrigué de notre Midi. On ne saurait se cantonner au Comtat historique ;

la rive gauche de la Durance, celle de Châteaurenard et de Saint-Rémy, est provençale, mais rien ne différencie son économie de celle des autres plaines comtadines.

La maîtrise de l'eau est d'ailleurs un fait récent : ce n'est qu'à la fin du XIXe siècle que les principaux systèmes d'arrosage (canal de Carpentras au nord, des Alpines au sud) sont complets. Longtemps, le Comtat a connu une polyculture classique, assortie seulement de quelques cultures spéculatives, le safran, la garance, puis la betterave à sucre. Le « jardinage » apparaît vers 1825-1830, donc avant la révolution ferroviaire, avec ses systèmes d'arrosage et son paysage artificiel de défense contre le vent : haies vives de cyprès, fixes, haies de « cannes » sèches (canisses), souvent mobiles. Cependant, ce maraîchage ne sera longtemps qu'un des éléments du système agricole comtadin ; il a fallu la croissance urbaine, l'accélération des transports, l'évolution des habitudes alimentaires pour que s'étendent systématiquement, à partir de la fin du XIXe siècle, vergers et cultures maraîchères. En même temps, l'habitat se disperse tandis qu'apparaissent de considérables besoins en main-d'œuvre : il y a peu de comtadins de souche ancienne, mais des originaires de la montagne ou des pays duranciens et beaucoup d'italiens.

Presque partout aujourd'hui domine un système caractérisé par :
— la petite dimension des exploitations ; toujours plus de la moitié des fermes ont moins de 5 ha (80 % à Châteaurenard) et la concentration est très lente : de 1955 à 1970, 10 % seulement des exploitations ont disparu. Cela explique une certaine importance des agriculteurs à temps partiel (16 %) et un vieillissement marqué des exploitants ;
— près de 20 % des exploitations emploient néanmoins des salariés permanents, et 55 % utilisent les services de saisonniers ; sans compter ces derniers, la charge en main-d'œuvre est de l'ordre d'une unité de travail pour 2,5 ha ;
— pourtant la plupart des exploitations ont tracteur ou motoculteur, ou les deux à la fois ; l'équipement est en général bon.

Ces exploitations sont consacrées soit aux fruits, soit aux légumes, rarement aux deux. Le maraîchage est la spécialité traditionnelle ; dans le Comtat, les surfaces consacrées aux légumes passent d'environ 1 500 ha à la fin du XIXe siècle, à près de 6 000 en 1913, 14 000 actuellement ; les 2/3 des exploitations comtadines en font, mais sur de petites surfaces (moins de 5 ha dans 95 % des cas). Tomates, pommes de terre, haricots sont cultivés partout, les melons surtout au nord de la Durance, les choux-fleurs et les salades plutôt au sud, les porte-graines autour de Saint-Rémy. La zone de maraîchage exclusif dessine une sorte de croissant de Carpentras à Cavaillon et Saint-Rémy.

La culture fruitière est plus récente : dans le Vaucluse, on passe de 900 ha en 1930 à 3 300 en 1956, 10 000 actuellement ; il y en a autant dans les Bouches-du-Rhône ; il faut y ajouter 7 000 ha cultivés pour le raisin de table, autour de Carpentras, de Cavaillon ou le long de la Durance, au pied sud du Lubéron. La zone fruitière est très axée sur la Durance, de part et d'autre de la rivière avec des communes de monoculture fruitière comme Cabannes ou Saint-Andiol. Il est exceptionnel qu'une exploitation recense plus de 5 ha de vergers. Poires, pommes et pêches constituent l'essentiel de la récolte.

Enfin, à l'est d'Avignon, une mince zone grignotée par l'urbanisme, pratique autour du Pontet un élevage laitier : bêtes de race montbéliarde, éleveurs italiens ou montagnards.

Cette huerta comtadine pose bien des problèmes, à commencer par celui de *l'inertie des structures*. Le cloisonnement par les haies vives ou les canaux entraîne la fixité du paysage rural dont le parcellaire est immuable. Les parcelles, souvent groupées autour des bâtiments d'exploitation, forment des unités de culture figées, soumises à des rotations compliquées, avec double récolte annuelle. Figé aussi le dessin des canaux et des filioles ; si quelques secteurs du nord comtadin ont été modernisés et passent à l'aspersion, l'agriculteur comtadin reste fidèle au tour d'eau dans un contexte de vie nocturne et dans une tradition d'archaïsme qui garantit des coûts d'arrosage peu élevés. Or, la rentabilité des exploitations est menacée par les crises de mévente, mais aussi par l'appauvrissement ou la contamination des sols (pour le melon). Les seules adaptations résident dans la recherche de variétés plus productives et dans l'emploi plus systématique des serres de forçage, grâce au bon marché des « tunnels » en plastique.

C'est aussi le poids des charges de main-d'œuvre ; la hausse des salaires est plus rapide que celle des marges bénéficiaires ; de plus, la main-d'œuvre, surtout saisonnière, est difficile à recruter (espagnols).

C'est enfin le poids des systèmes commerciaux. L'agriculture comtadine ne rapporte que si on vend cher ; à cet égard, le Comtat jouit d'une rente de situation, car son climat lui donne une production de type primeurs et l'excellence des transports lui permet d'acheminer sans dommages vers les centres de consommation. Le système de commercialisation repose sur la vente au marché, entre les mains d'expéditeurs ; mais une partie est apportée directement, en « remise », aux négociants. Quelques gros producteurs et quelques rares coopératives comme celle de Cabannes, vendent directement. La commercialisation justifie la présence d'un secteur tertiaire démesuré : expéditeurs et leurs bureaux, transporteurs et groupeurs, fournisseurs ou fabricants d'emballages, services ruraux de toute nature.

Il y a à commercialiser chaque année 1 million de tonnes de fruits et légumes ; deux marchés assurent la moitié de ce négoce, Châteaurenard et Cavaillon; il existe une vingtaine d'autres marchés, les plus importants étant ceux de Carpentras, Avignon, Caumont, Saint-Rémy et Le Thor. La part du chemin de fer se réduit peu à peu : 610 000 t en 1970, dont près de la moitié pour l'étranger, pays rhénans surtout. Paris reste le plus gros client.

Cette organisation est assez figée ; les producteurs sont isolés en face des expéditeurs auxquels ils sont assez fidèles ; les regroupements de maraîchers, comme celui de Châteaurenard depuis 1971, restent rares. L'expéditeur est donc la cheville ouvrière du système : à lui de fixer les cours en fonction des possibilités de vente, de collecter, de trier, d'emballer, d'expédier. Ces spécialistes sont trop nombreux (60 à Cavaillon, 80 à Châteaurenard, etc.) pour être tous compétents et outillés. Il n'y a pas ici de grosses coopératives pour stocker et régulariser les cours, comme en Roussillon ; il faut écouler au jour le jour et dès que les tonnages apportés sur le marché excèdent la demande, les cours s'effondrent. La seule parade du paysan comtadin consiste à vendre aux conserveurs, très nombreux dans le Vaucluse (parfois des coopératives comme à Camaret, plus souvent des groupes industriels de l'alimentation), mais à des prix qui ne permettent plus les façons traditionnelles et obligent à se retourner vers des variétés plus frustes, par exemple pour la tomate.

L'armature urbaine

La multiplication des marchés, la complexité des opérations relevant du secteur tertiaire, les densités de population, tout justifie un réseau serré de bourgs et de villes. Dans ce pays d'habitat dispersé, la ville-marché est indispensable; cette ville réclame de vastes surfaces pour le carreau du marché, des installations de triage-calibrage, des parcs de stockage, des équipements routiers et ferroviaires; ces villes connaissent de bonne heure le matin une extraordinaire densité de vie, puis s'endorment pour l'après-midi. La ville est aussi la résidence des ouvriers agricoles, des retraités, abrite de ce fait une forte population rurale ; on y trouve quelques industries, au moins celles des emballages et des conserves. Mais seules Cavaillon et Carpentras, appuyées sur un long passé urbain, la première contrôlant le passage durancien, la seconde le contact avec la montagne, possèdent un équipement de services capable de leur conférer, vis-à-vis d'Avignon, une large autonomie. Châteaurenard, bien que possédant comme Cavaillon un MIN (marché d'intérêt national), et Saint-Rémy sont moins favorisées.

Il est vrai qu'on n'est jamais très loin d'*Avignon*, la vraie métropole des pays du Bas-Rhône. Les avantages de sa situation ne sont cependant pas évidents. L'abandon de la vallée du Rhône par la route de Provence pouvait tout aussi bien se faire à Tarascon et mieux à Orange. Il en était de même de l'éclatement de la circulation vers le

Languedoc et de la pénétration dans la vallée de la Durance. Avignon n'a d'ailleurs jamais contrôlé le trafic Provence-Languedoc, qui a toujours relevé d'Arles. Avignon ne peut vivre que du transit méridien et l'histoire l'en a longtemps empêchée. Le site est plus favorable : un étranglement de la vallée, où le fleuve se trouve tout de même morcelé par des îles, une butte insubmersible, le rocher des Doms, contrôlant le passage. Mais le courant du Rhône est fort et le premier pont de pierre n'apparaît qu'à la fin du XIIe siècle ; la butte est trop exiguë pour loger une ville, de sorte que la plupart des quartiers seront constamment exposés aux crues du fleuve. La Sorgue qui amène presque sous les murs d'Avignon des eaux régulières et assez pures, a pu faire tourner moulins et usines (laine, papier) mais elle l'eût fait sans l'intervention d'Avignon.

C'est finalement l'histoire qui justifie le développement urbain : ni rhodanienne, ni provençale, la ville connut jusqu'à la fin du XIIIe siècle une instabilité dont l'appartenance au pape ne la retira que pour l'isoler. L'état pontifical a fait d'Avignon un entrepôt, un lieu de collecte pour la chrétienté, une capitale de la contrebande vers le royaume de France, une place culturelle et commerciale ; la puissance de sa banque, l'entregent de sa colonie juive, le pouvoir de rayonnement de ses abbayes, grandes organisatrices de la transhumance, expliquent une insolente prospérité qui pousse les rois de France à favoriser les foires de Beaucaire et à empêcher leurs propres marchands de fréquenter Avignon. Le concordat de 1734 ruina la contrebande et l'industrie qui l'alimentait, puis l'annexion réduisit Avignon au rôle de préfecture et la ville parut condamnée.

L'agglomération, aux limites incertaines, comptait en 1975 140 000 habitants, contre 80 000 en 1954 (banlieue au sud de la Durance exclue). Avignon connaît ainsi un fort taux d'expansion dans un site difficile : vieille ville corsetée dans ses remparts, faubourgs orientaux et méridionaux inondables, cloisonnés par les remblais des voies ferrées, banlieues industrielles de la Sorgue (Le Pontet), faubourgs occidentaux de rive droite, gardois, domaine de la résidence aisée (Villeneuve, Les Angles). La ville est peu industrielle, surtout tertiaire, suréquipée, se voulant un foyer de développement artistique et culturel.

Avignon est cependant une simple préfecture, à la tête d'un département minuscule ; son centre universitaire est très incomplet ; sa fonction culturelle — le festival par exemple — est d'essence nationale et non régionale. Il n'y a pas de presse avignonnaise, mais il y a cependant des signes de la puissance régionale : le très gros nœud de lignes d'autobus, rayonnant jusque sur l'Ardèche et la moyenne-Durance, l'existence d'une banque régionale (Chaix) dont le réseau ne dépasse guère cependant le Comtat, un puissant commerce de gros. Mais l'étoile ferroviaire, qui fit la fortune récente d'Avignon, n'assure plus que le trafic de transit et dépend administrativement de Marseille. Avignon apparaît ainsi comme un relais sur la grande route rhodanienne, renforcé par son contrôle de l'économie comtadine, mais avec une assez faible autonomie de commandement. Même dans le Comtat, Avignon n'exerce guère qu'une fonction de recours, tant est dense le maillage urbain. C'est cependant une ville attirante, chargée de souvenirs.

4. Des conquêtes imparfaites : Crau et Camargue

Au sud des Alpilles dominent de vastes épandages alluviaux de provenance durancienne ou rhodanienne, les uns pré-glaciaires (nappe ancienne de la Crau, nappes des Costières) aux matériaux grossiers, les autres plus récents, post-rissiens et actuels. Le manteau alluvial ancien s'est fortement affaissé dans l'axe du Rhône, probablement par rejeu du toit secondaire ; des fossés sont apparus (Vistrenque, Pujaut) et la basse vallée est aujourd'hui dominée à l'ouest par un rebord régulier, d'origine tectonique, celui des Costières.

Les cailloutis des nappes les plus anciennes, plus ou moins affaissées, passent sous les alluvion plus récentes ; en Camargue, les sondages mesurent une trentaine de mètres d'alluvions au niveau d'Arles, une cinquantaine à l'extrémité sud-ouest du delta, représentant soit les alluvions duranciennes de la Crau de Miramas, soit les alluvions actuelles du Rhône.

Les transformations du pays craven

La Crau est constituée d'un manteau d'alluvions quaternaires duranciennes étalées en delta à une époque où la Durance se dirigeait directement vers l'étang de Berre à travers la partie orientale des Alpilles, par le pertuis de Lamanon. En fait, l'ennoyage n'est pas total ; il laisse subsister des dos calcaires ou des creux mal colmatés comme le marais des Baux. De plus, il y a en réalité deux deltas emboîtés, l'un ancien surtout apparent à l'ouest et au sud-ouest (Crau d'Eyguières et d'Arles), l'autre plus récent dont les cailloutis forment la Crau de Miramas et s'enfouissent vers le sud-ouest sous les alluvions rhodaniennes. Mais les deux deltas sont fossiles, car la Durance, à la suite sans doute d'une tendance à l'affaissement du Comtat, a cessé d'emprunter le pertuis de Lamanon ; même les nappes phréatiques de la Crau sont maintenant alimentées sur place ou viennent des massifs calcaires voisins ; elles restent emprisonnées en profondeur du fait de l'interposition, à faible distance du sol superficiel, de bancs de poudingues résistants et imperméables. En surface, les cailloutis plus ou moins grossiers sont débarrassés des produits d'altération par la vigueur du mistral, ce qui aboutit en surface à une sorte de pavage de galets.

A l'état naturel, le pays est ainsi stérile, ne portant qu'un maigre pacage hivernal, le « coussous », partagé en très grands domaines, fréquemment loués à des transhumants : véritable désert humain, ponctué de rares mas ou bergeries isolés. La première transformation est venue de l'introduction de l'arrosage. Dès les années 1550, Adam de Craponne concevait le projet de ramener en partie les eaux de la Durance en Crau, non pour arroser d'ailleurs, mais pour faire tourner des moulins ; en 1559, le premier canal est ouvert ; avec ses prolongements, il permet l'arrosage de près de 18 000 ha, alors que le système plus récent du canal des Alpines amène l'eau à 13 500 ha ; il s'agit d'une eau durancienne chargée de limons qui, en colmatant les cailloutis, assurent la formation de sols plus ou moins épais, qu'une mise en herbe assez systématique et la constitution d'un bocage vont protéger contre les assauts du vent.

Dès lors s'opposent une Crau irriguée, herbagère depuis le XVIe siècle, et une Crau sèche (sur environ 22 000 ha) où la terre sans grande valeur permit le développement de grandes installations collectives (triage de Miramas, terrains et aérodromes militaires). La mise en valeur de la Crau arrosée dut tenir compte de la rareté de la population initiale, de l'étendue des propriétés, des droits acquis par les transhumants. Ainsi se constitua un bocage à mailles serrées enserrant des herbages ; parfois, mais plus rarement aujourd'hui, l'herbage était à la base d'un élevage laitier, insolite en milieu méditerranéen. Plus souvent, grâce à une composition floristique étudiée, le produit des 3 ou 4 coupes annuelles de fourrage était vendu pour nourrir la cavalerie du port de Marseille ou du vignoble languedocien; aujourd'hui, ce foin est parfois expédié assez loin. L'hiver, l'herbage pouvait ainsi rester loué aux transhumants.

Ce système assez extensif, permis par le bas prix des eaux d'arrosage gravitaires, s'est trouvé modifié par la mécanisation et par l'apport d'éléments extérieurs : paysans du Comtat en quête de melonnières, ou rapatriés d'Afrique du Nord. Les comtadins ont surtout loué des terres pour y poursuivre une culture du melon, condamnée outre Alpilles par l'empoisonnement lent des sols ; il y ont parfois ajouté la culture des légumes, des fraises, perpétuant la dissociation traditionnelle entre propriété et exploitation du sol. Aujourd'hui, les aménagements de la Durance ont permis une extension des arrosages et le recours aux nappes phréatiques, longtemps dédaignées parce que leurs eaux étaient trop froides et trop pures, s'est généralisé. De véritables zones pionnières naissent, par exemple de Saint-Martin-de-Crau vers Fos, disputant le sol à l'industrialisation. Les herbages de la Haute-Crau ont été eux-mêmes partiellement retournés. Vergers, melonnières, cultures maraîchères se multiplient, souvent sous tunnels de plastique ici généralisés. Par contre, les structures de commercialisation manquent et beaucoup de nouveaux cultivateurs cravens négocient leurs produits sur les marchés comtadins.

Salon essaie de profiter de ce renouveau. A l'écart de la grande voie ferrée, mais frôlée par l'autoroute, cette vieille ville de la Crau a surtout hébergé des militaires — Ecole de l'Air, base aérienne — et des rapatriés. Mais l'espoir de Salon est de devenir l'une des villes résidentielles pour les chantiers et industries de Fos ; sa population a crû très rapidement, passant à 40 000 habitants.

Les hésitations de la Camargue

Grossièrement délimitée par les cours du Grand et du Petit Rhône, la Camargue constitue sur un peu plus de 800 km² le delta vivant du Rhône, en presque totalité sur la commune d'Arles, la plus grande de France, pour le reste sur les Saintes-Maries-de-la-Mer et Port-Saint-Louis-du-Rhône. A l'amont, des bourrelets alluviaux, les « lônes », isolent des dépressions inondables dont le colmatage ne s'opère plus à la suite de l'endiguement du Rhône ; à l'aval, c'est un domaine plus complexe de cordons littoraux, de marais, d'étangs plus ou moins saumâtres comme le Vaccarès ; les vastes étendues planes de la « sansouire » portent les « enganes », faites de plantes tolérant le sel, car les remontées salines sont fréquentes et de longues plages d'efflorescences blanchâtres apparaissent à chaque sécheresse. Ce domaine ne se maintient que grâce à un équilibre précaire, artificiellement obtenu entre les eaux de mer et les eaux d'infiltration du fleuve.

A l'état naturel, le delta, infesté de moustiques et de paludisme, ne portait guère de cultures que sur les lônes ; ailleurs dominait un élevage extensif du cheval ou des bovins, à peu près sans valeur économique, accompagné d'un pacage ovin d'hiver (il y eut, avec la Crau, jusqu'à 400 000 bêtes) plus rémunérateur. Cette utilisation traditionnelle ne subsiste qu'autour du Vaccarès, sur quelque 35 000 ha (dont 13 000 de réserves) qui constituent la base du Parc régional de Camargue ; c'est le refuge des dernières manades, mais aussi le point de départ de médiocres élevages folkloriques, du type ranch touristique plus ou moins sophistiqué.

Une quantité équivalente de terre (35 000 ha entre les deux bras du Rhône) est partiellement cultivée et 11 000 ha constituent les salines Péchiney. La mise en valeur de la Camargue a suivi deux catastrophes ; d'une part, à la suite du phylloxéra, on a créé, surtout à l'ouest du delta, 10 000 ha de vignobles inondables ; d'autre part, l'isolement provoqué par la Seconde Guerre mondiale a poussé à la culture du riz ; en 1961, au maximum de développement, il y avait 33 000 ha de rizières en Camargue et dans les marais d'Arles. Ces cultures ont exigé de gros travaux de drainage et d'irrigation, plus encore de nivellement, et ont requis pour le riz un important matériel. La grande propriété locale, souvent absentéiste, a cédé la place à une propriété capitaliste, parfois d'origine industrielle. La riziculture s'est révélée difficile à maintenir, malgré la protection offerte par des prix garantis, jadis rémunérateurs ; on a longtemps donné la priorité au riz rond, de qualité médiocre ; les façons culturales, l'entretien des diguettes et des canaux, la lutte contre des remontées salines aggravées par la mise en eau des rizières, les gros besoins en engrais, le difficile amortissement du matériel conduisent à des prix de revient mal dominés; aussi, face à la concurrence étrangère, la culture tourne-t-elle au désastre : de 33 000 ha, on est revenu à 14 000 en 1974, 8 000 en 1975... On y a parfois substitué blé, sorgho, maïs ou plantes fourragères, mais les casiers aménagés à grands frais sont souvent abandonnés ; le paysage géométrique de la riziculture, contrastant avec les limites fantaisistes du paysage classique, sera peut-être sans lendemain.

Traditionnelles ou modernes, les grandes fermes s'isolent dans les bosquets qui les protègent du vent ; les bâtiments sont médiocres, la vie rude ; cependant, le nombre des exploitations ne diminue pas, s'enrichissant même de quelques unités maraîchères taillées dans le tissu des grandes fermes du nord.

Le sel constitue une autre ressource ; l'exploitation des marais salants est toute entière entre les mains de Péchiney (anciennement, Alès-Froges & Camargue), concentrée au sud-est entre Vaccarès et Grand-Rhône ; on en tire 1 million de tonnes par an, une petite partie étant utilisée sur place par la vieille soudière des Salins-de-Giraud, médiocrement reliée par un bac ferroviaire à la rive gauche du Rhône.

Le tourisme a été longtemps limité à la fréquentation des Saintes, initialement grâce à un tramway électrique venu d'Arles ; d'abord connue par le pèlerinage traditionnel des gitans, la station des Saintes-Maries-de-la-Mer commande aujourd'hui le tourisme du sud-ouest de la Camargue ; l'absence de pont sur le Grand-Rhône (bac du Barcarin) protège un peu le reste du delta contre une invasion touristique qui est le plus souvent d'une affligeante médiocrité ; écuries à chevaux camarguais au pedigree incertain, train du Far-West, etc. La pollution croissante du Rhône, la perturbation des équilibres salins par la riziculture d'amont, le développement d'élevages folkloriques pléthoriques, les aléas d'une démoustication peu efficace, menacent plus dangereusement les équilibres biologiques du delta que la pollution émanant du complexe de Fos. L'isolement de la Réserve naturelle ne suffira pas à protéger ce qui reste de la vie camarguaise.

Ce delta du Rhône ne se franchit que tout à fait à l'amont. La tête du delta, au niveau des Alpilles, a bien attiré, grâce à des sites favorables de buttes, l'agglomération jumelle de *Tarascon-Beaucaire* qui atteint 25 000 habitants ; mais malgré les ponts routiers et ferroviaires, malgré une certaine industrialisation (cimenterie, papeterie) et l'existence d'une fonction commerciale (négoce des vins, à Beaucaire, entrepôts de la société « Casino » centralisant les achats de fruits, légumes et vins de cette firme), la croissance est lente et l'ancienne splendeur des foires n'a pas eu de suites ; de plus, le nouveau pont d'Aramon, un peu au nord, détourne une partie du trafic entre le Languedoc et le sud du Comtat.

Les avantages d'*Arles*, tête de toutes les routes du delta, relèvent aussi plus du passé que du présent ; la ville romaine s'était accrochée à un piton calcaire qui avait fixé à la fois le cours du Rhône et les cailloutis de la Crau ; elle contrôlait le trafic est-ouest, rendu plus facile par la séparation du Rhône en deux bras, et le transbordement entre navigation maritime et fluviale. Mais les relations terrestres avec le nord sont rendues difficiles par la traversée du marais d'Arles. Après une longue éclipse médiévale, Arles est devenue la capitale de la transhumance et est au XVIIIe siècle une grande ville. Mais le grand axe ferroviaire est-ouest s'est installé plus au nord, à Tarascon ; les industries étaient très modestes, les initiatives commerciales faibles (une affaire de magasins à succursales multiples, le « Lion d'Arles » a été absorbée par les « Economats du Centre ») ; Arles n'avait que 23 000 habitants en 1954.

Arles s'est apparemment réveillée : ses monuments, son rôle de porte de la Camargue, lui valent une très grosse fréquentation touristique ; le transit routier est-ouest est très important. Les industries sont en recul (ateliers du chemin de fer, vieilles industries du port de Trinquetaille sur la rive droite) ou très spécialisées (engeneering). Mais l'aventure de Fos est pour Arles une remarquable aubaine, Arles offrant aux cadres une résidence agréable et des équipements de bonne qualité, loin de la pollution du golfe de Fos ; la population de la ville est passée à 39 000 habitants en 1975, la commune en comptant 52 000).

8 Marseille et sa région portuaire

Les difficultés du contact terre-mer au débouché de la vallée du Rhône, l'envasement progressif des ports proches du delta, la violence des vents, la difficile remontée du fleuve, tout se ligue pour rendre secondaire le contact mer-fleuve et faire préférer un report de la jonction entre la voie terrestre et la mer dans une région plus favorisée. L'étang de Berre aurait pu constituer le hâvre naturel nécessaire, grâce notamment à ses faciles relations avec l'intérieur sur les cailloutis de la Crau ; de fait, c'est à Martigues que s'installe l'une des premières colonies grecques.

1. Le cadre de Marseille et le développement de la ville

Martigues n'arrivera cependant jamais à s'imposer et c'est à l'emplacement de Marseille que se fixe, vers 600 av. JC, probablement après des comptoirs plus anciens, la colonie phocéenne ; elle a adopté la rive nord d'une petite calanque, celle du Lacydon, protégée au nord et au sud par des buttes relativement élevées.

Le cadre général est celui d'un des bassins tertiaires provençaux, ou, plus exactement d'un demi-bassin, de structure très complexe, mais s'organisant en gros autour d'un fossé tectonique que bordent des chaînes calcaires. Au nord, l'anticlinal de l'Estaque et la chaîne de l'Etoile séparent le bassin de Marseille de la vallée du Rhône, avec un seul passage un peu déprimé au niveau de Saint-Antoine; au sud, les massifs calcaires sont plus compacts, plus élevés (massifs de Marseilleveyre, de Carpiagne, chaîne dite de Saint-Cyr). A l'est, le bassin se relève brusquement dans le massif d'Allauch, tandis que la vallée de l'Huveaune vient buter sur le massif de la Sainte-Baume. Le bassin lui-même est très compartimenté et des échines calcaires resurgissent dans la montagne de Notre-Dame de la Garde et les îles du Frioul.

Le bassin oppose au moins deux paysages : d'une part, un lacis de vallées colmatées (plaine du Prado), celles de l'Huveaune et de son affluent le Jarret ; d'autre part, un ensemble de vallons et de buttes, dominant les vallées par des pentes raides, qui constituent autant d'obstacles à la circulation. La jonction entre les deux paysages n'est pas facile ; la voie ferrée a choisi de rester sur le plateau (la gare Saint-Charles et ses escaliers...), ne descendant au port ou au Prado que par de longues rampes à forte pente.

La ville grecque du Lacydon s'est probablement appuyée à l'ouest sur la butte Saint-Laurent qui commande l'accès au port. La ville romaine s'étendra surtout vers le nord, mais sans déborder beaucoup vers l'est la crique du Lacydon. Les romains ont d'ailleurs fondé leur contrôle des routes provençales sur Aix, ignorant le port qui, de crainte d'être éliminé, se révolta, choisit Pompée contre César et fut ainsi tenu à l'écart pour quelque temps. Déjà s'affirme le caractère artificiel de la ville, sans rapports vrais avec la campagne provençale ; Marseille n'est qu'une place de commerce, un entrepôt de redistribution ; le trafic rhodanien et provençal est alors le fait d'Arles et de Fréjus. Pendant toute l'histoire médiévale et mo-

101

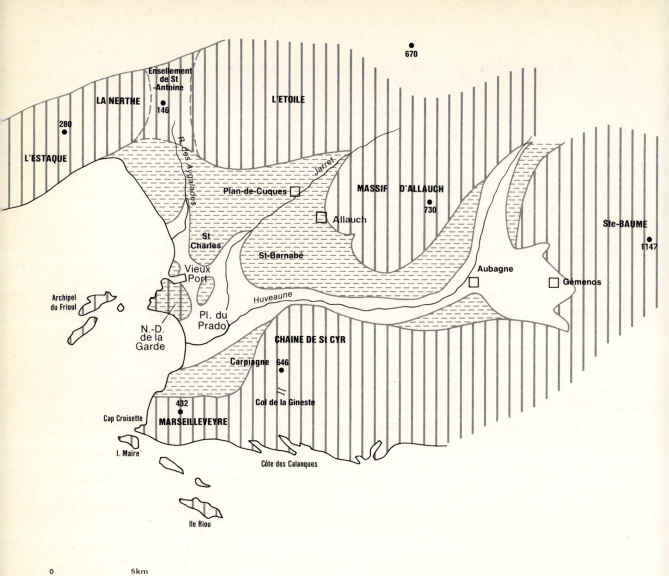

13. Site de Marseille

derne, elle ne prendra guère d'autorité sur la Provence. C'est seulement à la Révolution, et pour des motifs surtout politiques, qu'une partie des pouvoirs aixois lui sera transférée.

Marseille a donc sa fortune à peu près exclusivement liée au commerce méditerranéen ; avec lui, elle connaît des crises prolongées (haut moyen-âge, XIVe et première moitié du XVe siècle) alternant avec des périodes de prospérité (du XIe au XIIIe siècle, puis de 1450 à la fin du XVIe siècle), mais d'une prospérité que le blocage progressif de la Méditerranée et le développement du commerce océanique continent dans des limites très étroites. En vain les marseillais arrachent-ils des privilèges — service des galères royales en 1655, création du port franc en 1669 — et essaient-ils de concurrencer les ports de l'Atlantique dans le commerce antillais. Les premiers essais d'industries liées au port n'apparaissent vraiment qu'au XVIIIe siècle : sucreries, savonneries, tanneries et fabriques de souliers, travail du coton ou de la soie. Alors que Lyon vit en étroite symbiose avec sa région, Marseille lui reste étrangère. C'est une des raisons de la stagnation prolongée des effectifs urbains ; il faut attendre le XVIIe siècle pour voir la ville se développer sur la rive sud du Lacydon ainsi que le long de l'axe actuel Cours Belsunce - rue de Rome, agrandissement que concrétisent, à partir de 1666, de nouveaux remparts (aujourd'hui remplacés par les boulevards qui limitent, de façon d'ailleurs discontinue, le vieux centre).

L'essor viendra de la conquête coloniale et de l'ouverture du canal de Suez. Encore Marseille n'en assure-t-elle le contrôle intégral que fort tard : c'est seulement en 1919 que prendra fin l'indépendance des ports de l'embouchure du Rhône et de l'étang de Berre, un instant favorisés par la construction (1842) du canal d'Arles à Bouc, puis l'aménagement sans lendemain du chenal de Caronte et du port de Martigues. Pour s'assurer le contrôle de l'ensemble de la zone portuaire du Bas-Rhône, les marseillais obtiennent la construction de la voie ferrée de Bouc à travers la colline de l'Estaque (1915), puis celle du canal du Rove (1929). C'est sans doute pour aller au-devant de toute concurrence que le port a renoncé à s'étendre au sud et qu'on a choisi l'extension vers le nord ; cette option a exigé des travaux très onéreux, notamment la construction d'une interminable jetée, protégeant les bassins successifs qu'on ne cesse d'aménager de la Joliette au sud, jusqu'au terre-plein de Mourepiane au nord.

Le trafic des voyageurs vers l'Afrique et l'Asie, la réception des produits coloniaux, l'investissement systématique des bénéfices dans les territoires d'outre-mer (compagnies coloniales comme l'Emyrne ou la Marseillaise à Madagascar) caractérisent la Marseille du XIXe siècle et de la première moitié du XXe siècle : Marseille persiste à se désintéresser de l'intérieur pour tout sacrifier à un commerce qui connaît pourtant de brutales pulsations. De puissants moyens financiers et techniques apparaissent à partir du milieu du XIXe siècle : futures « Messageries Maritimes », sociétés de navigation Fraissinet, Paquet, Fabre, création d'établissements de crédit (Société Marseillaise de Crédit en 1865), puis, au fur et à mesure que s'intensifie la mise en œuvre des territoires lointains, de sociétés de travaux publics (ex. : Grands Travaux de Marseille).

Le développement portuaire entraîne des créations industrielles. Les unes traitent les produits coloniaux importés : le sucre (Raffineries Saint-Louis, nées en 1867), les corps gras (huilerie, savonnerie, bougies, glycérine), les céréales (rizeries, pâtes alimentaires, biscuiteries) ; les autres cherchent à procurer aux bateaux un fret de retour que Marseille, port volontairement coupé de son hinterland ne peut recevoir de l'intérieur : cimenteries, briqueteries, tuileries, matériaux de construction ; d'autres enfin sont liées au fonctionnement du port : réparation navale, mécanique. Cette industrie est caractérisée par l'absence de grandes unités de production comme de grandes affaires ; elle se disperse en une poussière de firmes qui oublieront de se moderniser ou n'en auront pas les moyens.

Cependant, cet essor du commerce et de l'industrie a nécessité de forts apports de population : au début du XXe siècle, on en est au demi-million d'habitants, actuellement on tourne autour du million, dimension assez comparable à celle de l'agglomération lyonnaise. L'excédent des naissances,

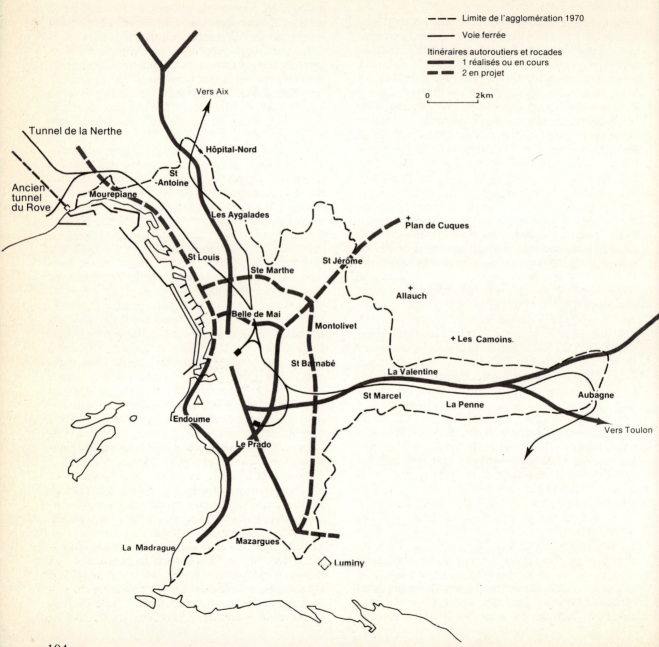

dans une ville pauvre, médiocrement tenue et longtemps malsaine, était bien incapable d'assurer le croît urbain ; d'ailleurs, de 1890 à 1940, il y aura plus souvent excédent de décès que de naissances. L'essentiel de la population marseillaise est donc de souche extérieure à la ville ; on est beaucoup venu des Alpes du Sud et du Massif Central méridional, également de Corse. Ces contingents se révélant vite insuffisants, en face de salaires souvent peu attractifs, il fallut, dès le milieu du XIXe siècle, faire appel aux étrangers : il y aura plus de 100 000 italiens dans la Marseille de 1930 ! Donc, peu de marseillais de vieille souche, mais une population très hétérogène, qui cultive le mythe marseillais avec d'autant plus de conviction qu'elle lui est étrangère...

Multiplication des activités et de la population, croissance parallèle des services publics et privés conduisirent à l'extension des périmètres urbains. Jusque vers 1940, la croissance n'avait guère posé de problèmes, le bassin étant encore imparfaitement occupé. Quartiers industriels et de résidence ouvrière gagnent alors vers le nord, le long des emprises du port et des voies ferrées, mais se développent aussi autour de la gare du Prado et le long de la vallée de l'Huveaune jusqu'à Aubagne. Les quartiers commerçants et résidentiels progressent plutôt vers l'est, dans les pays du Jarret, ou montent à l'assaut des pentes de la Bonne Garde. Pour une large part, le peuplement résidentiel s'infiltre le long des vallons, conquérant peu à peu les cabanons du dimanche, les axes de développement étant uniformément représentés par les lignes de tramways électriques suburbaines qui s'avancent très loin de Marseille, puisqu'elles atteignent Aix, Plan de Cuques et Aubagne. Ces moyens de transport sont assez vite surchargés, mais on ne s'en préoccupe guère et l'équipement urbain va être pendant longtemps négligé.

2. Marseille aujourd'hui

Des facteurs contradictoires agissent sur l'économie marseillaise contemporaine. D'un côté, il y a la crise, celle des industries traditionnelles, celle issue de la guerre puis de la décolonisation, enfin celle provenant des drames du Moyen-Orient et de la longue fermeture du canal de Suez. Marseille a cessé, au moins pour un temps, d'être le grand port pour l'Asie méridionale et orientale. En sens contraire, de nouvelles formes d'activité sont apparues : raffinage pétrolier et industries autour de l'étang de Berre, aventure industrialo-portuaire de Fos. Enfin Marseille, bon gré mal gré, s'est intéressée à la vie régionale et cherche à devenir ce qu'elle n'a jamais été dans le passé : une capitale provinciale.

• *La crise est d'abord celle de l'emploi.* Pourtant, la population marseillaise n'a cessé d'augmenter. L'INSEE étend l'agglomération marseillaise au nord de la chaîne de l'Estaque, dans tout le groupe de Marignane ; nous ne retiendrons pas cette définition, très excessive. Dans son bassin, Marseille regroupe tout près d'un million d'habitants en 1975 ; mais alors que la croissance fut de 15 % environ entre 1962 et 1968, elle ne fut plus que de 4 % à peine entre 1968 et 1975 ; la population est donc devenue stationnaire, alors que la croissance des villes de l'étang de Berre a été très forte (+ 28 % entre 1968 et 1975). La démographie est peu favorable et l'excédent des naissances est devenu modeste, de l'ordre de 3 000 à 4 000 par an, alors qu'il est de plus de 2 000 pour les communes proches de l'étang de Berre, pour une population quatre fois moindre. Malgré la diminution en pourcentage de la population jeune, les taux d'activité ont diminué et sont inférieurs à la moyenne nationale.

Le volume de l'emploi n'a pas suivi l'accroissement de la population, dû notamment, entre 1962 et 1968 à l'afflux des rapatriés. De 1954 à 1968, le nombre des ouvriers n'était passé que de 117 000 à 129 000 ; encore l'augmentation n'était-elle due qu'à la croissance de l'industrie du bâtiment, donc à des non marseillais (algériens surtout), les emplois véritablement industriels ayant diminué ; dès 1968, le secteur secondaire ne comptait plus que pour 38 % parmi les actifs. D'autre part, l'emploi féminin manque cruellement. Il y a par suite un important chômage de jeunes et de femmes, difficile à apprécier.

● *La crise du port* n'apparaît pas dans les chiffres du trafic, toujours en hausse ; les tonnages embarqués ou débarqués ont dépassé 100 millions de tonnes dès 1973 ; après une forte chute due à la crise en 1975, ils sont remontés à 104 millions de tonnes en 1976. Mais ces tonnages impressionnants qui font de Marseille le premier port français, ne doivent pas faire illusion : 85 % du trafic, en 1976, sont représentés, malgré la crise pétrolière, par des hydrocarbures, de sorte que le trafic de marchandises du port de Marseille est finalement faible, encore qu'on ait assisté, dans les dernières années, à une remontée des importations, notamment de minerais. En 1976, cela représente 10 000 000 t aux importations, à peine la moitié de ce tonnage aux exportations. Marseille importe surtout des minerais (4 500 000 t dont moitié de minerai de fer pour la sidérurgie de Fos), du charbon (1 700 000 t), des engrais ; mais le trafic traditionnel de produits coloniaux est tombé à peu de chose, le sucre restant le seul poste d'importation notable, avec les agrumes et les bananes ; Marseille n'importe plus que le quart des oléagineux venant par voie maritime en France, égalé par Dunkerque, dépassé par Nantes-Saint-Nazaire ; certains trafics ont à peu près cessé (plus d'arachides en coque par exemple). Marseille reçoit moins de 10 % des bois tropicaux, de la pâte à papier, etc. La réouverture du canal de Suez n'a pas amélioré sensiblement ce bilan.

Aux exportations, représentées pour plus de moitié par un trafic d'éclatement de pétrole brut, Marseille se différencie des autres ports français par l'absence totale de trafic céréalier, l'inexistence des sorties d'engrais ; les exportations de véhicules automobiles et de machines représentent l'essentiel, et l'ouverture de la sidérurgie de Fos n'a porté les exportations d'acier qu'à environ 1 000 000 t.

Le trafic des conteneurs est en forte hausse et de nouvelles lignes s'ouvrent constamment ; le trafic routier, notamment vers l'Afrique du Nord, s'est considérablement accru. C'est également le trafic avec l'Algérie qui explique, pour près des deux tiers, le maintien d'un trafic de voyageurs important : plus de 900 000 passagers en 1977. Quant au port de pêche, les prises, presque uniquement sardinières, tournent autour de 5 000 à 6 000 t/an.

Enfin, Marseille reste pratiquement un port national. Seul le pétrole brut est expédié hors des frontières françaises, grâce au pipe sud-européen ; à la différence de Gênes ou de Trieste-Rijeka, le trafic à destination de l'Europe centrale est pratiquement inexistant. La réalisation du canal Rhône-Rhin ne paraît pas de nature à modifier cette situation.

Surtout, la plupart des trafics marseillais sont des trafics de produits bruts, à manipulation entièrement automatisée ; la généralisation du trafic roulier pour la Corse ou l'Afrique du Nord a provoqué de son côté une chute verticale du volume de marchandises traitées par le personnel du port, de sorte que la crise d'emploi des dockers est sans doute la plus forte des ports français.

● *La crise de l'industrie traditionnelle* s'explique pour une bonne part par l'engouement des marseillais pour les placements financiers lointains. Marseille a trop compté de petites affaires sans envergure, qui ont disparu les unes après les autres ; ainsi le groupe des huileries et des savonneries, qui employa 11 000 salariés, est aujourd'hui inexistant. Le maintien des effectifs ouvriers, sur le plan numérique, s'explique par la multiplication des activités annexes d'une grande ville : garages, petits ateliers de mécanique, etc. Les industries qui avaient consenti les plus gros efforts de renouvellement étaient celles liées au fonctionnement du port ; elles ont beaucoup souffert de la crise économique, notamment la réparation navale (Marseille dispose de formes de radoub capables d'accueillir les plus gros bateaux) ; elles comptent cependant quelques unités actives comme les moteurs Baudouin, produisant surtout du matériel pour les péniches et les pousseurs.

On est surtout surpris de l'absence totale de grosses entreprises. En 1975, seule une firme de réparation navale employait plus de 2 000 personnes ; une seule autre maison, les sucreries Saint-Louis plus de 1 000. On n'a affaire qu'à une poussière de petites et de moyennes affaires, où le niveau des salaires est en général assez bas.

Enfin, Marseille connaît une *crise d'utilisation*

du site. Les secteurs de construction aisée sont tous occupés. Il faut, ou restructurer les vieux quartiers ou escalader les collines. Le centre de la ville est difficile et coûteux à remanier. Les seules opérations importantes de rénovation se situent au nord et au nord-est du Vieux Port ; celui-ci, abandonné à la plaisance, se borde au nord de quartiers reconstruits après la guerre sans grande originalité ; la principale opération de curetage a concerné le quartier de la Bourse et les abords de la gare Saint-Charles. Ailleurs des immeubles-tours remplacent au hasard des groupes d'immebles vétustes ou des usines désaffectées. Vue de La Garde, la ville apparaît comme une marée de petites maisons toute hérissée d'allumettes géantes, avec les grandes barres des immeubles neufs montant à l'assaut des collines, par exemple de Marseilleveyre.

Le vieux centre, atteint par le phénomène de cité, se vide rapidement de sa population permanente, tout en restant le grand centre d'emploi tertiaire. Force est donc de se loger à la périphérie, en fonction d'un zoning social de plus en plus net. Le nord, et à un moindre degré l'est (vallée de l'Huveaune) voient s'accentuer le caractère modeste de leur peuplement (il y avait, en 1968, 59 % d'ouvriers à Saint-Louis, 54 % aux Aygalades ou à la Valentine), alors que le sud regroupe, au-delà du Prado, des quartiers résidentiels aisés. Le centre abrite encore bien des quartiers médiocres où de vieilles usines côtoient des maisons modestes : Belle de Mai, berceau du socialisme marseillais, pentes de N.-D.-de-la-Garde, etc.

Le principal problème est donc celui de la place : il n'y a plus à Marseille, de surfaces disponibles suffisamment importantes pour permettre des extensions industrielles, des créations de quartiers d'entrepôts, etc. D'autre part, Marseille connaît depuis bien longtemps de grandes difficultés de circulation. Le réseau des grandes rues et celui des transports en commun a un dessin sensiblement radial, avec une forte convergence vers un centre où se concentre l'emploi tertiaire et qui est, de ce fait, totalement saturé. Il s'agit donc de construire des rocades nord-sud pour éviter de passer par le centre lorsqu'on se déplace à travers l'agglomération marseillaise : voie et tunnel du Vieux-Port, rocade du Jarret. Il faudrait ensuite transformer en autoroutes les principales radiales ; c'est chose faite vers Aubagne, où l'autoroute favorise l'expansion urbaine au détriment des anciennes cultures maraîchères. Quant à réduire la circulation dans le centre, il n'est guère d'autre remède que d'enterrer une partie du trafic : mise en souterrain du dernier tramway, mise en service d'une première ligne de métro. L'alimentation en eau de la ville est maintenant résolu grâce au Canal de Provence et aux nouveaux réservoirs de stockage. Le rejet des eaux usées a été longtemps assuré par un vieux collecteur du XIXe siècle qui traverse en tunnel le massif de Marseilleveyre pour aboutir aux calanques ; cet égout vient d'être doublé par une conduite moderne, dotée d'une station d'épuration ; à l'achèvement des travaux, le nouveau collecteur pourrait permettre le rejet des eaux de l'Huveaune hors de la ville et assurer à terme l'assainissement des plages du Prado.

3. L'expansion marseillaise vers le nord

L'industrialisation du pourtour de l'étang de Berre

Longtemps Marseille a vu dans les petits ports de l'étang de Berre, notamment Martigues, des concurrents éventuels, mieux placés pour capturer un éventuel trafic rhodanien. Le grand port s'est donc donné pour tâche d'entraver leur développement. La politique phocéenne a commencé à changer avec l'implantation du raffinage pétrolier. Celui-ci requérait de la place que Marseille ne pouvait lui offrir ; et il lui fallait aussi assurer la sécurité des parcs de stockage, hors de tout espace bâti, et permettre aux pétroliers un accès plus facile que celui du port de Marseille.

L'industrie pétrolière trouva autour de l'étang de Berre toute la place nécessaire, en même temps qu'une certaine tradition industrielle : poudrerie de Saint-Chamas, vieille industrie chimique née du sel à Istres, Berre et Port-de-Bouc, chantiers navals aujourd'hui disparus de Martigues et surtout de Port-de-Bouc. Initialement, on avait envisagé la réception des pétroliers dans l'étang de Berre lui-même ; mais l'étroitesse du canal de Caronte a obligé rapidement à aménager un port pétrolier unique à Lavéra, à l'entrée du chenal, relié par pipes aux raffineries. Actuellement les gros tankers ne sont plus reçus qu'au môle pétrolier de Fos.

Trois raffineries s'installèrent entre les deux guerres : Shell à Berre (1931), BP à Lavéra en 1933, la CFR à La Mède en 1934. Détruites pendant la Seconde Guerre mondiale, ces raffineries ont été reconstruites et agrandies, puis complétées par la raffinerie Esso de Fos. La capacité de raffinage est élevée et incomplètement utilisée (13,5 millions de tonnes à Berre, plus de 10 à La Mède, 11 à Lavéra, 8 à Fos).

Le port pétrolier de Fos, premier élément en service du complexe industrialo-portuaire nord, ne reçoit pas que le pétrole destiné aux raffineries, mais aussi tout celui qui sert à alimenter le pipe sud-européen. Cela suppose d'énormes installations de stockage, les plus gourmandes en place, devenues si envahissantes qu'il a paru préférable de créer un stockage souterrain dans la région de Manosque. La région ne consommant qu'une petite partie des pétroles raffinés, les produits doivent ou être réexportés par mer (moins de 3 millions de tonnes) ou être acheminés vers l'intérieur par pipe (vers Lyon et au-delà), par voie ferrée, par le Rhône ou par la route.

Ces industries de raffinage, qui n'emploient que peu de personnel, ont abouti à la création d'un peu d'industrie pétrochimique : Shell-Chimie à Berre, capable de produire notamment plus de 500 000 t d'éthylène, Naphta-Chimie à Lavéra, dont le steam-cracking élabore également 500 000 t d'éthylène et produit 300 000 t de chlorure de vinyle, et dans laquelle Rhône-Progil et BP sont associées à parts égales, Oxochimie à Lavéra, produisant des solvants et des produits de base pour l'industrie pharmaceutique, une petite unité de protéines de synthèse BP à Lavéra, etc. On compte aussi des fabrications de caoutchouc synthétique et de noir de carbone à Berre, et de nouvelles implantations sont en cours.

D'autre part, l'étang de Berre est une des zones de développement de l'industrie aéronautique : la SNIAS à Marignane, et accessoirement le centre d'essais en vol et Dassault à Istres emploient plus de 7 500 personnes.

Cependant, la plupart des industries de base n'utilisent que peu de personnel. Ainsi, la puissante Naphtachimie revendique seulement 2 700 emplois en 1976, dont guère plus d'un millier sont employés à la fabrication et une majorité de techniciens, d'ingénieurs, de personnels d'entretien ou de sécurité. Mais sur une usine comme Naphtachimie, il y a en permanence 500 à 600 personnes qui procèdent à des travaux d'entretien, d'extension, de transformation des bâtiments, etc. Or c'est une des caractéristiques de la zone de Berre que de voir proliférer de petites firmes qui effectuent des travaux de montage, de levage, d'entretien ou sont spécialisées dans les techniques des fluides ou des tubes, au point que les « services » industriels emploient parfois plus de monde que les industries de base. Beaucoup de ces petites industries sont installées dans les villes, comme à Port-de-Bouc, ou dans des zones neuves comme celle de Vitrolles. Cette dernière qui a permis la création de 6 000 emplois (sur 10 000 prévus) est un remarquable ensemble d'industries légères, d'entrepôts, d'agences régionales des grandes firmes, de supermarchés, etc., dont la réussite est soulignée par l'implantation actuelle de services bancaires ou financiers. Contrairement à ce qui se passe à Marseille, la plupart des emplois créés dans la zone de Berre sont des emplois à hauts salaires, avec une forte proportion de spécialistes.

La difficulté est de concilier les nuisances ou les servitudes de sécurité issues de ces industries, avec la résidence de leurs personnels. La création du complexe de Fos a encore aggravé les conditions générales.

La base industrielle de Fos

En quelques années, là où le cône de la Crau s'enfonce sous les alluvions de la Camargue, dans une plaine déserte, infestée de marécages et de moustiques, et seulement traversée en bordure de

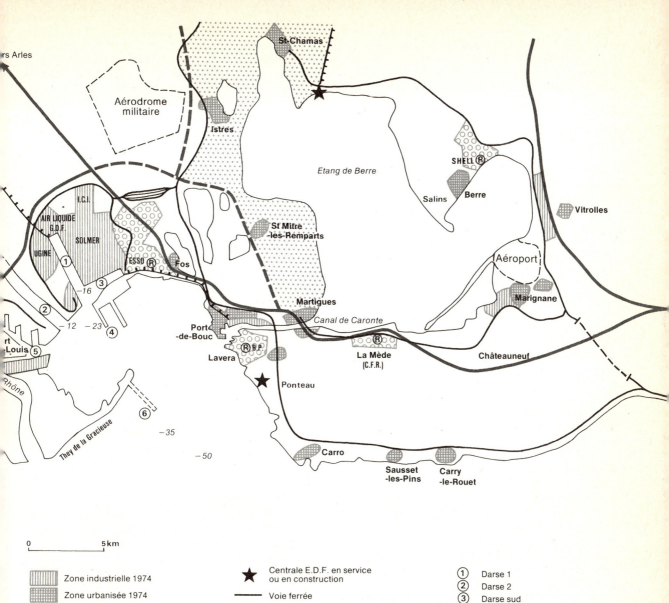

15. Fos et Etang-de-Berre

mer par la route de Port-de-Bouc à Port-Saint-Louis, on a vu surgir un immense programme d'industrialisation, suivant un planning rigoureux et une conception d'ensemble dont on ne trouve guère d'autre exemple en France que dans la région havraise. La réussite technique est spectaculaire.

La création de Fos, c'est d'abord la volonté du *Port Autonome de Marseille,* bien épaulé par une Chambre de Commerce revenue des mirages coloniaux. Le port a su se constituer un immense domaine foncier, acquis à des prix dérisoires, en vue d'y construire un port industriel ; le but visé n'est donc pas de participer à l'aventure rhodanienne, mais de donner à Marseille des conditions portuaires et industrielles convenables.

L'aménagement de ce domaine foncier a été facilité par des caractéristiques physiques exceptionnelles. Sous quelques mètres de dépôts rhodaniens récents, les alluvions cailouteuses de la Crau se prêtent merveilleusement bien au creusement de grandes darses naturellement stables et offrent aux industriels un terrain de fondation excellent. Les nappes phréatiques fournissent de l'eau en abondance, le complément pouvant être demandé le cas échéant aux canaux ou au Rhône. La maîtrise complète du foncier a permis un aménagement rationnel qui n'a subi que peu de retouches par rapport aux plans initiaux (figure 15).

La région bénéficie également d'atouts exceptionnels. C'est d'abord l'abondance et le coût relativement bas de l'énergie : lignites de Gardanne, qui avaient déjà suscité les usines d'alumine de Gardanne et de La Barasse, produits pétroliers, gaz naturel grâce au terminal méthanier de Gaz de France : l'usine de regazéification, travaillant le méthane algérien, libère en outre une énorme quantité de frigories, récupérées par une usine de l'Air Liquide qui offre fluides et gaz à des prix très compétitifs ; électricité enfin, et de toutes provenances, mais plus spécialement de la centrale de Martigues-Ponteau, utilisant les fuels à forte teneur en soufre de l'usine de Lavéra, et l'eau de mer comme refroidisseur. Avec l'estuaire de la Basse-Seine, ce sont les meilleures conditions énergétiques qu'on puisse trouver en France.

Il y a certes des écueils. Le milieu reste rude ; le vent est un facteur favorable à la dispersion en mer des nuisances, mais ne suffit pas toujours à supprimer la pollution ; l'espace aménagé est peu attrayant ; les industries ne trouvent guère de matières premières dans le voisinage ; surtout, la Crau était un désert humain et l'opération exigeait d'énormes capitaux.

Le financement a été assuré grâce au concours incessant de l'Etat, qui a financé environ 40 % du coût des équipements, le Port Autonome assurant le reste. Le point de départ a été la création du port pétrolier, afin de pouvoir recevoir les gros tankers modernes. Puis le Port Autonome s'est attelé au creusement des darses et à l'équipement en routes et en voies ferrées, à la préparation des terrains industriels, aux liaisons avec l'extérieur. Alors que la silhouette insolite du bâtiment de la capitainerie du port dominait au début tout le chantier, elle disparaît maintenant dans un hérissement de cheminées, de halls de fabrication, de réservoirs, etc.

En quelques années ont été réalisées la raffinerie de Fos et les installations de stockage du Pipe sud-européen, la station du Gaz de France et l'usine de l'Air Liquide (en 1973), les usines pétrochimiques de l'ICI et d'Ugine-Kuhlmann, l'usine d'aciers spéciaux d'Ugine (capacité prévue : 600 000 t/an) et enfin l'usine sidérurgique intégrée Solmer. Le projet initial, conçu pour l'approvisionnement de tout le Sud-Est et une forte exportation, était grandiose, prévoyant une capacité finale de production de plus de 7 000 000 t d'acier, uniquement représentée par des produits plats. En fait, la seconde tranche n'a pas été commencée, et des deux hauts fourneaux achevés, un seul a été généralement en fonctionnement depuis le début des fabrications en 1974. L'aciérie a produit seulement 1 600 000 t d'acier en 1975 ; en l'absence d'industries à l'aval, on retrouve à Fos les difficultés de la sidérurgie lorraine ; il n'y a même pas ici de grosse usine de fabrication de tubes... On peut de plus s'interroger sur le sort juridique futur de l'usine ; l'Etat a contraint Usinor et Sidelor à en prendre conjointement la responsabilité, sous direction technique de Wendel ; mais en fait, les société sidérurgiques n'ont fourni que le 1/8 du financement, le reste ayant été apporté par l'Etat ou par des prêts bancaires. La situation financière de la sidérurgie de Fos est entièrement artificielle.

La réussite technique est évidente ; l'implantation de ces industries leur permet de recevoir directement par mer leurs matières premières, notamment le minerai de fer. Mais l'espoir du Port Autonome et de l'Etat était que la réussite de Fos aurait un effet d'entraînement sur tout le Midi et aboutirait à une industrialisation rapide. Or, rien ne s'est produit. Si les industries de base emploient tout près des 10 000 personnes prévues, aucun développement industriel n'en est résulté ; sur place, seule une grosse usine de constructions métalliques s'est développée. Or, les plans prévoyaient à l'horizon 1985 plus de 30 000 emplois directs sur la zone de Fos et environ 125 000 emplois induits. On sera loin du compte.

D'autre part, le milieu créé est entièrement artificiel et ne repose sur aucune réalité régionale. Le Port Autonome est bien le maître d'œuvre, mais entreprise et capitaux sont sans relations avec la région et les sièges sociaux ne sont pas installés dans la région marseillaise. Les problèmes de main-d'œuvre sont aigus, et apparemment insolubles. L'arrêt des chantiers de Fos a libéré une importante quantité de main-d'œuvre, mais celle-ci était inutilisable dans les industries créées, faute de capacités techniques. Bien plus, les nouvelles industries n'ont trouvé, ni à Marseille ni dans la région les ouvriers dont elles avaient besoin, faute de la mise en place en temps voulu des formations nécessaires ; comme la plupart sont des industries à hauts salaires, elles n'ont pas eu beaucoup de peine à faire venir leur personnel du « Nord » (en 1975, 1/3 des 6 500 ouvriers de Solmer avaient été recrutés en Lorraine), mais alors s'est posé le problème du logement. Enfin, les industries de Fos, comme déjà avant celles de l'étang de Berre, n'emploient pratiquement aucun personnel féminin : le salaire unique dans les ménages est donc la règle.

Les conséquences sur le développement urbain

Les promoteurs de Fos y voyaient un prolongement des activités marseillaises ; leur espoir était qu'une bonne partie de la main-d'œuvre, grâce à des transports rapides par fer ou par autoroute pourrait être recrutée et logée à Marseille. Cela s'est en partie réalisé pour Marignane et le fond de l'étang de Berre (zone de Vitrolles) ; mais pas pour le reste de la région, Marseille ayant boudé les nouveaux emplois et les ouvriers ou techniciens recrutés ayant préféré se loger ailleurs.

Il fallait alors tout miser sur le développement des villes voisines de l'étang de Berre. Mais ce sont des villes isolées les unes des autres, disparates, politiquement opposées, avec un très fort noyau de villes à municipalités communistes au sud et des cités plus conservatrices et moins industrielles au nord. Il faut aussi compter avec les servitudes de bruit des aéroports ou installations militaires d'Istres, de Salon et de Marignane, faire la part des terrains réservés pour les industrialisations futures et des zones polluées. Les politiques urbaines furent rarement cohérentes, sauf sans doute à Vitrolles et Port-de-Bouc. En 1975, l'ensemble de ces villes regroupait environ 255 000 habitants ; même si les municipalités offraient un front uni, ce serait peu en face de Marseille. Ces villes sont d'autre part assez peu attractives : elles ont poussé trop vite, avec des équipements scolaires et sanitaires lourds très insuffisants ; sauf dans le triangle Port-de-Bouc - Martigues - Saint-Mitre, elles offrent un environnement peu agréable et difficilement améliorable. L'emploi tertiaire est partout, sauf à Salon, très insuffisamment développé.

Pourtant, la plupart de ces communes se sont montrées dynamiques ; prêtes à stigmatiser les carences de l'Etat, jalouses de conserver leur indépendance à l'égard de Marseille, elles ont entamé de vastes programmes de construction, de voirie et d'équipement, l'Etat finançant de son côté la construction de 23 000 logements, mais surtout dans la zone nord, à Istres, Miramas, Saint-Martin-de-Crau et Arles, alors que l'analyse des mouvements pendulaires donne la préférence à

Martigues et Port-de-Bouc. De toute façon, les ouvriers et cadres résident presque toujours loin de leur lieu de travail, ce qui implique d'intenses migrations quotidiennes, facilitées par la construction d'autoroutes ou de rocades rapides, notamment vers Arles et Marseille.

Le développement de la résidence a donc largement ignoré Marseille, situation que deux villes essaient de mettre à profit : Arles, qui communique très aisément avec Fos et qui est directement intéressée par les projets du Port Autonome de prolonger un jour jusqu'à elle la darse n° 2, et surtout Aix.

Aix-en-Provence a dépassé les 100 000 habitants (110 000 en 1975) ; pourtant, la vieille capitale de la Provence n'a conservé que des bribes de la fonction régionale, en restant le siège de rares administrations et en gardant son rôle universitaire. Sans industrie, Aix affiche de plus en plus une vocation résidentielle, favorisée par l'excellence des relations autoroutières (notamment avec Marseille), le très bon équipement en commerces et services, l'agrément de la vieille ville et d'un environnement montagneux correctement sauvegardé. La résidence de marseillais pourrait en faire une simple annexe résidentielle riche de Marseille ; aussi a-t-on cherché à attirer la nouvelle population active de Fos, vis-à-vis de laquelle la ville peut jouer le rôle de centre de services. Mais Aix est une ville chère, où les loyers ont atteint des niveaux très élevés ; la ville ne peut donc guère songer qu'à devenir la capitale résidentielle des salariés à hauts revenus de toute la nouvelle zone industrielle. Cette option implique pour la ville un développement vers l'ouest, à la rencontre de sa nouvelle clientèle (zone des Milles).

4. Les ambitions phocéennes

Le complexe marseillais débordant de plus en plus vers le nord, l'hégémonie marseillaise s'y dilue quelque peu. Si les ambitions du Port Autonome se concrétisent, les rives de l'étang de Berre verront leur population croître beaucoup plus vite que celle de Marseille. Le maintien du rôle directeur de la cité phocéenne suppose de sérieux efforts ; politiquement, Marseille peut offrir aux villes du secteur méridional, de Fos à Vitrolles, des équipements et des services assez aisément accessibles ; techniquement, il lui faut améliorer ses relations avec la zone de Fos, et, surtout, jouer la carte de la primauté du Port Autonome dans l'organisation de l'espace.

Mais Marseille désire avant tout jouer enfin son rôle de capitale du Midi Méditerranéen, en tant que métropole d'équilibre. Sur le plan des équipements commerciaux, Marseille s'était plus intéressée au commerce extérieur, comme en témoigne le pullulement des maisons d'export-import, des consignataires, des transitaires, etc., en laissant souvent à des villes assez proches, comme Avignon, le soin d'organiser les circuits de distribution. Sur le plan bancaire, elle dispose d'une des rares grandes banques provinciales qui n'ait pas été absorbée par le CIC, la Société Marseillaise de Crédit, vieille de plus d'un siècle ; celle-ci ne s'est intéressée que depuis peu à l'économie provinciale, mais son réseau couvre aujourd'hui tout le Midi. Plusieurs petites banques locales contribuent à renforcer cette fonction financière. Marseille est d'autre part très bien équipée en services techniques de haut niveau : grandes sociétés immobilières ou de travaux publics, bureaux d'études et d'expertise.

Sur le plan intellectuel, notons d'abord le rayonnement de la presse, avec *Le Provençal,* de beaucoup le plus diffusé, *Le Méridional,* plus représentatif des milieux d'affaires conservateurs, et le seul gros quotidien provincial communiste, *La Marseillaise.* Si la presse marseillaise a absorbé celle de Toulon, elle ne s'en heurte pas moins rapidement à la concurrence des journaux de Nice ou de Grenoble, et ne pousse guère à l'ouest du Rhône. Comme la presse lyonnaise, celle de Marseille a avant tout une diffusion à caractère local.

Le rôle universitaire est relativement récent (le plus ancien établissement, l'école de médecine, remonte à 1818) et Marseille n'abrite pas la moitié des étudiants des trois universités régionales, partageant la fonction avec Aix ; Marseille possède les enseignements scientifiques, médicaux et pharmaceutiques (2e rang en province par le nombre d'étudiants), mais laisse à Aix droit, économie et lettres ; ses tentatives de développer au Centre Universitaire de Luminy de nouveaux types d'enseignement supérieur sont restées sans grand succès. Le rôle hospitalier s'apparente à celui de Lyon ; l'Assistance Publique de Marseille gère une série d'hôpitaux (Hôtel-Dieu, Conception, Timone, etc.) et la fonction de grand port a valu à la ville hôpitaux militaires, établissements de quarantaine ou instituts d'études des maladies tropicales. Après Lyon, les titres hospitaliers marseillais sont certainement les plus cotés de province. La ville est d'autre part bien équipée en établissements privés de toutes sortes et la densité médicale est double de la moyenne française.

On a même souvent, en examinant les possibilités marseillaises, une impression de pléthore ; et on ne peut se défendre d'un certain malaise. Ainsi, on y comptait en 1973 plus de 150 cabinets d'expertise-comptable alors que la zone de l'Etang de Berre n'en dénombrait que 2. Marseille a d'autre part connu beaucoup d'initiatives, dans les domaines les plus divers (enseignement, construction, aide à l'enfance) ; mais sauf pour ce qui concerne le port, tout tourne court. Même dans le domaine industriel, il n'y a jamais eu grande continuité dans l'effort ; l'équipement de la région en énergie électrique en fournissait, avant la création d'EDF, un remarquable exemple avec la politique irrationnelle de l'« Energie électrique du Littoral méditerranéen » ; un autre exemple est donné par les vicissitudes et la fermeture de la firme « Coder », construisant des citernes dans la région de France qui en consomme le plus et incapable de trouver sur place les concours nécessaires à sa survie.

Cette impuissance à fonder est très sensible à travers toutes les nouvelles implantations industrielles, toutes d'origine extérieure et sans prise de participation locale, situation assez analogue à celle de Bordeaux. Pionnière de l'aviation à Istres et Marignane, Marseille s'est pourtant laissée distancer par Toulouse. Jadis le plus grand port des vins, Marseille a non seulement cessé presque tout trafic, mais ne s'est jamais intéressée au contrôle du vignoble ni sur le plan technique, ni sur le plan commercial. Port importateur d'agrumes, de primeurs, de fruits tropicaux, Marseille n'a esquissé aucune tentative de contrôle sur la toute proche agriculture du Comtat.

Bref, l'emprise marseillaise sur la région de programme est très imparfaite. Marseille finit par être au Midi ce que le Midi est au reste de la France ; une sorte de monde aliéné, dépendant dans toutes les transformations modernes, de l'argent et des initiatives extérieures. Pourtant, par les origines de sa population, gavots des Alpes ou du Massif Central, Marseille devrait faire largement remonter son influence ; et elle se manifeste en effet dans le domaine du tourisme et de la résidence secondaire, notamment dans les pays duranciens. Mais, vers l'est, la concurrence niçoise est âpre, dès le centre du département du Var ; au nord et à l'ouest, Marseille exerce une influence commerciale et intellectuelle sur Avignon ; un peu sur Nîmes aussi pour qui c'est un moyen d'échapper à la trop proche tutelle montpelliéraine. Mais faute d'avoir su tisser dans sa région ce réseau de relations économiques que surent si bien mettre en place les lyonnais, Marseille reste une métropole régionale imparfaite.

Car une région ne saurait être bâtie sur de simples relations humaines. Il y a certes en France une région méditerranéenne, mais il n'y a pas encore une véritable région marseillaise, seulement une grande ville et surtout un grand port, trop longtemps tourné vers des entreprises extérieures ; peut-être y aura-t-il demain une grande base industrielle capable d'imposer l'autorité métropolitaine.

9 Plaine languedocienne et Roussillon

1. La plaine languedocienne

La formation des paysages

La simple description de la plaine languedocienne n'a pratiquement jamais été faite par les géographes. Peut-être parce qu'il y a une opposition très forte entre le morcellement physique et la remarquable unité humaine fondée sur l'économie viticole.

Sur le Massif Central et les Pyrénées s'appuie une couverture sédimentaire secondaire et tertiaire qui a été fortement plissée, souvent déversée vers le nord à la fin de l'Eocène, puis qui s'est affaissée progressivement par le sud. Les reliefs nés de l'orogénèse pyrénéenne ont été non seulement tronqués par l'érosion, mais surtout déformés, dès l'Oligocène, par la mise en place de bassins et de fossés très prononcés ; ainsi, en Vistrenque, un sondage n'a trouvé le toit du Crétacé qu'à — 5 000 m ; ces creux se sont remplis de molasses ou d'alluvions d'origine montagnarde ou rhodanienne ; cette dernière sédimentation a été interrompue au début du Quaternaire par la surrection d'un anticlinal est-ouest, de Vauvert à Beaucaire. D'autres cassures ont parfois ouvert le chemin à des venues volcaniques tardives, notamment le long d'un axe nord-sud, allant de l'Escandorgue à la montagne d'Agde.

L'extrême complication des paysages languedociens tient à de multiples facteurs :

● Le premier est la *variété des types de contact* avec les massifs anciens ; au nord, entre les plateaux calcaires des garrigues et la bordure cévenole, le contact se fait tantôt par des fossés effondrés (fossé d'Alès), tantôt par des ébauches de dépressions périphériques comme au Vigan ; plus souvent encore, la montagne dégringole directement sur l'avant-pays calcaire. Au centre, les plateaux caussenards dominent le bas-pays par l'escarpement de la Seranne. A l'ouest au contraire, la Montagne Noire s'enfouit doucement sous la couverture sédimentaire tertiaire, dont les éléments les plus durs, des calcaires éocènes, donnent parfois de petites cuestas tournées vers le massif ancien. Mais le contact atteint son maximum de complexité entre Seranne et Montagne Noire, dans le Pardailhan et les monts de Faugères, avec intercalation de bassins permiens comme celui de Lodève, ou interposition de petits fossés comme celui proche de Clermont-l'Hérault.

● La *variété des formations sédimentaires* est une autre source de complication. A l'ouest, les Corbières dominent un pays de molasses déposées dans le synclinal audois. Entre Orb et Hérault, les calcaires émergent rarement : des argiles marines, des molasses, des cailloutis pliocènes occupent tout le pays. Au contraire, de l'Hérault au Vidourle, les chaînons de calcaires jurassiques des garrigues montpelliéraines forment des Causses plus ou moins vastes, parfois alvéolés de bassins aménagés dans des matériaux plus tendres. Enfin, à l'est du Vidourle, c'est le domaine des garrigues sur calcaire crétacé : une armature de calcaire urgonien, aux plis lourds et rigides vient se terminer au sud-est sur un grand accident tectonique qu'on suit de Lunel jusqu'à Roquemaure. Les épandages alluviaux sont fréquents ; ceux d'origine rhodanienne ont été en partie piégés par le fossé de la Vistrenque.

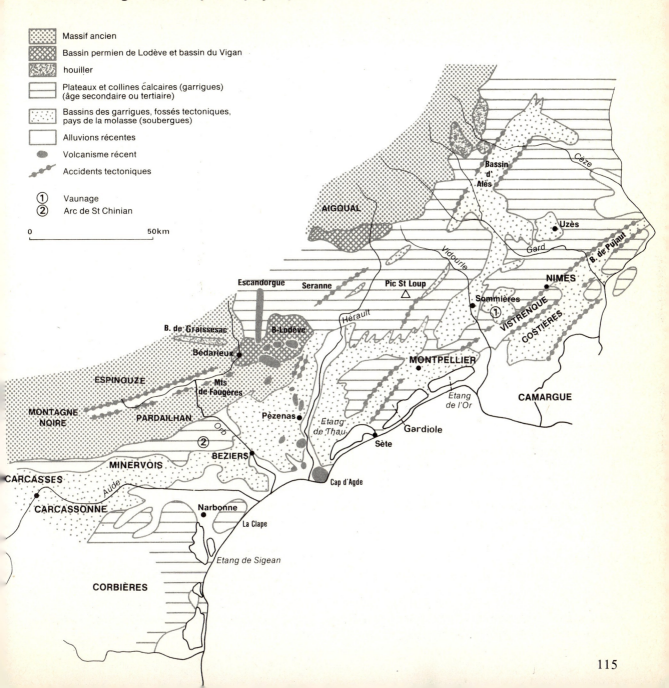
16. Bas-Languedoc, aspects physiques

● La *multiplicité des accidents cassants* témoigne des rejeux du socle sous-jacent ; mais il y a aussi des bassins permanents comme celui du cours inférieur de l'Aude, ou des dômes anticlinaux tardivement aménagés en combe, comme en Vaunage. Les principaux accidents sont :
— au nord, le grand fossé tertiaire d'Alès, isolant les garrigues de la couverture secondaire du massif cévenol et décrivant une sorte de S (bassins d'Uzès, de Saint-Chaptes) pour se terminer au sud dans la plaine de Sommières ;
— le grand fossé de bordure des garrigues nîmoises (Vistrenque), isolant au sud-est le plateau des Costières ;
— le fossé de Montbazin, qui sépare la Gardiole, où les surfaces d'érosion tertiaires sont encore peu déformées, d'une garrigue montpelliéraine plus bouleversée ;
— le fossé de Narbonne.

● L'*évolution morphologique* en a été largement influencée. Le réseau hydrographique est souvent surimposé : ainsi le réseau des affluents du Lez, à travers les plis de Montpellier et la Gardiole, alors que le fossé de Montbazin n'est emprunté par aucun cours d'eau.

Les surfaces d'érosion partout présentes ont été, sauf dans les garrigues nîmoises, fortement morcelées par les mouvements tectoniques. L'évolution est parfois plus poussée : dans l'arc de Saint-Chinian, les couches calcaires ont été tranchées par une surface d'érosion tertiaire aux dépens de laquelle s'est ébauché un relief appalachien.

Surtout, le travail des eaux courantes a été vigoureux : les coulées volcaniques du bas Hérault, qui reposent sur des cailloutis villafranchiens de vallée ou de glacis, sont aujourd'hui en position haute, témoignant d'un creusement quaternaire d'une cinquantaine de mètres dans la molasse marine.

Enfin, les traces des influences climatiques anciennes sont nombreuses : les glacis, le plus souvent nus, sont abondants en bordure des massifs anciens ou dans les bassins intérieurs des garrigues ; les calcaires les plus gélifs gardent la marque des périodes froides : « clapas » de la garrigue montpelliéraine, vallons secs empâtés de matériaux de gélivation au point de bloquer parfois l'évolution karstique comme sur les dalles calcaires du Minervois.

De l'ordonnancement général du relief on retiendra :
— l'absence de dépression périphérique continue en bordure des massifs anciens ; à la place un chapelet assez maigre de bassins constituant la base d'autant de petites entités humaines : bassins de l'Orb, de Lodève, du Vigan ; Ferdinand Fabre a dit la médiocrité ancienne de ces pays dans son œuvre romanesque ;
— l'existence de plateaux calcaires progressivement plus étendus vers l'est, aux sols squelettiques et à la maigre couverture végétale de garrigue, réserve naturelle de bois, mais aussi de terres médiocres qu'on défriche lorsque menace le surpeuplement ;
— l'essentiel du Languedoc utile est constitué par un ensemble hétéroclite, inégalement large, mais à peu près continu du Lauragais au Rhône ; on y trouve des plaines alluviales récentes, fort exposées aux caprices des « vidourlades » et autres crues méditerranéennes, de hautes terrasses plus protégées, plus souvent des coteaux en pente douce taillés dans la molasse. C'est le bon Languedoc, le pays des « *soubergues* » comme des « *costières* » celui de la vigne, où la circulation est facile. Mais, combien de différences entre les sols sur molasse marine du Biterrois, les paléosols décarbonatés d'argile rouge (les « gapans ») des cailloutis rhodaniens de Costière ou les encroûtements calcaires superficiels ! Il s'agit donc à la fois de plaines et de coteaux et c'est à cet ensemble que nous réserverons l'appellation de plaine languedocienne ;
— enfin, le pays languedocien se termine sur la mer par une plaine maritime étroite qui ne s'élargit vraiment qu'à l'est. La côte est une côte construite, simple, faite d'une série de grands cordons littoraux ancrés à un certain nombre de môles : montagne de Sète, volcan d'Agde, plateau de Leucate, et isolant des lagunes peu profondes. Le cordon littoral est toujours étroit, coupé de rares « graus », fragile, au point de risquer la rupture lors des tempêtes de sud-est, d'exiger des travaux de renforcement, et, parfois, des interdictions de

circuler le long de la mer. La plaine maritime résulte essentiellement du colmatage des lagunes : tout un monde à demi-submersible, longtemps pacage d'hiver, qui sera conquis à la culture lors de la crise phylloxérique.

Milieu humain et vie rurale

Nous avons déjà examiné plus haut les grands traits du peuplement et de l'économie viticole traditionnelle. Rappelons seulement que les fortes densités de population de la plaine ne se sont maintenues que par des apports constants de populations de l'Aquitaine et du Massif Central, maintenant d'étrangers, espagnols surtout (en 1966, la population du canton de Lunel comptait par exemple 10 % d'espagnols). Toutefois de grandes différences existent dans la densité du peuplement ; les garrigues sont presque vides (densités kilométriques inférieures à 20) ; les densités sont un peu plus élevées (35-40) dans les bassins intérieurs, fortes dans la plaine et les pays de soubergues (40 à 50 en Vaunage, 50 à 75 en plaine). Cette population rurale évolue très lentement, du moins prise globalement ; c'est seulement dans l'ouest que le recul est plus marqué (— 5,5 % dans l'Aude rurale entre 1968 et 1975).

L'habitat fortement groupé, l'usage de la langue d'oc apparentent ce pays à la Provence ; mais au centre et en bordure de la montagne, le Languedoc a été beaucoup plus marqué par le protestantisme, dont l'influence est sensible sur les mentalités, les comportements sociaux et politiques, les initiatives économiques. Ces protestantisme, qui domina certaines régions comme les bassins sous-cévenols et la Vaunage, est en voie d'effacement, battu en brèche par l'exode rural, par une immigration qui est surtout catholique, par le brassage urbain.

Très dégradée dans les régions sous-cévenoles et les garrigues, l'économie viticole se maintient presque partout ailleurs. Il y a même parfois extension de l'espace cultivé ; ainsi, de 1955 à 1970, près de 5 000 ha ont été gagnés à la culture dans le canton de Saint-Gilles, autant dans celui de Saint-Martin-de-Londres. L'évolution de la viticulture est très lente : on assiste à une réduction du nombre des exploitations, de sorte que l'exploitation familiale s'agrandit, parfois avec l'aide de la SAFER ; les bonnes exploitations familiales d'une quinzaine d'ha, occupant en permanence deux hommes, se regroupent volontiers pour s'équiper ; ce sont souvent elles qui ont promu l'arrachage des plants traditionnels et la replantation en cépages de qualité, celles qui emploient le moins de main-d'œuvre, aussi bien permanente que saisonnière.

Là où l'emprise de la vigne n'était pas totale, on a plus souvent glissé vers une économie irriguée, essentiellement fruitière, qui a connu, surtout avec les pommiers, de sérieux mécomptes ; c'est le cas en Lunellois, en Vistrenque, sur la Costière de Camargue. Malgré l'ouverture de conserveries (Lenzbourg à Lunel, Libaron à Vauvert), les démarrages sont difficiles. On aboutit parfois à des résultats aberrants : le marché-gare de Nîmes, créé pour écouler les nouvelles productions, est devenu un très important marché de la viande, alors que nombre d'agriculteurs des Costières préfèrent utiliser les marchés traditionnels du Comtat, notamment Châteaurenard, pour écouler leurs productions. Encore les cultures fruitières, légumières et florales sont-elles souvent pratiquées par des agriculteurs non languedociens, sur des superficies très supérieures à la moyenne, et notamment par des rapatriés. Alors, devant le demi-échec des nouvelles spécialisations, quoi de plus naturel que de revenir à la vigne, même en Vistrenque ? De sorte qu'entre 1955 et 1970, bien que 10 000 ha de vignes aient été arrachés, notamment dans les pays du Vidourle, l'étendue globale du vignoble languedocien s'est accrue de quelques milliers d'ha...

Les différenciations régionales sont peu accusées. Seuls les pays des Costières nîmoises, de la Vistrenque et du Bas-Vidourle tranchent par une rénovation de la vie rurale, avec le très vif contraste entre des villages vieillis, confinés dans la tradition, et les mas neufs ou rénovés au milieu des vergers ou des vignes nouvelles. Ailleurs, le visiteur ne peut qu'être frappé par l'hégémonie de la vigne ; tout au plus décèlera-t-il quelques nuances : passage à un palissage plus systéma-

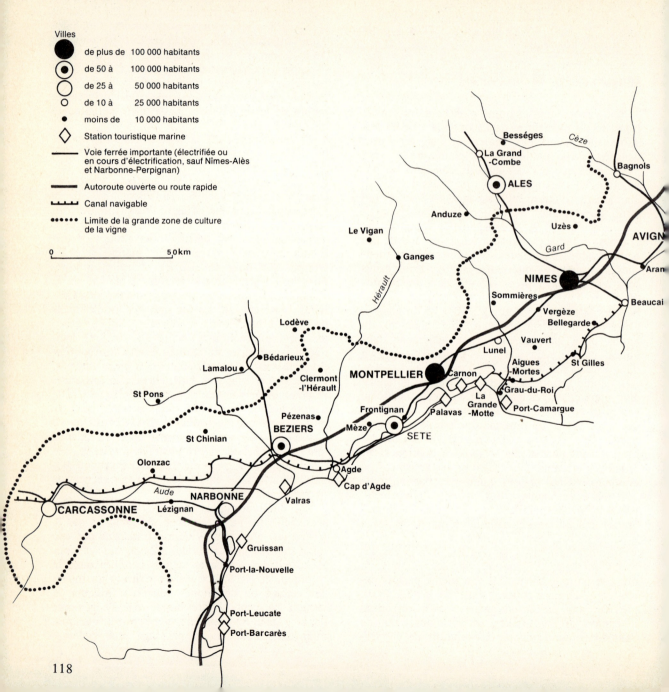

tique, plus ou moins grande importance des domaines, etc. L'industrie est pratiquement toujours absente ; quelques créations nouvelles d'ateliers animent seulement des bourgs comme Saint-Martin-de-Londres ou Saint-Mathieu-de-Tréviers, au nord de Montpellier.

Sur la plaine littorale ou le cordon dunaire, le tourisme évince peu à peu la viticulture et les salines (autour de l'étang de l'Or par exemple); quelques lagunes, surtout l'étang de Thau, ont gardé un peu d'ostréiculture ou de mytiliculture.

Le réseau urbain languedocien

Dans ce pays profondément agricole, la population urbaine, en 1975, représentait entre 70 et 75 % de la population totale, avec un minimum net dans l'Aude, département le moins urbanisé. L'armature urbaine languedocienne présente des signes indiscutables d'hypertrophie, avec une foule de villes, souvent anciennes, sans autre industrie que celles exigées par le fonctionnement de l'économie viticole de tous les jours. Leur croissance, souvent lente avant 1960, est depuis très inégale ; les villes purement liées à l'économie viticole, comme celles de l'Aude, stagnent ou même déclinent ; il en est de même de la plupart des petites villes en milieu rural, alors que la montée de Nîmes et surtout de Montpellier a été très forte. Sauf Sète, il n'y a pas de ville littorale importante ; l'intérieur connaît deux lieux de ville privilégiés où les cités sont très proches les unes des autres ; l'une, en déclin, au contact de la montagne, l'autre essentielle, le long, grosso modo, de l'ancienne voie domitienne.

Les villes sous-montagnardes

Les marchés d'échanges au contact plaine montagne sont aussi des étapes de la transhumance et du trafic ancien des vins ; chaque vallée, chaque passage vers la montagne est commandé par une ou plusieurs villes. Sur des rivières relativement puissantes, l'une des vocations de ces villes a été le travail industriel : la laine à Lodève ou Anduze, la soie, du Vigan à la région d'Alès. Plus tard, l'exploitation houillère à Graissessac et dans le bassin d'Alès, entreprise par des sociétés lyonnaises ou parisiennes, a débouché sur la verrerie, la grosse métallurgie, l'industrie chimique. Presque toutes ces industries sont en crise; crise dramatique pour le textile, moribond à Lodève, mal relayé dans la région du Vigan par la bonneterie et l'indémaillable, tous deux d'origine nîmoise, ou la chaussure. La fermeture des bassins houillers est consommée, entraînant la disparition des 20 000 à 25 000 emplois les mieux payés ; les villes de la houille ne s'en sont pas relevées, d'autant que les industries liées (verrerie, fonderie, équipement des mines) ont décliné ou disparu ; La Grand'Combe, où seulement 500 emplois ont été créés, passe de 22 600 habitants en 1962 à 16 300 en 1975, Bessèges de 9 400 à 7 000 ; la population connaît un vieillissement accentué, le déficit des naissances s'installe, on vit de retraites plus que de salaires ou de revenus commerciaux.

Dans ces villes accolées à la montagne, de sites toujours difficiles, l'isolement s'est fortement accru (fermeture de presque toutes les lignes de chemins de fer), le parc immobilier vieillit, condamné à brève échéance, l'urbanisme est presque toujours déficient. Seules se maintiennent quelques petits centres commandant l'accès à la montagne, comme Lodève ou Le Vigan.

L'agglomération d'*Alès* fait exception, sa population augmentant toujours et atteignant près de 70 000 habitants (agglomération) ; pourtant les houillères sont fermées et les établissements sidérurgiques encore en service sont peu nombreux (aciéries de Tamaris, plus loin, les tubes de Bessèges). La grosse industrie chimique de Salindres tient mieux, il y a un petit renouveau de la bonneterie, et, surtout, Alès a bénéficié, avec l'appui de l'Etat, de plusieurs décentralisations de valeur : Crouzet — de Valence —, Merlin-Gérin — de Grenoble — et la Société Nationale de Roulements, toutes usines à salaires satisfaisants. Mais l'essor d'Alès est davantage lié au carrefour : les routes pénétrant dans le Massif Central y recoupent la route venant de la vallée du Rhône par la dépression ardéchoise. Avec ses lycées, ses établissements hospitaliers, ses commerces, Alès est le grand recours des vallées cévenoles. C'est aussi une ville rénovée, la seule à avoir fait de gros efforts d'urbanisme, peut-être parce qu'elle est la seule, en bordure de sa dépression, à échapper aux sites étriqués des villes sous-montagnardes.

Les villes de la plaine viticole et des garrigues

Elles étaient avant tout des centres de courtage des vins. A côté de gros bourgs ruraux, on trouve beaucoup de petites villes, généralement déclinantes, comme Lézignan, Pèzenas, Sommières, plus rarement en progrès, comme Lunel, capitale du renouveau agricole sur le bas-Vidourle et l'une des portes de la côte touristique ; leur vitalité peut parfois se mesurer à la capacité de soutenir une équipe locale de rugby, mais leur léthargie est à peu près générale. Un exemple est offert par Uzès, dont la population n'arrive pas aux 7 000 habitants, et qui tire le meilleur de ses emplois d'une lourde fonction hospitalière; ses marchés restent actifs, la fonction touristique lui a valu la rénovation d'un patrimoine artistique exceptionnel, tandis que la vocation résidentielle de la vallée de l'Uzège y fait pulluler les métiers du bâtiment et l'artisanat dit « d'art » ; mais le rôle de centre agricole s'efface, l'enseignement secondaire long disparaît, l'industrie est presque inexistante : Alès et Nîmes sont trop près et l'autonomie urbaine, longtemps appuyée sur l'identité protestante, disparaît.

Avec *Narbonne* et *Carcassonne,* dont la population stagne pour chacune autour de 40 000 habitants, on passe à un échelon supérieur. Jadis port de l'Aude et capitale romaine, Narbonne n'a su tirer aucun parti d'un remarquable carrefour de routes et de voies ferrées; elle est restée un gros marché du vin, une ville assez bien équipée, mais sans industrie (raffinage de l'uranium dans l'atelier du CEA de Malvési). Carcassonne n'a pas davantage d'industries, riche seulement de ses administrations préfectorales, de son équipement scolaire, hospitalier, et de la fréquentation touristique que lui vaut son admirable vieille ville, isolée sur la rive droite de l'Aude et de plus en plus sophistiquée.

Avec près de 90 000 habitants, *Béziers* est déjà une manière de capitale et l'animation des allées Paul Riquet et de la vieille ville témoigne de l'importance de la fonction commerciale. Le site, dominant la vallée de l'Orb est assez incommode ; mais c'est une ville-carrefour d'où on gagne aisément le Massif Central et le nœud ferroviaire procure à la ville une de ses très rares industries (le matériel ferroviaire Fouga a disparu, mais l'atelier SNCF pour le matériel électrique de traction subsiste). L'ancienne capitale des vins perd peu à peu ses activités de direction de la viticulture au profit de la centralisation montpelliéraine ; ses deux sociétés de magasins à succursales multiples (Docks méridionaux et Ruche du Midi) sont passées sous contrôle extérieur. Quelques implantations industrielles récentes sont incapables de freiner le déclin de Béziers ; la ville devient le symbole de l'impuissance à fonder des villes du vignoble, avec sa population qui se renouvelle mal, le plus faible taux de natalité des villes languedociennes, l'extrême modestie des niveaux de vie.

Les ports

Sauf Sète, les villes de la côte sont de minuscules organismes : Agde, dont le port est condamné ; La Nouvelle, qu'une médiocre « roubine » relie au canal du Midi est un port de cabotage pétrolier et d'exportation céréalière (blés aquitains), dont le trafic un instant stimulé, est en baisse, malgré le renfort d'une très grosse cimenterie, dont les installations servent de prototype dans la lutte contre la pollution.

Le trafic de *Sète,* en 1977, a atteint 8 000 000 t, niveau record; mais 6 millions de tonnes y représentent le trafic pétrolier, alors que le trafic des vins aux entrées est en forte baisse (4 000 000 hl) de même que celui des engrais ; par contre est apparu un trafic de bois tropicaux, tandis que le port exporte des produits pétroliers raffinés, des engrais et du ciment. Créé en 1595, réellement équipé en 1666 comme débouché ultérieur du Canal des Deux-Mers (ouvert en 1681), le port exporta d'abord des eaux-de-vie languedociennes. Il a été installé au pied de la montagne

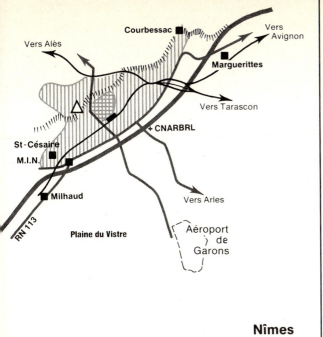
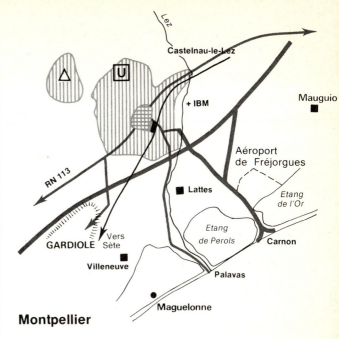
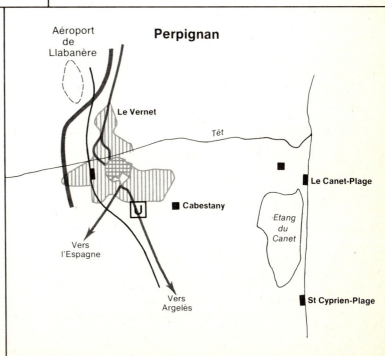

18. Villes du Languedoc-Roussillon

de Sète, dans un site exigu, qui l'a contraint à développer installations et industries vers l'étang de Thau, à Balaruc, ou au pied de la Gardiole, à Frontignan. Après une brève flambée, le port de pêche stagne à 5 000 t de prises environ, sardines et anchois.

Sète est avant tout un port industriel; d'une part, les besoins de la viticulture languedocienne ont fait créer des usines capables de fournir soufre, sulfates et surtout engrais avec quatre usines ainsi que des affaires de traitement des vins (apéritifs Saint-Raphaël, Dubonnet, Noilly-Prat). D'autre part, Frontignan a vu s'installer une petite raffinerie Mobil (capacité : 4 000 000 t). Des confiseries d'olives, une cimenterie Lafarge complètent une fonction industrielle dont le très lourd trafic de camions sur les routes menant à Sète dit assez l'importance.

Pourtant, Sète n'est pas une grande ville (55 000 habitants). Cité animée, avec ses vieux quartiers colorés au pied du Mont Saint-Clair; ville encombrée, avec une pollution croissante qui inquiète aussi bien les producteurs de muscat de la Gardiole que les ostréiculteurs de l'étang de Thau. Surtout une ville de petites gens, sans états-majors, les usines n'étant que des unités de production. Les qualités nautiques du port sont médiocres et les gros pétroliers stationnent au large, ravitaillant la raffinerie par sea-line. Sète espère un renouveau de la voie navigable intérieure, avec la rénovation promise du canal des Etangs et du Canal du Midi; mais ce dernier, accessible seulement à des automoteurs de 160 t, a perdu la moitié de son trafic depuis 1960...

Les métropoles : Nîmes et Montpellier

Deux grandes villes à moins de 50 km l'une de l'autre, l'une métropole officielle (210 000 habitants en 1975), l'autre seulement commerçante et industrielle (130 000 habitants en 1975), toutes deux villes de la terre, loin des côtes et des grandes rivières. C'est le drame de la dualité : ville bourgeoise, cité parasite de propriétaires fonciers et d'administrations parachutées, contre ville du vin, du commerce et de l'industrie, ville catholique contre ville protestante, ville conservatrice contre ville qui se prétend novatrice, surtout ville languedocienne contre cité déjà nettement rhodanienne. Deux villes rivales, jalouses, se surveillant, chacune cherchant à acquérir les équipements que l'autre possède déjà : Montpellier est-elle la ville universitaire ? Nîmes, forte de son Ecole Antique arrache des établissements d'enseignement supérieur et un CHU rival ; Nîmes met-elle en train la ZUP de Pissevin, que la même année Montpellier met en chantier les « silos » de la Paillade... Forte de son titre de capitale régionale, Montpellier vit des dépouilles des autres villes languedociennes, et, contre toute logique, ravit à Béziers le contrôle du vignoble en monopolisant administrations publiques et privées ou le Crédit Agricole ; ville sans gare importante et sans trafic ferroviaire, elle voit s'installer la Direction régionale de la SNCF, dont toutes les installations techniques sont à Nîmes ou Béziers. Seul le siège de la Compagine Bas-Rhône - Languedoc, lui a échappé, mais elle a obtenu sans aucun besoin un échelon avancé de la Société...

Nîmes est installée au contact des garrigues et de la Vistrenque sur une résurgence karstique ; d'abord simple étape sur la voie domitienne, sa supériorité est venue de la proximité de la vallée du Rhône et de ses faciles relations avec le Massif Central par l'antique voie Regordane. Cet accès à la montagne lui vaudra plus tard le contrôle de la remontée des vins, alors que de la montagne descendaient les bêtes et la laine, puis des vallées cévenoles la soie. La force de la bourgeoisie nîmoise est d'avoir su contrôler ces trafics, puis, au XVIIIe siècle, d'avoir su en tirer parti pour s'industrialiser ; enfin, ville protestante, elle garde des relations privilégiées avec le petit pays cévenol.

L'excellence du carrefour nîmois y maintient la fonction commerciale ; l'étoile de voies ferrées nourrit de puissantes installations (triage, ateliers de Courbessac, dépôt Diesel) ; le carrefour routier y est surtout représenté par la jonction de la route rapide venant de Marseille avec l'autoroute A 9 ; l'aéroport est bien équipé ; le marché-gare, devenu MIN en 1961, prolonge l'ancienne fonction de relations avec le Massif Central par la prééminence du trafic de la viande (3ᵉ marché de France, le premier pour la viande ovine) ; le marché des vins reste important.

La manufacture nîmoise a été épaulée par les capitaux protestants ; la soie et la laine ont cédé depuis longtemps la place à la bonneterie (Eminence), la confection (Cacharel), la chaussure, toutes industries fragiles, à main-d'œuvre féminine mal payée. Mais il y a beaucoup de petites affaires métallurgiques et beaucoup d'industries alimentaires issues du marché de la viande ou des fruits languedociens (dans le rayon de Nîmes se situe la source Perrier de Vergèze, et sa verrerie, l'une des très rares affaires languedociennes à employer plus de 1 000 ouvriers). Si on ajoute l'abondante population de cheminots, on comprend que Nîmes soit une ville de petites gens, de petits revenus.

Préfecture, Nîmes n'a guère de services de niveau supérieur, sauf dans le domaine militaire ; il n'y a que des embryons de fonction universitaire (formation permanente pour cinq départements), mais la fonction hospitalière est fort importante. Siège de la CNARBRL, Nîmes est par contre moins bien placée que Montpellier pour contrôler l'aménagement de la côte. Elle a jusqu'ici très imparfaitement tiré parti de ses incomparables richesses archéologiques, à commencer du tout proche Pont-du-Gard, plus attachée à ses corridas qu'à la mise en valeur de ses monuments.

La population nîmoise, ouvriers et cheminots, a conservé de solides attaches terriennes ; beaucoup de nîmois trouvaient une compensation au cadre étriqué des minuscules maisons des quartiers périphériques dans la colonisation d'un petit coin de garrigue, soigneusement enclos de murs, avec une modeste construction : le « mazet ». La conquête de la garrigue par l'habitat permanent est en train de faire disparaître cet aspect bonenfant qui imprégnait les relations humaines de Nîmes, mais impliquait par contre un grand désintéressement vis-à-vis de l'aménagement urbain et une aimable anarchie.

Or, le site de Nîmes est très contraignant ; du côté de la plaine du Vistre, jadis mal drainée, la voie ferrée construite en estacade à la limite de la ville ancienne, bloquait la circulation ; ce corsetage a été aggravé par la construction d'une déviation routière et de l'autoroute A 9. Cela force la ville, d'une part à un développement linéaire en bordure de la garrigue, de Margueritttes à Milhaud, d'autre part à coloniser la garrigue elle-même, comme dans la ZUP de Pissevin à l'ouest de l'agglomération.

Montpellier se trouve dans une situation analogue ; on est encore en bordure de la garrigue calcaire, au débouché du couloir de Montbazin ; mais on est beaucoup plus proche de la mer et Lattes, au débouché du médiocre Lez, a eu jadis des fonctions portuaires. Mais il n'y a pas eu de ville ancienne et il faut attendre l'an mil pour voir se créer un bourg, surveillé avec méfiance par l'évêque de Maguelonne et le comte, installé à Mauguio. De plus, dans le contexte actuel, Montpellier occupe dans le département une situation très excentrique ; située à l'endroit du Languedoc où le domaine viticole est le plus étroit, elle est séparée du Massif Central par toute l'étendue des garrigues et n'a de ce fait aucun contrôle des vieilles relations avec la montagne. La situation de Montpellier est donc mauvaise ; sa croissance est artificielle et offre un bon exemple d'une ville imposée par son rôle administratif.

C'est d'autre part une ville sans audace ; capitale des intendants, elle s'est tôt détournée des investissements industriels ou commerciaux pour rechercher les profits de la rente foncière ou des sinécures administratives. Cependant, cette ville qui vit des revenus de la vigne n'a longtemps cherché ni à contrôler le négoce du vin, ni à susciter les industries nécessaires à l'expansion viticole. Les mouvements financiers paraissent avoir été faibles et la banque régionale « Dupuy de Parseval » ne travaille que dans le cadre départemental, infirmant toute thèse d'un rôle économique régional.

La prospérité de Montpellier lui est venue de la fonction administrative et intellectuelle et de la volonté centralisatrice des pouvoirs successifs. Sans relations techniques avec le vignoble, c'est tout de même elle qui recueille l'Ecole d'Agronomie et ses Laboratoires, l'INRA, la presse viticole, les organismes professionnels, le Crédit Agricole. Ses universités sont solidement ancrées dans la tradition montpelliéraine, notamment sa très ancienne et très « féodale » Faculté de médecine, quatrième de France en importance et principal lustre de la ville ; sa faculté de pharmacie est la première de province et ses UER de lettres sont également très importantes ; par contre, les enseignements scientifiques et économiques sont plus négligés, les formations techniques supérieures assez mal accueillies. C'est une Université de tradition, attirant finalement assez peu les clientèles extra-régionales.

La fonction hospitalière est encore plus développée et on y trouve une densité médicale et paramédicale qui dépasse de beaucoup les besoins de l'agglomération et de la région et prend un caractère parasitaire. La domination intellectuelle s'exprime aussi au niveau de l'information, grâce au quotidien régional « Midi Libre », fort d'une diffusion d'environ 200 000 exemplaires.

L'attitude de la ville vis-à-vis de l'industrie est plus ambiguë ; d'une part la ville ne veut pas se prolétariser, ni faire monter par concurrence salariale le prix déjà excessif des services ; mais d'autre part l'image de marque d'une ville sans industrie n'est guère séduisante. On a cherché un moyen terme en développant des industries appuyées sur la recherche universitaire ou employant de nombreux cadres attirés par l'équipement de la cité ; sur les zones industrielles, on a vu se développer des laboratoires pharmaceutiques — Chauvin-Blache, Bristol, Clin-Midy — des centres de recherche privés, etc. Le plus grand succès a été l'implantation d'IBM-France, dont on espérait un fort développement de la sous-traitance. Les espoirs ont été partiellement déçus ; IBM, après avoir employé 1 800 personnes, n'en a plus que 1 300, et les industries de pointe se sont révélées très sensibles à la conjoncture. Montpellier reste une ville fort peu industrielle.

Cependant, l'afflux de cadres administratifs, intellectuels, industriels, presque tous venus du dehors, a fortement modifié la composition de la population ; il faut y ajouter l'arrivée massive des rapatriés. Tous les équilibres traditionnels se sont trouvés rompus, à commencer par l'équilibre démographique, Montpellier ayant connu une hausse sensible, au moins provisoire, de la natalité.

L'afflux a fait aussi éclater le cadre traditionnel, avec les quartiers monumentaux de la fin du XVIIe siècle, les jardins du Peyrou et l'Esplanade. La ville a jeté vers le nord des quartiers universitaires et résidentiels, vers le sud, près de la voie ferrée et des grandes routes, des zones industrielles et surtout d'entrepôts, vers l'ouest la grande ZUP de la Paillade.

La concurrence des deux grandes villes de la région inquiète les aménageurs ; en prenant une fonction touristique et en contrôlant étroitement l'aménagement du littoral de Palavas à La Grande Motte, Montpellier étend son influence vers l'est, à la rencontre de celle de Nîmes ; les planificateurs verraient d'un bon œil une sorte d'agglomération linéaire allant de Nîmes à Sète, correspondant à l'axe de trafic est-ouest et qui devrait favoriser Nîmes, seul centre d'échanges avec les flux méridiens, beaucoup plus importants. Mais une telle organisation, si elle correspond à l'actuel brassage de la population, à la multiplication des mouvements pendulaires, reste du domaine des mythes sur le plan d'une métropole linéaire : Montpellier n'est pas près de céder ce qui est sa seule raison d'être.

2. Le Roussillon

Inclus dans la région de programme languedocienne, le Roussillon ne se sent guère lié par cette dépendance officielle. C'est que, passée la forteresse de Salses, on se trouve dans un autre monde, rattaché à la France seulement après le traité des Pyrénées, et tout entier bâti autour du fait catalan ; même s'il y a avec le Languedoc de fortes similitudes dans le comportement démographique, les mentalités, les orientations économiques, ce n'en est pas moins un autre peuplement, une autre langue.

L'affirmation de cette originalité de ce qu'on appelle parfois la Catalogne-nord se retrouve dans le désir d'indépendance culturelle ; c'est elle qui a poussé à obtenir la transformation du centre universitaire en une véritable université, hors contrôle des montpelliérains, elle encore qui explique la persistance d'une presse locale, l'« Indépendant », journal qui se veut la tribune de tous les courants d'opinion du Roussillon, y parvient d'ailleurs, mais se limite par là même à la clientèle catalane. Les bases d'une autonomie économique se trouvent dans une agriculture essentiellement fruitière et légumière, suffisamment dynamique pour que les conserveries coopératives du Roussillon soient venues épauler la nouvelle agriculture de l'est gardois.

Physiquement, on a affaire à un bassin d'effondrement, assez cloisonné, avec des paysages bien hiérarchisés :
— les coteaux des *Aspres,* découpés surtout dans du matériel pliocène, peu ou pas calcaire ;
— les terrasses souvent irrigables des grandes vallées, qui constituent le *Ribéral* ;
— une plaine maritime qui prolonge celle du Bas-Languedoc, de colonisation agricole récente : la *Salanque.*

Grâce au château d'eau du Canigou, le Roussillon a eu systématiquement recours à l'arrosage ; il le devait d'autant plus que la région est très sèche, avec une pluviosité moyenne annuelle qui se tient autour de 600 mm/an, mais peut tomber à moins de 500 vers le littoral, avec une sécheresse estivale précoce et prolongée et un minimum secondaire très net en hiver. Très protégée, c'est aussi une région chaude, moins sensible au gel que la plaine languedocienne, avec un printemps très précoce qui assure une confortable avance dans la maturité des fruits et des légumes par rapport au Comtat.

La population, très abondante sauf dans les Aspres, est affectée par une dénatalité chronique qui menace l'exclusivité du peuplement catalan. Car la population s'accroît vite, et de 1954 à 1975, le solde migratoire représente un apport de près de 70 000 personnes. Il s'agit certes pour une part d'immigrants venant de la Catalogne espagnole, qui constituent la fraction jeune et relativement prolifique de la population, monopolisant les emplois relevant du salariat agricole ou les professions exigeant davantage d'initiatives (importation, courtage) ; mais le soleil est responsable de l'arrivée des autres : fonctionnaires en fin de carrière, oisifs, retraités de plus en plus nombreux.

Chacune des trois régions naturelles correspond à un type d'agriculture particulier. Les Aspres, vieux domaine de polyculture méditerranéenne, sont en voie d'abandon et n'ont plus que quelques vignobles de qualité. La Salanque est à peu près exclusivement viticole. Le Ribéral (la Rivière, le Regatiu) se partage entre la vigne et la culture irriguée : vergers, légumes sous vergers ou légumes seuls ; l'irrigation y est très ancienne, assurée par d'antiques réseaux de canaux, avec distribution surtout gravitaire et tour d'eau, sous la surveillance de « gardes-banniers » ; des syndicats d'usagers assurent la gestion de l'eau sur environ 14 000 ha.

Cette économie roussillonnaise est encore trop orientée vers la vigne (70 % des surfaces cultivées en 1970) ; la production dépasse 2 500 000 hl ; mais elle est bien différente de celle du Languedoc étant constituée pour plus de moitié par des vins d'AOC ou de VDQS. Cependant, malgré cette relative qualité, la vigne n'assure que la moitié des profits agricoles, le reste venant des fruits et des légumes. Une extension de ces dernières cultures suppose une refonte préalable des systèmes d'arrosage ; c'est ce qu'on recherche, en même temps que l'alimentation du littoral en eau potable, en construisant le barrage de Vinça, sur la Têt.

Les vergers, très partiellement irrigués, dominent : 16 000 à 17 000 ha, alors que même en tenant compte de la double culture annuelle, les légumes n'occupent que 12 000 ha, dont 2 200 sous verger. Sur 150 000 t de fruits produits en année moyenne, les abricots (55 000 t, partout sauf en Bas-Conflent) et les pêches (66 000 t, surtout en variété à chair jaune) dominent ; il s'agit d'un verger récent, surtout pour les pêches : les 3/4 des pêcheraies avaient moins de 10 ans en 1970. La pomme est cultivée surtout dans le bas-pays, mais les poiriers apportent plus de 10 000 t dans les vallées irriguées et la cerisaie, cantonnée à la région de Céret, était à nouveau en essor avant les maladies qui s'attaquent à l'arbre.

La culture légumière est plus variée que dans le Comtat, les différentes vallées n'ayant pas tout à fait les mêmes spécialités. Les cultures trop exigeantes en main-d'œuvre, comme le haricot vert, sont en fort recul, sauf si elles assurent de très gros revenus ; grâce aux plastiques, le développement d'une agriculture d'hiver sous serres est très rapide, profitant surtout aux tomates et aux laitues. 40 000 t de salades sont écoulées d'octobre à mars, avec 3 000 ha de laitues et 2 700 de scaroles ; mais, tout en utilisant près de la moitié des surfaces maraîchères, les salades ne procurent que le tiers des revenus légumiers. La salade est cultivée partout, de même que la pomme de terre primeur (1 000 ha - 10 000 t) ; la moyenne vallée de la Têt fait plus de haricots verts, alors que la basse vallée du Tech et la région de Perpignan produisent les choux-fleurs, les céleris, les artichauts, les asperges (en tout : 1 500 ha) tandis que les 1 200 ha de tomates précoces fournissent 40 000 t de tomates de consommation fraîche ; enfin, le persil, productif de décembre à mars, n'est fauché que lorsque les cours justifient les frais de ramassage : il y en a tout de même 500 ha, surtout dans la vallée moyenne de la Têt.

Structures agraires et problèmes rappellent ceux du Comtat. L'ancienne propriété urbaine a fortement régressé ; les minuscules exploitations, ici presque toujours en parcelles dispersées, appartiennent à ceux qui les cultivent. Les systèmes d'arrosage sont archaïques, mais garantissent un très bas prix de l'eau. Sur les exploitations, la spécialisation est moins poussée qu'en Comtat : chacun continue à produire simultanément vin, légumes et fruits, et il subsiste même parfois un peu d'élevage ovin. L'écoulement des récoltes est relativement facile ; le vin est de meilleure qualité, les récoltes plus précoces ; il y a une bonne organisation coopérative fruitière, très intégrée, avec de puissantes stations frigorifiques, des conserveries ou des confitureries pour traiter les excédents ou les fruits de petit calibre.

Le Roussillon connaît ainsi moins de difficultés que le reste du Midi : le climat, des orientations moins exclusives, le tempérament catalan y sont pour beaucoup. L'organisation commerciale, très concentrée entre les mains des perpignannais, rappelle celle du Comtat. L'expédition est surtout le fait de Perpignan, mais Elne et Ille-sur-Têt sont également de gros marchés expéditeurs, avec l'inévitable accompagnement des transporteurs, des courtiers, des ramasseurs, des fabricants d'emballages, ce qui assure au moindre village un secteur tertiaire relativement étoffé, avec des services bancaires ou techniques bien développés.

L'agriculture a suscité quelques gros bourgs, viticoles comme Rivesaltes, agricoles comme Elne ou Céret ; à Thuir, la forte croissance est plus due à l'hôpital psychiatrique et à une fonction résidentielle qu'au rôle viticole ou au marché d'échanges entre les aspres et la plaine. Nulle part il n'y a de véritable industrie. La côte a vu disparaître son activité avec l'arrêt presque total du trafic maritime à Port-Vendres et la pêche n'est pas très prospère ; mais elle trouve sa revanche dans une fulgurante ascension touristique, tant sur la « Côte Vermeille » des Albères, où la fréquentation est déjà ancienne, que dans la plaine où les plages connaissent une fréquentation très forte (Argelès, Saint-Cyprien, Le Canet), malgré la concurrence de la Costa Brava.

Perpignan concentre l'essentiel des activités secondaires et tertiaires. Son passé de ville-frontière l'avait dotée d'une fonction militaire qui semblait l'avoir frappée d'inertie ; mais le démantèlement des forts et des remparts a favorisé la croissance spatiale. Perpignan est ensuite une ville-étape, une ville-passage sur la route d'Espagne ; elle a été, pendant tout le franquisme, une ville-refuge.

Cependant, le développement procède d'abord du contrôle commercial de l'agriculture ; on expédie les produits dans une partie de l'Europe, ce qui justifie de nombreuses maisons d'import-export, également favorisées par la frontière, de gares frigorifiques, de transporteurs routiers, d'affréteurs. On stocke, on transforme (conserveries) et Perpignan est le siège des organismes coopératifs. Cela explique que la ville ait autant d'établissements bancaires que Montpellier, dont le rôle est aussi de diriger les investissements français ou belges dans le tourisme et la résidence.

Perpignan c'est aussi une préfecture, une sorte de capitale intellectuelle et l'université, même embryonnaire, exprime l'aspiration à un rôle régional. C'est aussi un centre résidentiel ; aux réfugiés et aux petites gens d'autrefois ont succédé des gens aisés. L'industrie n'est guère active, mais des capitaux catalans y favorisent maintenant quelques implantations. La ville s'embourgeoise nettement, mais garde une vitalité démographique un peu supérieure à celle des autres villes du Midi.

118 000 habitants en 1975, mais plus de 130 000 si on compte la ceinture de croissance, notamment en direction de la côte, Perpignan devient ainsi une grande ville. La vieille cité, ceinte jadis de remparts et contrôlée par la forteresse, surveillait un pont à partir de la rive sud de la Têt; contournant la ville par l'ouest, la voie ferrée a exercé un blocage au développement que va renforcer, comme à Nîmes, l'implantation de l'autoroute d'Espagne. Pourtant, la destruction des anciens remparts, remplacés par une ceinture de boulevards, a donné de l'air à la ville ; mais celle-ci a dû s'étendre, un peu en désordre, dans toutes les directions, tant au nord de la Têt (Bas et Haut-Vernet) qu'au sud (quartier universitaire et résidentiel du Moulin-à-Vent), ou au sud-est, vers Cabestany.

A peu près à égale distance de Barcelone et de Montpellier, Perpignan aspire aux premiers rôles ; elle choisit volontiers Toulouse contre Montpellier, hésite à jouer à fond une carte catalane, la perméabilité croissante de la frontière et l'évolution des conditions politiques lui faisant craindre la satellisation au profit de Barcelone.

Le Midi Aquitain

2

Largement ouvert sur l'Atlantique, le monde aquitain représente essentiellement un grand triangle sédimentaire coincé entre le Massif Central et les Pyrénées. Le Bassin lui-même participe à la fois du type Bassin Parisien, par les pays sédimentaires au nord de la Garonne, et des dépressions de type subalpin avec les formations du piedmont pyrénéen au sud et au sud-ouest.

Par la latitude, les pays aquitains font partie des midis français. Mais c'est un Midi bâtard, avec des hivers où les températures de janvier sont au moins inférieures de 1 °C à celles du Midi Méditerranéen ; une infériorité plus grande encore marque les températures de l'été ; toutefois, la température moyenne de juillet est toujours supérieure à 20 °C en plaine, à 21 °C dans l'Agenais et le Toulousain, ce qui différencie nettement le domaine aquitain des plaines océaniques. Cette supériorité thermique sur l'Ouest est bien marquée à l'automne et au printemps, de sorte que l'Aquitaine apparaît comme intermédiaire entre la France océanique et la France méditerranéenne. Cependant, l'insolation y est médiocre et ne dépasse 2 000 heures par an que sur le littoral au nord d'Arcachon, dans le Toulousain, l'Albigeois et le Lauragais.

D'autre part, la sécheresse d'été est tardive, ne se manifeste qu'en juillet, après un printemps très abondamment arrosé ; et cette sécheresse est brève, déjà rompue par les orages d'août, et jamais absolue comme dans le Midi Méditerranéen.

Pourtant, l'anticyclone des Açores, plus proche de l'Aquitaine que du Midi Méditerranéen devrait assurer une protection aérologique efficace ; en fait, il dirige souvent sur le monde aquitain des flux de nord-ouest, humides et frais. En été, lorsque ce flux se manifeste au sol, il a tendance à soulever l'air chaud aquitain et à venir se bloquer contre les Pyrénées ; flux d'altitude, il provoque des ascendances généralisées. Dans les deux cas, même en plein été, les précipitations peuvent être très fortes. Au contraire, les flux du sud, si fréquents sur le Midi Méditerranéen, sont ici peu efficaces du fait de l'obstacle pyrénéen et prennent un caractère plus ou moins föhnique, provoquant souvent le vent d'autan sur le Toulousain.

Les effets climatiques liés au relief sont importants : Massif Central et Pyrénées projettent leur influence sur le Bassin. Les Pyrénées, en bloquant les perturbations d'origine septentrionale, justifient l'accroissement des pluies vers le sud ; mais elles arrêtent aussi les afflux d'air méditerranéen chaud et humide et, de ce fait, privent la majeure partie de l'Aquitaine des déluges languedociens ou provençaux. La pluviosité se relève aussi à l'approche du Massif Central, sur le Périgord oriental, en Quercy ou à la bordure de la Montagne Noire.

Le Midi Aquitain présente d'autre part une remarquable dualité humaine. L'est, de la Garonne au Massif Central et au Lauragais, est de langue d'oc (guyennais au nord, par exemple en Périgord). Mais tout ce qui est à l'ouest de la Garonne est de peuplement paléo-basque, comme semblent l'attester la répartition des groupes sanguins et certains aspects linguistiques et juridiques. Si la langue basque n'a jamais dépassé, dans son extension maxima, le Lannemezan et la Grande Lande (au VIIIe siècle ?) et s'est pratiquement repliée sur les Pyrénées occidentales après le XIe siècle, tous les pays à l'ouest de la Garonne et de l'Ariège ont un fond ethnique commun. C'était en plaine le domaine du gascon, béarnais sous sa forme littéraire, se dégradant au nord dans le Bordelais ; la Garonne est pratiquement sa limite, et, à Toulouse, le faubourg Saint-Cyprien était jadis un faubourg gascon ; en fait, les parlers gascons se sont progressivement fondus avec la langue d'oc surtout dans le Gers oriental.

Cette dualité n'a que très partiellement dicté les limites politiques anciennes et les deux régions de programme d'*Aquitaine* et de *Midi-Pyrénées* ne s'en inspirent pas. Le cadre statistique de cette étude sera pratiquement celui des deux régions de programme à l'exclusion des avancées dans le Massif Central : département de l'Aveyron et partie la plus haute du Tarn.

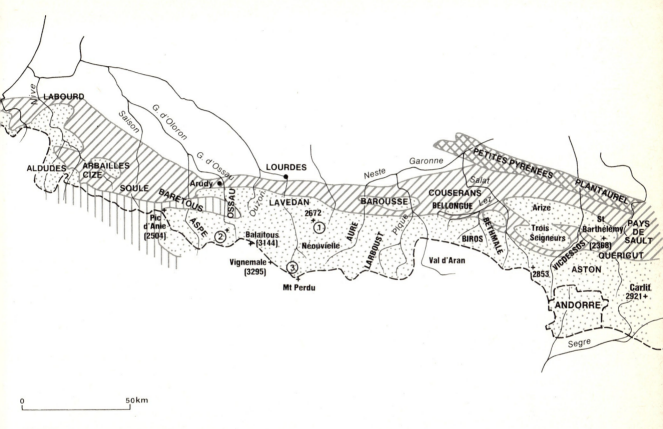

:::: Zone axiale et massifs primaires associés
|||| Couverture calcaire de la zone axiale
//// Montagnes nord-pyrénéennes (Prépyrénées) et couverture sédimentaire de la zone axiale
XXXX Petites pyrénées

① Pic du Midi de Bigorre
② Pic du Midi d'Ossau
③ Gavarnie

19. Pyrénées occidentales et centrales, géographie physique et pays

1 Les Pyrénées occidentales et centrales

Longue d'environ 400 km en territoire français, la chaîne pyrénéenne [1] présente un bâti très dissymétrique de part et d'autre, approximativement, de la frontière franco-espagnole ; le versant français est très court, excédant rarement une trentaine de km de largeur, sauf à l'est, à partir de l'Ariège. Et, bien que les Pyrénées ne dépassent 3 000 m que dans leur partie centrale, leur retombée sur le Bassin Aquitain est donc assez raide. De plus, cette chaîne est peu échancrée ; du Pourtalet à l'ouest au Puymorens à l'est, aucun col n'est à moins de 2 000 m d'altitude.

1. Les éléments du relief

Contrairement aux Alpes, les divisions longitudinales des Pyrénées sont le plus souvent d'ordre purement géologique et cadrent mal avec la réalité physique. Les géographes distinguent traditionnellement :
— des *Pyrénées méditerranéennes,* à l'est de l'Aude, où domine un relief de blocs et de fossés, alors que les géologues isoleraient plutôt des *Pyrénées catalanes* au sud-est d'une grande dislocation Sègre-Têt ;
— des *Pyrénées ariégeoises,* de l'Aude à la Garonne, seule partie de la chaîne où existe une trame de vallées longitudinales ;
— des *Pyrénées des Gaves* où n'existent plus guère que des vallées transversales, de la Garonne à la vallée d'Aspe ; ce sont les plus massives, les plus élevées, les plus enneigées ;
— des *Pyrénées atlantiques* — ou basques — à l'ouest du Pic d'Anie.

La mise en place de la chaîne s'est faite en plusieurs étapes. Une chaîne hercynienne, dont les matériaux, souvent précambriens, affleurent aujourd'hui dans la zone frontière, a été arasée et recouverte, au moins partiellement, de sédiments secondaires. L'orogénèse principale débute dès le Crétacé, comme en témoignent les premiers dépôts corrélatifs du pays basque (brèches de Mendibeltza) et connaît son paroxysme à la fin de l'Eocène. L'épais manteau molassique de l'Aquitaine paraît témoigner d'une surrection assez lente et d'une érosion continue jusqu'à la fin de l'Oligocène ; quelques pulsations plus brutales sont marquées par la production de conglomérats épais et grossiers. Les mouvements reprennent au Pliocène, se prolongeant peut-être jusqu'au Quaternaire dans l'est de la chaîne ; il s'agit alors surtout de mouvements verticaux, de forte ampleur (plus de 1 000 m selon P. Birot dans les Pyrénées orientales). L'orogénèse a abouti à la mise en place de grandes zones parallèles à l'axe de la chaîne.

● La *zone axiale,* dont la ligne de faîte coïncide en gros avec le tracé de la frontière jusqu'au pic d'Anie, correspond à l'ancienne chaîne hercynienne ; elle est faite de terrains anciens, plus ou moins métamorphisés, avec de grands dômes cristallins. A l'ouest du pic d'Anie, elle s'enfouit sous des sédiments d'âge secondaire et ne reparaît que dans des massifs isolés comme celui des Aldudes.

---

1. Sur les généralités concernant la haute montagne, voir le volume 3, 1re partie. Sur les Pyrénées méditerranéennes, voir dans le présent volume, p. 54 à 60.

A l'est, la zone axiale juxtapose des horsts de granite ou de roches métamorphiques et des fossés d'effondrement. Au centre, les reliefs varient avec la nature des roches : lourdes coupoles granitiques à peine entamées par quelques auges glaciaires et dominées parfois de reliefs résiduels, formes plus variées dans les roches métamorphiques avec de vives arêtes ciselées dans les calcaires dévoniens ou des vallées évidées dans les schistes. Cependant, la nature des roches ne conditionne pas l'altitude, les hauts sommets étant aussi bien granitiques qu'aménagés dans des roches métamorphiques. Au nord, cette zone est délimitée par un grand accident cassant (faille nord-pyrénéenne).

● Le *domaine nord-pyrénéen* représente surtout la couverture calcaire et marneuse jurassique et crétacée de laquelle émergent des massifs anciens violemment soulevés ; la fracturation a été telle que des roches du « manteau » apparaissent parfois. Ce domaine nord-pyrénéen est très varié :
— à l'ouest, les terrains sédimentaires sont des grès triasiques durs et surtout des flyschs crétacés tendres donnant des reliefs empâtés et monotones ;
— dans l'est du Pays Basque et les Pyrénées des Gaves, le relief est commandé par la nature de la couverture sédimentaire : puissantes séries calcaires recouvrant la zone axiale dans les pays de la Haute-Soule ; prédominance plus grande des terrains marneux dans les Pyrénées des Gaves, ce qui permet une belle mise en saillie des corniches calcaires ;
— dans les Pyrénées de l'Ariège, l'ordonnancement est plus complexe. Il existe une double file de massifs anciens, en panneaux soulevés (file nord, entre Salat et pays de Sault, avec les massifs de l'Arize et du Saint-Barthélemy; file sud, de la Barousse au Bethmale et au massif des Trois-Seigneurs). Entre ces massifs anciens ou entre zone axiale et massifs soulevés, l'érosion a évidé, dans la couverture de marnes et de flysch, des sillons longitudinaux, fréquents en Couserans et en Haute-Ariège (vallée de Massat, vallée de l'Ariège entre Tarascon et Ax, Vicdessos, etc.) entraînant une bonne aération du relief. L'érosion, il est vrai, n'a pas toujours respecté la disposition structurale; ainsi, lors du creusement du Vicdessos, la vallée s'est parfois enfoncée dans la retombée des Trois-Seigneurs, avec autant de rétrécissements. C'est aussi la partie des Pyrénées où les calcaires urgoniens sont les plus épais, donnant fréquemment des lames haut-perchées, ou formant des tables rigides comme celle du pays de Sault.

Partout, l'ensemble du domaine nord-pyrénéen vient dominer nettement l'avant-pays, le chevauchant même fréquemment on a pu parler, non sans quelque exagération, de « *front pyrénéen* ».

● *L'avant-pays* n'est vraiment développé qu'entre le cours supérieur de la Garonne et la Méditerranée. Les sédiments crétacés et éocènes y ont été fortement plissés, constituant des édifices peu résistants ; il y a eu fréquemment inversion de relief, parfois arasement total, avec, lors d'une reprise d'érosion ultérieure, ébauche de reliefs appalachiens. On ne trouve là que des chaînons assez bas, d'altitude inférieure à 800 m, souvent à 600 : Plantaurel, Petites Pyrénées. A l'ouest de la Garonne, cet élément avancé manque et le travail d'érosion plio-quaternaire a abouti soit à l'aménagement de surfaces d'érosion dans le matériel tendre, comme dans les flyschs du Pays Basque, soit à la constitution de vastes surfaces alluviales comme celle du Lannemezan.

Ainsi, les grandes zones structurales ne correspondent que rarement à des unités morphologiques bien individualisées. Seul le haut-pays ariégeois possède un canevas de vallées longitudinales ; encore les éléments en sont-ils rarement continus et restent élevés. Partout ailleurs, les grandes vallées sont uniquement transversales, correspondant soit à des inflexions structurales, soit à d'anciennes vallées de la surface post-hercynienne, enfoncées sur place. Profondes, souvent étroites, elles se terminent le plus souvent sur des cirques aménagés par les glaciers (Gavarnie, Troumouse, etc.) ; les parois montagneuses qui les séparent sont souvent élevées, échancrées seulement par des cols difficiles, souvent impraticables l'hiver.

Dans la zone axiale, l'érosion a épargné de hautes surfaces, les *plas,* indifféremment aménagés dans les granites ou le matériel sédimentaire. Déformés tectoniquement et très réduits dans les Pyrénées orientales, ils trouvent leur développement maximum dans les Pyrénées de l'Ariège (ainsi la plate-forme de l'Aston entre Andorre et Vicdessos). L'abondance des surfaces d'érosion explique la monotonie de la haute montagne, la fréquence des formes de type appalachien; quand le matériel est calcaire, les formes karstiques superficielles et les écoulements souterrains se multiplient comme en Haute-Soule.

Les glaciers ont été beaucoup moins puissants que dans les Alpes. Les hautes surfaces ont été toutes englacées, mais leur planitude a offert peu de prise à une action efficace (innombrables petits lacs résiduels) ; les reliefs saillants ont été ourlés de cirques. Mais l'absence de hiérarchisation du réseau hydrographique a empêché la concentration des organismes glaciaires ; sous un climat déjà méridional et à des altitudes médiocres, les fleuves de glace ont été peu épais (pas de diffluences d'une vallée à une autre) et ne sont pas sortis de la montagne, les amphithéâtres morainiques les plus externes se trouvant au débouché des grandes vallées sur l'avant-pays (Lourdes, Arudy). Les grands vallums morainiques sont d'ailleurs rares, soit que les versants n'aient pas suffisamment alimenté les glaciers en matériaux, soit que des eaux de fonte trop vigoureuses les aient détruits. Les formes les plus utiles de l'héritage glaciaire sont les petites vallées suspendues de haute montagne, point de départ de la plupart des aménagements hydroélectriques. De plus, les Pyrénées atlantiques trop basses, les Pyrénées orientales trop sèches n'ont guère été marquées par l'empreinte glaciaire. Il ne subsiste aujourd'hui des glaciers pyrénéens que des témoins minuscules.

2. Les conditions climatiques

Par leur orientation et leur latitude, les Pyrénées françaises sont à la frange méridionale du domaine atlantique. Ceci leur vaut des températures relativement élevées (à altitude égale, 1 à 2 °C de plus pour les moyennes annuelles que dans les Alpes du Nord). L'avantage est surtout hivernal, les étés restant relativement frais du fait de la forte humidité. La pluviosité est assez bien répartie sur toute l'année, avec un minimum assez net de juillet et un maximum de saison froide, fréquemment hivernal dans le Pays Basque, mais le plus souvent printanier : mai et juin sont souvent les mois les plus arrosés de l'année, ce qui traduit la fréquence des types de temps de nord-ouest ou de nord apportant des pluies durables et copieuses. Les étés sont souvent humides et frais.

Cette pluviosité est très élevée à l'ouest et sur le « front pyrénéen ». Tout le Pays Basque reçoit plus de 1,5 m de précipitations ; en Haute-Soule, Sainte-Engrâce, à 600 m d'altitude, enregistre plus de 2 m. Encore très forte en vallée d'Aspe, la pluviosité diminue progresivement d'ouest en est, marquant surtout la frange septentrionale ; la distribution paraît commandée par l'orientation des vallées et l'altitude : les vallées franchement orientées au nord-ouest ou au nord sont très arrosées : Gourette, 1 800 mm, Oust et Aulus dans les Pyrénées de l'Ariège, 1 700 mm ; celles qui s'ouvrent au nord-est ou s'abritent derrière des massifs élevés sont plus sèches, plus lumineuses : moins de 1 m en Val d'Aran, moins de 900 mm à Saint-Lary, en vallée d'Aure, autour de 1 m dans le Vicdessos, la haute vallée de l'Ariège, l'Andorre. Pour les précipitations en altitude, relevons que l'Observatoire du Pic du Midi reçoit moins de pluie que les vallées qui se creusent à son pied, et que la zone axiale est généralement moins arrosée que la zone nord-pyrénéenne.

Rien ici qui ressemble à la sécheresse intra-alpine ; un ensoleillement chiche, la fraîcheur et la pluviosité de l'été ne favorisent guère la vie rurale. L'hiver, on a des chutes de neige prolongées, mais tardives, avec des manteaux souvent énormes ; le froid est rare, de sorte que même à haute altitude, les redoux rendent la couche fragile ; le manteau nival est sans cesse rongé par la fonte ; sauf à haute altitude, les régimes des cours d'eau sont médiocrement influencés par la rétention nivale. Instable, le manteau est balayé par des avalanches redoutables, qui peuvent glisser jusqu'au fond des grandes vallées.

Un climat aussi humide devrait favoriser l'arbre; de fait, les bois tiennent un quart du sol pyrénéen.

Mais c'est souvent une forêt médiocre, où les sapinières sont rares ; la douceur des températures favorise le chêne au moins jusqu'à 800 m ; au-delà, le hêtre domine. Les pyrénéens ont beaucoup déboisé, essentiellement pour faire du pâturage ; la lande, généralement à fougères et à asphodèles, a pourtant de médiocres aptitudes fourragères. Les limites altitudinales de l'arbre sont basses, ce qui laisse un grand développement à une prairie alpine, assez appauvrie en espèces septentrionales.

Pelouse, lande et forêt ne laissent guère de place à l'érosion ; de là sans doute la clarté des eaux des Gaves auxquels la pluviosité procure une forte abondance, qui va diminuant vers l'est (30 à 50 l/s/km²). Les minima liés à la rétention nivale n'apparaissent que sur les plus hauts cours d'eau. En fait, les régimes ont une allure océanique, avec un maximum d'hiver en Pays Basque, de mai-juin ailleurs ; le maximum de juin caractérise les bassins-versants les plus élevés, là où la fonte des neiges assure des débits printaniers soutenus. Le crues sont assez rarement liées à la disparition de la neige, plutôt à de fortes averses, ainsi celle de la mi-décembre 1969 en Pays Basque et au Béarn occidental (le Gave d'Aspe roula alors 230 m³/s au Pont d'Ecot, soit un module spécifique dépassant 500 l/s/km²). Ces crues peuvent survenir en toute saison, avec un maximum de probabilité de saison froide. Mais, dans l'ensemble, les cours d'eau pyrénéens sont réguliers et l'écart entre les débits moyens mensuels extrêmes reste partout assez faible (de 1 à 3 ou 4).

3. La vie humaine et économique

Les Pyrénées ont été fortement peuplées ; mais, de l'Ariège à l'Atlantique leur peuplement présente quelque mystère quant à ses origines ; il a des caractéristiques communes avec celui de l'ouest aquitain et l'originalité du Pays Basque n'est pas ethnique, mais seulement un fait de langage et de civilisation ; même à ce niveau, si le droit d'aînesse est plus spécifiquement basque, l'avantage donné à celui qui reprend le bien rural est général. Partout aussi on retrouve les mêmes toponymes en os/ost/ous, les mêmes formations phonétiques.

Le dépeuplement a ramené la population pyrénéenne de 620 000 habitants en 1876 à 384 000 en 1975 ; mais il a été très inégal, assez faible en Pays Basque et dans les basses vallées béarnaises, fort dans les hautes vallées et surtout dans toutes les Pyrénées ariégeoises ; depuis le maximum du milieu du XIXᵉ siècle, le haut Couserans (cantons de Castillon et d'Oust) a perdu 80 % de sa population, le Quérigut et le Vicdessos de 80 à 85 %, la vallée de Massat, 88 % ; en Vicdessos, il ne reste que 3 % de la population de 1846 à Goulier et Sem, au temps où les mines de fer étaient ouvertes ; en Barguillère, Burret qui eut 500 habitants n'en a plus que 12, etc. Le dépeuplement se poursuit présentement, parfois s'accélère : des communes touchées par les sports d'hiver, il n'y a que Saint-Lary et quelques communes de Cerdagne à voir leur population croître à nouveau faiblement. Des bourgs et des villes de l'intérieur, seule Tarascon progresse, alors que Foix, Saint-Girons, Saint-Jean-Pied-de-Port ou Mauléon stagnent ; Bagnères-de-Luchon, Bagnères-de-Bigorre (dont les alpages ont vu naître La Mongie) déclinent fortement. C'est un spectacle poignant que celui de ces bourgs ariégeois, aux hautes maisons vides, et dont les rares magasins qui subsistent n'ont pas changé d'aspect depuis 50 ans, comme à Massat ou Castillon.

Les densités actuelles sont souvent basses. Si le Labourd et les collines basques ont encore plus de 30 habitants au km², on tombe déjà à moins de 20 dans la dépression de Cize, à moins de 10 en Haute-Soule. Des densités comprises entre 10 et 5 se retrouvent à l'amont de toutes les vallées des Gaves ; toute la montagne ariégeoise a moins de 10 habitants au km² et c'est là qu'on trouve les chiffres les plus bas : 5 dans le Vicdessos, 4 dans le Quérigut — ou Donezan. Partout l'excédent des décès est incroyablement élevé, et pourtant, partout, l'émigration se poursuit implacablement.

La migration a toujours été la grande affaire des montagnards. On allait jadis faire la moisson dans le Toulousain ou en Espagne ; on partait vendanger à l'automne ; l'hiver, pionniers, charbonniers, bûcherons, colporteurs prenaient la route ; les pe-

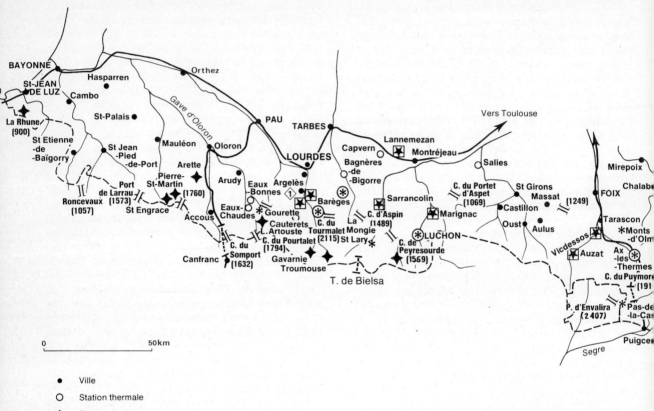

- • Ville
- ○ Station thermale
- ✱ Station de ski.
- ⊛ Les deux activités
- ⊠ Usine d'électro-métallurgie ou d'électro-chimie
- ✦ Lieu touristique
- — Voie ferrée (électrifiée)
- ⊢--⊣ Tunnel ferroviaire
- ⊢-⊣ Tunnel routier
-][Col (avec altitude, éventuellement) utilisé par une route
- ◇ Usine de Pierrefitte-Nestalas et Soulom

20. Pyrénées, activités humaines (croquis de nomenclature)

tits métiers originaux n'ont pas manqué : montreurs d'ours de la vallée d'Aulus, courtiers en messes de la basilique de Lourdes, etc. Mais c'est l'émigration définitive qui a vidé la montagne ; l'emportent les migrations rurales vers le Bassin Aquitain ou l'installation dans les villes proches ; Paris a très peu attiré; seuls les basques ont souvent migré au-delà des frontières, parfois il est vrai pour échapper au service militaire.

Les pertes rurales ne sont pas compensées par des excédents urbains : il y a très peu de villes pyrénéennes et les vallées vont chercher, au débouché sur la plaine, les centres de commerces et de services dont elles ont besoin ; ainsi, Oloron pour le pays d'Aspe, Pau pour l'Ossau, Lourdes et Argelès pour le Lavedan, Bagnères-de-Bigorre pour le pays de Campan, Lannemezan pour la vallée d'Aure, Saint-Gaudens pour la Barousse. Une petite vie urbaine interne s'organise cependant en Pays Basque : Labourd oriental autour de Saint-Palais, pays du Saison autour de Mauléon, Saint-Jean-Pied-de-Port pour les pays de Cize. Luchon joue de même un petit rôle dans la vallée de la Pîque. Plus à l'est, les Pyrénées ariégeoises, déjà loin de Toulouse sont plus autonomes, mais les villes les plus grosses ne dépassent pas 10 000 habitants. A la vérité, seule Saint-Girons est une véritable petite capitale intérieure ; mais elle se trouve gouverner des pays qui sont parmi les plus dépeuplés des Pyrénées, les plus isolés, privés même de relations ferroviaires.

Nous n'avons guère que des pays ruraux, dont on a dit que l'agriculture était transposée de celle de la plaine. De fait, les vieux terroirs villageois se consacrent aux cultures, non à l'herbe, et le manque de fourrage a souvent contraint les troupeaux à la double migration hivernale et estivale. La colonisation s'est faite surtout sur les soulanes, en très petites unités (les 2/3 des communes de l'Ariège, les 3/4 des Hautes-Pyrénées ont moins de 200 habitants), avec de petits villages serrés et un mince terroir de champs, souvent terrassés, soumis à de fortes servitudes d'assolement et à la vaine pâture ; à côté, d'immenses communaux occupent les 3/4 ou les 4/5 de la surface, livrés au parcours du bétail et semés de granges ou de cabanes d'alpages. La croissance de la population a entraîné l'aliénation ou l'usurpation d'une partie des communaux, avec parfois création d'un habitat dispersé et de parcelles closes de haies. La constitution de nouveaux pâturages au détriment de la forêt, pourtant indispensables au développement de la vie pastorale, a vivement opposé paysans et forestiers : une lutte sourde, âpre à partir de la Monarchie de Juillet, entrecoupée d'explosions désespérées, dont l'administration finit toujours par sortir à son avantage et qui conduit à la mise en défens d'une partie du terroir.

Les assolements de type toulousain (blé-jachère ou blé-maïs) ont disparu ; sur les terrasses presque toutes abandonnées, la culture tient une place très faible : moins de 10 % de labours dans la SAU des campagnes basques ou béarnaises, presque toujours consacrés au maïs ; un peu plus dans les pays d'Ariège où les céréales viennent mieux et c'est alors le blé ou l'orge. A basse altitude, la vigne persiste encore ; il y a même un petit vignoble de qualité qui subsiste sous 1,50 m de pluies annuelles entre Saint-Jean-Pied-de-Port et Saint-Etienne-de-Baïgorry, celui d'Irouléguy.

L'essentiel a toujours été un élevage polyvalent. Grâce à l'étendue des alpages et à la transhumance inverse, les charges en bétail étaient élevées ; il y a eu beaucoup de chevaux et de mulets ; l'élevage porcin reste actif dans l'ouest ; ovins et bovins, malgré l'abandon de la transhumance inverse et des alpages restent relativement nombreux, avec des charges nettement plus élevées que dans les Alpes : pour 1 ha de SAU, on a généralement près d'un bovin, auquel s'ajoutent un ovin dans l'Ariège, 2 dans les vallées haut-pyrénéennes, 3 dans l'Ossau et le pays d'Aspe, 4 en Pays Basque. Et il y a toujours des chèvres, rescapées de la hargne des forestiers.

Malheureusement la qualité de l'élevage bovin laisse à désirer ; on abandonne les races locales — dont certaines avaient des performances honorables, comme la saint-gironnaise — au profit de la Brune des Alpes notamment, alors que les Pyrénées ont été un pays naisseur et n'ont guère de tradition laitière ou fromagère. L'élevage ovin a beaucoup décliné dans la montagne ariégeoise, les effectifs tombant de 300 000 au milieu du XIXe siècle à moins de 50 000 ; il se maintient en Béarn et dans le Pays Basque avec plus de 400 000 têtes ; il passe peu à peu vers l'ouest à un élevage laitier, dès la vallée d'Ossau ; la production laitière est livrée pour l'essentiel aux laiteries de Roquefort, nombreuses en Pays Basque ; la production de lait de brebis permet en effet de valoriser des exploitations restées très petites, bien différentes des exploitations ovines laitières du Massif Central.

L'élevage ancien dépendait de l'intensité des migrations pastorales ; l'alpage est souvent plus loin que dans les Alpes, ce qui oblige à consommer le foin récolté sur l'alpage sur place au début de l'hiver ; cette pratique explique le pullement des habitats temporaires sur les versants, par exemple dans le Couserans. L'organisation de la vie pastorale étale les solidarités, mais aussi les querelles de vallée à vallée ; de fortes associations syndicales lient les communautés voisines (la « veziau ») et permettent la mise en valeur commune des alpages, fixent la composition des troupeaux, généralement homogènes, confient la garde à un berger collectif. Elles ont été plus précoces dans les Pyrénées occidentales et centrales où les communautés manifestent une grande indépendance, que dans la montagne ariégeoise où le régime seigneurial était plus solidement implanté.

Le régime de petite montagne a été surtout fréquent dans les Pyrénées orientales (les « cortals ») et, ici et là, dans l'Ariège ; quand on fauche le foin autour des habitats temporaires, il faut y faire un séjour d'hiver pour le consommer, comme dans les granges-étables du Couserans. En Vicdessos, en Couserans, on avait des habitats temporaires à quelques centaines de mètres au-dessus des villages permanents : des bordes disséminées, que l'on transformait parfois en habitat permanent dans les périodes de surpeuplement en y faisant un peu de culture.

Plus généralement, surtout à l'ouest où l'humidité interdit toute culture autour des cabanes d'alpage, on lui a préféré le régime de grande montagne. L'alpage est alors réservé aux bêtes des seuls propriétaires de la commune ou adhérents de la veziau ; l'unité d'exploitation, la « jasse », est le plus souvent spécialisée : « vacheries » de gros bétail, avec plusieurs jasses pâturées tour à tour, « ramados » ariégeois ou « cayolars » basques pour les ovins. Les cayolars basques hébergent encore des brebis laitières, de même quelques « cabanes » ariégeoises, abritent des vaches laitières et il y a encore quelques « orrys » à brebis. Mais le plus souvent, l'alpage est délaissé ou abandonné à des bêtes à engraisser ; quelques troupeaux ovins transhumants y montent du versant espagnol.

La transhumance hivernale a été surtout le fait des Pyrénées occidentales, ainsi que de la vallée d'Aure et du Lavedan ; elle a longtemps bénéficié de la persistance de grands terroirs de landes dans les plaines proches (Bas-Pays Basque, landes de l'Adour, Grande Lande). Il arrivait ainsi que le troupeau ovin ne passe que deux nuits au village, à l'aller et au retour... Mais de la sorte, les champs se trouvent privés de fumure, singulier paradoxe en pays d'élevage, au point que la coutume oblige parfois à redescendre le fumier des jasses dans la vallée.

Ces migrations ont profondément décliné. Les grands mouvements de troupeaux, lors de la « vête » et de la « dévête » ne scandent plus la saison d'été. La transhumance hivernale a été précocement victime de l'enrésinement landais et de la constitution du bocage de Chalosse ; elle était d'ailleurs incompatible avec la production laitière.

Pour être essentiel, cet élevage n'a jamais été très rémunérateur ; les rendements laitiers furent médiocres, et on ne fabriquait guère du fromage que pour la consommation familiale. Contrairement aux Alpes, le salaire du berger est payé en céréales, non en produits laitiers. La laine, la viande, la production et le dressage de bêtes de travail pour la plaine procuraient un peu d'argent. Dans ces pays de « véziau », on a jamais pu implanter le travail du lait dans des fruitières, sauf un peu en Couserans, seule région anciennement laitière des Pyrénées.

L'habitat rural n'a guère plus d'unité que dans les Alpes, sauf que l'usage du bois dans la construction est beaucoup plus limité. La ferme pyrénéenne est le plus souvent une bâtisse en pierre, à bâtiment unique. Mais que de différences entre la maison basque ou béarnaise, de plan presque carré, la grosse maison à toit à quatre pans du Haut-Couserans, ou la maison en hauteur allongée de la montagne ariégeoise ! Parfois, la maison dresse ses pignons en bordure de la rue, comme dans la haute vallée d'Aspe ; en Vicdessos, il lui arrive de s'aplatir sous un toit de lauzes dont le pan unique prolonge le versant auquel la maison est adossée. La maison est souvent flanquée de balcons de bois, qui servirent de séchoirs pour les récoltes.

La *tradition industrielle* n'existe guère dans les Pyrénées. L'isolement condamnait bien à se suffire, mais artisans et ouvriers n'y voyaient qu'une occupation temporaire, destinée à compléter les maigres revenus paysans par l'extraction ou le transport du minerai en longues théories de mulets, la forge ou le tissage. Un minerai de fer riche en manganèse (« mine aux mineurs » de Rancié) et des forges catalanes occupèrent les gens du Vicdessos, du Couserans, du Haut-Pays Basque de la frontière ; la vallée d'Aure fabriquait du drap, le Couserans des toiles. Mais tout cela comptait bien peu.

L'aménagement hydro-électrique des Pyrénées a été lié au début aux besoins des papeteries du Couserans, puis aux fabrications métallurgiques et chimiques nées de la guerre de 1914-1918, enfin aux besoins de l'électrification des lignes de la Compagnie du Midi, dont les antennes pyrénéennes sont maintenant presque toutes fermées. La disposition du relief et l'habitat interdisaient les barrages de vallée ; aussi la technique courante est-elle l'utilisation des eaux dégringolant des « plas » de la zone axiale par des vallées suspendues ; le point de départ est souvent un petit lac qui constitue une réserve qu'on peut aisément agrandir par un modeste barrage. Les débits utilisés sont donc très faibles, mais la grande hauteur des chutes (souvent plus de 1 000 m) compense la modestie de l'écoulement. Presque toutes les vallées sont maintenant équipées ; mais les grosses centrales sont rares (Aston, Pragnières, Portillon, Luz pour l'EDF, Miègebat et Soulom pour la SNCF). La production globale est de l'ordre de 7 milliards de kWh, auxquels viennent s'ajouter 3 milliards de kWh produits sur le gaz de Lacq et 1,5 importés d'Espagne. La région pourrait ainsi disposer de 10 à 12 milliards de kWh, alors que la chaîne toute entière et son avant-pays en consomment moins de 7.

C'est que les industries utilisatrices sont peu nombreuses : l'aluminium est produit à Lannemezan, hors de la montagne, à Sabart et Auzat dans le Vicdessos ; le groupe de Pierrefitte-Soulom, au sud d'Argelès, est spécialisé dans les engrais ; le reste compte peu : usine d'abrasifs à Sarrancolin, seule survivante des usines de la vallée d'Aure, une autre, de silicium à Marignac.

Les autres industries sont résiduelles. Il n'y a plus ni extraction de minerai de fer, ni forge, ni fonderie. Le textile n'est plus représenté que par le groupe lainier de Lavelanet - Pays d'Olmes (environ 5 000 salariés) où survit aussi une petite industrie de la corne ; l'accroissement de la population des communes intéressées témoigne d'une certaine reprise. Subsiste également le groupe papetier de Saint-Girons. L'industrie de la chaussure est active à Hasparren sur le piedmont basque, celle des sandales à Mauléon. Il existe même une petite ville industrielle avec Bagnères-de-Bigorre où construction ferroviaire et électrique emploient un millier de personnes.

Toutes les industries se plaignent de l'isolement et celui-ci gêne également le développement touristique. Sauf celles de l'Ariège et de la Nive, les vallées pyrénéennes ont vu disparaître les voies ferrées qui les remontaient ; même celle du Somport est fermée. Seule Luchon reçoit encore de rares trains directs. Partout ailleurs, stations de ski ou thermales ne sont accessibles qu'à partir de gares extérieures à la chaîne : Pau, Lourdes, Tarbes ou Lannemezan, ce qui constitue un handicap sérieux par rapport aux Alpes et tend à limiter l'origine de la clientèle aux villes du Bassin Aquitain.

Les Pyrénées ont pourtant des cartes touristiques à jouer : abondance des eaux thermales, hauts-lieux touristiques que constituent la côte basque et Lourdes, abondance aussi de la neige. Cependant, l'équipement reste assez mince et le tourisme se ramène essentiellement :

— à la fréquentation de quelques sites célèbres : montagne de La Rhune, à la frontière basque, Gavarnie surtout ;

— au développement de la résidence secondaire, surtout toulousaine et bordelaise ; sauf en Pays Basque, il s'agit le plus souvent de reprise d'habitats ruraux abandonnés ;
— à la fréquentation thermale, de qualité d'ailleurs inégale ; Luchon se dit « reine » des stations ; la moins mal desservie par les moyens de transport, elle dépasse les 20 000 curistes par an, égale donc Vichy, et elle est la seule à avoir conservé un peu de la physionomie ancienne du thermalisme. Ax et Cauterets sont deux stations moyennes, toutes les autres étant très petites, sauf Capvern qui appartient déjà à l'avant-pays. A ce tourisme de plus en plus lié à la santé, on peut joindre la fonction de cure, à l'origine de la station basque de Cambo.

Le tourisme d'hiver est celui qui souffre le plus de la lenteur des relations ferroviaires et de l'apathie locale. Pour un Saint-Lary qui a su financer ses investissements à l'aide des redevances EDF, combien de stations restent de minuscules affaires ? Si quelques-unes trouvent l'origine de leur clientèle dans des « collectifs » comme l'UCPA (Barèges, Saint-Lary), la plupart procèdent d'équipements hôteliers déjà existants, notamment thermaux ; mais ces stations sont trop basses et il faut les dédoubler par des installations en altitude (Gourette pour les Eaux-Bonnes, Superbagnères pour Luchon) ou aménager des systèmes de remontées mécaniques capables d'acheminer la clientèle vers les champs de neige comme à Saint-Lary ou Ax-les-Thermes. Il n'y a guère que La Mongie que l'on puisse comparer à ces stations alpines sorties du néant. D'ailleurs, l'effort d'équipement est resté dispersé ; les remontées mécaniques ont été plus lentes à se développer, et les téléphériques lourds sont rares. La tendance actuelle va plutôt vers les petites stations, comme celles qu'on essaie de mettre sur pied dans la vallée d'Aulus en Couserans, la plus proche de la clientèle toulousaine.

En revanche, ces stations un peu trop basses sont bien placées pour la saison d'été, au point que les revenus de cette période équilibrent parfois ceux de l'hiver, même dans une bonne station comme Saint-Lary. Les amateurs de montagne, les « pyrénéistes » deviennent plus nombreux. On commence aussi à parler de protection de la nature et un premier parc national, dit des Pyrénées occidentales, ourle la frontière depuis le haut-pays d'Aspe jusqu'au cirque de Troumouse.

L'un des gros handicaps, par rapport aux Alpes, reste le difficile franchissement de la chaîne ; de la Cerdagne aux passages faciles de la montagne basque, seule la route du Somport est ouverte en permanence ; l'accès à l'Andorre, par le port d'Envalira à plus de 2 400 m d'altitude, reste parfois malaisé en hiver, ce qui a longtemps rejeté l'économie andorrane vers les pays du Segre. Un autre passage permanent relie le Val d'Aran espagnol à la Noguera, par le long tunnel de Viella. Enfin, au fond de la vallée de Saint-Lary, l'ouverture tant retardée du tunnel Aragnouet-Bielsa permet une liaison estivale précaire. Hors ces deux passages, forcés par l'homme, seul le col du Pourtalet est emprunté par une route d'été.

4. Les aspects régionaux

La géographie physique a fait des Pyrénées un pays très cloisonné, où chaque vallée ou portion de vallée tend à constituer une entité ayant son nom propre ; ainsi, en haut Couserans, chacune des petites vallées affluentes du Lez : Bellongue, Biros, Bethmale. L'absence de sillon longitudinal isole ces vallées les unes des autres ; la seule route est-ouest, l'ex-nationale 618, de Foix à Saint-Jean-de-Luz, est incroyablement lente et difficile, encore qu'elle reste très proche de l'avant-pays. Le seul département centré sur la chaîne, l'Ariège, est tiraillé entre Saint-Girons et Foix ; dans ce département, pour aller de la préfecture à Lavelanet (28 km par la route), il fallait, en 1914, plus de 3 heures, avec deux changements de train ! On conçoit que les rares lignes de chemin de fer permettant de telles performances aient été tôt supprimées... Presque tous les pays pyrénéens sont ainsi étroitement dépendants de l'avant-pays : foires et villes sont installées au contact de la plaine.

Dans cet isolement, la frontière n'a été qu'un élément parmi d'autres ; elle ne coïncide pas toujours avec la ligne de faîte, ni avec celle de partage des eaux. Relativement perméable, elle a toujours vu transiter troupeaux transhumants et migrants temporaires ; elle a pu même être une source de richesse, grâce au développement de la contrebande, encore que les montagnards ne soient guère que des exécutants, laissant les gros profits aux gens des villes, ce qui est encore à mettre au compte d'un isolement qui ne leur permet pas de commercialiser le produit de leur contrebande.

C'est entre la vallée de la Garonne et le pays d'Aspe que les vallées s'isolent au maximum de leurs voisines ; elles ne sont pas très longues et parfois quelques vallons suspendus s'y branchent ; ainsi, à Luchon, le Larboust et la vallée d'Oueil. Mais l'aspect de corridor reste essentiel, de sorte que les bourgs (Argelès, Arreau) sont justement situés au droit des rares convergences de vallées affluentes. Quelques-unes mènent à l'Espagne : la voie ferrée et la route du Somport ne font que rappeler, par-delà les siècles, cet itinéraire des pèlerins de Compostelle à travers le pays d'Aspe. Mais la plupart se verrouillent à l'amont ; c'est le cas du Lavedan, de l'Ossau, de la vallée d'Aure ; quelques-unes comme celle de l'Ouzon, ne pénètrent même pas au cœur de la chaîne.

La seule organisation un peu hiérarchisée de l'espace est celle des *Pyrénées ariégeoises*. Des unités historiques, d'ailleurs à cheval sur la plaine comme le Comminges et le Comté de Foix, s'y sont précocement imposées ; d'autres, comme le Couserans, sont purement montagnardes. Ces pays de l'Ariège restent cependant cloisonnés ; malgré l'existence d'une dépression entre Plantaurel et Arize, les pays du Salat et de l'Ariège n'ont guère eu de contacts ; au nord du Saint-Barthélemy, les hauts pays de l'Hers et de ses affluents, autour de Lavelanet, constituent un domaine difficilement accessible, haut-lieu et bastion du monde cathare, qui gravite vers Pamiers, donc vers l'extérieur. Deux domaines s'individualisent plus nettement : Haute-Ariège et Couserans.

● *Les pays de la Haute-Ariège* constituent un ensemble de vallées est-ouest séparant des panneaux de massifs anciens. Le caractère linéaire est très marqué, accentué sur l'Ariège par l'importance de la voie de passage qui, par le Puymorens, mène vers la Cerdagne et à la Catalogne. La seule grande convergence de vallées est celle du Vicdessos et de l'Ariège, entre Tarascon et Ax ; l'importance de l'extraction minière, les hauts fourneaux de Tarascon — disparus en 1928 — ont multiplié jadis mineurs ou ouvriers-paysans ; la tradition s'en maintient un peu grâce aux usines d'aluminium et aux talcs de Luzenac. La vie pastorale sur les jasses de l'Aston n'est plus qu'une activité d'appoint. Ces pays sont parmi les plus rudes des Pyrénées, avec l'exceptionnelle brutalité des pentes, leurs villages moribonds perchés sur des soulanes, leurs hameaux isolés d'où on descend avec le mulet quand le boulanger ou l'épicier stationnent sur la route la plus proche. La vallée de l'Ariège dispose au moins de la route et de la voie ferrée, d'aménagements touristiques notables à Ax, à l'Hospitalet. Une route en voie d'achèvement qui relierait le haut-Vicdessos aux Escaldes pourrait redonner vie au tourisme encore très primitif de cette vallée.

Tarascon est le petit centre local, à bon équipement commercial, mais aux services très limités. C'est que Foix est proche, contrôlant une convergence de vallées plus modestes (Barguillère à l'ouest) et plus dépeuplées encore. Le hasard en a fait une forteresse et une résidence comtale, ce qui lui a valu d'être la préfecture de l'Ariège ; mais son rayonnement, butant sur Tarascon à l'amont et Pamiers à l'aval, est faible, ce qui lui vaut le titre indiscutable de plus petite préfecture de France.

● *Le Couserans* est le seul pays homogène ; la convergence des vallées sur Saint-Girons, les faciles relations avec l'extérieur par le bas-Salat, des densités jadis élevées (plus de 50 au km² en montagne), une vie pastorale intense avec la seule économie laitière bovine bien organisée des Pyrénées, les ressources tirées d'une migration saisonnière généralisée, la vieille industrie papetière — berceau des Bergès — et maints artisanats textiles, tout avait contribué à faire du Couserans une région vivante. Cependant, l'équipement du pays ne fut jamais terminé : si le tramway de Castillon

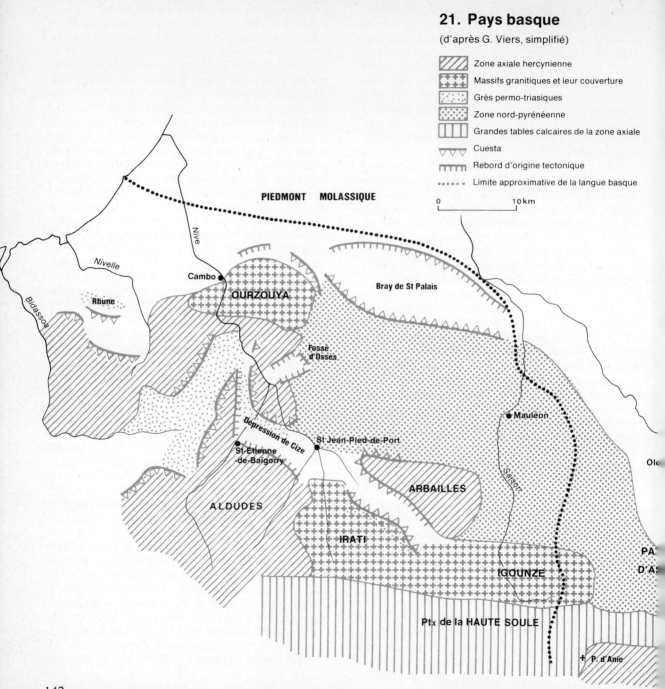

permettait la collecte du lait du haut Couserans et l'évacuation des minerais, celui d'Aulus ne fut jamais achevé ; c'est que le dépeuplement était déjà effroyable, lié à une crise profonde de l'économie. L'industrie se réduit aujourd'hui à une demi-douzaine de papeteries très spécialisées dans leurs fabrications, les mines de plomb sont abandonnées, le développement touristique à peine entamé. Pourtant, Saint-Girons reste une manière de petite capitale, qui a eu sa banque indépendante, garde son hebdomadaire et possède un excellent équipement en commerces et en services. Plus que Foix, elle est le vrai centre de la montagne ariégeoise et elle essaie de repartir à l'assaut du haut-Couserans, en créant de nouvelles stations d'hiver, comme Guzet-neige, sur Aulus.

• Tout à l'ouest, le *Pays Basque* a une autre dimension et une autre unité. Unité physique, avec ses versants de landes à fougères, fruits d'un déboisement systématique dans un milieu hyperhumide ; unité surtout humaine, venant de l'usage de la langue basque, d'un habitat souvent dispersé, avec ses maisons soigneusement passées à la chaux, d'une vitalité démographique extraordinaire où le surpeuplement n'était évité que par une intense émigration.

C'est cependant par le relief un pays composite ; il y a une haute montagne basque, celle des pays calcaires de la Haute-Soule, où le relief plissé a évolué jusqu'à l'inversion et où des dislocations tectoniques guident les grands canyons, comme ceux d'Holzarté. Puis une moyenne montagne, avec des dépressions en roches tendres, comme celle de Cize, des massifs anciens (Irati, Igounze, Aldudes) avec une couverture sédimentaire complexe (grand plateau calcaire des Arbailles). Enfin, un bas-pays, plus monotone, aménagé surtout dans le flysch nord-pyrénéen : Labourd, pays de Saint-Palais dans un vaste bray crétacé.

Les formes sont parfois vigoureuses ; autour des massifs anciens se dressent de puissants reliefs monoclinaux, tantôt dans des grès triasiques (montagne de La Rhune — ou Larrouna —) tantôt dans des poudingues, comme dans la cuesta de Mendibelza en bordure du massif d'Irati. De fréquents escarpements de ligne de faille encadrent des bassins effondrés comme celui d'Ossès.

La montagne basque est ainsi très contrastée, souvent difficile à traverser; le sud-est (Arbailles, pays de la haute vallée du Saison) reste d'accès malaisé, malgré l'établissement de quelques routes touristiques.

Malgré la monotonie de la lande à fougères, la campagne basque a toujours séduit les visiteurs ; c'est que la maison est singulièrement avenante, lumineuse, même sous les lourds toits d'ardoises du pays de Soule, à plus forte raison dans le bas-pays où l'« etxe », aux solives d'armature apparentes, prend de vastes dimensions pour engranger le fourrage et faire sécher le maïs. La forte charge en bétail est inattendue dans ce pays de landes où on fauchait jadis la fougère pour la litière ; mais, au moins en Labourd et dans les dépressions, la douceur du climat réduit singulièrement la stabulation hivernale. En fait, les exploitations sont souvent exiguës, morcelées ; la surface cultivée ou en prairies compte peu par rapport à la lande, bien médiocre pacage. Dans ce pays traditionaliste, peu favorable aux changements, les progrès sont lents ; depuis la généralisation des tracteurs, la lande recule un peu au profit du champ ou du pré, notamment dans le Bray de Saint-Palais qui est la seule région d'agriculture moderne. Comme la fougère est moins coupée que par le passé, l'écobuage de la lande devient plus nécessaire devant l'invasion de l'ajonc. Dans le haut pays, les migrations pastorales persistent pour les ovins et il y a parfois encore de la transhumance inverse d'hiver vers le piedmont. L'élevage ovin est assez rémunérateur, grâce à la production laitière ; mais l'élevage bovin basque, très morcelé, est sans doute, techniquement, le plus déficient de toute la France...

Si l'on excepte la bordure côtière, submergée par l'invasion touristique, et dont il sera question au chapitre 4, le Pays Basque est resté rural. Les activités auxiliaires sont rares. La contrebande, celle des marchandises comme celle des hommes, jadis très active, a surtout profité aux « entrepreneurs », banquiers ou notaires, notables en tout cas des bourgs et des petites villes. Le tourisme a deux aspects : d'une part un passage de plus en plus important, lié aux séjours côtiers ou à la frontière, d'autre part des séjours de vacances soit en résidence secondaire, soit en location, soit même en hôtellerie, le Pays Basque étant assez bien équipé. Malgré l'humidité, les retraités y sont également nombreux, fuyant la cherté excessive de la vie dans la frange côtière. Le Pays Basque de l'intérieur est un peu un refuge touristique qui a ses adeptes fidèles.

L'industrie est peu vivace ; en dehors du bourg d'Hasparren, travaillant la chaussure, la seule ville industrielle est Mauléon, encore que les crises y soient fréquentes ; le travail traditionnel de la sandale a dévié avec succès vers la fabrication d'articles chaussants en caoutchouc (Wood-Milne) ; mais Mauléon, c'est aussi la capitale des pays du Saison, très isolés du reste du Pays Basque. Les autres bourgs sont essentiellement commerciaux, au centre de petits bassins ou surveillant la frontière, comme Ustaritz, Saint-Etienne-de-Baïgorry, et surtout Saint-Jean-Pied-de-Port, point d'origine de la banque Inchauspe qui y a installé ses services comptables.

Ainsi, trop étroites et trop cloisonnées pour avoir suscité un véritable partage régional, les Pyrénées, beaucoup plus que les Alpes, sont tributaires de villes de l'avant-pays. Plus encore que les autres montagnes françaises, elles sont morcelées et ne bénéficient d'aucune unité de vue dans leur aménagement, fractionnées qu'elles sont entre cinq départements et trois régions de programme. Mais le pire danger qui menace cette montagne, c'est un abandon excessif, largement généralisé, et qui pourrait faire reprendre une phrase célèbre : « il n'y a plus de Pyrénées ».

2. Le Bassin Aquitain : les convergences physiques et humaines

Le Bassin Aquitain constitue, avec le Bassin Parisien, l'autre grand domaine de plaines sédimentaires en France. En nous limitant volontairement aux deux régions de programme « Aquitaine » et « Midi-Pyrénées », nous éliminons les pays charentais, géologiquement aquitains, mais que leur comportement démographique, leur appartenance actuelle à la langue d'oïl, leurs spéculations laitières apparentent davantage à la France de l'Ouest.

1. Les aspects physiques

Bassin sédimentaire, le Bassin Aquitain a été beaucoup plus subsident que celui de Paris ; le socle s'y abaisse au-dessous de 5 000 m au contact des Pyrénées, à 7 000 m environ dans le golfe de Parentis. Il doit d'autre part à l'orogénèse pyrénéenne le fort plissement des couches d'âge secondaire, de même que l'abondance du matériel détritique tertiaire dans toute la moitié sud-ouest du Bassin.

Les forages pétroliers attestent l'existence du Bassin dès le Trias, au cours duquel se déposent de puissantes couches salifères qui joueront un grand rôle dans la formation des plis tertiaires. La sédimentation jurassique est générale et très classique ; mais elle n'apparaît en surface que sous la forme d'une plage assez étroite en bordure du Massif Central, de la Dronne à l'Aveyron, qui manque dans l'Albigeois et au contact de la Montagne-Noire. Au Crétacé inférieur, la sédimentation marine ne subsiste plus que dans deux golfes isolés, ceux de Parentis et de l'Adour. La transgression cénomanienne intéresse tous les pays à l'ouest de la Garonne, épargne le Quercy, mais dessine un vaste golfe périgourdin et sud-charentais. A la fin du Crétacé, le Bassin se présente sous la forme d'une vaste plate-forme, très basse où les transgressions marines même faibles prennent néanmoins une grande ampleur ; elles n'affectent ni le Pays Basque, relevé dès l'Eocène, ni le Périgord et le Quercy, uniquement soumis à des épandages torrentiels. Un seul golfe marin profond subsiste alors, celui de Parentis, tandis qu'un profond sillon sous-pyrénéen se comble rapidement, dès l'Eocène.

Le matériel tertiaire est ainsi assez varié ; d'une part il s'agit d'apports détritiques venus du Massif Central et des Pyrénées, dont la composition varie en fonction des crises orogéniques ou climatiques, ainsi que des conditions locales de dépôt ; d'autre part, à la faveur des transgressions successives (les principales sont d'âge stampien, aquitanien et helvétien), en régime souvent lagunaire ou lacustre se déposent des formations calcaires ou molassiques. Les conditions de sédimentation changeant fréquemment dans le temps et dans l'espace notamment du fait de la migration très rapide des zones de subsidence, les faciès sont très variables ; ainsi, les formations les plus répandues, les molasses, changent constamment de granulométrie, de dureté du ciment — calcaire ou siliceux —, intercalent souvent des horizons calcaires ou des passées sableuses plus grossières, voire des conglomérats. Rares sont les aires de sédimentation un peu homogènes comme celle des calcaires aqui-

taniens de l'Agenais, ou des calcaires à astéries, d'âge stampien, du Bordelais. Enfin, la zone de sédimentation tertiaire s'est progressivement amenuisée d'est en ouest et les formations miocènes ne sont plus représentées qu'à l'ouest de la Garonne.

Sur les calcaires du Massif Central, les dépôts tertiaires sont essentiellement représentés par des sables siliceux venus des plateaux cristallins : sables dits sidérolithiques, sables du Périgord, répartis en placages plus ou moins épais sur la surface d'érosion datant du début du Tertiaire. Ces dépôts s'épaississent vers l'aval, piégés dans les zones subsidentes de la Double saintongeaise et périgourdine, du Landais ; ils passent peu à peu, à l'ouest, sous les molasses et calcaires du Bordelais, ce qui permet de rapporter l'essentiel de ces sables à l'Eocène.

Ailleurs, molasses et calcaires, éocènes et oligocènes, dominent ; les molasses, progressivement plus grossières, deviennent presque exclusives en bordure des Pyrénées. Des surfaces d'érosion s'y élaborent dans la seconde moitié du Tertiaire ; leur relèvement à la fin du Miocène provoque leur incision par les vallées. Dans les coteaux de la Gascogne gersoise et les pays de l'Adour, ces vallées seront à leur tour remblayées par des sables descendus des Pyrénées ; parfois, comme dans le Lannemezan, le relief antérieur est presque oblitéré par ces formations qui sont coiffées à l'amont par les cailloutis dits de Lannemezan.

Ces épandages sableux pliocènes (sables fauves) ont affecté presque tout le Bassin Aquitain ; ils sont surtout épais à l'ouest où ils ennoient les reliefs tertiaires et forment le soubassement des sables landais. En surface, ces derniers sont fins, très éolisés, mis en place ou remaniés en climat froid et sec, et constituent une nappe très peu accidentée, fréquemment indurée à quelques décimètres de profondeur par la présence de l'alios, avec de rares accidents dunaires plus anciens. C'est seulement sur la côte qu'existent des dunes récentes, d'âge historique, édifiées avec des matériaux fins prélevés par le vent sur l'estran.

Morphologiquement, le Bassin Aquitain oppose ainsi des plates-formes calcaires au nord de la Garonne et un piedmont pyrénéen. Les grandes

0   50km

- Massif ancien ; dômes des pays de l'Aveyron
- Bordure du massif ancien
- Matériel liasique ou permotriasique de la bordure du Massif-Central (très simplifié)
- Plateaux calcaires secondaires
  - A) calcaires jurassiques
  - B) calcaires crétacés
- Pays de la molasse tertiaire
- Plateaux calcaires tertiaires et pays de serres
- Cailloutis de Lannemezan
- Sables landais, sables de la Double et du Landais
- Dunes côtières
- Alluvions quaternaires anciennes et récentes ; grandes vallées alluviales
- Eléments de cuestas
- Limite du domaine pyrénéen
- Escarpement ou grand accident cassant

22. Bassin aquitain, principaux paysages

déformations du substrat secondaire, surtout marquées sous le piedmont, ne réveillent à la surface que des échos peu importants. Sur les plateaux calcaires, les vastes ondulations SO/NE ont été largement arasées, quelques anticlinaux ayant même été aménagés en brays du fait de l'enlèvement des couches résistantes.

Les relief monoclinaux sont rares ; au contact du Massif Central, il n'y a pas de dépression liasique continue, soit que les affleurements liasiques manquent de puissance, soit que les faciès du lias soient trop résistants. Les corniches monoclinales de calcaires jurassique sont donc rares, les plus nettes se trouvant en bordure du Limargue ou autour du dôme de la Grésigne. Au voisinage de la Montagne Noire, le relèvement des couches tertiaires a permis le dégagement de lignes de cuestas, notamment celle des calcaires stampiens qui dominent une zone basse, aménagée au contact du socle dans des terrains éocènes à dominante sableuse ; un sillon plus ou moins net accompagne ainsi la bordure sud-ouest du Massif Central. Au contact pyrénéen, il arrive également que des bancs de poudingues relevés vers la chaîne donnent naissance à de petits crêts monoclinaux.

Les plates-formes calcaires sont surtout constituées par les Causses jurassiques du Périgord et du Quercy, les seuls où les bancs calcaires soient assez épais pour que puisse se développer un relief karstique typique. Les plateaux de calcaires crétacés sont moins francs : la variété lithologique, la faible épaisseur des couches résistantes donnent des reliefs plus morcelés, où les grandes surfaces de causse sont absentes. Les calcaires tertiaires, insuffisamment épais, souvent peu résistants, donnent des plates-formes comme celle du calcaire à astéries dans le Bordelais, plus rarement des tables un peu plus rigides comme en bas Quercy ou dans l'Albigeois. Ces plateaux calcaires sont profondément lacérés par les vallées des rivières venues du Massif Central ; l'encaissement, encore faible dans le Périgord septentrional, s'accentue peu à peu vers le sud-est, au fur et à mesure que l'altitude moyenne des plateaux s'accroît. Il s'agit rarement de gorges ; on n'en trouve guère qu'à la traversée des calcaires jurassiques. Le plus souvent, ce sont des vallées assez larges, aux méandres encaissés parfois très amples, comme le long de la Dordogne ou du Lot, dominées par des parois calcaires qui ne prennent vraiment de la vigueur que dans la concavité des méandres ; ailleurs, la variété lithologique, notamment dans les terrains crétacés, tend à multiplier les ressauts, à casser les versants, mais aussi, à la faveur d'horizons plus ou moins gélifs, à faciliter l'existence de surplombs résistants au-dessus des couches fragiles excavées (d'où l'abondance ancienne des abris sous roche).

Lorsque les couches calcaires sont minces et perchées sur des terrains tendres épais, le plateau est fortement lacéré, réduit à des lanières ou à des buttes ; c'est déjà le cas du causse jurassique qui domine le bassin de Brive, au nord de la Vézère ; le phénomène se généralise dans l'Agenais, surtout au nord de la Garonne, où les lanières de calcaire aquitanien commandent des versants aménagés dans la molasse et dessinent un relief de serres qu'on rencontre également dans les pays du Dropt.

Le relief des *pays de molasse* est conditionné par les très fréquents changements de faciès de celle-ci ; les coteaux ont des formes souvent assez molles, mais les versants s'y coupent de ressauts liés aux horizons molassiques plus résistants. Les grandes vallées s'y dilatent de façon démesurée ; les vallons d'amont, très empâtés de dépôts soliflués, sans écoulement apparent, offrent des formes très adoucies. Remaniés par la solifluction, les versants portent des sols bruns, faiblement lessivés, riches en colloïdes, collants, difficiles à travailler par temps humide, durcissant facilement à la sécheresse : ce sont les *terreforts* qui ont donné leur nom aux pays de la molasse. Résistant bien à l'érosion, assurant une bonne rétention de l'eau, de valeur inégale mais faciles à améliorer, les terreforts constituent les meilleurs sols du Bassin. Sur les coteaux de l'Adour, où les sables l'emportent sur la molasse, les sols sont plus lessivés, plus acides, plus vulnérables à l'érosion, tout en restant aptes à la culture et aux améliorations. Enfin, en Gascogne gersoise, la formation de Lannemezan a fossilisé la molasse sous une sorte de grand glacis d'épandage qui n'a été recreusé par les vallées qu'à la fin du Pliocène ou au Quaternaire.

Le réseau hydrographique a connu quelques vicissitudes. Dans les Landes, la mise en place des sables quaternaires, par vent d'ouest, lors d'une phase climatique plus sèche, a provoqué l'obturation des vallées et désorganisé le draînage. Péniblement reconstitués, les cours d'eau landais n'ont pu toujours amener leurs eaux directement jusqu'à l'océan, les dunes côtières bloquant l'écoulement et retenant toute une série d'étangs. En Gascogne gersoise, le réseau suit les génératrices du cône du Lannemezan ; mais les eaux pyrénéennes, détournées vers la Garonne ou les Gaves ont cessé d'alimenter des rivières devenues très modestes, disproportionnées à leurs vallées, trop larges et si pauvrement pourvues que l'homme, dès le milieu du XIXe siècle, leur a restitué par un canal une partie des eaux de la Neste pyrénéenne. Ces vallées du Lannemezan, toute dissymétriques, offrent un versant de rive gauche doucement incliné et très développé et un versant de rive droite court et raide ; cette inégalité, probablement d'origine climatique, reste mal expliquée ; elle affecte d'ailleurs aussi les grandes vallées, notamment celle de la Garonne à l'amont de Toulouse.

Les vallées majeures — Garonne, Ariège, Tarn, Gaves — revêtent une ampleur qui n'est pas à l'échelle des capacités des rivières actuelles. Elles sont occupées par des systèmes de terrasses complexes : le lit majeur actuel, couvert de broussailles ou de peupleraies (les « ramiers »), de basses et moyennes terrasses, au matériel déjà fortement altéré et de hautes terrasses, probablement pré-glaciaires (forêt de Bouconne). Sur ces terrasses, comme sur les lambeaux du glacis du Lannemezan ou du plateau de Ger, dominent les sols de « boulbènes », beaucoup plus légers que les terreforts, fortement lessivés, souvent acides, avec, du fait de la planitude et du draînage difficile, de fréquents processus de gleyification. Ce sont des sols fragiles, craignant la sécheresse, mais faciles à travailler. En Chalosse, ces sols sont moins lessivés et pourtant plus acides. Parfois existent des horizons indurés à faible profondeur : le « grep ».

2. L'originalité bio-climatique

Partie de ce domaine atlantique méridional que nous avons défini plus haut, le Bassin Aquitain est déjà suffisamment vaste, avec un effet de cuvette, pour que les temps stables y soient un peu plus fréquents que dans l'ouest français. Cela explique une relative rigueur de l'hiver dans l'intérieur : la plupart des stations de plaine comptent une quarantaine de jours de gel et ce nombre augmente sur les plateaux du Quercy ou le haut Lannemezan ; il suffit de conditions topographiques défavorables pour que le gel s'accroisse en fréquence et en intensité. Au printemps, la cuvette aquitaine s'échauffe assez vite, ce qui n'est sans doute pas étranger aux fortes pluies de mai ; mais l'effet de cuvette se traduit surtout par la relative sécheresse du centre et du sud-est.

La répartition des pluies est simple, avec une large bande sèche allant de La Réole au Lauragais, où le volume annuel est toujours inférieur à 800 mm, se tenant entre 600 et 650 mm dans l'axe garonnais ; cette zone de faible pluviosité déborde sur le bas Quercy et l'Albigeois, sur une bonne partie de l'Armagnac et du Lannemezan ; elle englobe donc la majeure partie des Terreforts. De part et d'autre de cet axe de relative sécheresse, la pluviosité augmente, d'une part vers l'Océan (900 à 1 100 mm dans les Landes, 1 100 à 1 200 mm sur le sud de la côte landaise et les bas pays de l'Adour et des Gaves, le maximum étant enregistré sur le bas Adour et la côte basque : plus de 1 300 mm dès Biarritz), d'autre part vers la bordure pyrénéenne béarnaise et le Massif Central : 800 mm en Périgord occidental, 900 mm en Périgord oriental, en Quercy, plus encore en Limargue ou dans la région castraise.

La répartition saisonnière est à peu près identique partout : après un début de printemps peu arrosé, les pluies se renforcent en mai, mois le

149

plus original par sa tiédeur et l'abondance de ses averses qui se prolongent sur une bonne partie du mois de juin : c'est là le principal avantage du Bassin Aquitain. Juillet est au contraire un mois sec, rompu par de rares averses ; mais dès la mi-août, les orages se multiplient et restent abondants en septembre. Il arrive même, en Toulousain, qu'octobre soit encore aussi arrosé que septembre. Puis c'est la longue période des pluies d'hiver, nombreuses, mais assez peu intenses. On retiendra que le Bassin Aquitain a le climat le plus orageux de France, avec des chutes de grêle fréquentes, dévastatrices dans ces pays de cultures fragiles.

Bien sûr, ceci n'est qu'une moyenne ; il y a des étés pourris comme celui de 1977 et au contraire des sécheresses qui se prolongent au point de compromettre la récolte du maïs. Mais il y a également des nuances régionales. Le *Toulousain,* le *Lauragais,* le *Castrais,* sont les pays du *vent d'autan,* dont l'existence est tantôt liée à une dépression sur le golfe de Gascogne ou aux gouttes froides génératrices des pluies cévenoles ou roussillonnaises, tantôt à des anticyclones stationnés plus à l'est (autan blanc), tantôt enfin à un effet secondaire du relief pyrénéen par flux du sud ; l'autan, toujours subsident et violent, provoque une forte hausse des températures et une baisse du degré hygrométrique de l'air. L'originalité de *la côte* a été mal soulignée ; en fait, le nord, passé Lacanau, s'apparente à la côte charentaise, avec une longue sécheresse d'été, une bonne insolation, une végétation qui souffre de la rareté de la pluie estivale ; au sud, à partir de Mimizan, les précipitations augmentent, même l'été ; au centre enfin, le bassin d'Arcachon jouit d'un climat assez sec ; il y pleut aussi souvent qu'au sud, mais beaucoup plus faiblement et l'insolation est plus forte, ce qui justifie des conditions touristiques très favorables.

Il reste que l'unité climatique est forte, expliquant la monotonie des paysages végétaux. Si l'on met à part l'immense pinède landaise, le Bassin Aquitain est par excellence le domaine de la chênaie ; de chêne-rouvre et pédonculé dans les pays de l'Adour, l'Armagnac et le haut Lannemezan ; de chêne pubescent dominant en Périgord, en Quercy, dans l'est du Lannemezan, dans les Terreforts, souvent mêlé au rouvre dans l'ouest du Périgord et du Quercy. Le sud des Landes, la Chalosse hébergent volontiers le chêne tauzin. Mais on trouve aussi des chênaies méditerranéennes, chênes-lièges à la bordure sud des Landes, notamment dans le Marensin, chêne-vert fréquent jusqu'en Périgord.

« Ornement incomparable, mais aussi (...) impitoyable fléau » (M. Pardé), la Garonne apporte dans la monotonie aquitaine un élément perturbateur qui est à rechercher dans l'origine montagnarde du gros de ses débits. C'est aussi le cas du réseau de l'Adour, issu, à l'exclusion du système de la Midouze, des Pyrénées humides qui leur procurent des débits soutenus. Le réseau garonnais est très complexe, avec un régime irrégulier. Non que la Garonne soit un grand fleuve : son débit moyen à Bordeaux (690 m^3/s) n'est pas beaucoup plus élevé que celui de la Seine ; mais ses affluents proviennent de régions montagneuses à fortes averses ; les profils en long sont à pente forte (Garonne de Montréjeau au Tarn : plus de 1 m/km). Les régimes sont en général simples : hautes eaux de saison froide, prolongées sur le printemps par la fonte nivale en montagne, maigres accentués de fin d'été.

Les débits sont très irréguliers ; à Toulouse, la Garonne ne débite guère, en moyenne, que 200 m^3/s, moins que n'en apportent les affluents venant du Massif Central. Les affluents du Lannemezan ont en temps normal des débits insignifiants (6 m^3/s pour le Gers, 5 pour la Save) avec des modules spécifiques de 4 à 5 l/s/km^2, contrastant avec l'abondance relativement forte des rivières issues de la montagne (modules spécifiques de 15 à 20 l/s/km^2, coefficients d'écoulement de l'ordre de 0,55). Mais on est loin des modules spécifiques des Gaves, beaucoup plus importants : Gaves d'Oléron à Oléron : 42 l/s/km^2.

La concentration du réseau au creux topographique de la Garonne moyenne (du confluent de l'Ariège à celui du Lot) rend la conjonction des crues des divers affluents particulièrement redoutable. Heureusement, les crues ne sont presque jamais synchrones. Les affluents venus du Massif Central ont des crues surtout liées aux perturbations d'ouest ou aux averses méditerranéennes extensives associées à des invasions froides d'altitude. Les affluents venus des Pyrénées ou du Lannemezan ont des crues associées aux régimes de nord ou de nord-ouest, et leur conjonction est rare en hiver du fait de la rétention nivale dans les Pyrénées. Il est donc exceptionnel que les crues pyrénéennes et celles venues du Massif Central coïncident.

— Les crues du Tarn, du Lot, de la Dordogne et de leurs affluents sont avant tout océaniques ; les plus graves associent de très fortes pluies, souvent liées à un talweg froid de haute altitude, à la fonte des neiges ; elles sont donc surtout hivernales ou printanières ; la plus célèbre, celle de mars 1930, donna plus de 8 000 m^3/s au Tarn à Moissac pour un module moyen voisin de 250 m^3/s) ; le Lot a débité pour sa part 2 900 m^3/s en décembre 1944 à Cajarc. Sur la Garonne, ces crues sont donc sensibles sur le cours inférieur à l'aval du confluent du Tarn.

— Les crues des rivières de l'Armagnac peuvent être très fortes en toutes saisons ; mais il est rare qu'elles aient de graves conséquences sur celles de la Garonne elle-même.

— Les crues pyrénéennes sont liées à de fortes chutes de pluie par régime de nord à nord-ouest et les plus graves correspondent à la période de fonte des neiges. Elles peuvent intéresser simultanément les rivières pyrénéennes, celles du piedmont, mais aussi celles venues de la Montagne Noire (Agout). Elles concernent donc aussi bien l'Adour que la Garonne. Pour la Garonne, elles ont souvent des effets catastrophiques à l'amont, mais s'étalent vers l'aval si elles ne sont pas régénérées par des crues venues du Lannemezan. Surtout fréquentes en hiver et au printemps, elles peuvent cependant survenir à peu près toute l'année ; la plus célèbre, celle de 1875, tomba en juin et donna à Toulouse 8 000 m^3/s (module : 200). Les crues sont donc énormes par rapport aux débits moyens, ce qui explique leurs effets dévastateurs : la Garonne est sans doute le fleuve français le plus redouté et le moins bien contrôlé.

3. Les faiblesses du peuplement

Le Bassin Aquitain apparaît comme faiblement peuplé, avec un dynamisme démographique médiocre. C'est là une constante historique. Il n'y a pas eu pour autant unité politique des plaines aquitaines. L'Aquitaine — ou Guyenne —, c'est essentiellement à l'origine le nord du Bassin : Bordelais, Périgord, Agenais, mais aussi Quercy et Rouergue ; dès le XIe siècle, la Guyenne s'unit à la Gascogne qui englobe les Landes, le cône du Lannemezan et les Pyrénées centrales. Ainsi se trouve constitué un vaste ensemble qui, en 1152, va échoir aux Plantagenets et sera pendant trois siècles l'enjeu d'une lutte incessante entre monarchies anglaise et française. Certaines régions, le Rouergue, le Périgord, ne seront réunies au royaume que beaucoup plus tard, sous Henri IV.

L'autre grande unité, le Languedoc, est à cheval sur les deux Midis. Le Haut-Languedoc toulousain, rattaché au royaume tout de suite après la croisade albigeoise, ne compte guère que l'Albigeois, le Lauragais et le Toulousain, plus tard le Comminges. La bordure pyrénéenne comprend deux autres entités : le comté de Foix, réuni au royaume en 1607, et le Béarn, réuni en 1620, mais tous deux entrés depuis longtemps dans la mouvance royale.

A ces subdivisions, l'Ancien Régime a surajouté ses structures administratives : Bordeaux, Auch, Pau, Toulouse, Montauban, même Bayonne à la veille de la Révolution, commandent des généralités. Il en résulte parfois d'extraordinaires complications administratives qui préfigurent l'organisation actuelle ; ainsi, la généralité d'Auch, aquitaine à l'origine, dépend pour les deux tiers du Parlement de Toulouse ; Foix dépend de l'intendant de Perpignan, mais ses affaires judiciaires sont évoquées au Parlement de Toulouse...

L'organisation départementale a souvent perpétué l'absence de concordance entre unités géographiques ou historiques et circonscriptions administratives ; si la Dordogne correspond en gros au Périgord et l'Ariège au Comté de Foix, les autres divisions ont souvent mal vieilli ; ainsi, le Lot, héritier de l'ancien Quercy, est en fait en bonne

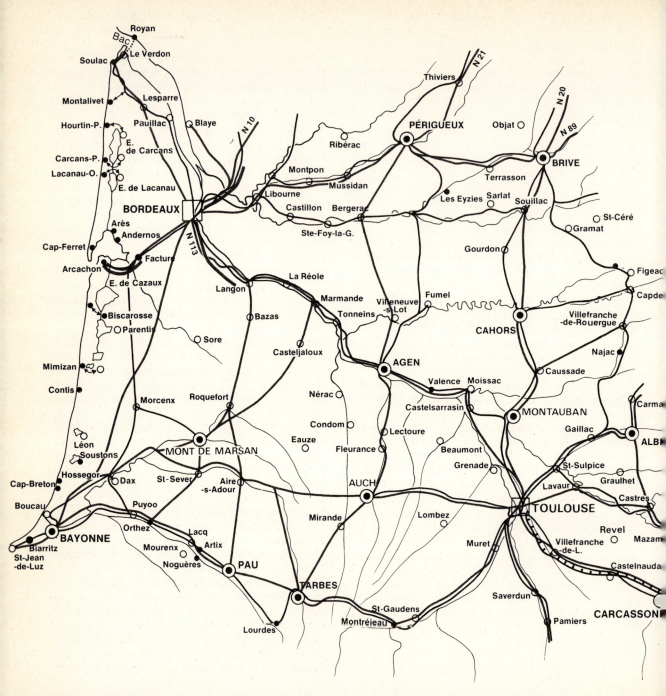

partie dominé par des villes extérieures, Brive et Montauban.

L'histoire a été aussi pour le Bassin Aquitain une longue suite de catastrophes, sauf pour le Béarn. Trois siècles de guerre anglaise, du XIIe au XVe siècle interfèrent avec d'autres désastres : au début du XIIIe siècle, en haute conjoncture démographique, la répression de l'hérésie cathare passe pour avoir ensanglanté Haut-Languedoc et comté de Foix. La grande peste de 1348 paraît avoir frappé l'Aquitaine plus que toute autre région française. Plus tard, le développement du protestantisme en Béarn, en Albret, dans les pays cathares, le Montalbanais, l'Agenais, la basse vallée de la Dordogne s'achèvera dans les persécutions, les massacres et l'exode d'une partie de la population. Il n'est pas jusqu'à la Fronde et aux « émotions » populaires à odeur de jacquerie qui ne trouvent dans le Bassin Aquitain des échos plus rudes que dans le reste de la France. A plusieurs reprises, des « déserts humains » s'installent dans telle ou telle partie de l'Aquitaine, des villes sont détruites, des campagnes ravagées.

On assiste de ce fait à des reculs périodiques de la population. Voilà des pays bien doués par la nature, où l'agriculture passait pour opulente et qu'il faut sans cesse repeupler. Dès le XIe siècle se multiplient des fondations, souvent ecclésiastiques, destinées à étendre les surfaces cultivées ; ce sont les sauvetés, les castelnaus ; pour se les concilier, on voit apparaître des statuts relativement favorables aux paysans, tel, au XIIIe siècle, celui des maîtres-valets. Après la crise cathare se multiplient les bastides : fondations coloniales de la monarchie française, mais aussi bien créations anglaises ou terres d'église, essayant d'attirer les habitants par des franchises ou des concessions de terres. Trop nombreuses, souvent concurrentes, elles provoquent l'émiettement de la fonction urbaine et cachent mal leurs médiocres aptitudes sous des noms « exotiques » : Grenade, Valence, Barcelone, Pavie, etc. Plus modestement les propriétaires de vignobles du Bordelais recrutent des gens du nord, des « barbares », des « gavaches » en nombre si grand qu'ils altèrent parfois la physionomie occitane, ainsi la petite « Gavachie » de la région de Duras, à partir du XVe siècle.

0   50 km

- ☐ Métropole régionale
- ⊙ Préfecture et ville à fonction régionale
- ○ Autre ville
- ● Station touristique (et, sur la côte landaise, commune de rattachement)
- ⊔⊔ Voie navigable et canal
- — Voie ferrée
- — Grande route
- — Autoroute en cours de réalisation (1977)

23. Bassin aquitain, croquis de nomenclature

Car le Bassin Aquitain n'a pas seulement subi des reculs catastrophiques ; il a été constamment une zone de médiocre croissance démographique. On a parlé d'« évaporation humaine » et il est certain que les équilibres démographiques, même la paix revenue, sont assez souvent précaires. Comptons bien sûr avec les épidémies, les famines comme celle de 1693-1694 ; mais enregistrons surtout les mariages particulièrement tardifs, les familles peu nombreuses ; à Lectoure, à la fin du XVIIe siècle, un ménage sur trois seulement a plus de deux enfants... Au XVIIIe siècle, le Toulousain enregistre, année commune, presque autant de décès que de naissances ; et au XIXe siècle, les conditions s'aggravent lorsque se précise l'exode vers les villes.

Aussi fait-on constamment appel à des immigrants. D'abord des fils de paysans descendus des Pyrénées, du Cantal ou du Rouergue, et ce lent ruissellement à partir de la montagne n'a jamais cessé depuis la fin du Moyen-Age. Après 1900, on a installé en Dordogne, dans le Lot, le Lot-et-Garonne, des paysans de l'Ouest, parfois en véritables colonies, encadrées de prêtres, transposant des pratiques agricoles souvent inadaptées au contexte aquitain, mais riches d'enfants et de promesses de renouveau démographique. On a surtout fait appel à des étrangers, des italiens, des espagnols, maintenant des portugais, des ménages jeunes souvent chargés d'enfants, recrutés pour tenir les métairies. Las ! ces étrangers méditerranéens se sont vite adaptés, ont été rapidement naturalisés, mais plus vite encore conquis aux restrictions démographiques des paysans aquitains. Les vagues ont été pourtant importantes ; entre les deux guerres sont venus les italiens ; en 1946, ils sont encore 14 000 dans le Gers, 23 000 dans le Lot-et-Garonne, venant du Piémont, du Frioul, de Vénétie, bref de l'Italie du maïs. Ce sont eux qui ont sauvé les métairies, bloqué involontairement la restructuration foncière. Après eux, on a essayé d'implanter les espagnols, les portugais, notamment à travers les mouvements de saisonniers ; en 1970, le Lot-et-Garonne employait plus de 4 000 saisonniers andalous pour la récolte des fruits et des légumes. En 1975, les deux régions de programme recensaient 230 000 étrangers, de 4 à 5 % de la population totale ; mais l'originalité vient de ce que ces étrangers sont d'abord installés en milieu rural ; seuls les espagnols réfugiés de la guerre civile, et, aujourd'hui les nord-africains sont des citadins. En 1946, alors que Toulouse regroupait déjà la moitié de la population de son département, elle n'abritait que le quart des étrangers ; dans le Gers, le Lot-et-Garonne, le Tarn-et-Garonne, moins d'une dizaine de communes rurales ne déclaraient pas d'étrangers ; on comptait alors 20 % d'étrangers dans les cantons gersois de Fleurance et de Valence, 19 % à Miradoux, etc. Depuis, le pourcentage a baissé, mais essentiellement par le jeu des naturalisations.

Par contre, l'installation fréquente en Aquitaine rurale de rapatriés d'Afrique du Nord n'a pratiquement pas d'incidences notables sur le peuplement, alors qu'elle en a eu parfois de fort importantes sur les systèmes agricoles.

Actuellement, les deux régions de programme (Aveyron excepté) couvrent 14,3 % de la superficie française ; or, au début du XIXe siècle, ces territoires réputés riches ne regroupaient déjà que 12,9 % de la population ; ce pourcentage s'abaissait à 12 % au milieu du XIXe siècle, à moins de 10 au début du XXe, pour arriver, en se stabilisant quelque peu, à 8,6 % en 1975. Le déclin du Bassin Aquitain a donc été constant en valeur relative. En valeur absolue, la population a connu une hausse très modérée dans la première moitié du XIXe siècle passant de 3 500 000 à 4 400 000 personnes ; puis, elle baisse pour se trouver ramenée à 3 800 000 en 1936 ; ensuite, il y a à nouveau une reprise et on recense un peu plus de 4 500 000 habitants en 1975. Pour plus des deux tiers, cette croissance récente est imputable à l'immigration ; pour plus des 3/4 elle s'est concentrée sur les deux métropoles régionales et les villes des Pyrénées atlantiques.

C'est qu'après une certaine reprise, liée notamment aux colonies étrangères et surtout aux comportements urbains, la démographie aquitaine est revenue à son niveau traditionnel. La moitié des départements sont déficitaires en naissances, certains comme l'Ariège et le Lot, depuis bien longtemps ; on peut dire que tous les cantons purement ruraux du Bassin Aquitain le sont. Seules les grandes villes, Toulouse, Bordeaux, surtout Pau, ont des taux de natalité supérieurs à la moyenne nationale ; en général, petites et moyennes villes sont excédentaires en naissances, mais avec des taux de natalité néanmoins assez bas.

A terme, la situation sera probablement plus mauvaise ; car non seulement les campagnes sont déficitaires en naissances, mais elles continuent à perdre des habitants par émigration ; de 1962 à 1968, les campagnes avaient encore fourni plus de 40 000 personnes à l'émigration, alors que les villes, pour leur croissance, en réclamaient 230 000. Mais dans les dernières années, la tendance s'est modifiée ; de 1968 à 1975, les pertes rurales concernent surtout les coteaux et les plateaux calcaires ; au contraire, les plaines alluviales, le contact pyrénéen cessent de fournir des émigrants et connaissent même fréquemment un mouvement inverse, particulièrement sensible dans tous les espaces ruraux d'où on peut gagner assez facilement une ville proche. De leur côté, les villes ont assez brutalement cessé d'être attractives ; le solde migratoire a diminué de plus de moitié, tombant aux entours de 100 000 personnes.

A l'issue de cette évolution les campagnes aquitaines apparaissent très inégalement peuplées. Les fortes densités (supérieures à 50 habitants au km²) n'existent que dans le vignoble bordelais ; les zones agricoles riches (Bergeracois, vallée moyenne de la Garonne et basses vallées du Lot ou du Tarn, Terrefort toulousain) ont des densités de 35 à 50. Ailleurs, les densités oscillent généralement entre 20 et 35 habitants, encore bien supérieures à celles du Bassin Parisien. Elles ne tombent en dessous de 20 que sur les plateaux calcaires et dans les pays de sables ; mais c'est rarement le désert humain : un seul canton des pierreux plateaux du Quercy connaît une densité inférieure à 10 et c'est seulement dans les Landes qu'on tombe à des densités très basses (canton de Sore : 5).

Mais les densités globales restent faibles, car le développement urbain est peu poussé ; trois départements seulement (Gironde, Haute-Garonne et Pyrénées-Atlantiques) ont une population urbaine supérieure en nombre à la population rurale; dans le Lot et le Gers, les campagnes abritent encore les deux tiers de la population totale. Si les taux d'activité sont voisins de la moyenne nationale, la structure de l'emploi n'est pas très favorable : en 1975, un peu plus de 17 % des actifs travaillaient dans l'agriculture, 32 % dans l'industrie et le bâtiment, donc 51 % dans le secteur tertiaire ; la faiblesse du secteur secondaire est caractéristique.

D'autre part, le déséquilibre va croissant entre la moyenne du Bassin et les trois départements urbanisés, dont le poids démographique augmente sans cesse, et qui sont les seuls à posséder aujourd'hui une population supérieure à celle du milieu du XIXe siècle.

4. La polyculture aquitaine

Pour médiocres qu'elles soient, les densités rurales témoignent encore d'un assez bel encombrement des campagnes aquitaines. Il est vrai que bien des exploitations sont tenues par des cultivateurs âgés et que leur nombre régresse rapidement ; de 1955 à 1970, le recul n'est jamais inférieur à 25 % ; mais il va de 35 à 45 % dans bien des départements (Haute-Garonne, Gironde, Landes, Dordogne) et s'élève à plus de 50 % dans une partie du Causse du Quercy et dans les Landes méridionales. Par le jeu de l'IVD, des surfaces assez importantes sont libérées : 142 000 ha en 1972, 119 000 en 1973, 104 000 en 1974, ce qui profite essentiellement aux exploitations existantes : en 1973, 5 700 exploitations avaient pu s'agrandir sur 72 000 ha, alors que 1 400 seulement avaient été créées sur 42 000 ha environ. Mais le plus souvent, l'effacement des vieux paysans se fait au profit de leurs enfants : sur 21 000 exploitations gersoises en 1970, on en comptait 15 000 qui bénéficiaient d'au moins une pension de retraite.

Ce sont les fermes les plus exiguës qui disparaissent. Mais la petite exploitation continue à dominer ; en 1970, la surface cultivée médiane par exploitation tournait autour de 15 ha, mais pouvait descendre à 10, voire à 5, dans les vallées ou les pays de vignobles. Les grandes fermes, par exemple celles montées par les rapatriés d'Afrique du Nord, restent peu nombreuses et ne soutiennent guère la comparaison avec celles du Bassin Parisien. La petite exploitation en faire-valoir direct domine, mais il n'en a pas toujours été ainsi, et la « borde » aquitaine était souvent une exploitation en métayage appartenant à de grands propriétaires, nobles ou citadins. La métairie l'emportait dans des secteurs bien délimités, les Landes et leurs bordures, une partie du Terrefort toulousain, le Lauragais ; elle était moins représentée ailleurs, encore que le métayage à mi-fruit ait bien été l'une des caractéristiques socio-économiques du Bassin Aquitain. Le XIXe et le XXe siècles ont été marqués par un fort recul du métayage et une consolidation de la petite exploitation paysanne : morcellement et partage des grandes propriétés, rachat des communaux, concentration des exploitations. Le sort des métayers a toujours été difficile, et le statut de 1946 rarement appliqué à ceux qui restent ; certains grands propriétaires ont d'ailleurs regroupé leurs métairies pour exploiter directement, substituant au métayer un maître-valet salarié, tout droit venu de la tradition toulousaine.

Le repli des anciens colons d'Afrique du Nord en quête de terre a encore accentué le recul de la métairie. Ces exploitants, surtout avant l'indépendance algérienne, ont acquis des domaines moyens, souvent de possession citadine, regroupant les métairies en unités d'exploitation modernes ; ils se sont peu intéressés aux exploitations familiales, trop petites à leur gré ; quand ils l'ont fait, ils se sont souvent tournés vers l'arboriculture, échouant fréquemment dans leurs entreprises, leur carence contrastant avec la réussite fréquente des migrants venus de l'Ouest français. L'importance des rapatriés dans les structures foncières ne saurait être sous-estimée, d'autant que les grands exploitants sont souvent dynamiques ; dans le Toulousain, les « pieds-noirs » ont repris environ 10 % de la surface cultivée. Ils ont contribué à un très fort renchérissement de la terre, entraînant un blocage des structures foncières, car les « bordiers » cessent de pouvoir racheter les terres qu'ils cultivent, éliminés par les nouveaux arrivants, mieux argentés et mieux introduits auprès des organismes de crédit.

Les exploitations aquitaines sont à peu près exclusivement familiales ; bien peu emploient un ouvrier agricole permanent. C'est seulement dans les vignobles et les zones de cultures maraîchères ou fruitières qu'il faut trouver une main-d'œuvre d'appoint, saisonnière, difficile à recruter ; ainsi, en 1971, le Tarn recrutait plus de 3 000 saisonniers espagnols, pour la plupart andalous, et 2 400 marocains, ces derniers étant progressivement plus nombreux ; les vignobles bordelais, qui utilisent les services de quelque 6 000 ouvriers permanents, ont besoin pour la vendange de plus de 15 000 saisonniers. Mais pour quelques centaines d'exploitations spécialisées en quête de main-d'œuvre, combien de chefs d'exploitation sont contraints, pour subsister, de pratiquer un double métier ! On constate que 30 à 40 % des exploitants du vignoble bordelais (sauf à proximité de la grande ville) sont des cultivateurs à temps partiel. La moyenne est de 28 % dans le département des Landes, mais dépasse 50 % dans le Born et le Marensin où les exploitations sont minuscules. Ailleurs, de 10 à 15 % des agriculteurs exercent à temps plein un autre métier, la proportion étant un peu plus forte dans un pays comme la Double, pauvre et proche des industries de la vallée de l'Isle, ou devenant au contraire infime dans les serres de l'Agenais, en Lomagne ou dans la majeure partie du Périgord. Et il y a beaucoup de conjoints ou d'enfants d'agriculteurs qui exercent, tout en résidant à la ferme, un autre métier ; dans le Gers, il y a deux fois plus d'aides familiaux travaillant à temps plein à l'extérieur que de chefs d'exploitation.

Le paysage agraire est assez mal fixé. L'habitat rural est rarement très groupé, le village se réduisant souvent à quelques maisons, l'école, une auberge ; la dispersion des « bordes » est assez systématique : le mot apparaît au XIIe siècle et il est possible que la borde ait représenté d'emblée une dispersion intercalaire. La population dispersée est toujours plus importante que la population groupée, même dans les pays de vignobles. Le paysage n'offre à peu près nulle part la simplicité relative des paysages de l'Ouest ou du Bassin Parisien. Il y a bien des régions où les champs ne s'enclosent presque jamais, comme le Lauragais ou les grandes terrasses alluviales de la Garonne, et quelques bocages denses, comme ceux, très récents, des pays de l'Adour. Mais le plus souvent, le bocage est localisé à certains terroirs : par exemple, en Lectourois, aux seules vallées, avec des haies de frênes qui disparaissent assez vite quand on s'élève sur les versants. Il n'y a pas de règle générale ; la haie est fréquente, mais sans réseaux cohérents et elle apparaît comme une simple clôture de convenance. L'arbre est également présent au milieu des parcelles, noyers en Périgord ou en Agenais, autres arbres fruitiers. Les vignes, parfois en hautins dans les vallées, rompent l'uniformité des parcelles labourées ; elles s'alignent fréquemment en rangées séparant les parcelles, comme dans le système des « joualles » de la moyenne-Garonne.

L'éventail des cultures

Le Bassin Aquitain est un pays de labours ; la sécheresse de l'été n'est pas favorable à l'herbe et la prairie ne l'emporte guère qu'en Limargue ; les prés sont cependant plus abondants que les labours sur les Causses du Quercy, en Bourianne, dans le Périgord Noir ; mais ce sont souvent de maigres pâtures à ovins, sur des sols trop minces et peu propices à la culture.

Ces labours sont avant tout céréaliers. Le Bassin Aquitain est un pays à blé, jadis dans le cadre de l'ancien assolement biennal blé-jachère ; d'où la durée des baux de métayage, généralement conclus pour 2 ou 4 ans. Mais le Bassin est aussi le pays du maïs ; c'est là qu'il a été introduit, probablement dans la région de Bayonne, au début du XVIIe siècle ; on suit son cheminement par son apparition dans les baux de métayage ; le voici coté à la mercuriale en 1637 à Castelnaudary, en 1639 à Toulouse. Sauf en Lauragais, sa progression a été lente, car propriétaires fonciers et administration s'y opposent souvent ; la culture ne se généralise qu'au début du XVIIIe siècle, au milieu de ce siècle seulement en Armagnac.

Les gros propriétaires fonciers étaient hostiles à une culture nouvelle dont les revenus échappaient plus ou moins au partage, tout comme à la dîme ; on lui reproche de faire reculer le blé, d'épuiser les sols, d'exiger beaucoup de main-d'œuvre, de n'être guère commercialisable. Mais les paysans lui trouvent bien des avantages : il est soustrait en partie aux prélèvements fiscaux, il offre des rendements supérieurs à ceux du blé et il va constituer, en bouillies ou en galettes, une bonne part de l'alimentation rurale. Si le climat lui est favorable, il permet d'échapper aux famines, comme ce fut le cas en 1709-1710. Le maïs exige certes maints sarclages, mais, dans le Terrefort, il est justement une culture nettoyante sur des terres qui s'enherbent trop facilement. Il va favoriser le développement des petits élevages, et permettre la vente du blé, qu'on achemine souvent, par le Canal du Midi, vers le Midi Méditerranéen.

Surtout, l'arrivée du maïs bouleverse les assolements. Il peut s'insérer dans le cycle biennal à la place de la jachère, rompant le système de vaine pâture et risquant d'épuiser des terres trop peu fumées ; aussi préfère-t-on parfois un assolement triennal (blé, maïs, jachère) et alors, la part du blé régresse par rapport à la tradition. Une nouvelle révolution du maïs apparaîtra avec les hybrides, permettant une hausse considérable des rendements. Le maïs occupe ainsi de 450 000 à 500 000 ha de labours, contre moins de 400 000 pour le blé. Ce sont les secteurs les plus humides ou les vallées arrosables qui en font le plus : toute la région prépyrénéenne, les pays des Gaves, la Chalosse, tout le département des Landes, des pays de sables comme la Double ou le Landais, les vallées du Tarn ou du Lot. Mais les campagnes gersoises, sauf en Bas-Armagnac, donnent la priorité au blé ; il en est de même pour l'ensemble des Terreforts à l'est de la Garonne, des plateaux quercynois et périgourdins. Les autres céréales ne tiennent que peu de place (orge en Périgord, en Quercy et sur le haut du Lannemezan).

La polyculture aquitaine a toujours recherché d'autres éléments, les uns pour l'alimentation, les autres pour la vente spéculative. C'est dans le premier cas la culture des haricots, introduite à la fin du XVIIe siècle, puis celle de la pomme de terre, orientée aujourd'hui vers la production de primeurs. Les autres spéculations ont varié avec les époques : on connaît la vogue ancienne du pastel, dans le Toulousain et l'Albigeois, culture que la concurrence de l'indigo fait disparaître dès le XVIIe siècle, après trois cents ans de pratique. Le tabac, introduit en Agenais dans le second quart du XVIIe siècle n'a cessé de se développer ; c'est une culture des vallées (Dordogne, Lot, Garonne) qui gagne parfois les plateaux où les sols sont légers (Bourianne, Bazadais, Pays du Dropt), mais on ne peut la pratiquer sur les terreforts. Occupant généralement moins d'1/2 ha sur chaque exploitation, le tabac, qui exige beaucoup de main-d'œuvre, s'adapte bien à la micro-exploitation des vallées. Sa culture est souvent associée à celle des légumes, plus traditionnelle et bien développée dans toute la moyenne vallée de la Garonne, les basses vallées du Lot et du Tarn. Signalons enfin une certaine reprise des oléagineux, là du moins où le blé est fortement cultivé ; mais colza et tournesol occupent des surfaces assez réduites (par ex., 30 000 ha en tout dans le Gers en 1970).

Surtout, l'un des traits distinctifs de la polyculture aquitaine est l'abondance des cultures fixes ; vigne et arbres fruitiers. La vigne est l'inévitable associée de l'agriculture ; mais elle n'a que partiellement reconquis la place qu'elle tenait avant la crise phylloxérique (225 000 ha au lieu de 500 000 environ). C'est une culture surtout familiale et peu de régions ont dû à la qualité de leurs produits de développer un vignoble de marché. Or c'est là seulement que la vigne tient une grande place, avant tout en Bordelais, mais aussi dans d'autres vignobles de vallée (Bergeracois, Gaillacois) ou de coteaux (Bas-Armagnac, Landais, Bergeracois).

Le Bassin Aquitain a toujours accordé une bonne place au noyer ; l'arbre de l'huile a beaucoup reculé, sauf là où la noyeraie s'est orientée vers la production de la noix de table, comme en Périgord ou dans les bassins de Brive et de Saint-Céré. Le grand développement contemporain est celui des cultures fruitières auxquelles le climat accorde une période de production intermédiaire entre les primeurs du Midi Méditerranéen et les autres productions régionales ; si la tradition avait surtout retenu la prune d'ente de l'Agenais, en forte régression, la période actuelle a vu le triomphe du pêcher.

La tendance est donc de promouvoir des cultures qui puissent bénéficier de la chaleur aquitaine ; cette évolution a été accélérée par le développement de l'irrigation, mais aussi par l'établissement des rapatriés d'Afrique du Nord ; elle est par contre entravée par l'absence de grand marché régional de consommation et l'éloignement des marchés communautaires.

Polyculture donc, mais aussi polyélevage. Non que le Bassin Aquitain ait une forte tradition de gros élevage : l'herbe était rare, mais du moins y avait-il de la paille et le sud-ouest a développé plusieurs races locales, avant tout destinées aux labours et aux charrois : la bazadaise, très métissée de limousine, la blonde d'Aquitaine, aux aptitudes viande acceptables, la gasconne, la plus grande de toutes. Or, depuis la Seconde Guerre mondiale, on assiste à un certain essor de l'élevage bovin ; tantôt il s'agit de produire de la viande, avec adoption de la race limousine (vallée de l'Isle, Bas-Armagnac, Chalosse) ou amélioration de la blonde d'Aquitaine pour la production de veau de boucherie, tantôt on s'oriente vers le lait : si la normande a largement gagné le Périgord, partout ailleurs domine la frisonne (FFPN). Les densités bovines les plus élevées (et c'est moins d'1 bête pour 2 ha de SAU...) se trouvent en Bas-Médoc, en Bazadais, et surtout dans les pays des Gaves, entre les Pyrénées et les Landes, sur la bordure liasique du Massif Central, et, curieusement, dans un ensemble de pays pourtant secs, essentiellement au nord de la Garonne, depuis l'Entre-deux-Mers jusqu'au Bas-Quercy. Quant à l'élevage ovin, il n'est bien développé que sur les plateaux calcaires, du Périgord à l'Albigeois, ainsi que dans les pays de la bordure du Massif Central.

Le Bassin Aquitain est plus connu par ses petits élevages. L'élevage familial du porc a mieux résisté que dans la moyenne des régions françaises, trouvant son plus grand développement dans les pays de grande culture du maïs (sud des Landes, Chalosse, pays des Gaves, coteaux de Gascogne) ainsi que dans le Lauragais tarnais et le Périgord Noir. Le triomphe c'est sans doute l'élevage des volailles : poulets landais ou du Périgord, dindes, oies, ou canards méthodiquement gavés ; une affaire qui reste largement familiale, sur des bases modestes, avec des résultats financiers mal connus. Toutes les exploitations n'en font pas, car il y faut de la main-d'œuvre, de la patience, des relations commerciales ; dans les Landes, 30 % des exploitations élèvent de l'oie grasse, les 2/3 du canard gras ; certains pays s'y spécialisent davantage, tel le Marsan où 85 % des paysans font du canard gras et plus de la moitié de l'oie.

Finalement, la valeur des productions animales l'emporte aujourd'hui sur celle des productions végétales... C'est qu'une bonne partie de la production végétale est consommée par les bêtes, et que, d'autre part, l'agriculture obtient des rendements assez médiocres : pour le blé, 35 qx/ha (moyenne nationale, 46) ; même pour le maïs, seul le sud-ouest du Bassin Aquitain arrive à un rendement proche de la moyenne nationale, alors que les Terreforts, victimes de la sécheresse, se situent nettement en-dessous. Mais la sécheresse n'est pas seule en cause ; il faut aussi incriminer l'insuffisance des fumures, l'archaïsme des assolements, la routine générale. Aussi, avec 14 % de la SAU nationale, le Bassin Aquitain ne recense que 12 % du revenu agricole français.

L'évolution contemporaine

Dans l'évolution technique contemporaine du monde agricole, le Bassin Aquitain se situe plus ou moins bien.
● Sur le plan de la motorisation, c'est, après l'Alsace, la région française qui compte le plus de tracteurs par rapport à la surface cultivée ; toutes les exploitations sont motorisées ; c'est seulement dans la micro-exploitation landaise ou dans les pays de petite viticulture intensive que la motorisation est moins générale. C'est cette surmotorisation par rapport aux besoins réels qui fait dire à R. Brunet, pour le Toulousain, que le tracteur n'est plus un matériel de production, mais d'abord un bien de consommation.
● Or, le tracteur est difficile à utiliser, car on se heurte à l'archaïsme des structures agraires, à l'éparpillement et l'exiguïté des parcelles. A la fin de 1973, le remembrement n'avait affecté que 10 % de l'espace cultivé de la région « Aquitaine », 6 % de celle de « Midi-Pyrénées ».
● Il n'y a pas eu, dans le Bassin Aquitain, cette fièvre de défrichements qu'ont connue certaines régions du Bassin Parisien. Pourtant, la Dordogne, les Landes sont les départements les plus boisés de France. A la suite des grands incendies de la forêt landaise, on avait voulu créer de grandes clairières de culture pour ouvrir la forêt ; or, les expériences ont tourné court.
● Les techniques de culture ont inégalement progressé ; les assolements restent peu variés et la monoculture céréalière pratiquée par les anciens colons africains a encore aggravé la situation ; pour être en accroissement rapide, parfois spectaculaire, la consommation d'engrais reste souvent insuffisante ; elle n'atteint un niveau correct que dans les cultures spécialisées et dans la zone du maïs à hauts rendements du sud-ouest de l'Aquitaine.

Dans ces pays où la sécheresse d'été reste le facteur le plus contraignant, seule l'irrigation permet d'introduire des cultures nouvelles ou d'améliorer les rendements. On assiste partout, au moins dans les vallées, à de gros efforts d'arrosage. La Compagnie d'Aménagement des Coteaux de Gascogne a amorcé quelques périmètres d'irrigation dans le haut Lannemezan et sur les terrasses garonnaises. La Compagnie des Landes de Gascogne essaie, par pompage aux nappes phréatiques, de mettre en charge des bassins d'alimentation permettant l'arrosage : grandes propriétés du nord du département des Landes, avec leur système autonome ; petits exploitants du Marsan à partir d'installations de distribution collectives. Ce sont toujours les vallées à cultures maraîchères et fruitières qui arrosent le plus ; ainsi, en 1970, 1/4 des exploitants pratiquaient l'arrosage dans les cantons de Verdun-sur-Garonne et de Valence-d'Agen, plus de 40 % dans les cantons de Nègrepelisse ou de Montech.

L'irrigation seule peut assurer une croissance des rendements qui donnerait une meilleure rentabilité aux exploitations. Les achats massifs de terre par les rapatriés, le développement de la résidence secondaire ont engendré une spéculation foncière qui fait qu'un agriculteur ne peut supporter l'amortissement d'une charge foncière pour agrandir son exploitation. Or, les revenus bruts tant à l'hectare que par exploitation restent en moyenne parmi les plus médiocres de France.

Pourtant ce pays rural a été un « bon » pays. Dans sa quasi-autarcie, l'exploitation polyculturale, avec sa gamme très variée de productions, permettait une forte autoconsommation familiale. Il y avait là un genre de vie que les non-producteurs des bourgs et des villes ont porté à une sorte d'idéal. Chacun, même en ville, cherche à assurer sa subsistance ; de là cette habitude de prolonger la consommation de produits frais par le recours à maintes conserves faites dans chaque maison : légumes, champignons, volailles, viandes, pâtés, etc. Tout cela conduit à une gastronomie de bon aloi, à ces lourds et longs repas de fête, copieusement arrosés de vins du cru, d'alcools de ferme. Cela conduit à un véritable système économique : par exemple, chaque ménagère périgourdine cherche à faire ses conserves pour l'hiver ; il y faut des boîtes, des spécialistes de leur fermeture, mais aussi des industriels pour les produire, comme J.J. Carnaud à Périgueux ou Brive. Ainsi se trouvent renforcés les liens entre la campagne et la ville, dans ce qui fut, au sens propre, une *véritable civilisation*.

5. Faiblesse des activités non rurales traditionnelles

Le Bassin Aquitain est, après le Midi Méditerranéen, la région la moins industrialisée de France. Cette carence est ancienne, mais elle est plus durement marquée aujourd'hui. Il fut en effet une époque où le Périgord s'inscrivait en tête des régions françaises productrices de fonte et il ne reste rien des fourneaux et des forges de la première moitié du XIXe siècle ; une seule installation intégrée subsiste en Quercy, à Fumel ; mais elle décline lentement, n'utilise plus les minerais locaux et la Société gestionnaire, la Minière et Métallurgique du Périgord s'est fondue dans le groupe de Pont-à-Mousson. En bordure des Pyrénées, seule subsiste l'usine de Pamiers, sous la forme d'une aciérie électrique ; toutes les vieilles forges du Lannemezan et des Landes ont également disparu, de même que la sidérurgie sur l'eau du Boucau, à l'embouchure de l'Adour, pourtant rénovée après la Seconde Guerre mondiale.

Impuissance des industries à se transformer, impuissance à fonder, mais aussi manque de matières premières, de main-d'œuvre qualifiée, de marchés. Il est vrai que les rares ressources locales sont abandonnées ou peu exploitées. En bordure du Massif Central, les charbonnages de Decazeville sont pratiquement fermés ; ceux de Carmaux, producteurs de coke pour Fumel, écoulent le gros de leur production dans la centrale thermique d'Albi ; les lignites landais coûteusement mis en exploitation pour la production d'électricité, n'ont dû qu'à la crise pétrolière d'échapper provisoirement à la fermeture. A quoi bon d'ailleurs alors que la surabondante production hydroélectrique des Pyrénées ou du Massif Central n'a provoqué dans le Bassin aucune implantation industrielle d'importance ? La découverte du gaz de Lacq n'a eu de signification que dans la mesure où la société productrice a pu vendre son gaz en dehors du Bassin Aquitain. Sur la forêt landaise ont poussé de puissantes industries de la cellulose et des panneaux de particules ; mais aucune industrie différenciée n'en est issue et le processus d'exploitation est littéralement de type colonial.

Le tempérament aquitain, l'investissement de l'épargne urbaine dans le négoce colonial ou la terre plutôt que dans l'industrie, le service de l'Etat plutôt que la technique chez les fils de famille expliquent pour une part le désert industriel. Mais l'éloignement des régions vitales, par suite le coût des transports y sont sans doute pour beaucoup aussi.

Le réseau des voies de communications n'est pas excellent. Routes et voies ferrées ont été trop conçues pour gagner Paris ou l'une des deux métropoles régionales. Le Languedoc avait jadis fondé bien des espoirs sur le « Canal Royal des Deux Mers », et la province en avait financé pour l'essentiel la construction, entre 1666 et 1681 ; mais ce n'est qu'en 1785 que le canal de Brienne le reliera à la Garonne et c'est seulement à la veille de l'ouverture des voies ferrées que le canal latéral à la Garonne se substitue à une navigation saisonnière et risquée entre les îles du fleuve. Le faible gabarit de ces canaux les condamne aujourd'hui à un trafic insignifiant.

Le réseau ferroviaire a été dense, complété par de nombreuses voies d'intérêt local en Périgord, autour de Toulouse ou dans les Landes. Construit et géré par la Compagnie du Paris à Orléans et la Compagnie du Midi, le réseau avait même bénéficié d'une certaine avance technique dans le domaine de l'électrification. On n'en mesure que mieux l'état d'abandon actuel, la plupart des lignes étant fermées au trafic des voyageurs, beaucoup étant déferrées ; le réseau se ramène maintenant à quelques lignes essentielles, électrifiées : Paris à Bordeaux et à la frontière espagnole, Paris à Brive et Toulouse ; mais l'électrification n'est qu'en cours sur la transversale menant du Languedoc à Toulouse et Bordeaux, tandis que la ligne électrifiée du pied des Pyrénées n'a déjà qu'une desserte médiocre. Les autres lignes n'ont qu'un trafic assez faible, et n'offrent d'ailleurs qu'un service fort peu structuré. Un bon exemple des carences ferroviaires est donné par la ligne de Bordeaux à Arcachon, record de lenteur et d'incommodité ; la plupart des petites villes n'ont plus de relations ferroviaires ; même Auch ou Mont-de-Marsan n'ont que des dessertes ridicules.

Il est vrai que la concurrence de la route est sévère. Le réseau routier, notamment autour de Toulouse, a été précoce et dense et les dessertes régionales sont bonnes. Par contre, les relations à grande distance ont été négligées ; l'autoroute de Paris à Bordeaux tarde à se terminer, et il n'est même pas envisagé de la mener à la frontière espagnole dans un proche avenir. La RN 20 de Paris à Toulouse reste difficile et lente. Mais la voie la plus chargée reste la vieille RN 113 entre Bordeaux et la Méditerranée submergée par des flots de camions-citernes et de poids lourds, incapable d'assurer tous les trafics qui convergent vers elle ; la transformation autoroutière en cours devrait apporter une solution.

Finalement, les seules bonnes dessertes sont avec Paris ; encore faut-il, par le « Capitole », 6 heures de Paris à Toulouse, plus de 7 heures pour les meilleures relations entre Paris et Pau. On s'explique alors le désir de toutes les villes importantes, Bayonne, Pau, Tarbes, d'avoir des relations aériennes rapide avec Paris ; mais seule Toulouse, grâce à ses industries aéronautiques, dispose de liaisons aériennes assez bonnes avec le reste de la France.

Les villes aquitaines sont avant tout des villes de commerce, proches les unes des autres, souvent mal hiérarchisées. Les fonctions urbaines s'y émiettent : il y a des villes épiscopales (une bonne vingtaine), d'hommes de loi et de juges ; plus souvent ce sont de simples lieux de marchés et de foires. Il existe des lieux urbains privilégiés : contact du Massif Central, débouché des vallées pyrénéennes, contrôle des rivières ; ainsi, les petites cités ou les bourgs de l'Armagnac, tous alignés le long des petites rivières dans des sites de gué ou de pont. Cette multiplication des villes est caractéristique du Midi Aquitain ; on n'a cessé, dans les périodes de repeuplement, d'en créer de nouvelles, venant concurrencer les cités traditionnelles, émietter le pouvoir urbain, rendre difficiles les implantations industrielles.

Les villes à prédominance industrielle sont très rares et sont restées modestes ; ainsi Graulhet, ville du cuir, si petite qu'elle n'a jamais vu arriver la voie ferrée « normale ». Le plus souvent, la prépondérance du secteur tertiaire est écrasante ; même des préfectures comme Agen, Mont-de-Marsan, Auch, Cahors n'ont pas 30 % de population ouvrière.

Un dernier aspect est le gonflement des métropoles : les quatre plus grandes villes, Toulouse, Bordeaux, Pau et Bayonne regroupent 30 % de la population aquitaine ; à l'échelle des deux régions, les deux métropoles régionales représentent une aussi grande concentration de population que Paris en face de la France.

6. Un aménagement difficile

Avec l'inertie bonhomme du milieu humain, les aménageurs ont fort peu de prise sur l'économie.

Ils en ont d'autant moins que les décisions venues de Paris ont été souvent mal conduites et mal accueillies par la population locale.

L'échec des grands desseins agricoles

La rénovation rurale, réelle dans certaines régions de l'Aquitaine, est surtout passée par l'effort coopératif, par exemple pour la culture fruitière en Agenais ou pour une spéculation bien définie comme le poulet landais. Ou bien, elle est un fait individuel, par exemple celui des domaines de céréaliculture regroupés par d'anciens colons nord-africains.

Mais le paysan du Bassin Aquitain n'est guère réceptif ; il est peu désireux d'une transformation véritable. Il s'est souvent montré mécontent des actions menées par l'administration et son attitude les a vouées à l'échec. Parmi les grands insuccès, il faut surtout citer ceux des Sociétés d'aménagement : Compagnie des Landes de Gascogne et Compagnie d'Aménagement des Coteaux de Gascogne.

La première, mise sur pied en 1958, avait pour rôle de promouvoir la culture dans les parefeux aménagés dans l'ancienne forêt landaise, ruinée par les incendies. Le travail a-t-il été trop hâtif, les études pédologiques insuffisantes, les agriculteurs mal choisis ou mal éduqués, les prévisions financières insuffisantes ? Toujours est-il que l'échec est cuisant. Invitée à installer sur des domaines neufs, entièrement défrichés et équipés comme dans la zone de Saint-Laurent-du-Médoc, des agriculteurs rapatriés, la Société a rempli son contrat ; mais les exploitations se sont révélées peu viables, les chefs d'exploitation se sont très vite découragés et ont abandonné fermes neuves et matériel de prix. On est donc revenu à des objectifs plus modestes, notamment l'irrigation du sud landais ; la Compagnie est alors accusée de favoriser le développement de grandes fermes céréalières et de précipiter la ruine des petits exploitants. Bref, la Compagnie est, pour le moment, perdue de réputation et de dettes ; elle a changé de nom pour effacer une image de marque devenue déplorable (CARA : Compagnie d'Aménagement Régional d'Aquitaine), mais on n'a pas voulu lui confier l'aménagement touristique de la côte...

Pour les Coteaux de Gascogne, la Compagnie créée en 1959 à Tarbes a peu fait parler d'elle ; son propos était avant tout d'irriguer en rajeunissant le vieux canal de la Neste et en créant, surtout en Haut-Armagnac, quelques périmètres nouveaux d'irrigation. Plus modestement, la Compagnie essaie d'encadrer les cultivateurs, de promouvoir de nouveaux types d'élevages, de former des exploitants, de favoriser le tourisme ; besognes discrètes, mais peut-être plus efficaces à long terme.

L'échec de l'industrialisation

C'est plus qu'un échec, car non seulement les tentatives d'industrialisation ont pour la plupart tourné court, mais les rares industries créées ne vivent souvent que par des artifices, telles que des commandes de l'Etat, et les vieilles activités achèvent de s'étioler. En dehors de quelques opérations électoralistes, la décentralisation industrielle n'a pas atteint le Bassin Aquitain ; le peu qui a été accompli l'a été sans souci de cohérence.

On attendait pourtant beaucoup du gaz de Lacq et du pétrole. La découverte du premier gisement de gaz naturel, en 1939 à Saint-Marcet, près de Saint-Gaudens, déclencha des campagnes de prospection généralisées. En fait on ne trouva guère d'autre pétrole que celui de Parentis, dont l'extraction touche à sa fin ; et le gisement de Lacq, découvert en 1951, ne peut-être considéré comme une réussite économique pour la région. Ce gisement très profond, où recherche et exploitation sont coûteuses, livre un gaz agressif qu'il faut purifier avant de le livrer à la consommation. Ce gaz n'a jamais été très bon marché, mais le sud-ouest a bénéficié de prix préférentiels ; toutefois, s'il consomme 40 % des 7 milliards de m^3 produits, c'est que les deux tiers environ du gaz consommé dans le sud-ouest le sont par EDF dans ses centrales thermiques ou servent à couvrir des besoins domestiques...

La consommation industrielle est donc mince et elle est surtout le fait des anciennes industries chimiques ou électrochimiques sous-pyrénéennes ou toulousaines. Le gaz n'a suscité que peu d'industries nouvelles, presque toutes localisées dans la région d'extraction. Les menaces d'épuisement du gisement font peser sur les industries créées ou développées à partir du gaz naturel un risque certain de fermeture dans des délais rapides qui inquiètent déjà fort les béarnais. Au fond, le gaz aura surtout servi à relayer le charbon, à concurrencer un peu l'usage du fuel, mais n'aura pas contribué valablement à l'industrialisation du pays.

La même absence d'industries liées caractérise le raffinage pétrolier de la Gironde ; les trois raffineries — dont une va s'arrêter — n'ont donné naissance à aucune industrie pétro-chimique, et, alors que l'énergie pétrolière était à très bon marché, n'ont attiré aucune industrie utilisatrice. Aussi les spécialistes accueillent-ils avec bien des réserves le projet de création d'un vapocraqueur susceptible de fournir de grosses quantités de matières premières industrielles. Contrairement à la Basse-Seine ou même à l'estuaire de la Loire, l'échec est là encore spectaculaire, la géographie aquitaine (absence d'un grand marché de consommation, coûts de transport élevés vis-à-vis des régions de grande consommation) en est largement responsable ; mais il est significatif qu'il soit préférable de faire fonctionner les usines lyonnaises au gaz de Lacq que d'en créer sur place.

L'échec des grands projets touristiques

La même malédiction a frappé les grands aménagements touristiques envisagés, essentiellement ceux de la côte d'Aquitaine. Le tourisme aquitain était resté jusqu'ici une affaire de résidence secondaire, de gastronomie, où les villes locales ont longtemps concentré le meilleur de la clientèle. Ce tourisme continue à se développer en Périgord et en Quercy, très à la mode au point d'attirer parfois plus de belges ou de hollandais que de français. Mais il s'agit là de phénomènes diffus, sans investissements publics, favorisés par l'abondance et le pittoresque des anciennes bastides, par le parc de fermes libérées par l'exode rural, par la relative douceur du climat ; cela n'a rien de bien exaltant pour l'économie aquitaine. Ailleurs, on se contentait souvent de voir défiler les innombrables français ou étrangers déferlant vers l'Espagne, et la côte basque était la seule grande région touristique, encore que le transit y soit mieux représenté que le séjour.

On a voulu, comme en Languedoc, prélever sur ce formidable courant de passage, une clientèle pour la côte. Comme en Languedoc, une Mission Interministérielle a été chargée en 1967, de coordonner les aménagements. Mais jusqu'ici, c'est un demi-échec. Le schéma d'aménagement a dû être plusieurs fois revu, et à chaque reprise avec de forts reculs dans les ambitions, sous l'effet de plusieurs contraintes : refus de cession des terrains ou de renoncer à des servitudes de la part des militaires ou de l'Aérospatiale, occupants habituels des lieux ; vives réactions des gens déjà installés, peu soucieux de l'invasion massive, mais aussi des défenseurs de l'environnement, des forestiers inquiets pour la stabilité de l'écran dunaire. De plus, la Mission a eu peu de moyens, a été mal épaulée par les collectivités locales, et elle n'a pu s'appuyer, comme celle du Languedoc, sur l'outil technique d'une Société d'aménagement suffisamment solide. Obligée de se défendre ici contre les tendances conservatrices des uns, ailleurs contre les appétits des promoteurs, la Mission voit son projet sans cesse remis en question et n'aboutir qu'à des réalisations fragmentaires.

3 Le Bassin Aquitain : le partage régional

1. Les plateaux calcaires du Nord-Est

Appuyé au Massif Central, le matériel sédimentaire jurassique et crétacé forme des tables plus ou moins morcelées par l'érosion dont le travail a été largement fonction de la nature des roches ou de la couverture tertiaire sableuse superficielle. Au contact du massif ancien, une dépression discontinue, entaillée dans les terrains tendres du Lias ou du Permo-trias, sépare le plus souvent les plateaux calcaires des terrains du socle. A l'Ouest, les limites manquent de netteté : les plateaux de calcaires secondaires se prolongent par des surfaces calcaires tertiaires moins résistantes, plus entamées par l'érosion, ou s'enfouissent peu à peu sous un manteau sableux progressivement plus épais. Plusieurs types d'accidents fragmentent ces plates-formes :
— de nombreuses cassures dont le rôle a certainement été sous-estimé, notamment dans le Périgord, traduisant sans doute des mouvements du socle sous-jacent ;
— des corniches de type monoclinal, correspondant à des couches plus résistantes, toujours calcaires ; ces escarpements sont toujours très discontinus ;
— de grands accidents nord-ouest – sud-est, prolongeant anticlinaux et synclinaux charentais et introduisant des zones hautes parfois évidées en boutonnières, et des zones basses où se sont conservés — ou ont été piégés — des sédiments tendres, le plus souvent sableux, comme dans le Pays-aux-Bois de Belvès ou la Bourianne ;
— surtout, de grandes vallées aménagées par les rivières venues du Massif Central, découpent les plateaux en un certain nombre d'unités souvent assez bien tranchées : vallées de la Dronne, de l'Isle et de l'Auvézère, de la Vézère et de la Dordogne, du Lot.

Ainsi les plateaux périgourdins et quercynois présentent-ils une plus grande variété de paysages qu'on ne s'y attendrait.

Le contact avec le Massif Central

La dépression périphérique n'est pas continue ; d'abord parce que les calcaires jurassiques sont parfois directement au contact du socle, puis parce que le lias présente souvent des faciès résistants. De plus des accidents tectoniques nombreux (bassin de Brive, grande faille méridienne de Villefranche) affectent la zone de contact. Au nord et au sud, la dépression liasique est mal déblayée : petits bassins de Thiviers et d'Excideuil, étroit sillon liasique au sud de l'Aveyron. Par contre, au centre, trois bassins sont nettement dégagés : pays de Brive, Limargue, Terrefort entre Lot et Aveyron, séparés les uns des autres par des secteurs plus élevés.

Le Bassin de Brive est le plus complexe, affecté par de grands accidents : retombée brutale du Massif Central, existence de horsts où le socle réapparaît. Le Bassin est aménagé dans des terrains permo-triasiques tendres, de couleur rougeâtre ; il se ferme rapidement au sud et au sud-ouest de Brive, sur les causses jurassiques corréziens qui l'isolent du Limargue. Au nord-ouest, le bassin se dilate largement ; à la faveur d'un horst, au nord de Terrasson, la plate-forme des calcaires jurassiques a été fortement dénivelée et ne subsiste plus que sous la forme de buttes isolées, dominant de 150 m le matériel tendre permien sur lequel elles semblent flotter (buttes d'Ayen). Le Limargue est plus classique, développé au sud de la Dordogne, le long de la Bave, dans le bassin de Saint-Céré ; il forme un couloir assez étroit entre la cuesta bajocienne du Causse de Gramat et les terrains anciens. Après un hiatus où le massif ancien pousse une pointe vers l'ouest (seuil de La Capelle-Marival, à plus de 400 m) ce paysage se répète, avec bien des complications de détail, du Célé à l'Aveyron, dans les dépressions de Figeac, Capdenac et Villefranche.

Ces bassins sont de bons pays. S'ils doivent à la proximité de la montagne des précipitations copieuses (900 mm à Brive, 950 mm à Saint-Céré), leur basse altitude (200 m pour celui de Figeac, 150 m à Saint-Céré, moins encore à Brive) et la protection de la corniche bajocienne leur valent un climat d'abri, doux et ensoleillé. Cela explique une précoce orientation légumière et fruitière, surtout dans le bassin de Brive. Or, cette culture maraîchère a beaucoup décliné ; la culture fruitière, surtout développée au nord, de Brive à Excideuil, est en pleine crise, de sorte que les conserveries, comme celle de Biars, au nord de Saint-Céré, manquent de fruits ou de légumes. La noyeraie a mieux tenu, s'est même parfois développée ; noix Corne, à coque dure, originaire d'Ayen, dans le bassin de Brive, noix Marbot dans le bassin de Saint-Céré, mais de plus en plus des variétés de la basse-Isère. La noyeraie du Limargue et du bassin de Brive n'est qu'une partie d'un verger qui s'étend aujourd'hui à tout l'est du Périgord : la Dordogne produit environ 30 % des noix françaises, la Corrèze et le Lot près de 20 %. La moitié de la production française se trouve ainsi concentrée dans ces régions; la maison rurale développe les vieux séchoirs à noix des granges ou des greniers. Mais, comme en basse-Isère, l'irrégularité extrême des cours et des pratiques commerciales souvent malsaines donnent une grande instabilité à des revenus obtenus, il est vrai, avec assez peu de travail.

Les dépressions périphériques ont toujours été une terre d'élevage : on y a longtemps « fini » les bêtes de labour produites par la montagne cantalienne ou le Limousin. L'orientation actuelle est plutôt celle d'un élevage laitier, le plus souvent en frisonne, associé à la production du veau blanc de boucherie à partir de souches limousines. Cet élevage est suffisamment intensif pour avoir suscité toute une organisation commerciale de bouchers-expéditeurs dont le rayon d'action déborde largement sur le Massif Central.

L'absence de continuité de la dépression explique qu'avant la ligne Brive-Capdenac-Toulouse aucune grande voie de passage n'ait songé à longer le Massif Central ; ce n'est donc pas le trafic méridien qui anime les nombreuses bourgades ou villes du contact : minuscules marchés comme Excideuil, petites cités comme Objat, qui collecte fruits et légumes du bassin de Brive ou Saint-Céré, petit centre de services et d'expédition de la viande dans le Limargue. Les villes les plus actives sont installées au débouché des rivières venues du Massif :

— sur le Célé, *Figeac,* qui atteint 10 000 habitants, dotée d'un très bon équipement scolaire et médical, animée par l'usine aéronautique Ratier ;
— sur le Lot, *Capdenac,* carrefour ferroviaire durement frappé par la fermeture du dépôt SNCF, dont l'industrie alimentaire ne fournit que de faibles salaires, dépendante de Figeac pour les équipements ;
— au débouché de l'Aveyron, *Villefranche-de-Rouergue,* petite capitale agricole de l'ouest du Ségala aveyronnais, un peu industrialisée, également bien équipée, avec 12 000 habitants.

La seule grande ville est *Brive,* dont le rôle dépasse de beaucoup celui de capitale de son petit bassin et dont la population excède 60 000 habitants. Non loin du confluent Corrèze-Vézère, à l'entrée de l'étroite vallée menant à Tulle, Brive est à une excellente situation de carrefour entre les voies de Paris à Toulouse (voie ferrée, RN 20) et la route de Lyon à Bordeaux ; le centre ferroviaire reste actif malgré la disparition du dépôt. Brive ne collecte pas seulement produits de la terre et lait, elle est aussi une ville d'entrepôts et de commerces de gros. C'est un centre de services bien équipé qui a connu un certain développement industriel (industries électriques, électroniques, aliments pour enfants Fali) qui ne suffit pas à remplir l'immense zone industrielle aménagée à l'ouest de la ville. Vite concurrencée par Tulle et Limoges dans le Massif Central, Brive rayonne sur l'est du Périgord et le nord du Quercy, regarde vers le Midi, renforce ses relations avec Toulouse. Admirablement située, elle n'a pas su saisir aux lendemains de la guerre, les chances de devenir une capitale régionale de pays peu urbanisés. Bien qu'une centaine de km la séparent de Limoges, elle ne peut plus guère espérer de ce côté ; ville de retraités, trop étendue pour sa population, elle pose des problèmes de gestion difficiles à surmonter.

Les plateaux

A l'est, les calcaires jurassiques donnent de véritables causses, avec de vastes plates-formes pierreuses. Peu développés en Périgord, où ils se masquent souvent sous les épandages sableux, ils prennent de l'ampleur entre Vézère et Dordogne (Causse de Brive et Causse de Martel) ; mais c'est surtout de la Dordogne à l'Aveyron, de part et d'autre du Lot, qu'ils s'imposent : les Causses du Quercy, sans avoir l'âpreté des Grands Causses, développent de larges surfaces tabulaires, entaillées de profondes vallées, rongées du dedans par la karstification, prolongées au sud-ouest par les causses tertiaires du Bas-Quercy.

Ces plateaux jurassiques constituent rarement des surfaces structurales ; soumis à l'érosion parfois depuis le début du Crétacé, ils ont été d'autre part dénivelés par le rejeu d'accidents tectoniques plus ou moins profonds. Des nuances physiques apparaissent : couverture plus développée de sables sidérolithiques au nord de la Dordogne, importance plus grande du relief karstique de part et d'autre de la Dordogne, dans les Causses de Gramat et de Martel, avec l'abondance des vallées mortes (« combes »), des dolines (« cloups »), des avens (« igues ») comme celui de Padirac ; les eaux s'infiltrent, les rares rivières se tarissent en pertes à travers le réseau des diaclases pour ressortir en sources vauclusiennes. Au sud du Lot, les calcaires, plus marneux, sont moins favorables au développement de la karstification.

La transgression marine du Crétacé supérieur a laissé des dépôts beaucoup moins homogènes ; les calcaires purs ou crayeux sont relativement rares, donnant des formes plus raides et dominant parfois les terrains du Jurassique supérieur par de petites cuestas comme au droit de la Vézère ; mais le plus souvent, les calcaires, très marneux, offrent une résistance inégale au gel, avec dégagement de ces innombrables abris sous roche des moindres vallons. Les faciès gréseux ou sableux deviennent plus fréquents vers le sud, en Sarladais, puis dominent dans le « Pays-aux-Bois » de Belvès et la Bourianne, donnant des reliefs plus morcelés, moins élevés, style qu'on retrouve également dans les pays tertiaires du Bergeracois.

Par suite, les variations régionales sont plus nettes que sur les plateaux jurassiques. Au nord, de la Dronne à l'Isle, le Périgord Blanc (ou Riberacois) est plus franchement calcaire, plus bas (150 à 200 m), aux vallées peu encaissées, alors qu'entre l'Isle et la Dordogne, Périgord Noir et Sarladais offrent des formes plus contrastées, aux lambeaux calcaires en saillie formant les « pechs », avec des altitudes moyennes plus élevées (250 à 350 m) et une couverture forestière plus généralisée. Plus fragiles, les calcaires tertiaires du Bergeracois, entre Dordogne et Dropt, ont été plus morcelés encore, de même que la Bourianne.

Différents par leur soubassement ou par leur couverture sableuse, les plateaux le sont aussi par leur économie. La forêt les a entièrement recouverts : une chênaie, fréquemment relayée sur les épandages siliceux par une châtaigneraie qui joua un rôle nourricier fondamental en Périgord, avant d'être abandonnée au profit d'un médiocre taillis. Là où les calcaires dominent, l'homme a du épierrer soigneusement les clairières, édifiant d'immenses pierriers (« cayrous » du Quercy) ; du moins les calcaires convenaient-ils moins mal à la culture que les sables où les bois ne furent guère défrichés. La mise en culture fut plus poussée sur les Causses du Quercy et en Périgord Blanc, mais sans jamais aboutir à la disparition complète de la forêt : on en est resté à l'ouverture de clairières de culture, à partir de hameaux modestes ou minuscules.

Bien que l'économie ne soit guère opulente, ces

plateaux ont été fortement peuplés, surtout en Quercy où force était de recourir, pour subsister, à des migrations rurales saisonnières ou au colportage. C'est là qu'on rencontre les plus forts taux de dépeuplement de tout le Bassin Aquitain ; depuis 1872, on enregistre de 40 à 50 % de pertes en Périgord Blanc et dans les collines du Bergeracois, toujours plus de 50 % en Sarladais, de 60 à 80 % en pays quercynois. La lande, à genévriers sur les calcaires, à ajoncs sur les sables, ou la forêt reprennent possession des terres abandonnées. La maison périgourdine ou quercynoise, solidement construite en pierre, coiffée de tuiles (creuses à l'ouest, plates à l'est) a résisté à l'abandon ; les fermes délaissées, même depuis longtemps, sont reprises par la résidence secondaire. Alors que le Périgord connaît surtout une maison basse, sans étage, Sarladais et Quercy ont plutôt une maison en hauteur, où le logement est à l'étage, auquel on accède par un escalier extérieur et un balcon volontiers couvert.

Ces pays ont toujours été céréaliers ; bien représenté en Périgord, le maïs y cède cependant la primauté au blé ; mais les étendues laissées en herbe occupent presque autant de place que les labours en Périgord Blanc, davantage en Sarladais et surtout sur les Causses jurassiques. Avec le renfort des cultures fourragères, les étendues consacrées à l'élevage l'emportent partout. Il fut surtout question autrefois de petit bétail : porcs et volailles en Périgord, alors que le nombre des ovins croissait du nord au sud et d'ouest en est, avec un maximum sur les Causses jurassiques. La répartition actuelle est identique ; le troupeau ovin caussenard reste le plus important (plus de 150 000 bêtes contre 130 000 pour la Bourianne et les plateaux périgourdins) ; mais le temps n'est plus où le Quercy vendait du foin pour le Midi...

La petite exploitation des plateaux, très polyculturale, n'assure que peu de profits ; les ventes d'agneaux et de volailles ont longtemps constitué l'essentiel. La Bourianne, le Périgord presque entier se sont tournés vers l'élevage bovin laitier, évolution surprenante sur des herbages médiocres. Les autres profits sont d'origine très diverse ; on ose à peine compter la recherche de la truffe, aléatoire et irrégulière, ou la lavande du Quercy, presque abandonnée ; en Périgord, surtout entre Isle et Dordogne, les petits exploitants ont essayé la culture de la fraise, à partir, notamment, d'une organisation coopérative de la vente ; la culture, très disséminée, occupe plus de 10 ha dans une vingtaine de communes où on a souvent défriché des terres nouvelles pour la pratiquer ; son extension reste freinée par l'irrégularité des cours et la pénurie de main-d'œuvre. La culture fruitière a été introduite partout ; mais, sauf parfois pour la noyeraie, elle n'occupe que des surfaces réduites. La vigne, jadis à la base de vignobles célèbres comme celui de Brantôme, sur la Dronne, n'est plus, depuis le phylloxéra, qu'un élément assez maigre de la polyculture ; dans le Sarladais, elle a reculé plus que partout ailleurs.

Ces plateaux calcaires, aux sols pauvres et secs, ne sont donc guère de bons pays agricoles ; ils sont souvent très dépendants des vallées et il est rare d'y trouver de petites villes ou même des bourgs. Deux seulement, villes de foires et de services, ont réussi à s'imposer : Sarlat pour le sud du Périgord, Gourdon pour la Bourianne. Sarlat approche les 10 000 habitants ; par la richesse de son passé, par la proximité des grands sites préhistoriques de la Dordogne, par son Festival de théâtre, Sarlat devient une manière de capitale touristique. La conserve alimentaire de luxe et la fabrication d'instruments chirurgicaux apportent à cette ville bien équipée un appoint industriel. Mais Sarlat, dans une étroite vallée qui oblige la ville à s'étirer fâcheusement, souffre de la médiocrité de ses relations ferroviaires et de son isolement vis-à-vis de Périgueux. Pourtant, la ville reste le siège d'une petite banque régionale qui rayonne jusqu'en Agenais. Gourdon dans un incommode site de butte, n'est qu'une bourgade, malgré sa situation sur la grande ligne Paris-Toulouse.

Les vallées

Toute une série de grandes vallées traversent les plateaux du Périgord et du Quercy. Toutes sont des vallées à méandres, avec leurs raides versants de rive concave et leurs pédoncules adoucis de rive convexe ; toutes comportent une plaine alluviale plus ou moins large avec, parfois, des lambeaux de terrasses échappant aux grandes crues. Au nord, les vallées de la Dronne, de l'Auvézère, de l'Isle sont encore peu encaissées, avec de longs versants faciles à coloniser et une amplitude encore modérée des méandres. Avec la Vézère et la Dordogne, les méandres prennent de l'ampleur, comme dans les majestueux « cingles » des rives concaves ; les vallées s'élargissent et surtout s'encaissent, avec une accentuation des dissymétries de rive : des falaises calcaires dominent presque toujours les rives concaves, alors que les éperons de rive convexe s'apaisent en se développant ; les fonds alluviaux deviennent plus vastes, avec des emboîtements de terrasses. Avec le Lot et ses affluents, l'encaissement s'accentue encore et le dessin des méandres s'exagère jusqu'au recoupement. Plus puissantes, les falaises jurassiques dominent aussi plus systématiquement des vallées sensiblement plus étroites ; les fonds alluviaux se restreignent et ce sont les pédoncules des méandres qui constituent alors l'essentiel des terroirs cultivables. Les vallées affluentes sont plus simples, moins tourmentées dans leurs tracés, leurs fonds se limitant souvent à une mince coulée de prairies.

Toutes constituent des domaines protégés, abrités des vents qui balaient les plateaux : de petits mondes chauds, ensoleillés, cloisonnés à la vue par le détour des méandres ; plus humides, ils sont le siège de fréquents brouillards matinaux d'inversion, qui ont au moins pour effet de réduire les risques de gel. Leur colonisation a été précoce, les entablements calcaires de rive concave ayant fourni aux hommes préhistoriques d'innombrables abris sous roche, protégés des caprices du temps ; abris et grottes nous ont légué un remarquable outillage dans des sites qui ont souvent servi de repères à la chronologie des civilisations préhistoriques (Les Eyzies, La Micoque, le Moustier, la Madeleine, Tayac, etc.). Les densités actuelles sont élevées, avec des files de hameaux, de maisons isolées évitant la plaine inondable, et parfois des villages-ponts comme Tourtoirac sur l'Auvézère.

C'est que la vie rurale y est intensive ; dans un paysage aimable, champs et prés sur les alluvions, vergers, noyeraies, vignes, alternent avec les champs sur les lobes des méandres. Ces vallées adoptent volontiers des cultures de rapport : à côté du blé et du maïs se multiplient les champs de tabac, les cultures maraîchères, les vergers de pêchers et de pommiers, les noyeraies, les parcelles de fraisiers, les vignes. Sur les prairies du fond alluvial, l'élevage laitier est prospère. Le recours à l'irrigation par aspersion s'est généralisé, permettant de faire échec à la sécheresse de l'été. Malgré l'exiguïté des exploitations, ce sont donc de bons pays qui comptent quelques productions de choix : vins rouges de Cahors ; vins blancs du Bergeracois, notamment vins liquoreux de Montravel et de Monbazillac, dont les structures de production annoncent le vignoble bordelais ; c'est un vignoble de plaine où dominent de petits cultivateurs groupés autour de quelques caves coopératives, avec quelques châteaux isolés.

Avec les longs détours de leurs méandres, les vallées ne sont pas favorables au passage ; ainsi, le long du Lot, la voie ferrée doit ruser avec le relief et ponts et tunnels s'y multiplient. Les rivières furent jadis naviguées en hautes eaux et on aménagea même le Lot pour exporter les vins de Cahors ; mais d'incessantes querelles ne cessèrent d'opposer industriels et bateliers, les premiers jetant des chaussées pour faire tourner moulins et usines. Aussi, sauf dans la vallée de l'Isle à l'aval de Périgueux et de la Dordogne à l'aval de Bergerac, les grands axes de trafic ne suivent guère les vallées.

Par contre, les eaux ont fixé l'industrie ; contrairement aux petits cours d'eau qui tarissent l'été, les rivières fournissent en permanence force motrice et eau industrielle, parfois, comme pour les minerais de fer et les fondants de l'usine de Fumel, permettent d'acheminer les matériaux. De la vieille sidérurgie au bois, ne subsistent guère que quelques tréfileries ou fonderies ; la fabrication des boîtes métalliques est liée aux habitudes familiales de la conserve ; mais la grosse usine de paumellerie de La Rivière-de-Mansac, aux portes du bassin de Brive, ne doit rien à la tradition. Aux limites du Quercy et de l'Agenais, l'usine métallurgique de Fumel est la seule installation importante, avec 2 000 ouvriers ; elle tire encore son coke de Carmaux, mais ses 4 hauts fourneaux ont cessé d'utiliser les minerais locaux ; elle fournit des tubes et des pièces moulées et s'est orientée vers des fabrications plus diversifiées (machines-outils, etc.). Incapable de trouver sur place la main-d'œuvre nécessaire, il lui a fallu faire appel à l'immigration ; c'est ce qui explique la croissance rapide d'une petite agglomération de 15 000 habitants, celle de Fumel-Monsempron-Libos, sur laquelle plane la menace d'un fort ralentissement des activités.

Malgré son abondance, la pierre calcaire n'a donné naissance qu'à une petite industrie : cimenterie de Saint-Astier, dans la vallée de l'Isle, « Chaux du Périgord » — du groupe Balthazard — près de Terrasson. La papeterie existe depuis le XVe siècle au moins, fixée par la qualité des eaux à l'amont de Bergerac, puis dans la vallée de l'Isle autour de Thiviers, enfin plus récemment dans la vallée de la Vézère. Les unités les plus importantes sont issues du traitement des bois de châtaigniers pour l'élaboration d'extraits tannants. Une seule aujourd'hui élabore sa cellulose, celle de Condat sur la Vézère, un peu à l'aval de Terrasson ; encore n'en produit-elle pas la moitié à partir des feuillus du Périgord ou du Limousin, le reste venant de bois importés par Bordeaux ; cette même usine ne trouve sur place que la chaux et les emballages : elle doit faire venir ses produits chimiques de Pont-de-Claix, son talc de Luzenac, les autres charges de l'étranger ; la clientèle est éloignée et les risques de pollution de la Vézère par les affluents de plus en plus mal supportés par les riverains. La modestie des salaires est le seul facteur favorable. Aussi la plupart des affaires ne tiennent que par une très grande spécialisation : la papeterie Sibille de Lalinde par le papier cristal et le papier photographique ; l'ancienne usine des Tanins Rey, également à Lalinde, tirant sa cellulose de l'usine limousine de Saillat, fabrique des plastiques lamifiés (Polyrey), ce qui ne l'a pas empêchée d'être absorbée par le groupe papetier Aussedat. La seule grosse affaire est la papeterie de Condat (850 ouvriers), ancienne usine de tanin du groupe Progil, aujourd'hui passée sous le contrôle de la « Cellulose du Pin » et orientée vers des fabrications fines : papiers pour cahiers, pour timbres, papiers mécanographiques, etc.). La main-d'œuvre papetière, avec une forte proportion d'ouvriers-paysans âgés, se renouvelle difficilement.

Une seule autre industrie est représentative, c'est celle de la chaussure, à Bergerac, à Mussidan, et surtout à Neuvic-sur-Isle où le groupe Marbot employait à lui seul quelque 1 800 personnes.

Tout cela ne suffit pas pour faire du Périgord une région industrielle. Il n'y a en fait qu'un axe industrialisé, celui de la vallée de l'Isle, de Périgueux à Coutras, avec les usines de Saint-Astier, Neuvic, Mussidan, Montpon. Encore chaque grosse usine doit-elle organiser des services de ramassage de main-d'œuvre à travers la Double ou le Landais.

Ces vallées peu touchées par l'industrie se prêtent bien au développement du tourisme. Les sites préhistoriques sont de bonne exploitation, de même que la gastronomie périgourdine ; la résidence secondaire est importante. Les facilités sont grandes d'organiser des circuits touristiques, grâce aux nombreux châteaux périgourdins, aux églises romanes, aux petites cités du passé, comme Brantôme sur la Dronne, Saint-Cirq-Lapopie sur le Lot, Domme, surveillant de son rocher la vallée de la Dordogne, ou l'inoubliable Rocamadour. Cela permet le développement de petites villes à fonction d'étape dont le meilleur exemple est donné par Souillac.

Les petites cités ont bien besoin d'animation ; en fait, le long des vallées, il y a surtout des bourgs ; quelques-uns peuvent prétendre aux prérogatives d'une ville : Sainte-Foy-la-Grande dans la vallée de la Dordogne ; dans la vallée de l'Isle, Mussidan et Montpon ; sur la Vézère, Terrasson, plus dynamique, résidence des cadres des papeteries de Condat, et fortement industrialisée. Mais les vallées du Quercy ne comptent guère que *Cahors,* dans un médiocre site de méandre, là où grande route et voie ferrée franchissent le Lot : avec 20 000 habitants, elle n'a pas doublé sa population en deux siècles ; le passé auquel elle s'agrippe lui a laissé outre ses remparts, le pont Valentré, de vieux quartiers et le rôle de centre administratif du Quercy ; malgré l'excellence des relations ferroviaires, c'est une ville modeste où l'industrie n'est jamais venue.

La plantureuse vallée de la Dordogne n'a qu'une ville moyenne de commerces et de services avec moins de 30 000 habitants, *Bergerac* ; le rôle initial est le même qu'à Cahors, celui d'une place-forte contrôlant le passage d'une rivière ; mais la prospérité agricole y nourrit des activités tertiaires plus importantes (c'est une capitale du tabac) ; la seule grosse usine est une poudrerie nationale, héritée de la Première Guerre mondiale, reconvertie vers des fabrications de chimie fine.

Périgueux répète le même site d'une forteresse dans un méandre, l'antique Vésone, contrôlant le confluent de l'Isle et de l'Auvézère. Endormie autour de la cathédrale Saint-Front et des majestueuses allées de Tourny, elle fut longtemps plus petite que Bergerac. L'essor est venu du nœud ferroviaire et des ateliers du chemin de fer, seule grosse affaire industrielle, plus tard d'un réseau de « tortillards » qui rabattit sur Périgueux la clientèle des foires et des marchés ; une dense étoile de lignes d'autobus perpétue cette fonction que Bergerac ne sut jamais développer. Périgueux est par suite une ville qui est d'abord au service des ruraux, une préfecture, un centre de services et une base touristique. Le développement industriel est médiocre; la création, à la suite d'un hasard politique, de l'imprimerie des timbres-postes n'a été suivie d'aucune implantation d'affaires privées. La ville offre tous les traits d'un urbanisme démentiel, que les contraintes du site expliquent en partie : la vallée de l'Isle, assez étroite, est à peu près entièrement occupée par les installations ferroviaires et des bases militaires plus ou moins désaffectées ; de plus, une construction en petites maisons basses a donné à la ville du XIXe siècle des dimensions inusitées. De la sorte, la cité a dû s'étirer le long de la vallée ou gagner les plateaux au sud de l'Isle ; il en résulte de difficiles problèmes de circulation, aggravés par l'existence d'un gros trafic de transit que la ville a été incapable de rejeter à la périphérie. Il importe finalement assez peu, la population de la ville stagnant et vieillissant à moins de 60 000 habitants.

2. Les pays des sables

Les pays des sables ne forment pas un ensemble géographique homogène ; au nord de la Dordogne, le Landais et la Double constituent un domaine assez accidenté, fortement saillant par rapport aux vallées ; au sud de la Gironde, les Landes, de la pointe de Grave à l'Adour, forment une plaine monotone, se relevant seulement en bordure, faiblement accidentée de vallées très peu incisées et de rares dunes fossiles, les seuls grands reliefs saillants étant ceux des grands massifs dunaires du littoral. En Double et en Landais, les sables sont souvent interstratifiés avec des argiles, alors que les sables des Landes, au moins dans la partie centrale, sont plus épais, pas assez toutefois, lorsqu'ils reposent sur les calcaires tertiaires, pour annuler totalement l'effet des reliefs karstiques sous-jacents dont les dolines entraînent parfois l'affaissement de la couverture sableuse.

On pourrait penser que les dunes littorales bloquent totalement le drainage de la plaine landaise, comme paraissent en témoigner les nombreux étangs. En fait, le drainage en grand des sables s'effectue normalement, soit vers les étangs, soit vers la Gironde au nord ou l'Adour au sud, le creusement des vallées étant sans doute antérieur à la mise en place des massifs dunaires. C'est surtout le drainage de détail qui se fait mal : le maillage des vallées est très lâche et le lit des cours d'eau très peu incisé ; par suite, les interfluves quasi horizontaux, bien que perchés au-dessus des vallées, s'ennoyaient tous les hivers sous les eaux incapables de rejoindre les talwegs ; l'été au contraire, l'enfoncement progressif de la nappe phréatique provoque l'assèchement de l'horizon superficiel sableux. La rétention hivernale de l'eau existe aussi à un moindre degré, dans la Double.

Superficiellement, ces sables sont très pauvres en éléments calcaires, lessivés de leurs éléments fins ; des sols podzoliques plus ou moins épais reposent sur un horizon d'enrichissement, à ciment de matières organiques, l'*alios,* généralement assez friable, mais parfois durci en une carapace ferrugineuse plus résistante : la *garluche*. L'alios est quasi-général dans tous le domaine sableux ; plus ou moins imperméable, il joue son rôle dans la rétention hivernale de l'eau ; il ne manque que dans les vallées et paraît d'origine récente, ayant parfois moins de 2 000 ans.

Ces pays sableux ont-ils été totalement couverts par la forêt ? La réponse est malaisée, car l'absence de forêt et la généralisation de la lande sont autant dus à l'inondation hivernale qu'aux défrichements humains. La forêt de feuillus a toujours existé dans la Double et le Landais, où l'enrésinement systématique est relativement récent. Il en est de même au sud des Landes, du Born au Marsan, ainsi qu'à l'est, au contact de l'Armagnac et en Bazadais ; de même, les vieilles dunes littorales ont porté des pinèdes, les produits du gemmage étant déjà connus avant la conquête romaine. Ailleurs, l'existence d'un manteau forestier, au moins par place, est probable. Sur les sols bien drainés des versants de vallée, la lande est certainement d'origine anthropique. Dans les zones mal drainées, la lande à ajoncs ou à molinie bleue constitue sans doute une formation partiellement naturelle. Il reste que la forêt, peu ou prou était partout présente, partout mentionnée d'ailleurs dans les finages paroissiaux.

La tradition

Ces pays de sables n'ont jamais été très peuplés ; l'habitat s'y disperse en métairies ou en hameaux, recherchant les zones non inondées l'hiver. Dans les Landes, la paroisse est souvent gigantesque, invertébrée, sans centre humain véritable. Tant que le drainage n'a pas été généralisé, le paludisme a sévi partout, surtout dans la Double où les gros propriétaires prolongeaient les méfaits de la stagnation des eaux par la création d'étangs artificiels pour la pêche.

Le terroir traditionnel associait des forêts, plutôt de feuillus, des zones de champs permanents et surtout de vastes étendues de landes ; forêt et terres, très morcelées, étaient généralement d'appropriation individuelle, alors que la lande constituait un terrain de parcours collectif que cherchaient souvent à récupérer les notables pour y ouvrir de nouvelles clairières de cultures ou pour reboiser. Les paysans ont âprement défendu leurs droits de parcours, base d'un élevage ovin qui constituait leur seule ressource ; au printemps, après un écobuage sommaire, les moutons allaient paître dans la lande ; chaque soir, et parfois chaque midi, on les enfermait dans le parc, sur une épaisse litière de bruyères et d'ajoncs ; celle-ci, fertilisée par des déjections des animaux, constituait le « soutrage » qui était enfoui dans les terres de culture. Parfois, à la mauvaise saison, la lande devenait de « si grande rosée » que le troupeau devait revenir dans les vallées auprès des métairies. Mais parfois aussi, surtout dans le sud, il y avait tellement de lande disponible qu'on en louait aux transhumants pyrénéens en contrepartie de la fumure du parc. On vivait donc d'un pauvre élevage extensif, sans cesse menacé par le manque de bergers, de ces bergers que l'imagerie populaire nous montre hissés sur leurs échasses pour éviter l'eau qui recouvre la lande ou pour retrouver leurs bêtes. La culture, pratiquée sur de hauts et étroits billons, associait souvent sur la même parcelle plusieurs récoltes, l'une sur le billon, l'autre dans les creux ; elle ne fournissait guère que « millade » et seigle, maïs et fèves ; elle se complétait d'un peu de vigne, souvent en simples rangées en bordure des parcelles. Le paysan était d'autant plus pauvre qu'il n'était souvent qu'un métayer ; aussi cherchait-il dans la forêt un revenu complémentaire : au XVIIe siècle, partout où existait la pinède, le gemmage était systématiquement pratiqué et l'extraction de la térébenthine fournissait bien souvent les seuls revenus monétaires.

Le boisement systématique

Les profits du résinage, plus tard la fourniture de poteaux de mine aux charbonnages anglais et de bois de charpente vont inciter au boisement. Les initiatives ne viennent pas des petits paysans, jaloux de leurs prérogatives de parcours au point d'incendier les jeunes plantations, ni même des hobereaux propriétaires, mais bien plutôt des citadins qui acquièrent des domaines pour les planter dès le début du XVIIIe siècle. Dans les Landes, Brémontier codifiera vers 1780 les conditions à respecter ; à partir de 1801, un vaste programme d'enrésinement en pin maritime des dunes côtières domaniales est mené à bien et terminé un demi-siècle plus tard. En Double, le rapport de Lentilhac (1803) oriente plutôt vers le drainage et l'assèchement des étangs afin d'éliminer les fièvres.

Pour reboiser la Grande Lande, il fallut d'abord établir tout un réseau de fossé de drainage peu profonds : les *crastes*. Au milieu du XIXe siècle, tout un programme est élaboré par Chambrelent et une loi de 1857 impose aux communes certaines obligations d'aménagement. La grande fièvre du boisement, stimulée par le haut prix de l'essence de térébenthine, conséquence de la guerre de Sécession américaine, fut liée à la construction des voies ferrées dans un pays a peu près dépourvu de routes : sur la grande ligne de Bordeaux à Dax se greffe tout un réseau de voies ferrées secondaires, généralement à écartement normal, qui va desservir toutes les zones à boiser. Les possesseurs de biens privés boisent ; de leur côté, pour payer le réseau des crastes, les communes vendent une partie de leurs communaux et boisent le reste. La seconde moitié du XIXe voit donc se généraliser la forêt alors que les premières plantations entrent en exploitation : un million d'ha vont passer ainsi progressivement dans les circuits de production. Il devient difficile de trouver assez de résiniers pour entretenir les carres et recueillir la résine des petits pots de terre dans d'interminables tournées, assez de bûcherons, assez d'attelages pour acheminer les bois vers la gare la plus proche, assez d'ouvriers pour les scieries ; les grands propriétaires cherchent à installer des métayers, en même temps résiniers ou bûcherons, alors que les coupes communales ou domaniales sont adjugées à l'« entreprise ». Ces métiers pénibles nourrissent mal ceux qui les pratiquent ; aussi la vieille maison landaise à cadres de bois et à grand auvent commence-t-elle à être abandonnée pour Bordeaux dont la croissance offre au même moment de nombreux emplois.

La fièvre d'enrésinement a été moins furieuse en Landais ou en pays doublaud ; elle sera surtout plus tardive, car on a d'abord misé sur une rénovation agricole ; à l'invite des notables, l'abbaye mayennaise de Port-Salut monte une fabrication fromagère à la Trappe d'Echourgnac (1875), tandis que des paysans-colons venus de l'Ouest commencent à remplacer les doublauds émigrés ou décimés par les fièvres. Après 1900, devant le demi-échec de l'élevage laitier et la ruine tardive de la vigne, les pins envahissent peu à peu landes et labours.

Ainsi, jusqu'à la Seconde Guerre mondiale, les pays de sables nourrissent une médiocre économie mixte de culture et de travail forestier. Les seules évolutions résident dans l'établissement du réseau routier qui facilite l'évacuation du bois, entraîne une concentration des petites usines d'extraction de la térébenthine et permet le développement de la papeterie. Les prix de la térébenthine, concurrencée par des produits de la carbochimie, sont de moins en moins rémunérateurs, le poteau de mine se vend moins bien ; un fort dépeuplement rural sanctionne cette crise des revenus.

L'économie moderne

De la crise des années 30 à 1950, la forêt landaise sort durement éprouvée. Le recul du troupeau ovin et la raréfaction de la main-d'œuvre expliquent le mauvais entretien d'une forêt assez claire et envahie par la broussaille ; mais c'est peut-être plus encore le résultat de la passivité surprenante des forestiers qui abandonnent les crédits de débroussaillage et d'entretien des anciens parefeux. Une série d'étés secs et chauds, la multiplication d'emprises militaires fort peu précautionneuses, françaises d'abord, puis allemandes, entraînent la multiplication des grands incendies. La moitié de la forêt va disparaître ; seule la forêt domaniale des dunes côtières, mieux entretenue par les services forestiers, résiste relativement bien ; en 1949, 130 000 ha disparaissent en quelques semaines et il faut, la même année, la catastrophe de Cestas, au portes de Bordeaux, où périssent 82 pompiers, pour que les pouvoirs publics s'émeuvent enfin et s'attaquent au mal.

De vastes plans sont alors élaborés. D'un côté une surveillance active de la forêt est mise en place (tours de guet, corps de pompiers forestiers, etc.). D'autre part, on décide la remise en culture de la forêt incendiée, en vue d'une reforestation ultérieure ; de vastes parefeux permanents seront partout aménagés et mis en culture ; la Société des Landes de Gascogne sera chargée ultérieurement de la mise en œuvre et échouera. En fait, le stade de la remise en culture, jugé indispensable par les forestiers, s'avéra totalement inutile : 18 mois après les grands incendies de 1949, 100 000 ha s'étaient enrésinés spontanément, 100 000 autres ensemencés avec succès ; c'est seulement dans les zones mal drainées que la molinie étouffera parfois les jeunes pins.

Les transformations sont donc minces ; les paysans-résiniers disparaissent et les clairières de culture se referment ; quelques grands parefeux et des îlots de grands domaines ont donné naissance à une culture céréalière mécanisée, pratiquée sans billons, souvent irriguée et à base de maïs : 30 000 ha environ sont ainsi aménagés, souvent par des exploitants venus du Bassin Parisien dont le succès contraste avec les échecs des rapatriés installés par la Société des Landes de Gascogne.

La forêt reste donc l'essentiel, simplement mieux surveillée, imparfaitement cloisonnée par les parefeux. La pinède traditionnelle décline : la collecte de la résine, malgré une politique de prix garantis, est en train de disparaître ; le poteau de mine a perdu presque tous ses débouchés. Sauf dans la forêt littorale, tout s'organise en fonction de la production de bois d'œuvre et de papeterie : on évolue vers une forêt méthodiquement créée (la « Cellulose du Pin » possède un domaine expérimental de 800 ha à Sore) cultivée, où la croissance des arbres, issus d'une sélection rigoureuse, est stimulée par un recours aux engrais, une protection contre les insectes parasites et les champignons, ce qui permet une exploitation plus précoce : coupes d'éclaircie pour la papeterie, coupes rases dès 40 ans. 4 à 5 millions de m³ de bois sont extraits chaque année : bois d'œuvre — parquets —, bois de caisserie, surtout bois de papeterie, donnant des pâtes de couleur foncée convenant surtout à la fabrication du papier kraft ou des cartonnages.

L'exploitation elle-même a peu évolué ; le rôle des « Voies ferrées des Landes » décline au profit de la route ; les installations de sciage se concentrent. Les papeteries constituent de très grosses unités, appartenant pour la plupart au groupe de la « Cellulose du Pin » (Saint-Gobain) ; c'est le cas à Facture, usine qui livre chaque année 250 000 t de papier kraft, 80 000 t de sacs, 50 000 t de caisses de carton, à Bègles, et, au sud du massif landais, à Roquefort et Tartas ; une seule grosse usine échappe à ce trust, celle de Mimizan, la plus grosse unité française de production de papier kraft. Dévoreuses de bois, ces papeteries cherchent à contrôler les méthodes de production, à acheter une partie de la forêt ; responsables d'une importante pollution atmosphérique, elles sont également incommodantes par leurs effluents : on sait la part prépondérante de l'usine de Facture dans la pollution ancienne du bassin d'Arcachon, puis des plages du Cap-Ferret...

A côté de la papeterie, créées pour utiliser les déchets du sciage ou la résine, on trouve toute une série d'usines de panneaux de particules (Isorel à Casteljaloux, Landex à Rion-des-Landes) ou d'usines chimiques. Aussi le travail industriel anime-t-il quelques bourgs, comme à Parentis où il prend le relais des espoirs pétroliers déçus, Mimizan, Roquefort, Morcenx. Beaucoup de bourgs sont situés au contact des Landes et des régions voisines, comme Casteljaloux. Il en est également ainsi des deux villes landaises de *Dax* et de *Mont-de-Marsan,* au contact des pays de l'Adour ; deux petites villes, tournant autour de 30 000 habitants, et dont la croissance récente tient surtout à l'implantation de grosses unités militaires et de nombreux rapatriés ; les services y sont hypertrophiés (Dax, station thermale accueillant 20 000 curistes, ne comptait pas moins de 75 médecins en 1973 !). Dax a pour elle le commerce, le thermalisme et sa situation sur la grande foie ferrée. Mais Mont-de-Marsan, malgré son isolement, progresse plus rapidement grâce à sa préfecture et à sa base aérienne, grâce aussi à une situation géographique plus favorable. Rivales acharnées jusque dans les équipes sportives, les deux villes souffrent de leur carence industrielle et du vide croissant de l'espace landais. Eloignées de la côte, elles ne paraissent pas à même de profiter du développement touristique du littoral.

Les problèmes de la façade côtière

De la pointe de Grave à l'embouchure de l'Adour, la côte landaise est une côte de régularisation récente. Les golfes, encore nombreux au haut Moyen-âge, ont tous été barrés à l'exception de celui d'Arcachon ; les massifs dunaires récents, alimentés par les sables de l'estran (eux-mêmes ramenés de l'intérieur par des rivières comme l'Eyre) reposent soit sur les sables landais, soit sur des dépôts argileux ou tourbeux postérieurs à la mise en place des sables. Leur renforcement et leur progression vers l'intérieur sont le fait de crises paroxysmales (l'église de Soulac-sur-Mer, enfouie sous le sable, témoigne de ces phases d'invasion, notamment aux XIVe et XVIIIe siècles). Les dunes peuvent être très hautes — plus de 100 m à celle du Pyla — ; mais la largeur des massifs dunaires est très variable, souvent faible ; actuellement, les dunes paraissent figées et il est difficile de dire si les plantations d'oyat et le boisement en sont réellement responsables. Les dunes ont partiellement retenu les eaux landaises, dans des étangs peu profonds ; mais, contrairement à ce qu'on croit trop souvent, le chenal d'Arcachon n'est pas seul à déverser les eaux vers l'Atlantique ; des « courants » permettent, au moins à marée basse, l'écoulement du trop-plein des étangs (courant de Contis drainant le pays de Born, courant d'Huchet pour l'étang de Léon, etc.) ; ces étendues d'eau peu profondes sont bien protégées des vents du large par les massifs dunaires.

Le littoral lui-même est aménagé tantôt dans les dunes, tantôt dans leur soubassement tendre. Un large estran, découvert à marée basse, est battu par une mer à forts rouleaux, souvent dangereuse ; les immenses plages de sable voient leur climat estival tempéré par les brises marines. Au sud, en Marensin et en Maremme, la pluviosité est forte, même en été, alors que le bassin d'Arcachon et surtout la côte au nord de Lacanau bénéficient d'un climat plus sec. Au nord de Montalivet, l'érosion marine est active ; la côte recule en grands croissants et la pointe de Grave, au Verdon, n'est protégée qu'à grand renfort d'enrochements sans cesse renouvelés. Le sable, la forêt des dunes, le climat sont les attraits de la côte ; l'absence de ports, les conditions difficiles de la mer, les dangers réels de la baignade, la monotonie des sites constituent autant de contre-indications au grand tourisme.

De plus, la côte est déserte ; villages et bourgs sont dans l'intérieur, derrière les étangs. Sauf sur le bassin d'Arcachon, pas de port naturel, pas d'installations côtières. Au départ, le tourisme provoque un dédoublement des villages de l'intérieur qui détachent une antenne sur la côte ; la seule exception de Soulac, à la fois village médocain et station balnéaire, est liée à l'extrême amincissement du cordon dunaire. Avant l'automobile, les seules plages utilisées sont celles qu'atteint une voie ferrée, le plus souvent secondaire ; apparaissent ainsi Soulac, la plus ancienne, Lacanau-Océan, Arcachon atteinte par le rail dès 1857, Biscarosse, Mimizan, Hossegor-Capbreton. Partout ce sont des plages familiales où on vient passer dimanches et vacances d'été, le plus souvent en locations ou en résidences secondaires blotties dans la pinède, dont les modes de construction et l'équipement disent aujourd'hui l'âge, et dont la clientèle fut longtemps bordelaise. Avec la route apparurent de nouveaux points de fixation — Montalivet, Hourtin, etc. —, chaque commune de l'intérieur essayant de lancer sa plage, pas toujours avec succès comme au Gurp. C'est que les conditions restent difficiles ; l'eau potable est rare et chère, la clientèle, souvent peu fortunée, plus encline au camping qu'au séjour hôtelier, la saison très courte, même à Hossegor, la plus favorisée, à peine prolongée à l'automne par les séjours des passionnés de chasse.

Seul le golfe d'Arcachon tranche sur la médiocrité. D'abord parce que l'abri lui vaut quelques pêcheurs, puis des ostréiculteurs, donc une population permanente plus abondante. Ensuite parce qu'on y a songé à exploiter la douceur du climat pour les malades, les vieillards, et cela dès avant 1914. Si le tourisme d'été reste prédominant, tout le pourtour du bassin a été colonisé pour la résidence secondaire ou principale, d'autant que la proximité de Bordeaux en fait une grande banlieue de luxe, malgré l'extrême médiocrité des relations ferroviaires. Sur tout le pourtour du bassin, la pinède est rongée par les lotissements ; 60 000 habitants permanents résident dans les communes du golfe qui comptent près de 15 000 résidences secondaires ; mais en été, on dépasse les 200 000 occupants ; sur ce golfe presque fermé, ce surpeuplement du littoral conduit à une pollution très grave qui menace de mort pêche et ostréiculture, met même en cause l'avenir touristique.

Cela incite les aménageurs à la prudence, d'autant que la Mission Interministérielle chargée de promouvoir le tourisme a déjà plusieurs fois changé et d'animateur et de programme. On eut des rêves grandioses : développer les plans d'eau intérieurs, les relier les uns aux autres par des canaux, multiplier les stations de luxe. L'existence de forêts communales ou domaniales peut favoriser des aménagements d'ensemble ; mais il a fallu compter avec les emprises et les servitudes des bases militaires, notamment aéronavales, avec les insuffisances du réseau routier, les réticences des habitants permanents, l'opposition déterminée des résidents secondaires, peu désireux de renoncer au calme et tentant de protéger leurs privilèges sous la bannière de la défense écologique. Après bien des hésitations, c'est seulement en 1972, que la Mission a fait adopter un projet qui doublerait la capacité d'accueil de la côte, la portant à 600 000 personnes, réparties sur neuf grandes structures, soit sur la côte, soit sur les étangs. Certaines se bornent à englober ou étendre les centres déjà existants : Soulac - Montalivet, Carcans - Lacanau, les trois unités du bassin d'Arcachon, la grande unité méridionale de Seignosse à Hossegor. D'autres sont entièrement à réaliser ; groupes de Hourtin au nord, de Biscarosse, puis de Mimizan-Contis au sud. D'importantes réservations foncières ont été faites par la Mission ; mais concilier le maintien des équilibres naturels, les intérêts des forestiers ou des passionnés de la nature avec les ambitions et les nécessités de rentabilité avancées par les promoteurs constitue un art difficile : la besogne avance de plus en plus lentement.

3. Au devant des Pyrénées : les pays de la molasse

Construits avec les matériaux arrachés aux Pyrénées ou au Massif Central, les piedmonts molassiques de l'Aquitaine ne sont pas uniformes. Trois domaines peuvent se différencier, à la fois sur le plan physique et humain. A l'est, les pays du Terrefort, entre Garonne, Massif Central et Lauragais, sont des pays proprement languedociens, a étés très secs, aux coups de vent d'autan ; ce sont des pays céréaliers à blé et maïs, avec toujours un peu de vigne, et qui ont été par excellence les pays des métairies. Au centre, les rivières du Lannemezan drainent des campagnes encore molassiques, mais plus humides, où les sols de terrefort sont moins fréquents ; surtout, ces pays gersois sont des pays gascons, apparamment plus conservateurs, plus timorés, plus à l'écart des influences urbaines, et, de fait, contrairement aux Terreforts, en dehors des grandes voies de passage. Le maïs s'y est introduit plus tardivement, la vigne y est davantage tournée vers la production des eaux-de-vie et les petits élevages prennent une importance capitale. Enfin, à l'ouest et au pied des Pyrénées, dans les Pays des Gaves, la molasse ne constitue plus que l'ossature du relief : les vallées s'élargissent, avec des systèmes de terrasses sur lesquelles le maïs règne en maître, associé à l'élevage, grâce à l'humidité du climat et aux grandes facilités d'arrosage.

Les Terreforts de l'est aquitain et la bordure du Massif Central

A l'est de l'Ariège et de la Garonne, jusqu'au Massif Central, des plateaux du Quercy jusqu'aux Pyrénées, le domaine des Terreforts est très vaste ; à cheval sur cinq départements, donc n'ayant jamais constitué une entité régionale, ces pays sont maintenant tous dominés par l'influence toulousaine.

Partout la sédimentation molassique tertiaire a totalement noyé la couverture secondaire et vient directement en bordure des terrains anciens du Massif Central ; au nord, c'est dans le dôme de la Grésigne que le secondaire apparaît en boutonnière pour la dernière fois. C'est dans ces Terreforts qu'on trouve les couches les plus résistantes, avec des bancs calcaires donnant non seulement des ressauts sur les versants, mais capables d'armer de véritables plateaux (causses d'Albi, de Labruguière) qui s'émiettent parfois en buttes comme dans l'Albigeois et le Castrais, se terminent localement par de petites cuestas dominant des dépressions marneuses ou sableuses.

Ce sont des pays secs, aux gelées rares et passagères, aux étés torrides, le vent d'autan venant parfois aggraver les effets de la sécheresse. Ils ont été, surtout en Lauragais, des pays de métayage ; seuls, l'Albigeois et les pays ariégeois ont toujours connu la prédominance du faire-valoir direct. Sauf sur le Causse d'Albi, les bordes isolent au milieu des terres leurs bâtiments vétustes et fragiles, la mauvaise tenue de la molasse faisant construire en briques ou en pisé. Les Terreforts ont été entièrement défrichés ; c'est une des campagnes françaises où les labours tiennent le plus de place : de 80 à 85 % de la SAU, mais parfois plus de 90 % ; là-dessus, les céréales en occupent généralement les deux tiers, ne laissant aux fourrages ou aux oléagineux qu'une place assez réduite. Le système s'est simplifié, allant vers toujours plus de céréales ; le blé vient avant le maïs et les rapatriés d'Afrique du Nord en ont fait parfois une monoculture. Faute de fourrages, l'élevage doit se rabattre sur la paille ou les fanes de maïs ; aussi est-il peu développé, avec des charges bovines faibles, tâtonnant entre une production laitière avec race frisonne, surtout près de Toulouse, et une production de viande. De tous les pays de la molasse, c'est ici que les petits élevages sont les moins pratiqués, restant souvent au stade de la consommation familiale.

Cette agriculture est très mécanisée et très motorisée ; mais bien que les rendements céréaliers aient doublé entre 1950 et 1970, on est loin des récoltes beauceronnes : la faute en est à la sécheresse, mais aussi à un certain retard technique, à une insuffisance des fumures minérales. Déjà médiocres sur les grandes exploitations modernes, les résultats financiers sont très insuffisants sur les métairies traditionnelles de 20 ou 30 ha, ce qui encourage les processus de concentration des exploitations, le plus souvent par éviction des métayers. Cette agriculture est très monotone ; on y trouve seulement quelques nuances ; ainsi, l'Albigeois, peut-être à l'imitation d'un Rouergue qui lui fournit une partie de ses paysans, fait un peu moins de céréales, plus d'élevage, notamment de brebis en vue de la fabrication du roquefort. Ici et là, la vague des cultures fruitières, débordant des vallées, installe quelques pêcheraies. Le seul paysage vraiment original est celui du vignoble de Gaillac : 12 000 à 13 000 ha de vignes, produisant surtout des vins rouges, mais aussi des rosés, des blancs doux ou secs, voire des vins « fous », dits « bourrus », à partir de cépages sévèrement contrôlés (mauzac pour les blancs) ; deux grosses caves coopératives récentes, à Labastide-de-Lévis et Rabastens, forcent aujourd'hui le succès commercial.

Avec la mécanisation, la spécialisation céréalière et la concentration des métairies, les Terreforts ont libéré beaucoup de main-d'œuvre qui n'a guère pu que se rendre à Toulouse. Ces pays ruraux n'ont en effet pratiquement pas d'emploi ouvrier ; les villes, sans industrie, ne peuvent guère battre en brèche l'omnipotence toulousaine dans le domaine des services et des commerces ; les plus dynamiques sont liées à des carrefours, comme à Castelnaudary, au contrôle d'une région riche, comme à Gaillac, capitale du vignoble et des vergers tarnais, ou au développement accidentel d'une source d'emploi : malgré son excellent équipement, Lavaur doit plus à son hôpital psychiatrique qu'à sa fonction de petite capitale du Vauraris.

Seules les bordures des Pyrénées et du Massif Central font un peu exception ; la force motrice fournie par les torrents de montagne, la présence de matières premières y ont provoqué quelques développements industriels. Côté Pyrénées, seule

Pamiers appartient au piedmont ; elle n'atteint pas 20 000 habitants, malgré ses aciéries ; née en 1817, la forge de Pamiers s'est convertie, à partir de 1927, en aciérie électrique, contrôlée d'abord par Commentry, puis Imphy, enfin depuis 1970 par le groupe Creusot-Loire, avec environ 1 500 ouvriers.

La bordure du Massif Central comporte deux groupes industriels et urbains, celui d'Albi-Carmaux, au débouché de la vallée du Tarn (plus de 80 000 habitants au total); sur l'Agout et le Thoré, déjà plus avancé dans la Montagne-Noire, le groupe de Castres-Mazamet, de même importance démographique, auquel on peut rattacher la petite ville industrielle de Graulhet, sur le Dadou, et celle, haut-garonnaise, de Revel.

Le groupe *Albi-Carmaux* est avant tout fondé sur la houille ; si l'ancien bassin d'Albi est abandonné, celui de Carmaux est encore exploité ; le charbon, propre à la cokéfaction, n'est cependant consommé que grâce à l'implantation à Albi d'une puissante centrale thermique. C'est la houille qui expliquait d'autres industries albigeoises : la grosse usine sidérurgique du Saut-du-Tarn, à Saint-Juéry, spécialisée dans la taillanderie, en difficile reconversion (1 500 ouvriers environ), la verrerie coopérative ouvrière, la cimenterie. Par contre l'usine de rayonne Rhône-Poulenc, en voie de reconversion vers la production de films, et l'usine Eternit sont sans rapport avec le charbon. La localisation à Albi de toutes les industries modernes explique le fort déclin de l'agglomération de Carmaux, d'ailleurs simple assemblage de cités ouvrières avec un noyau central modeste. La croissance d'Albi est au contraire vigoureuse, la ville atteignant les 60 000 habitants ; ville ancienne de commerce au contact du Ségala et des Terreforts, contrôlant un facile passage du Tarn, elle est avant tout une ville de services. La construction en briques rouges lui confère une originalité indiscutable ; Albi, célèbre par sa cathédrale Sainte-Cécile, son palais épiscopal (musée Toulouse-Lautrec) est aussi une étape touristique, avec un bon équipement hôtelier. Animée, assez bien construite, relativement industrialisée, la ville tranche favorablement par rapport à ses homologues du sud-ouest.

Le groupe *Castres-Mazamet* pénètre plus largement dans les vallées de la Montagne-Noire et du Sidobre, à la recherche de la force motrice des torrents montagnards. Il est axé sur la vallée du Thoré sur laquelle retombent brutalement au sud la Montagne Noire, au nord le Sidobre et l'Espinouse. C'est à Mazamet que confluent les gorges de l'Arnette et de l'Arn, productrices d'énergie, tandis que Castres est installée au débouché de l'Agout sur la plaine. Le groupe est beaucoup plus industriel que celui d'Albi, encore que les équipements commerciaux, scolaires et hospitaliers, surtout à Castres, lui assurent une fonction régionale non négligeable. L'industrie est fondée sur le travail de la laine que la bourgeoisie protestante chassée de la plaine, développa au XVIIe siècle et contrôle encore aujourd'hui. Sa structure est originale ; à l'amont, les ateliers de Mazamet et de Saint-Amans-Soult délainent les peaux brutes, venues pour la plupart de l'étranger et non plus seulement des Monts de Lacaune ; la filature, le tissage, la mégisserie en sont dérivés, mais ne jouent ici qu'un rôle accessoire ; la plus grosse part des laines traitées est expédiée dans le nord ; mais une partie alimente les tissages de Castres, de Labastide-Rouairoux et de quelques villages de la montagne (région de Brassac) ; enfin, les peaux sont expédiées à Graulhet, capitale française de la mégisserie.

Cette structure industrielle est en crise ; la production, très cyclique, connaît de longues phases de dépressions qu'on absorbait plus facilement jadis au temps des ouvriers-paysans ; la main-d'œuvre est trop féminine, les firmes sont souvent de petite dimension. Les tentatives de diversification — machines-outils, mécanique de précision — n'ont pas toujours donné de bons résultats.

Enfin, les villes du groupe ne se ressemblent guère. Graulhet, qui n'a que 12 000 habitants, est purement industrielle ; ni lycée, ni hôpital, ni services, seulement des usines : tanneries, mégisseries, articles et vêtements de cuir, menuiserie industrielle et meubles (cette dernière industrie étant également la spécialité de Revel). Mazamet, au pied de la Montagne-Noire, est une ville austère, triste, capitale technologique ; le patronat y a toujours été assez dynamique, attentif à la vie sociale (salaire minimum et échelle mobile apparaissent dès 1920), conquérant sur le plan commercial, la limite étant imprécise entre le négoce des peaux dans le monde entier, les opérations de délainage et la revente des laines triées et lavées. Mais c'est tout de même la ville de la mono-industrie, en cul-de-sac sur le plan des relations routières et ferroviaires. Castres est moins industrielle ; c'est d'abord une ville de négoce, de banque, distribuant le travail industriel de la laine dans les bourgs de la montagne et en collectant les produits ; ses propres industries offrent plus de variété : bonneterie, machines textiles, pompes, injecteurs, produits pharmaceutiques. Cela lui valut autrefois une bourgeoisie plus cossue que celle d'Albi et davantage d'habitants. Mais, bien qu'elle soit la porte de la montagne et ait constitué un musée réputé (Goya), elle tire peu de revenus du tourisme et ses activités administratives sont faibles. Sa population atteint 47 000 habitants contre 28 000 à Mazamet. Enfin, Castres a également des annexes industrielles, notamment Labruguière qui travaille le bois (ébénisterie, panneaux Isogil).

Les coteaux de Gascogne

De la Garonne aux Landes et aux Pays de l'Adour, les coteaux de Gascogne dessinent une sorte de grand cône dont les affluents de la Garonne seraient autant de génératrices. Sur le plan physique, le soubassement crétacé, fortement ondulé par des plis est-ouest, est ennoyé sous des molasses qui passent à l'aval à des formations lacustres où les bancs calcaires sont plus résistants et plus continus. De larges vallées aménagées dans la molasse sont en partie comblées à l'aval de sables fauves. A la fin du Tertiaire et au Quaternaire, les torrents pyrénéens, essentiellement la Neste, peut-être aussi d'anciennes langues glaciaires, submergent le haut du cône de formations caillouteuses et sableuses grossières, mêlées de gros blocs — dont on imagine difficilement les conditions de transport —, aujourd'hui très altérées : la formation de Lannemezan.

On peut ainsi individualiser :
— à l'amont, de hauts pays (400 à 600 m) aux sols grossiers acides, souvent infertiles ;
— à l'aval, des plateaux calcaires, comme en Lomagne ;
— partout ailleurs, des collines et versants molassiques, aux minces sols de boulbènes, aux pentes parfois fortes, avec une dissymétrie accusée du profil des vallées, pour la plupart de direction méridienne : rive gauche en pente douce, rive droite plus raide, tournant vers l'ouest des talus accusés. Parfois les vallées se resserrent à la traversée de rides est-ouest qui affectent la couverture molassique et trahissent jusqu'en surface l'influence de l'architecture éocène.

Une autre opposition procède du climat ; elle différencie un ouest, plus humide, davantage tourné vers l'élevage et, paradoxalement vers la vigne et un est où la sécheresse estivale est plus accentuée et où les céréales dominent. Cette distinction se retrouve au niveau humain, l'est étant déjà le type toulousain, avec une bonne proportion de métairies et la présence, au moins autrefois, de nombreux châteaux ; l'ouest, en économie viticole, est plus orienté vers le faire-valoir direct. Dans ces pays en marge des grands axes de circulation, est et ouest du Gers se sont longtemps ignorés ; en 1914, la liaison ferroviaire entre Auch d'une part, Condom et Eauze d'autre part, n'était pas encore réalisée, de sorte que l'arrondissement de Condom échappe totalement à l'influence toulousaine.

Il reste, ces différences signalées, que le paysage agraire est assez uniforme. Partout, les maisons se dispersent au milieu de domaines exigus (20-25 ha) ; sauf en Lomagne, la borde est de construction fragile : lits de galets, briques crues ou cuites dominent. Les finages sont plus compliqués qu'en Terrefort : le long des vallées, les prairies prennent de l'importance, et, sur les pentes, la part des bois est plus grande ; l'arbre est fréquent, notamment dans les haies qui entourent parfois les parcelles. Les densités rurales sont encore fortes, en partie grâce à l'immigration, entre les deux guerres, de nombreux italiens. Le recul du nombre des exploitations, entre 1955 et 1970, est un peu moins rapide que dans les Terreforts, se situant entre 25 et 30 %, même en Bazadais où les exploitations sont pourtant plus petites.

Polyculture et polyélevage de subsistance demeurent la règle. Sauf en Bazadais, les labours dominent ; à l'est et au sud, il occupent les 4/5 de la SAU ; à l'ouest, leur part est moins forte, notamment en Bas-Armagnac, et il en est de même dans le Comminges. Les céréales tiennent toujours plus de la moitié des labours ; le blé est largement en tête en Lomagne, ainsi que dans l'est et le sud ; le maïs ne devient prépondérant qu'à l'ouest et au nord-ouest, notamment en bas Armagnac. Partout les céréales sont en progrès et l'extension des irrigations à l'aide d'eaux pyrénéennes est de nature à favoriser la montée du maïs ; l'accroissement des rendements a fait des céréales une culture de vente, de sorte que les petits élevages ne sont plus seuls à assurer les rentrées d'argent. Ces derniers sont très inégalement représentés : peu ou pas de porcs en bas Armagnac, en Lomagne, mais beaucoup dans le haut Lannemezan, dans l'Astarac ou le Comminges. L'élevage des volailles est pratiqué partout ; les dindons abondent autour de Mirande, de Samatan, les oies sont davantage élevées dans le sud du Gers et en bas Armagnac. L'élevage bovin n'est vraiment important qu'en Bazadais et dans le Comminges ; ailleurs les densités bovines sont toujours faibles notamment en bas Armagnac et en Ténarèze, où apparaissent toutefois de nouvelles formes d'élevage (apparition de la race limousine pour la production de viande).

C'est que ces deux dernières régions consacrent les efforts de leur main-d'œuvre aux travaux de la vigne qui occupe de 15 à 20 % de la SAU. Mais ce vignoble ne produit du vin, souvent acide, que pour le distiller, et obtenir des eaux de vie d'Armagnac, qui valent souvent celles de Cognac. Le paysan n'en retire cependant pas un profit comparable à celui du vigneron charentais : la distillation est trop émiettée, admettant des vins douteux — trop de cépages directs ou d'hybrides —, le vieillissement est trop bref, souvent au domicile du récoltant, et la vente échappe aux petits producteurs au profit de négociants plus ingénieux à inventer des noms pompeux pour leurs bouteilles qu'à soigner la qualité ; c'est là une situation médiocre, que l'apathie des paysans gersois à longtemps pérennisée. Cependant, depuis les années 1950, une réaction s'est manifestée : création de caves coopératives avec distillerie annexée (notamment celles de Condom et Vic-Fezensac), arrachage des mauvais cépages, replantation en cépages de qualité, tenus en rangs espacés, mais palissés très haut (jusqu'à 2 m) afin de faciliter le travail à la machine, un effort aussi d'assainissement du marché. Tout cela commence à porter ses fruits ; le vignoble, après un long déclin, s'étend à nouveau, sans connaître la croissance fiévreuse de celui des Charentes.

Les pays de coteaux sont restés purement ruraux et le département du Gers est le moins urbanisé de France. Pas d'industrie ancienne et les paysans attendent plus de leurs élus que de la création d'emplois nouveaux. L'isolement ancien a pu justifier la multiplicité des bourgs, mais plus encore les rivalités des fondateurs de bastides, plus nombreuses encore que dans l'est aquitain. Commerces et services se trouvent ainsi fractionnés à l'excès et il n'y a que très peu de villes dynamiques ; quand leur population s'accroît, c'est plus par accueil de retraités que par des activités nouvelles. Beaucoup végètent comme Lectoure, Beaumont-de-Lomagne ou Eauze, ancienne capitale des eaux-de-vie. Quelques-unes sont mieux équipées, comme Mirande, en Astarac, ou Nérac ; Condom, qu'un modeste canal relia jadis à la Garonne, est la ville de l'ouest ; Fleurance, sortie du néant par une publicité tapageuse pour les aliments biologiques, doit surtout sa croissance à l'unique création industrielle de l'Armagnac, un atelier de la firme Gründig. *Auch* est finalement la seule vraie ville, avec 23 000 habitants et un taux de croissance assez élevé ; elle le doit uniquement à sa fonction de préfecture et à la qualité de ses équipements scolaires et hospitaliers ; elle est la seule ville du Gers à avoir conservé provisoirement une médiocre liaison ferroviaire avec Toulouse.

Les pays des Gaves

La vallée de l'Arros (dans les Baronnies) limite à l'ouest la zone de drainage des eaux vers la Garonne. Si les plateaux entre Arros et Adour, Adour et Gave sont encore de hauts niveaux ennoyés sous la formation de Lannemezan, le reste de la région est plutôt constitué de basses terres. L'éventail des rivières béarnaises reproduit un peu la disposition de la Gascogne gersoise ; mais les Gaves, issus ici de la montagne pyrénéenne, sont infiniment mieux alimentés et ils ont pu tracer de larges vallées, comme celle de la plaine de Tarbes. C'est seulement entre Gave et Adour que les plateaux de molasse ne sont plus découpés que par de pauvres rivières locales et les coteaux du Vic-Bilh, avec leurs vallées dissymétriques, ne diffèrent guère de ceux de l'Astarac. Vers l'aval, les vallées se dilatent très largement dans les sables fauves, avec d'immenses lits majeurs inondables, celui de l'Adour constituant le domaine des « barthes ».

Il n'y a donc pas, en bordure des Pyrénées, de dépression continue ; route et voie ferrée passent d'une vallée à une autre, franchissant des interfluves peu élevés ; c'est celui qui sépare la vallée du Gave de Pau de celle du Gave d'Oléron — l'Entre-deux-Gaves — qui est le plus développé et aussi le plus accidenté, déjà marqué par des accidents de direction pyrénéenne.

Ces pays n'ont jamais offert de difficultés à l'occupation humaine ; celle-ci est très serrée, éclatée en communautés minuscules ; dans les vallées des Gaves elle a abouti à la création de petits openfields avec un habitat très groupé ; partout ailleurs le paysage est bocager : bocage ancien sur les coteaux précocement défrichés, plus récent dans les plaines ; l'habitat y est tantôt partiellement groupé comme dans le Vic-Bilh, tantôt plus dispersé comme sur les interfluves et en Chalosse. La mise en valeur ancienne, caractérisée en Chalosse par une forte proportion de terres en métayage, a laissé subsister d'assez vastes étendues de landes, source de litière dans un pays qui manquait de paille, ou de profits par location aux transhumants pyrénéens. Au contact des Landes, l'apparition de la couverture sableuse se marque par le passage à la forêt, souvent de pins maritimes.

Depuis la Seconde Guerre mondiale, la polyculture traditionnelle s'est profondément transformée : la révolution du maïs hybride, la mécanisation, l'extension de l'élevage ont créé une véritable faim de terres dans des pays où l'exploitation est beaucoup plus petite que dans le reste des pays de la molasse ; on a défriché landes et forêts, amélioré le drainage et la protection des barthes de l'Adour : au moins 50 000 ha ont été ainsi livrés à la culture. Sauf dans l'Entre-deux-Gaves, les labours représentent, ici encore, l'essentiel de la SAU : 50 % dans la plaine de Tarbes, de 70 à 85 % ailleurs ; là également les céréales dominent sur les 2/3 des labours, parfois plus. Mais, à la différence du Lannemezan, c'est ici l'hégémonie du maïs : les hauts rendements assurés par les hybrides, un climat beaucoup plus humide, la possibilité de recourir largement à l'irrigation par aspersion, ont assuré le triomphe de cette céréale, assez souvent sous forme de maïs de semence ; sa part dans les céréales va de 75 à 90 % représentant une bonne part des revenus agricoles.

Le triomphe des céréales s'est accompagné d'un recul de la vigne, trop souvent plantée en hybrides. En Marsan, en Tursan, en Chalosse landaise, elle occupe encore de 4 à 6 % de la SAU, parfois cultivée en hautins pour échapper à l'humidité ; mais les seuls bons vignobles sont ceux des coteaux, dans l'Entre-deux-Gaves (Jurançon), le Vic-Bilh (vins blancs et rouges de Madiran), tous très modestes.

L'élevage est autrement important. D'abord les petits élevages de la tradition : partout des porcs, mais surtout des volailles : en Tursan, en Marsan, plus encore en Chalosse, c'est l'élevage des oies et des canards, plus récemment des poulets landais. Malgré les contraintes de main-d'œuvre du gavage au maïs, ces spéculations sont d'autant plus développées que l'exploitation est plus grande. A la fin de l'automne, ce sont les ventes de volailles grasses et de foies gras qui animent les grandes foires des bourgs, comme Mugron, ou des petites villes ; les apports d'argent sur les exploitations ne sont nullement négligeables, malgré l'archaïsme des procédés d'élevage. Le troupeau bovin se développe vite ; encore modeste en Vic-Bilh, Marsan, Tursan, la charge bovine augmente en Chalosse, dans les vallées des Gaves et l'Entre-deux-Gaves. Cet élevage reste cependant hésitant quant à sa finalité ; il y a eu création de véritables élevages laitiers par remplacement des races locales par la frisonne et la mise en place d'un réseau de collecte, notamment dans le Marsan et dans les vallées ; mais l'orientation-viande est plus fréquente, soit à partir de la race locale, la blonde d'Aquitaine, soit par introduction de races à viande comme la limousine, abondante en Chalosse.

Mettons à part la bordure pyrénéenne où le contact avec la montagne et le passage le long de la chaîne ont suscité une puissante organisation urbaine (voir chapitre 4), le reste des pays des Gaves et de l'Adour connaît la même faiblesse de peuplement urbain que les campagnes gersoises ; les villes moyennes sont aussi landaises qu'aturiennes (Mont-de-Marsan, Dax) ; au cœur de la Chalosse ou du Tursan, on ne trouve que de très modestes bourgs de foires, comme Aire-sur-Adour, ancienne ville-évêché, ou Saint-Sever.

4. L'axe garonnais

Dans ce Bassin Aquitain où domine si fortement la tradition polyculturale, la vallée de la Garonne et ses bordures sont au contraire adonnées à des spéculations agricoles pouvant aller jusqu'à la monoculture ; le vignoble bordelais fut même sans doute la première forme de monoculture viticole à apparaître en France ; le tabac, le pruneau d'Agen furent les spécialités précoces de la moyenne vallée. Mais il a fallu attendre l'ère ferroviaire pour que s'esquisse une timide amorce de spécialisation légumière ou fruitière ; ces cultures ne se généralisent qu'après la Seconde Guerre mondiale, et seulement dans la vallée moyenne de la Garonne, de Toulouse à La Réole et dans les basses vallées affluentes du Lot et du Tarn.

Ces localisations agricoles sont un peu fonction du cadre physique. A l'amont du confluent Tarn-Garonne, domine un immense ensemble de terrasses construites par la Garonne, l'Ariège, l'Hers, le Tarn et leurs affluents ; c'est là que la vallée atteint son maximum d'ampleur, encadrée de loin par les molasses du Terrefort. Du confluent du Tarn à celui du Dropt, la vallée se resserre entre des plateaux de calcaires tertiaires ; bien calibrée, assez étroite de Moissac au confluent du Lot, plus large à l'aval, elle dépasse rarement 4 à 5 km de largeur ; la Garonne y développe de grands méandres et la basse-plaine est presque partout inondable, les terrasses supérieures ayant été détruites au fur et à mesure des migrations du fleuve. Les plateaux calcaires ne tombent pas sur la vallée par des rebords rigides ; les affluents de la Garonne et du Lot y ont poussé la tête de leurs vallons, découpant le plateau en lanières étroites, les serres, lesquelles dominent des vallons bien protégés et bien égouttés qui prolongent le domaine des basses terres. A l'aval de La Réole, la vallée s'élargit à nouveau et devient dissymétrique ; rive droite, les calcaires, plus épais, dominent de façon plus proche et plus continue la vallée, les serres disparaissant progressivement ; au nord du Blayais, les calcaires crétacés relaient les calcaires à astéries du Bordelais ; rive gauche, l'abaissement des calcaires permet à nouveau le développement de vastes terrasses de sables anciens, les Graves, qui s'élèvent par paliers vers l'ouest, puis disparaissent sous les sables landais.

Les avantages physiques sont inégaux ; les basses terrasses, aux sols fertiles sont malheureusement inondables, exigent de coûteuses protections en digues auxquelles il arrive de céder massivement, comme en 1930, 1952 ou 1955 ; les graves portent des sols médiocres, lessivés. Cet axe de basses terres bénéficie, des Pyrénées à La Réole, d'un climat plus sec et plus ensoleillé.

Ce couloir de plaines a toujours été un axe de circulation, mais secondaire : ce n'est pas celui qu'empruntent voyageurs et marchandises passant en Espagne ; par exemple, la vieille voie de pèlerinage longeant la côte landaise. Par la Garonne, puis le seuil de Naurouze, on gagne le Midi Méditerranéen; or économies aquitaines et méditerranéennes ont trop de points communs pour que les courants de trafic soient très fournis; le Canal des Deux Mers n'a jamais rempli les espoirs de ses promoteurs et n'a eu qu'un trafic local. Tout le long du fleuve, de Toulouse à Bordeaux, on trouve un humble canal latéral, la voie ferrée et la route (RN 113), bientôt l'autoroute.

L'ensemble des trafics n'est pourtant pas énorme, et l'électrification de la voie ferrée, à la limite de la rentabilité, a été ajournée à plusieurs reprises. La vallée de la Garonne n'a rien de comparable à l'axe rhodanien. De plus, les colères du fleuve font que route et voie ferrée ne se risquent dans la « bassure » qu'avec appréhension, épousant par suite les sinuosités du fleuve.

Toulousain et Moyenne-Garonne

La vallée de la Garonne constitue un ruban de fort peuplement; les densités sont élevées, même en milieu rural, du fait de l'exiguïté des exploitations : 15 ha en Toulousain et dans le Tarn-et-Garonne, 11 à 12 en Moyenne-Garonne, souvent moins de 10 dans le Bordelais. De si petites surfaces impliquent une plus grande intensivité. Pourtant, en Toulousain, on ne s'éloigne guère du modèle du Terrefort, avec 4/5 de labours et une prépondérance des céréales ; pire, la basse terrasse inondable, encore faite de graviers, est souvent envahie de broussailles ou plantée de peupliers, formant avec le lit majeur les « ramiers ». Dans le Montalbanais, la part de la vigne et surtout des vergers augmente un peu ; de même en bordure du Bas-Quercy où la vigne tient plus de place en raison de la spécialisation vers le raisin de table. C'est dire qu'à l'amont les labours restent dominants, que les céréales occupent plus de 50 % du sol, plus en maïs qu'en blé grâce aux terres plus humides et aux possibilités d'arrosage. La situation n'est guère différente en Agenais où tout au plus la prairie de la bassure tient un peu plus de place que dans le Montalbanais.

Vignes, vergers, cultures légumières n'occupent donc pas la place attendue. Seuls certains terroirs favorables ou quelques petites régions comme la basse vallée du Lot, évoluent vers la monoculture fruitière, plus rarement légumière ; même dans l'Agenais, le maraîchage ne tient que 5 % des surfaces cultivées. Les cultures maraîchères sont très variées : cornichons, melons, oignons, ails, voire cultures florales comme en Toulousain. En Agenais et au nord du Lot, il y a opposition entre les vallées et le domaine des serres. Ce dernier, au sud du confluent du Lot, a partiellement abandonné la polyculture, perdu une bonne partie de ses habitants et développé une économie fruitière qui fut longtemps vouée à la production de la prune d'ente. Entre Lot et Dropt, les molasses dominent : dans un paysage très bocager, avec un habitat très dispersé, on revient à la polyculture classique avec le tabac comme culture de vente ; la vallée du Dropt est un peu plus herbagère et viticole. Les plaines elles-mêmes opposent les hautes terrasses — ou « hautures » — aux « mattes » — ou « bassures » — menacées par l'inondation, qui vient ronger, de temps à autre, les murs de pisé d'un habitat très dispersé. Les spécialisations des vallées sont plutôt de type régional : cultures maraîchères, haricots verts notamment, de la basse vallée du Lot, asperges, artichauts, melons, tomates, cornichons du Montalbanais, déjà beaucoup plus envahi par les vergers de pêchers ou de pommiers ; cultures maraîchères et fruitières très variées de l'Agenais ; prairies, tomates, tabac et vergers de la région de Marmande.

La vallée de la Garonne ne peut climatiquement rivaliser avec le Midi Méditerranéen pour les primeurs; de plus, l'éloignement des grandes zones de vente est plus grand. D'où des orientations différentes, avec la recherche des fruits d'arrière-saison, la part plus grande de la conserverie, le désir de la variété ; ainsi, si la pêche Pavie et les pommes Golden triomphent, on produit aussi des brugnons, des cerises, des prunes, des poires. Dans le milieu un peu apathique et individualiste de l'Aquitaine, un gros effort d'organisation a été nécessaire ; les coopératives assurent la collecte, le stockage, la vente des légumes ou des fruits, organisent des marchés-centres plus ou moins spécialisés, d'autant plus nécessaires que la très petite exploitation domine.

Ce sont les caves coopératives qui ont redonné vie au vignoble d'entre Tarn et Garonne (Fronton) ; c'est l'organisation des marchés qui assure le succès du chasselas, de Moissac à Port-Sainte-Marie et à Prayssas, gros marché du raisin au nord-ouest d'Agen. Ce sont encore les coopératives qui épaulent le développement d'une petite production laitière et permettent de faire échec aux prétentions excessives du négoce ou des conserveries. L'Union des coopératives Coplot, contrôlant le conservateur Deler, a même créé plusieurs conserveries, organisé la collecte et le séchage des prunes d'ente.

L'action des coopératives, mais aussi l'installation de rapatriés d'Afrique du Nord, bons techniciens des cultures spécialisées, expliquent le développement assez continu des vergers (20 000 ha au total en 1970) et des cultures maraîchères. L'irrégularité des cours fait qu'on reste cependant fidèle à des valeurs sûres comme la culture du tabac et les petits élevages. Une limite est d'ailleurs imposée par la difficulté de trouver la main-d'œuvre de pointe pour le ramassage. Comme en Comtat, l'orientation fruitière fait vivre de nombreux métiers annexes : négociants, fabricants de caisses et d'emballages, transporteurs routiers, pépiniéristes. Pourtant, cette agriculture rencontre, depuis les années 70, les difficultés habituelles ; saturation des marchés et chute des cours, alors que bien des cultivateurs sont fortement endettés.

Une telle économie favorise le développement urbain. Mais les pays de Garonne voient s'égrener un tel chapelet de bourgs et de villes que les fonctions urbaines se dispersent. Sauf Miramont-de-Guyenne, dans les pays du Dropt, ancienne capitale du chausson de basane, restée fidèle à la chaussure, toutes les villes sont installées dans les vallées. A l'amont, Carbonne, Grenade, Grisolles sont des bourgs ; Saint-Gaudens a un peu plus d'importance, mais Muret, la plus grosse (14 000 habitants) n'est plus, malgré quelques succès industriels, qu'une annexe toulousaine. A l'aval se suivent Moissac, la plus exposée aux inondations du Tarn, ranimée par le négoce du chasselas après une très longue décadence, Castelsarrasin, de population à peine plus importante qu'au début du XIXe siècle, malgré la présence d'une grosse usine d'alliages légers du groupe Cégédur, Valence d'Agen où s'est installée une usine de céramique du groupe sarrois Villeroy-Boch, Tonneins, stagnante depuis deux siècles, malgré sa grosse manufacture de tabacs, Marmande, un peu plus grosse avec 20 000 habitants, centre d'industries de la conserve, La Réole, plus léthargique encore, et, dans la vallée du Lot, Sainte-Livrade, marché agricole. Tout cela n'est guère florissant, ni dynamique, ces villes étant trop proches les unes des autres, et surtout concurrencées par les trois villes moyennes les mieux équipées.

Villeneuve-sur-le-Lot, avec 28 000 habitants, a connu un taux de croissance exceptionnellement élevé, grâce surtout à son rôle de collecte des produits agricoles et à son marché d'intérêt national. Cette ancienne bastide, installée à califourchon sur le Lot, a cependant un avenir limité malgré l'ampleur et la qualité de ses équipements, du fait de la trop grande proximité d'Agen, ville qu'elle égalait il y a deux siècles.

Montauban, fondée tardivement, au XIIe siècle, à l'écart des rivières, était une grosse ville de 25 000 habitants au début du XIXe siècle ; c'est que l'ancien régime y avait installé un intendant et que malgré les persécutions, la ville était restée largement fidèle à un protestantisme, vivace dans les villes de la moyenne Garonne. Le carrefour ferroviaire, trop proche de Toulouse n'a pas provoqué de nouvelle croissance. Préfecture d'un minuscule département, ville intellectuelle protestante au milieu de campagnes catholiques, peu industrialisée, la ville végète autour de 48 000 habitants. Le rayonnement de ses commerces et de ses services reste très limité.

Agen est un peu plus importante (plus de 55 000 habitants contre 10 000 au début du XIXe siècle) et elle est vraiment la capitale de la moyenne Garonne. Suffisamment loin de Toulouse et de Bordeaux, mais très mal reliée à Paris, elle éprouve cependant quelque peine à asseoir une fonction régionale ; les difficultés de diffusion du « Petit Bleu », son minuscule quotidien d'après-midi, en témoignent. Pourtant Agen a eu un rôle bancaire (la principale de ses banques ayant été reprise par la BNP) ; elle est préfecture, petit carrefour ferroviaire, centre commercial avec un marché-gare et un succursaliste important (la « Ruche méridionale ») ; elle dispose de services étoffés ; mais elle manque d'industries, la plus grosse affaire étant une firme pharmaceutique (UPSA). C'est qu'Agen, loin de la confluence du Lot, se heurte très vite au nord aux ambitions de Villeneuve ; son pouvoir de commandement s'exerce surtout au sud, dans les campagnes mal équipées de l'ouest et du nord du Gers. Son emprise régionale reste donc limitée, mais elle est réelle, ce qui en fait la seule ville disposant d'une certaine indépendance vis-à-vis des deux métropoles régionales.

Le Bordelais

De Langon à l'embouchure de la Gironde, le Bordelais s'ordonnance autour de trois paysages principaux :
— sur la rive droite de la Garonne, de la Dordogne et de la Gironde, le plateau de calcaires à astéries domine les vallées de ses falaises ; son rebord est très net de Langon à Bordeaux; en Libournais, en Blayais, le calcaire, moins épais, se borne à coiffer la molasse du soubassement, dans un paysage plus coupé, plus morcelé ;
— sur la rive gauche, la plate-forme calcaire, fortement abaissée, n'émerge que par place, dans la région de Lesparre ; elle est masquée par les dépôts sableux des Graves, que ravinent les vallées venant des sables landais (les « jalles ») ; dans le bas Médoc, ces dépôts deviennent discontinus ;
— l'estuaire enfin, long de 80 km, est parcouru par de vigoureux courants de marée brassant une très grande quantité de vase — bouchon vaseux — de sorte que les eaux sont troubles en permanence et que le littoral est constamment vaseux jusqu'à Royan, ce qui exclut toute utilisation touristique. Dépôt et remise en suspension de la vase tendent à modifier constamment le fond et obligent au dragage permanent du chenal réservé à la navigation. Le chenal principal est bordé de bourrelets alluviaux derrière lesquels se sont déposées des boues argileuses ; des systèmes de digues et de canaux assurent à la fois la protection contre la marée et le drainage : les « palus » sont devenus de véritables polders.

Cette région bordelaise s'est spécialisée précocement dans la culture de la vigne, vin et eaux-de-vie s'écoulant par le port de Bordeaux. Constitué dès le XIIe siècle, le vignoble connaîtra une première grande période de prospérité pendant la domination anglaise. Du milieu du XVe à la fin du XVIIe siècle, le commerce du vin se diversifie, se porte davantage sur la Normandie ou la Bretagne, puis vers les îles, sans pouvoir retrouver la prospérité de l'ère anglaise. L'essor reprend au XVIIIe siècle, malgré l'opposition d'une administration qui redoute la disette des grains. Le vignoble a dès lors la configuration qu'on lui connaît aujourd'hui, débordant largement au nord de la Dordogne, commençant à envahir les palus. Le XIXe siècle verra alterner les phases de prospérité et les crises : crise de l'oïdium au milieu du siècle, du phylloxéra, apparu en 1869 — qui poussera à l'encépagement des palus inondables —, du mildiou vers 1880. Le vignoble reconstitué après le phylloxéra sera plus réduit que l'ancien, d'autant qu'on essaiera de faire disparaître, après la Seconde Guerre mondiale, le médiocre encépagement des palus. Après avoir couvert près de 200 000 ha, le vignoble sera reconstitué jusqu'à environ 140 000 ha ; en 1970, il était revenu à environ 110 000 ha. La production globale oscille entre 4 et 5 millions d'hl; elle est assurée par un nombre décroissant de viticulteurs : la moitié des déclarants ont disparu depuis 1950.

La vigne ne tient pas partout la même place; sauf dans quelques coins du Médoc et sur les coteaux au nord de la Gironde, elle est rarement une monoculture absolue. En 1970, elle occupait 40 % de la SAU en Médoc, 45 à 50 % dans l'Entre-deux-Mers, en Blayais, en Bourgeais, près de 60 % dans le Libournais, 65 % même sur le rebord du plateau calcaire et sur les graves au sud de Bordeaux. Depuis longtemps, la production est assurée par deux grandes catégories d'exploitants.

● Les *grands propriétaires,* surtout nombreux dans le Médoc et les Graves, isolés ailleurs, atteignent dans leurs « châteaux » une organisation souvent remarquable. Orientés vers la production de vins de haute qualité, ils portent une attention considérable à leurs chais, où se fait, vieillit, et se stocke le vin, aux soins d'un personnel nombreux et qualifié. Le travail de la vigne, jadis confié à des « prix-faiteurs », est surtout assuré par des ouvriers agricoles sous la tutelle d'un régisseur. Ces domaines très bien gérés représentent d'énor-

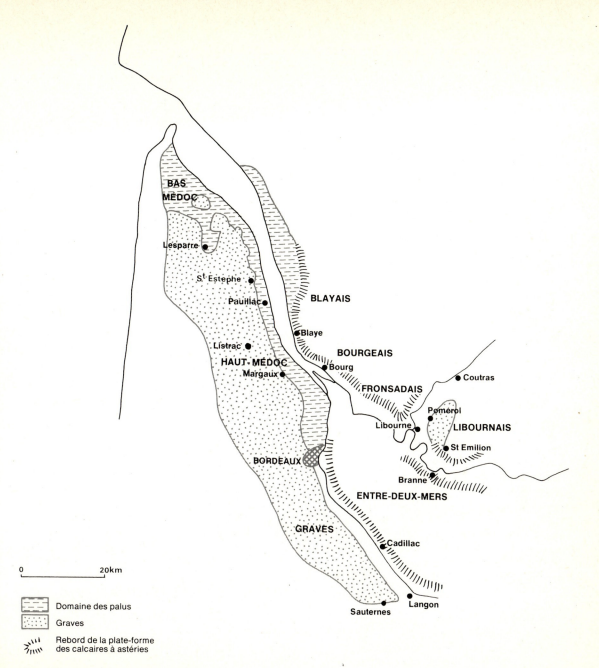

24. Vignoble du Bordelais

mes immobilisations de capitaux, du fait du prix démentiel de la terre et de la valeur élevée du stock. Aussi, beaucoup de propriétaires supportent-ils mal les fluctuations des cours imposés par le négoce. La grande propriété est par suite instable, sans cesse convoitée par de nouveaux venus : négociants bordelais éliminant les propriétaires traditionnels, riches étrangers ou sociétés recherchant le prestige des grands crus.

● Les *petits exploitants,* très nombreux, dominent dans l'Entre-deux-Mers et sur tous les coteaux, notamment au nord de la Dordogne et de l'estuaire. Sauf en Saint-Emilionnais, ils sont rarement producteurs de grands vins. Autrefois polyculteurs, ils se spécialisent peu à peu, faisant souvent preuve de dynamisme, moins conservateurs dans leurs méthodes que les châteaux ; ce sont eux qui sont responsables des rares extensions du vignoble ; ils sont encore près de 35 000, à la tête de surfaces souvent très limitées.

Le vignoble bordelais n'est pas sans problèmes. Le climat assez pluvieux, et surtout un air saturé d'humidité poussé par les brises marines obligent à multiplier les traitements anticryptogamiques ; la pluie peut compromettre la vendange ; gelées tardives et chutes de grêle prélèvent chaque année leur part de récolte. Pour l'élevage du vin et la vente, le négoce bordelais ou libournais a imposé ses méthodes, ses prix ; le gros exploitant peut négocier des conditions de vente favorables, surtout pour les grands crus. Il n'en est pas de même des petits exploitants, ce qui a assuré le développement des Caves Coopératives ; les premières apparaissent en 1932-33, années de crise, en Saint-Emilionnais ; elle se multiplient très vite et le réseau est en place dès 1940, comportant beaucoup de petites caves ; celles qui produisent du vin à vieillir (Médoc, Saint-Emilionnais) doivent disposer d'une capacité de stockage quatre fois supérieure à la production annuelle, ce qui implique de très lourdes charges financières. Il existe quelques grandes caves, comme la puissante coopérative de Saint-Emilion. Toutes se regroupent pour la distillation sur la coopérative de Coutras.

Les caves coopératives ont en partie stabilisé les marchés. Mais la spéculation n'en demeure pas moins vive, surtout sur les vins de cru qui représentaient en 1970, un tiers des vins d'AOC français. Elle est le fait du négoce bordelais, favorisée par les fraudes, par la multiplication des récoltes grâce à des coupages quasi-publics, aidée aussi par la complexité d'un système d'appellations contrôlées qui remonte à une classification de 1855 : à l'appellation régionale souvent très cloisonnée (Saint-Emilion, Montagne-Saint-Emilion, etc.) s'ajoute une classification en crus, donnant aux crus dits classés, le plus souvent ceux des châteaux, de bonnes facilités de vente à prix élevé pour des vins mis en bouteilles sur la propriété. La spéculation entraîne des flambées anormales des prix, comme en 1972-1973, suivies de reflux brusques; comme elle interfère avec le stockage, malheur à qui achète du vin jeune en période de hauts cours ! En Bordelais, les fortunes se font et se défont plus que jamais.

De plus, le vignoble n'est pas homogène ; rive gauche, en Médoc et sur les Graves, règnent les grands crus. Le Libournais, le Fronsadais, le Bourgeais, le Blayais où dominent largement les vins d'AOC, fournissent plus de la moitié de la production. Les terroirs de grands crus sont, ou des terrasses bien égouttées, ou des coteaux en bordure de Dordogne ou de Garonne ; au nord de Bordeaux, les terrasses du Haut-Médoc produisent les grands vins rouges, apanages des châteaux : Margaux, Latour, Lafite, Mouton-Rotschild ; la part des coopératives et des petits producteurs est très faible. Autour et au sud de Bordeaux, les Graves qui produisent encore des vins rouges (Haut-Brion) sont plutôt le domaine des vins blancs liquoreux comme le Sauternes et les Barsac ; là, on ne récolte les grains de raisin que lorsque les attaque, au tard de la saison, la pourriture noble ; il y faut plusieurs passages, ce qui représente des frais de main-d'œuvre élevés, alors que les rendements n'excèdent guère, à ce régime, 20 hl/ha. La mode est aujourd'hui défavorable à ces vins, dont la production est surtout exportée, avec des crus magnifiques comme Yquem. On retrouve une production analogue rive droite, dans les « côtes » de Bordeaux (Loupiac, Sainte-Croix-du-Mont). Le Libournais est l'autre domaine des grands vins rouges (Saint-Emilion, Pomerol, etc.) ; ici, peu ou pas de châteaux, mais une multitude de petits exploitants, appuyés sur le négoce libournais ou les caves coopératives, et dont les vins se hissent peu à peu au niveau des grands crus médocains.

Les coteaux plus septentrionaux du Blayais et du Bourgeais continuent les aspects socio-économique du Libournais : un vignoble déjà ancien, fort de ses vins rouges, passant en direction des Charentes à un vignoble de vins blancs médiocres. Ailleurs, le vignoble domine plus rarement. En bas Médoc, il se morcelle, passe progressivement aux herbages et à l'élevage laitier. Des combinaisons analogues marquent plus ou moins l'Entre-Deux-Mers, où labours et céréales tiennent plus de place à côté du vignoble de vins blancs secs. Même coexistence dans le nord du Blayais, dont se confirment ainsi les affinités charentaises. Il n'est pas jusqu'aux Graves où la crise des vins liquoreux n'aide à la diffusion récente des herbages et de l'élevage laitier. Quant aux palus, la plupart des vignes ayant disparu, l'élevage demeure leur seule ressource.

Contrairement à la plupart des vignobles français, le Bordelais n'a guère été favorable à la croissance urbaine : Lesparre, Pauillac, Blaye sont de minuscules organismes urbains ; c'est que Bordeaux concentre le négoce et les industries viticoles et ne laisse guère de rôle aux bourgs. Seule, *Libourne,* séparée de Bordeaux par la vallée de la Dordogne, dans un vignoble où la propriété urbaine bordelaise est presque absente, a pu se développer quelque peu ; sa bourgeoisie ne possède pourtant qu'une petite partie des vignes, mais son négoce, fondé jadis sur un petit port d'exportation des vins, a su se rendre indispensable, peut-être avec plus de rigueur que celui de Bordeaux. Mais Libourne, quoique bien équipée, passe de plus en plus dans l'orbite de Bordeaux et n'atteint pas 25 000 habitants.

4 Le Bassin Aquitain : les difficultés des métropoles

Le Bassin Aquitain n'est pas comme le Bassin Parisien une région à centralisation urbaine unique; il n'est pas non plus comme le Sillon Rhône-Rhin, un espace pluridominé morcelé. Ce pays de plaines n'offre aucune difficulté de circulation, mais il n'y a pas convergence de voies de communications naturelles vers une même région. Le long de la gouttière garonnaise, la distribution des confluences aurait dû favoriser logiquement Agen ou Moissac. L'histoire en a décidé autrement : l'estuaire de la Gironde a fait, classiquement, la fortune de Bordeaux ; le carrefour des routes terrestres et le contact pyrénéen ont décidé de la croissance toulousaine.

La bicéphalie est donc apparue de bonne heure; au début du XIXe siècle, Toulouse dépasse les 50 000 habitants, Bordeaux n'est pas loin des 100 000. Pourtant, dans le passé, le pouvoir régional a été très émietté ; et récemment encore, les belles façades des Chartrons ou du Cours de l'Intendance, de même que les briques roses du Capitole, symbolisaient des cités finalement peu actives, souvent bien en retard sur leur temps : que dire de métropoles où en plein milieu du XXe siècle, l'eau des éviers s'écoulait — s'écoule parfois encore — dans le caniveau des rues et où les camions de vidange purgeaient les fosses d'aisance à longueur d'année ?

La monopolisation des fonctions régionales a été lente. Sous l'Ancien Régime, d'autres villes — Cahors, Montauban, Auch, Pau, Bayonne — constituent des pôles administratifs presque aussi développés que les deux métropoles; la dimension de l'Aquitaine et la lenteur des voyages l'imposaient ; la multiplicité des rayons fonciers atteste cette emprise des petites villes sur les campagnes aquitaines. Toulouse d'ailleurs regarde plus alors vers le Midi Méditerranéen que vers l'Aquitaine, se bornant à dominer le Terrefort. Et Bordeaux est, d'une certaine manière, une ville de l'extérieur : l'ancienne place anglaise, port des vins, tourne ses capitaux vers le commerce colonial, investit dans le vignoble qui alimente le principal trafic portuaire, plus tard dans la forêt landaise qui lui fournit des bois d'exportation ; mais mal reliée à l'arrière-pays, faute de voie d'eau, sa position intérieure est singulièrement faible.

Cette modestie du rôle régional va persister la majeure partie du XIXe siècle, malgré la concentration de certaines fonctions (universitaire, militaire, administrative) ; le réseau ferroviaire fait certes la part belle à Bordeaux et surtout à Toulouse, seule ville du sud-ouest à bénéficier d'une étoile ferroviaire assez bien desservie ; mais les trajets sont longs, les dessertes mal conçues. C'est surtout la révolution automobile qui va assurer la centralisation régionale ; le vieux réseau des anciennes routes provinciales, si étoffé dans le Toulousain, se trouve être le point de départ de la renaissance ; l'automobile condamne à mort la plupart des lignes de chemin de fer, beaucoup trop lentes, assure l'hégémonie des capitales provinciales grâce à un réseau de services d'autobus dense et bien desservi.

1. La prépondérance bordelaise

Forte d'un peu plus de 600 000 habitants, l'agglomération bordelaise est la cinquième de France par l'importance, devançant Toulouse, mais moins nettement qu'autrefois. Sa situation est celle d'un fond d'estuaire, à près de 100 km à l'intérieur des terres, là où vient mourir la marée. La vallée de la Garonne est à ce niveau très dissymétrique ; côté rive droite, la plate-forme de calcaires à astéries domine assez brutalement la basse vallée d'une cinquantaine de mètres ; rive gauche, cette même plate-forme, fortement dénivelée sert de soubassement à la ville ; elle est partout masquée par des alluvions hiérarchisées en terrasses. Des cours d'eau venus des sables landais ont incisé ces terrasses de vallées dont les eaux ont de la peine à rejoindre un fleuve qui se barricade derrière des bourrelets alluviaux.

Dans ce cadre finalement médiocre, le site est lié à un méandre dont la rive concave offre de bonnes conditions à la navigation et se trouve coïncider avec un net rétrécissement de la zone basse entre deux terrasses : celle de la rive gauche a offert à la vieille ville de bonnes conditions de développement, à peu près à l'abri des crues du fleuve. Mais le site initial de Bordeaux, c'est aussi la faveur du premier pont possible sur le fleuve concrétisé par le pont de pierre actuel.

Les fonctions bordelaises

Bordeaux apparaît donc d'abord comme un port ; les conditions nautiques ont été assez bonnes tant que les navires n'avaient qu'un faible tirant d'eau ; elles sont maintenant fort défavorables : un estuaire menacé d'envasement, imposant de gros travaux de dragage, inaccessible aux gros navires, exigeant une lente remontée en pilotage, possible seulement à marée haute. Les conditions générales sont moins favorables qu'à Rouen, aucune grande voie d'eau ne conduisant vers l'Aquitaine intérieure ; il n'y eut jamais ici de transit important, rien même qui pût rappeler le trafic nantais au temps de la navigation sur la Loire. Il n'y a jamais eu dans l'estuaire d'avant-port actif, les bordelais ayant manqué de hardiesse, même lorsque le Port Autonome eut été substitué à la Chambre de Commerce dès 1924, et bien que l'Etat eût multiplié les interventions. Rénové après la Seconde Guerre mondiale, le port est bien équipé, avec un ensemble de quais peu utilisés : quais du centre et bassin à flot de Bacalan sur la rive gauche, appontements industriels de Queyries et de Bassens sur la rive droite. Des avant-ports, toujours trop proches, ont été mis en service peu à peu ; celui de Blaye est inutilisable, ceux de Pauillac et du bec d'Ambès, destinés au trafic pétrolier, ne peuvent recevoir les gros navires. La rade d'attente du Verdon, la plus touchée par la guerre, n'a été remise que tardivement en service ; c'est sur elle que portent aujourd'hui les plus gros efforts, afin de recevoir les gros pétroliers, les bateaux de conteneurs, les futures implantations industrielles dont rêvent les bordelais ; mais on n'a pas ici les réserves de terrains de la Basse-Seine, et la pollution est beaucoup plus redoutée des viticulteurs et de Royan.

Bordeaux fut d'abord un port des vins pour l'Angleterre, puis par cabotage, pour toutes les côtes françaises de l'Atlantique et de la Manche ; à dire vrai, bateaux et équipages furent rarement bordelais, mais anglais, ou originaires d'Yeu et de la côte sud de la Bretagne. Mais jusqu'à la Seconde Guerre mondiale, Bordeaux fut surtout un port colonial, celui du sucre et du rhum, plus tard des oléagineux, des bananes, du café, du cacao, des bois tropicaux ; un port de voyageurs aussi pour les Antilles, le Maroc, la côte ouest de l'Afrique tropicale, avec un grand nombre de lignes régulières dont les armateurs n'étaient que rarement bordelais (Chargeurs Réunis). Entre les deux guerres, Bordeaux devint un port pétrolier importateur de brut, grâce aux raffineries de l'estuaire ; il figure aussi parmi les ports de pêche, mais sans pêcheurs, car il n'était qu'un port de réception de la morue.

Le rôle pétrolier est resté seul important ; le trafic de Bordeaux, longtemps stable entre 13 et 14 millions de tonnes par an, n'a été que de 12 000 000 t en 1976 (dont 10 aux importations) et là-dessus, le trafic pétrolier participe pour près de 9 000 000 t. Ce sont surtout les importations de marchandises qui ont fondu, le port continuant à manipuler surtout des produits tropicaux : des sucres et des mélasses, des tourteaux et des oléagineux, du café, du cacao ; les importations de

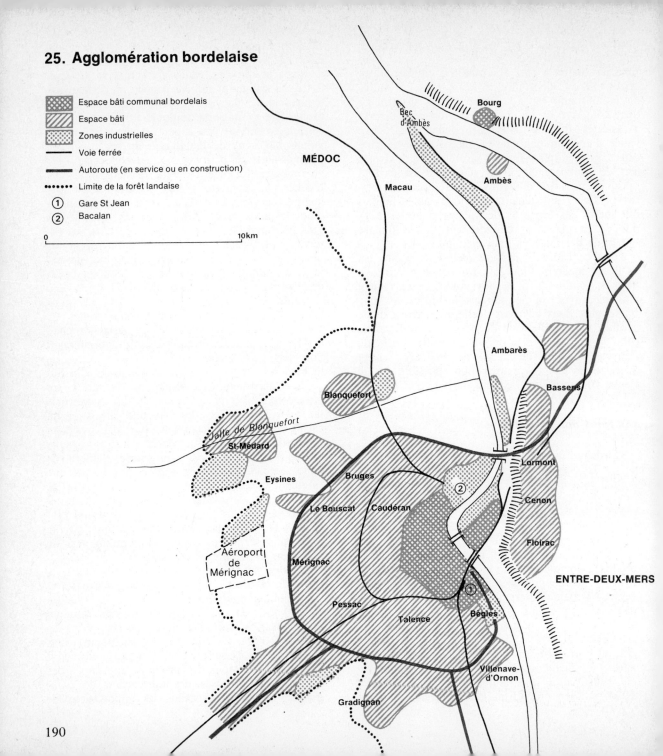

bois coloniaux se sont effondrées, mais le port reçoit toujours des phosphates et des engrais. Aux sorties, si les exportations de vins et de bois sont devenues très modestes, Bordeaux est devenu un port céréalier (mais exporte cependant moins que la Rochelle ou Bayonne).

Trafic portuaire et grand négoce ont été intimement associés. Le négoce des vins, accompagné de leur élevage et de leur stockage, s'est plus ou moins lié au trafic des produits coloniaux. Il occupe dans la ville, au long du quai des Chartrons ou du cours Xavier-Arnozan, de solides positions : plus d'un million d'hectolitres de vins y sont stockés, souvent les meilleurs du vignoble. On relèvera que ce négoce a peu de racines bordelaises anciennes : la bourgeoisie n'a guère investi dans le commerce des vins et la plupart des grandes firmes ont été fondées jadis par des étrangers ou d'autres provinciaux.

Ce négoce a abouti à une certaine accumulation de capitaux ; pourtant, comme dans la plupart des autres ports français, Bordeaux n'a pas su conserver son autonomie bancaire et sa petite bourse des valeurs fait pâle figure. Par contre, le port suscite l'habituelle population de transitaires, de consignataires, de bureaux d'affrètement, d'avitailleurs, etc. Une importante fonction d'entrepôt et de redistribution subsiste, notamment pour les produits d'origine coloniale.

Au total, négoce et trafic font preuve d'une inquiétante anémie; masqués par les chiffres du trafic pétrolier, le recul à peu près général des échanges, la faiblesse des armements bordelais, le conservatisme du négoce, l'absence de tout foyer industriel important sont responsables de ce désert qu'est devenu, bien des jours de l'année, le port de Bordeaux.

Car l'industrie bordelaise est peu active et sa part dans l'emploi, déjà inférieure à 40 % en 1968, ne cesse de régresser. Cela tient au déclin des activités traditionnelles : insignifiance de la construction et de la réparation navale, disparition des industries nées du trafic colonial ; il ne subsiste qu'une seule sucrerie dans une ville qui en compta 35 ; le rhum n'emploie que peu de monde, le travail des oléagineux ne compte guère qu'une usine vraiment rénovée et une projetée ; les vieilles usines crasseuses du quartier de Bacalan témoignent de ce déclin.

Or, le renouvellement de la fonction industrielle se fait attendre ; 3 ou 4 établissements seulement emploient plus de 1 000 salariés. Ni l'implantation des raffineries de pétrole, ni l'arrivée du gaz de Lacq n'ont suscité d'industries désireuses d'utiliser une énergie alors à bon marché. Des deux vieilles raffineries de Pauillac (Shell) et du bec d'Ambès (Caltex), seule la première a été totalement modernisée, alors que la seconde, passée sous le contrôle d'Elf, est menacée de fermeture ; l'ouverture au bec d'Ambès d'une nouvelle raffinerie Esso n'a porté la capacité totale de raffinage qu'à 9 000 000 de t ; la pétrochimie est inexistante (une usine de caoutchouc synthétique Michelin à Bassens) et le projet d'une unité de craquage à la vapeur au Verdon, outre qu'il repose sur des sociétés étrangères à l'estuaire, reste menacé par la crise.

L'industrie chimique traditionnelle a mieux tenu, avec ses fabrications d'engrais, ses verreries, ses trois grosses cimenteries ; il n'en est pas de même des industries alimentaires, souvent menacées (biscuiterie, chocolaterie, etc.).

Or, malgré de gros efforts d'équipement et de fortes pressions politiques, les implantations nouvelles se limitent pour l'essentiel à des activités d'Etat ou liées aux commandes de l'Etat : poudrerie de Saint-Médard, SNIAS à Bordeaux et Mérignac. Plusieurs créations dont Bordeaux attendait beaucoup sont restées embryonnaires : aéronautique Dassault, ateliers et centre de recherches IBM; seuls les produits pharmaceutiques Labaz, filiale des Pétroles d'Aquitaine, et l'usine Ford constituent des unités de production vraiment importantes (3 500 salariés dans les deux usines Ford).

Cette impuissance industrielle contraste avec ce qui se passe à Rouen ou même à Nantes. On peut invoquer la médiocre structure des sociétés bordelaises, leur trop petite dimension, la fuite des capitaux vers le vignoble ou le négoce, l'absence de tradition industrielle au niveau de la main-d'œuvre, la médiocrité d'un arrière-pays incapable d'offrir une clientèle suffisante. Un fait demeure : Bordeaux n'a jamais su attirer des industries, n'a même pas su conserver son maigre patrimoine.

C'est donc l'essor de la fonction régionale et des services qui justifie la croissance. L'hégémonie bordelaise sur l'Aquitaine atlantique ne se discute guère ; il lui arrive même de mordre sur le sud des pays charentais et sur l'ouest du Gers. C'est seulement au sud, par delà le désert landais, que l'influence bordelaise s'estompe comme le montre du reste la mauvaise organisation des relations ferroviaires régionales, conçues pour les échanges avec Paris, non pour les besoins régionaux : Pau et Bayonne manifestent à l'égard de leur capitale régionale d'autant plus de velléités d'autonomie. De la sorte l'hégémonie bordelaise n'est pleinement acquise que sur la Dordogne, la Gironde, les Landes et le nord des Pays de l'Adour; en revanche, en Lot-et-Garonne, à l'est d'Agen, on regarde plutôt vers Toulouse. La presse bordelaise, notamment le journal « Sud-Ouest », rayonne sur toute cette zone et le sud des pays charentais; elle domine encore assez largement le Pays Basque et une partie du Béarn. Les puissantes universités bordelaises, restées très classiques et peu ouvertes, fortes de quelque 36 000 étudiants, doivent faire face à la concurrence des universités toulousaines, plus actives, davantage tournées vers la recherche et mieux intégrées à l'économie régionale, ainsi qu'à la dissidence paloise, encore très modeste. Presque toute l'activité universitaire s'est décentralisée au sud-ouest de l'agglomération, aux limites de Talence et de Pessac.

Mais Bordeaux, obnubilée par ses vins, n'est pas vraiment une métropole agricole au service de ses campagnes.

Le développement de la ville

Grande ville de bonne heure, Bordeaux a été vite à l'étroit dans l'enceinte de ses boulevards ; malgré l'annexion de Caudéran, sa population, qui tournait depuis le début du siècle autour de 250 000 habitants, diminue par suite du phénomène de « city » ; la commune de Bordeaux a perdu 16 % de sa population entre 1968 et 1975, ce qui est énorme, tombant à un peu plus de 220 000 habitants, soit guère plus du tiers de la population de l'agglomération, qui est passée, elle, de 450 000 en 1954 à plus de 600 000 en 1975 ; la commune devient ainsi minoritaire au sein de la Communauté urbaine, où deux villes dépassent déjà 50 000 habitants.

Bordeaux même, moulée en croissant sur la boucle du fleuve, est définie par deux périmètres ; l'un interne, celui des Cours, mesure l'extension de la ville au début du XIXe siècle ; l'autre, celui des Boulevards, coïncide à peu près, sauf pour Caudéran, avec les limites communales. Dans ce périmètre, la croissance s'est effectuée le long d'un certain nombre de radiales partant des quais ou du pont de pierre, ce dernier ouvert en 1822. Les coteaux calcaires ont offert à Bordeaux une très belle pierre de construction, facile à travailler, mais ayant l'inconvénient de noircir du fait du climat ou de la pollution. La ville a été ainsi presque entièrement reconstruite en pierre au XVIIIe siècle et certains éléments fondamentaux n'ont été terminés que plus tard : les Quinconces sous la Restauration, à la place du Château-Trompette, la rue Sainte-Catherine, le grand axe commercial nord-sud au milieu du XIXe siècle. C'est cependant aux intendants du XVIIIe siècle que Bordeaux doit l'essentiel de ses places, ses grandes percées et la ceinture de ses Cours. A l'intérieur de ces derniers domine une construction en hauteur, avec un front de fleuve homogène, où les magnifiques quartiers de résidence et d'affaires contrastent avec un tissu urbain commercial et résidentiel souvent très vétuste. Ce vieux centre ne s'est dépeuplé que récemment. Une bourgeoisie cossue, très fermée, aux attaches terriennes souvent puissantes dans les vignobles ou la forêt landaise, cloisonnée en branches de négociants, de médecins, etc., s'y attarde encore lorsqu'elle n'a pas préféré, au siècle dernier, les luxueuses villas de Caudéran.

Entre les Cours et les Boulevards, seules les grandes percées radiales, comme la rue Judaïque, s'accompagnent d'un habitat en hauteur. Le reste du tissu urbain ancien est caractérisé par la prédominance de maisons sans étage, les *échoppes*, maisons en profondeur, avec une étroite façade sur la rue, une ou des pièces centrales sombres, et donnant à l'arrière sur un petit jardin plus ou moins encombré d'appentis. Aux extrémités nord et sud, les aménagements portuaires ou industriels l'emportent sur la résidence : Bacalan au nord, Brienne et le nouveau marché de gros entre les emprises ferroviaires de la gare Saint-Jean et les boulevards du sud. Enfin, à la rencontre des radiales et des boulevards se sont développés, à l'extérieur de l'ancien octroi, des noyaux commerciaux très actifs : les *barrières*.

La croissance ultérieure de la ville s'est longtemps faite sur le même modèle ; à part quelques noyaux commerciaux, la construction individuelle, basse, domine ; l'agglomération comptait en 1975, pour 213 000 logements occupés, 145 000 immeubles distincts (contre respectivement 177 000 et 87 000 à Toulouse, 410 000 et 119 000 à Lyon). Cela donne une ville démesurément étendue en surface qui englobe peu à peu les anciens noyaux villageois du Médoc ou des Graves. Dans cette expansion, la construction individuelle a évité les secteurs difficiles ; marais et palus de Gironde, vallées marécageuses des « jalles », surtout au nord de Bordeaux. A l'ouest, un blocage est constitué par l'aéroport de Mérignac et les zones industrielles qui l'accompagnent.

L'urbanisme contemporain se trouve donc en face d'un tissu urbain peu serré, avec des centaines de kilomètres de rues à « échoppes », sans égouts, à voirie parfois incertaine et ne peut créer de nouveaux quartiers ou établir de nouveaux équipements que dans des zones où la construction est difficile et coûteuse. Cela explique les hésitations des municipalités, le tardif démarrage, après la Seconde Guerre mondiale, de la construction en hauteur. Les zones basses, proches du fleuve, ont été systématiquement réservées aux industries et aux entrepôts qui avaient commencé à s'y installer ; présent à Bègles, ce type est surtout représenté sur la rive droite, au bas Floirac, dans le vieux quartier de La Bastide, au bas de Cenon, de Lormont, etc. La construction résidentielle en grands ensembles a occupé les trous laissés par la construction ancienne, surtout à l'ouest et au sud-ouest (Mérignac, Pessac, Talence, Villenave d'Ornon). Elle essaie d'autre part de coloniser, avec plus ou moins de succès, la jalle de Saint-Médard ; enfin, elle s'est surtout largement développée sur le coteau de rive droite, malgré les difficultés d'accès, là où le plateau de calcaires à astéries offre des assises plus solides et où le climat est plus agréable, plus ventilé : Floirac, Lormont, Cenon ont vu se multiplier les cités. L'invasion de la construction individuelle ne cesse pas pour autant, se développant par exemple à l'ouest au détriment de la forêt landaise. La demande de logements se trouve renforcée par les opérations de restructuration des vieux quartiers qui accentuent l'abandon du centre-ville méridional, dans des opérations souvent vivement contestées.

L'emploi étant essentiellement resté au centre de l'agglomération, la croissance aggrave les problèmes urbains. Le franchissement de l'estuaire reste difficile, même si le pont de pierre a été doublé au sud par le pont Saint-Jean, d'ailleurs mal relié au centre ville, et surtout par l'ouverture à Lormont du grand pont d'Aquitaine qui devrait permettre un contournement de l'agglomération par le trafic de transit, par des voies dont une bonne partie reste malheureusement à faire. Cette agglomération immense connaît d'autre part des problèmes de moyens de transport que le réseau d'autobus, maintes fois remanié, résout relativement mal. Enfin, la création de la Communauté urbaine bordelaise réunit dans un même organisme des communes traditionnelles relativement riches, conservatrices, et des communes industrielles ou à grands ensembles, écrasées par le financement de leurs réalisations, électoralement plus à gauche.

2. Toulouse : une expansion urbaine artificielle

Ville rose de la construction en briques, très différente de la grisaille ou de la blancheur bordelaise, Toulouse a une situation moins favorable. Elle est certes une ville-carrefour : c'est là que la route du Languedoc aborde la vallée de la Garonne ; c'est aussi, en remontant le fleuve, la route qui longe le pied des Pyrénées ; par l'Ariège on va vers les Pyrénées et l'Espagne ; à l'est, on gagne facilement Albi et les Ségalas. Le carrefour est donc remarquable, mais les voies qui le composent

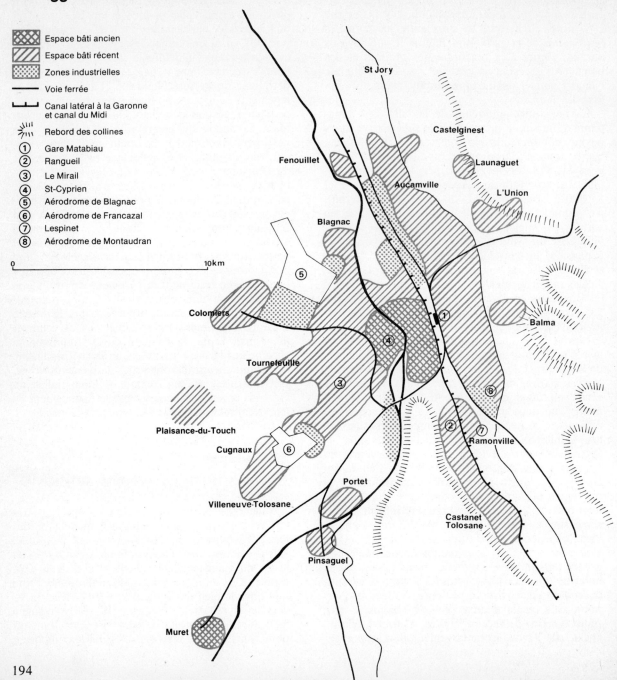

n'ont jamais connu de flux très denses. Ville du piedmont pyrénéen, aucune voie transmontagnarde n'y peut susciter une émule de Turin ou de Milan; ville aquitaine, elle n'est que la capitale des Terreforts ; ville languedocienne, elle ne contrôle que des trafics restreints, essentiellement, autrefois, ceux des céréales.

Le site primitif est celui d'une terrasse dominant d'une dizaine de mètres les ramiers de la Garonne, à la pointe de la courbe que le fleuve décrit vers l'est, tête éventuelle du trafic fluvial. Le gué du Bazacle n'a guère dû jouer de rôle, l'insignifiance des relations avec l'Armagnac n'ayant donné que peu d'intérêt, par la suite, au pont reliant la ville au faubourg de Saint-Cyprien.

Dès l'époque romaine, Toulouse apparaît comme une place de commerce ; cependant, la primauté de cette fonction d'affaires n'existe que lors des phases de prospérité économique, et Toulouse n'en recueille pas forcément le bénéfice : l'ouverture du Canal des Deux Mers profitera plus aux négociants marseillais ou montpelliérains. De plus, la bourgeoisie toulousaine investit une bonne part de ses revenus dans la terre, par exemple, sous la Révolution, à la faveur de la vente des biens nationaux. Il faudra la révolution ferroviaire, puis automobile, pour renforcer l'emprise du négoce toulousain sur la région. L'étoile ferroviaire fut remarquable, médiocre seulement dans les relations avec l'Armagnac, complétée par un réseau départemental tôt électrifié ; si la plupart des lignes secondaires ont disparu, la création du réseau d'autobus a plutôt renforcé, entre les deux guerres, la prépondérance toulousaine. Une société de magasins à succursales multiples, l'Epargne, rayonne sur toute la région (elle a été absorbée par le « Casino » et ne touche pas la région tarbaise dominée par la « Ruche » agenaise). Pourtant, la seule banque régionale autonome, Courtois, ne rayonne guère que sur la Haute-Garonne, atteignant Montauban, mais non Albi, se risquant à Pamiers mais pas à Foix, à Castres mais non à Mazamet ; ce n'est d'ailleurs plus qu'une banque dépendant de l'« Union Parisienne ».

La puissance régionale de Toulouse lui est en partie venue de la croisade des albigeois ; elle a été la ville de la répression, y a gagné un archevêché et un rôle de capitale catholique du Midi. Mais elle est aussi la ville de la tradition occitane, celle des Jeux floraux, des sociétés savantes. Les trois universités l'emportent nettement sur celles de Bordeaux, regroupant 43 000 étudiants : dans ce domaine, Toulouse a joué la carte de la nouveauté, associe tout un complexe de grandes écoles scientifiques, dont un INSA, multiplie les laboratoires de recherche et les contacts avec l'industrie ; ses institutions scientifiques sont souvent de rayonnement national (laboratoires du CNRS, service de la carte de la végétation). La fonction administrative est plus banale ; mais l'environnement scientifique et industriel y a justifié l'installation en cours de tous les services nationaux de la Météorologie Nationale. Ce qui exprime peut-être le mieux le rôle régional, c'est le rayonnement de l'unique quotidien toulousain, *La Dépêche du Midi* ; sans atteindre les tirages de la presse bordelaise, le journal rayonne sur presque toute la région de programme, mord largement sur l'Aude et ne cède à la presse de Bordeaux ou d'Agen que l'ouest du Gers, et au « Midi libre » que la moitié orientale de l'Aveyron. Finalement, la fonction régionale est plus dynamique qu'à Bordeaux, plus affirmée, mieux fondée sur la domination de l'espace rural, grâce aux services de niveau supérieur que Toulouse entretient pour l'agriculture de la région (école de Purpan, école vétérinaire, etc.).

Mais Toulouse n'est pas plus que Bordeaux une grande ville industrielle ; il n'y avait en 1968 que 36 % d'ouvriers et le pourcentage a dû encore baisser. Plus encore qu'à Bordeaux, l'industrie s'émiette en très petites affaires ; les rares ateliers importants dépendent tous de centres de décision parisiens ou étrangers. Mais à la différence de Bordeaux, Toulouse n'avait pratiquement pas d'industries anciennes ; on n'y recense guère qu'un peu de bonneterie, de la confection, de la papeterie et de l'imprimerie, des industries tournées vers l'utilisation des produits agricoles ou la fourniture de machines pour les campagnes. Les grandes industries sont récentes, implantées pour des motifs stratégiques ou pour consommer sur place l'électricité pyrénéenne : poudrerie, cartoucherie, usine d'engrais de l'APC (ex-office National Industriel de l'Azote) ont été créées ou agrandies à l'occasion de la Première Guerre mondiale. L'industrie aéronautique, Dassault-Bréguet et surtout la SNIAS (ex-Sud-Aviation), est venue à l'occasion de la Seconde. Des interventions de l'Etat sont donc à l'origine des créations et la région n'a rien fourni des énormes investissements réalisés, se contentant de profiter de budgets de fonctionnement très rarement couverts par les résultats de la production. L'industrie toulousaine apparaît ainsi comme un gigantesque consommateur de ressources financées par le reste de la collectivité nationale. Cette situation de dépendance plus ou moins parasitaire est à l'origine des difficultés de l'industrie aérospatiale trop liée à la conjoncture aéronautique et à la plus ou moins grande générosité budgétaire. De plus, toutes ces industries n'emploient guère que des hommes, il est vrai bien payés.

On pourrait penser que Toulouse, forte de ses écoles d'ingénieurs, loin de la capitale, constituerait une base favorable à un développement industriel plus différencié. En fait, un seul facteur semble avoir joué : l'abondance, et par suite, le bon marché de la main-d'œuvre féminine. Pour le reste, on assiste plutôt à un phénomène de rejet généralisé. La distance de Paris s'est révélée contraignante, malgré la bonne desserte de l'aéroport de Blagnac ; le milieu local est peu réceptif, peu dynamique ; on relèvera notamment la carence totale de la sous-traitance, même banale, pour les industries aéronautiques (moins de 1 000 emplois pour toute la région).

Aussi y a-t-il peu d'industries nouvelles. On avait fondé de grands espoirs sur l'informatique ; mais les deux usines créées, Motorola et CII n'ont jamais atteint les objectifs qu'elles s'étaient fixés; leurs ateliers, menacés de récession, et tous deux situés sur la zone du Mirail n'atteignaient pas 3 000 emplois en 1974 ; qui pis est, cette industrie a dû recruter hors Toulouse des cadres et techniciens que l'Université n'avait su former. La crise de l'industrie informatique française n'est pas seule responsable de la carence toulousaine...

De ce fait, l'industrie aéronautique reste la pièce maîtresse de l'emploi toulousain, bien qu'elle n'ait jamais employé plus de 15 000 personnes et que ses effectifs varient fortement en fonction du plan de charge des usines, lesquelles sont de plus en plus regroupées à Blagnac et Colomiers, à proximité de l'aéroport ; la recherche y est importante de même que les essais (centre de Lespinet, près de l'aérodrome de Montaudran) et la formation des ingénieurs ou des cadres (Supaéro, Ecole Nationale de l'Aviation civile, CNES). Ces usines, qui emploient une forte proportion de cadres et de techniciens sont uniquement des unités d'avionnage et de montage, la plupart des équipements assemblés provenant de la Région Parisienne.

Toulouse est ainsi depuis longtemps l'un des pôles du chômage en France et les universités n'ont guère d'espoir d'y placer les cadres qu'elles forment. Cela n'a pas empêché une croissance beaucoup plus vive qu'à Bordeaux, encore que fortement ralentie entre 1968 et 1975 (+ 2 % par an tout de même) ; il y avait 288 000 habitants dans l'agglomération en 1954, 440 000 en 1968, 510 000 en 1975.

La structure de l'agglomération est très différente de celle de Bordeaux. La commune-mère, bien qu'ayant cessé de croître et ayant eu, de 1968 à 1975, un solde migratoire négatif, regroupe encore plus de 370 000 habitants ; c'est qu'elle était très vaste, comptant de larges terroirs ruraux dont la conquête a longtemps suffi aux besoins de la population. La vieille ville est très exiguë, d'abord comprise entre le Capitole et le fleuve, plus tard entre la gare Matabiau, le canal et le fleuve, avec le modeste faubourg de Saint-Cyprien sur la rive gauche. Ce centre des capitouls, malgré la fragilité de la brique, abrite quelques-uns des plus célèbres monuments de notre passé : basilique Saint-Sernin, église des Jacobins, etc. A partir de ce centre, la croissance ultérieure s'est faite suivant un plan radioconcentrique, mais seulement sur la rive droite ; c'est une croissance étriquée, où presque tout l'espace est bâti, avec très peu de dégagements (Grand Rond).

Après la Seconde Guerre mondiale, la ville a d'abord rempli le cadre communal, dans un certain nombre d'opérations plus ou moins réussies : occupation périlleuse des ramiers au sud, avec la zone d'Empalot, escalade des coteaux du Terrefort, à l'est de la voie ferrée et du canal (Côte pavée, Russie, etc.) ; puis deux grands aménagements, l'un au sud, universitaire et hospitalier à Rangueil et Lespinet (sciences, médecine, IUT, INSA), l'autre, beaucoup plus ambitieux sur la rive gauche : le Mirail. La création de cet ensemble, prolongeant au-delà du faubourg Saint-Cyprien une zone d'habitat récent, a été très contestée ; il s'agit d'un projet grandiose, puisque devant abriter à terme une centaine de milliers d'habitants ; on y a joint des activités universitaires (lettres) et industrielles (informatique) ; mais les créations d'emplois ont été moins nombreuses que prévu ; le Mirail reste un faubourg-dortoir, dont les habitants travaillent en ville ; un faubourg assez mal équipé, isolé, dont le principal mérite est d'avoir permis à la commune de Toulouse de conserver sa population, malgré la rapide désertion des vieux quartiers, délaissés ou frappés par des actions de rénovation.

La même situation de dépendance caractérise la banlieue ; la croissance désordonnée de l'agglomération affecte directement une trentaine de communes dont la population est passée de 30 000 habitants en 1954 à plus de 120 000 en 1975 ; le schéma d'aménagement y joint une trentaine d'autres communes encore rurales, mais dont la population augmente déjà rapidement. On assiste donc à une sorte d'occupation diffuse du monde rural, avant tout sur les terrasses de la Garonne et de l'Ariège. Quelques communes disposent d'emplois : Colomiers, Blagnac ; mais assez peu de ceux qui y travaillent y vivent. La plupart des communes de banlieue sont ainsi de simples dortoirs, calmes, mais mal urbanisés, peu équipés, difficilement reliés au centre de l'agglomération.

Par suite, les mouvements pendulaires de travailleurs, de scolaires, d'étudiants, de ménagères ou de ruraux en quête de courses, prennent un aspect affolant, entraînant une paralysie progressive du centre-ville; les autobus, dont le réseau, bien que remanié, reste mal adapté, s'engluent dans les embouteillages malgré la réservation d'une partie des chaussées à leur usage. La construction de rocades extérieures, plus avancée qu'à Bordeaux, ne suffit pas à canaliser les flux de main-d'œuvre. Seul le franchissement de la Garonne a reçu une solution au moins partielle au sud de la ville.

Il y a d'autres problèmes : la vieille ville, assez dégradée, a besoin de rénovation ; le Toulouse contemporain ignore parfois encore les réseaux d'égouts alors que les fouilles découvrent ceux des romains... La construction s'est faite de façon anarchique, substituant aux anciennes maisons en briques le jaillissement de tours souvent démesurées à armature d'acier. La spéculation foncière est débridée, gagne aujourd'hui les banlieues, renforçant les ségrégations sociales et opposant les quartiers d'HLM (Empalot, Rive Gauche) aux quartiers résidentiels riches des coteaux.

Plus encore qu'à Bordeaux, la population est démesurée par rapport aux activités réelles, contrainte de se rabattre sur un emploi tertiaire à la limite de l'utilité ou de la rentabilité. Cette population est plus mêlée qu'à Bordeaux : on y compte bien davantage d'étrangers, des italiens et des ibériques surtout, avec une tradition du refuge politique qui a valu à Toulouse à la veille de 1940, sa première main-d'œuvre industrielle qualifiée. Plus que Bordeaux, elle a accueilli les réfugiés d'Afrique du Nord : elle a été une des grandes cités du repli marocain, puis algérien, avec des afflux de petites gens en quête d'un emploi problématique ou d'une indemnisation toujours promise et rarement versée. Ces afflux ont provoqué un rajeunissement de la population, une mutation de la balance démographique devenue fortement positive. De véritables communautés s'y sont créées, ainsi celle des juifs oranais, forte au départ d'une quinzaine de milliers de personnes.

Le milieu est à la fois plus agité et plus débonnaire qu'à Bordeaux, car il y manque cette bourgeoisie qui assura la stabilité bordelaise. Le milieu toulousain fut longtemps à demi-rural, populaire, pas très entreprenant ; la croissance a bouleversé les structures sociales, mêlé les populations ; elle a aussi renforcé les oppositions, avivé les conflits politiques, assuré un triomphe du « verbe », plus encore que dans le Midi Méditerranéen. L'unanimité ne se refait que rarement, dans la passion suscitée par quelque grande compétition sportive ou taurine... Peut-être faut-il y voir une des raisons de l'anarchie administrative de Toulouse, sans organisation communautaire ; il est vrai que deux communes seulement y dépassent 10 000 habitants, ce qui est peu en face de la ville de Toulouse et justifie sans doute bien des méfiances.

3. Les chances d'une métropole des pays de l'Adour

Des supports économiques originaux

Du Lannemezan à l'embouchure de l'Adour et à la côte basque, la bordure pyrénéenne constitue une zone en expansion, beaucoup plus active que le reste du Bassin Aquitain. L'expansion démographique, surtout forte dans la vallée du Gave de Pau et en Pays Basque, contraste avec le déclin souvent rapide de la population, tant dans les Pyrénées que dans les campagnes gersoises ou aturiennes. Cette expansion traduit pour une part une situation déjà ancienne : la fréquence du phénomène urbain, chacune des grandes vallées pyrénéennes ayant provoqué la naissance d'un ou de plusieurs organismes urbains à son débouché dans la plaine. Mais elle est surtout le reflet du développement industriel récent et de l'essor touristique.

La croissance industrielle procède d'abord de l'énergie électrique pyrénéenne, puis de l'éloignement des frontières menacées d'invasion qui a permis d'y localiser des industries stratégiques. Plus récemment, l'essentiel est lié à la recherche pétrolière, puis à la découverte et à l'exploitation du gaz de Lacq.

Ce dernier, découvert en 1951 par la Société Nationale des Pétroles d'Aquitaine, est tiré de plusieurs structures anticlinales, de part et d'autre de la vallée du Gave de Pau, entre Pau et Orthez. Exploités entre 3 500 et 4 500 m, ces gaz, lourdement chargés de produits agressifs, parfois d'eau, sont émis à température élevée ; ils doivent être désulfurés, dégazolinés, parfois déshydratés. Le méthane ainsi obtenu, sur la base d'une capacité théorique de 7 à 8 milliards de m^3/an, revient relativement cher et son prix dépendait largement, avant la crise pétrolière qui lui donna les marges financières nécessaires, de la vente des sous-produits et notamment du soufre, produit à raison de 200 000 t par milliard de m^3 de gaz extrait.

Le gaz avait fait espérer de grands jours pour l'industrialisation de l'avant-pays pyrénéen. En fait, son coût initialement élevé l'a éliminé comme source de produits chimiques à bon marché ; les forts risques de pollution de la vallée du Gave de Pau ont limité certaines implantations ; l'éloignement par rapport aux régions consommatrices constitue un handicap considérable qui fait qu'il est préférable de conduire le gaz par pipe vers d'autres lieux où il pourra donner naissance à des industries utilisatrices. Enfin la région n'a pas « répondu » favorablement : la plupart des créations industrielles liées au gaz, il est vrai exigeantes en capitaux, sont le fait de firmes extérieures à la région. Ces créations sont :

— les unes liées à l'utilisation directe du gaz dans l'industrie chimique : chimie organique pour la fabrication d'engrais azotés, de chlorure de polyvinyle, de méthanol, etc. dans un groupe de sociétés aux structures financières très compliquées (Aquitaine-Chimie au départ, éclatée en Azolacq, Méthanolacq, etc.) ; travail du soufre et fabrication de l'éthylène et de ses dérivés, essentiellement par Aquitaine-Organico, filiale de la SNPA ;

— d'autres procèdent de la production d'énergie électrique à bon marché à partir du gaz dans la centrale thermique EDF d'Artix. Une partie de l'électricité est livrée aux industries de Lannemezan (engrais azotés PUK, aluminium Péchiney) ; mais l'industrie la plus grosse consommatrice est sur le gisement même l'usine d'aluminium de Noguères, du groupe Péchiney, la plus grosse de France ;

— d'autres enfin se situent à l'amont de la production du gaz : ce sont toutes les entreprises fournissant le matériel : chaudronnerie, tuyauterie, matériel de forage, etc. Assez rarement installées sur le gisement, elles sont surtout regroupées dans les villes traditionnelles, notamment à Pau.

Après un démarrage rapide et prometteur, les industries nées de Lacq ont cependant vite stagné ; si la SNPA a essayé d'installer des filiales de produits finis (produits pharmaceutiques Labaz), les autres implantations ont cessé, la raison essentielle étant la menace d'épuisement du gaz, l'exploitation devant fortement régresser dès 1985, sauf découverte nouvelle, assez improbable. Non seulement on ne crée plus, mais le mot d'ordre est à la reconversion et l'atmosphère est déjà à la crise.

Les chances du *tourisme* sont plus solides. Numériquement la plus grosse base reste le *pèlerinage de Lourdes,* avec de 3 500 000 à 4 000 000 de pèlerins ou de visiteurs chaque année ; si le nombre de pèlerins ne s'accroît plus, beaucoup associent par contre à leurs dévotions une ou plusieurs journées de tourisme pyrénéen, faisant vivre une prospère industrie du transport routier de voyageurs. Quinze mille chambres, réparties sur plus de 350 hôtels ou pensions de famille sous les pieux vocables de tous les saints du calendrier, une profitable vente de souvenirs, tout cela fait de Lourdes le grand pivot du tourisme à la bordure des Pyrénées centrales.

L'autre pôle d'attraction est la côte basque, dont le développement, comme celui de tous les vieux ensembles balnéaires français, a été lié à l'arrivée du chemin de fer et de l'impératrice Eugénie... La fonction touristique est complexe ; il y a une résidence permanente ou saisonnière de gens aisés, avec de nombreux retraités ou oisifs venus profiter de la douceur du climat ; une manière de Côte d'Azur en petit avec le même cortège de vieux palaces, de casinos, etc. Le tourisme d'été est fonction des plages et du proche Pays Basque ; il y a enfin le tourisme de passage, en relais sur la route d'Espagne. La douceur du climat a favorisé une expansion que ne semblent pas avoir contrarié la fréquence et l'abondance des précipitations, même en saison d'été; là encore, la fièvre foncière, la spéculation immobilière, le massacre de la côte par des projets de port de plaisance font penser à la Côte d'Azur.

Les tentations politiques

La première tentation d'échapper aux métropoles traditionnelles vient de la distance. Par la route, Bayonne est déjà à 175 km de Bordeaux, Pau à 200 km de Bordeaux comme de Toulouse ; le parcours ferroviaire est nettement plus long, et la ligne de Pau à Toulouse a un profil difficile avec de fortes et longues rampes qui contraignent à une médiocre vitesse commerciale. Il y a là de quoi tenter les partisans d'une émancipation. Il y a aussi la frontière toute proche que ne connaissent guère toulousains et bordelais ; le trafic des voyageurs et des marchandises, la contrebande, l'accueil des réfugiés créant des mentalités particulières. Il y a surtout des traces d'irrédentisme ; si le nationalisme béarnais est un souvenir bien lointain, la terre basque détachant en France une petite apophyse, pose de réels problèmes de frontière et pousse les populations concernée à rejeter l'encadrement tant national que régional. Il y a là plus que du folklore ou de la nostalgie : de longues traditions de refus, la conservation d'archaïques traditions, notamment linguistiques, tout cela explique une difficile insertion, favorisant par là des velléités d'autonomie ou d'indépendance, et la réaction inverse du pouvoir central. Le Pays Basque est, il est vrai, un pays de l'intérieur, et Bayonne a toujours été de tradition française, de sorte que la menace séparatiste n'intéresse guère l'avant-pays, pas même la côte noyée sous les flots de la résidence intérieure française. Mais l'éloignement, la frontière, les tentations autonomistes, un instant de forte croissance économique sont autant de germes de développement urbain.

L'éclatement des fonctions urbaines

Une capitale unique des pays des Gaves et de l'Adour aurait eu de fortes chances d'émancipation vis-à-vis de Toulouse et de Bordeaux. Au lieu de cela, le contrôle de l'espace régional éclate en de nombreuses villes, les unes de piedmont, les autres tout à l'aval des grandes vallées pyrénéennes. Beaucoup sont restées de minuscules organismes, malgré une longue tradition historique, comme les vieilles capitales du Béarn. Trois sont devenues des agglomérations importantes : Tarbes, avec 75 000 habitants, Bayonne et l'agglomération touristique de la côte basque avec environ 120 000 habitants, Pau candidate aux fonc-

27. Côte basque

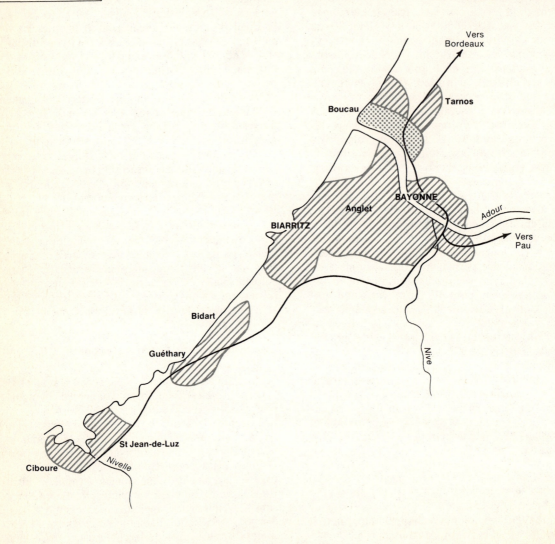

tions de métropole avec plus de 125 000 habitants. On a sans doute estimé qu'une telle rue de villes, sur les 150 km qui séparent Tarbes de Bayonne, n'était pas suffisamment garnie, puisque les maîtres d'œuvre de Lacq ont jugé bon de créer, avec Mourenx, une des très rares villes neuves françaises, ville que la proximité de Pau bloque dans sa croissance et dont la population, déjà, diminue...

Cette dilution des fonctions urbaines permet le maintien de toute une série de petites villes ; au pied des Pyrénées, Lannemezan, Lourdes, Nay, Oloron, toutes les quatre voyant leur population diminuer légèrement, Orthez, plus riche en commerces et revigorée par la proximité de Lacq. Sur la côte basque, Hendaye vit davantage de la frontière que du tourisme ; Saint-Jean-de-Luz, à la tête d'une agglomération de près de 25 000 âmes, a conservé un port de pêche resté par certains côtés traditionaliste (le paiement à la part subsiste en partie pour les équipages) et spécialisé dans la pêche tropicale aux thonidés (avec une longue campagne de 8 mois servie par quatre bateaux-congélateurs) ; cependant, les prises débarquées se sont effondrées de plus de 10 000 t à 4 000 en 1976, malgré le maintien d'une petite pêche à la sardine et à l'anchois. La pêche alimente une industrie de la conserve, à Ciboure et Saint-Jean-de-Luz, qui a mieux tenu que celle des ports bretons (plus de 1 000 emplois encore en 1974).

Ces petites villes si proches les unes des autres sont pourtant correctement équipées, disposant pour la plupart de lycées, de cliniques et d'hôpitaux, de services privés très suffisants au point qu'on peut douter de la rentabilité de certains de ces investissements, sauf là où de forts contingents de vacanciers viennent renforcer momentanément la clientèle autochtone, comme à Saint-Jean-de-Luz.

Tarbes commande l'avant-pays des Pyrénées centrales ; sa croissance récente a été forte, faisant passer l'agglomération à 75 000 habitants en 1968 ; depuis, la population n'augmente plus que lentement, Tarbes même perdant des habitants, avec un solde migratoire devenu nettement négatif ; ce renversement de tendance traduit les difficultés de l'industrie, certaines fabrication de l'arsenal étant fortement menacées, et les autres industries — matériel ferroviaire et machines de l'Alsthom, fabrications électromécaniques, aéronautique —, ayant des plans de charge assez irréguliers. Toutes ces industries réclament une main-d'œuvre très spécialisée, relativement chère, et une recherche technologique constante qui ne peut s'appuyer que sur une petite école d'ingénieurs. Tarbes est pourtant une préfecture bien équipée, avec un rôle régional non négligeable (il y a encore un petit quotidien de diffusion locale).

Bayonne connaît aussi un ralentissement de sa croissance, et autant qu'à Tarbes, la progression de l'emploi est bloquée. C'est une agglomération très disparate, associant un port de commerce et une industrie bâtie en fonction de l'estuaire, à des villes touristiques comme Biarritz, ou résidentielles comme Anglet. Le port souffre des défauts d'un estuaire ensablé ; il n'est accessible qu'à des bateaux de port inférieur à 15 000 t, et le trafic oscille entre 2 et 3 millions de tonnes. Le port exporte deux fois plus (en tonnage) qu'il ne reçoit ; aux entrées, il n'y a pratiquement que des engrais ; aux sorties, à peu près exclusivement du maïs (pour 1/3) et du soufre ; le port de pêche a cessé d'être opérationnel. Bayonne est d'autre part un port industriel : importations et exportations ont nourri jadis les hauts fourneaux et forges de Boucau, aujourd'hui les fabriques d'engrais et la cimenterie. La fermeture des forges a été compensée par des créations nouvelles ; on compte 3 000 ouvriers dans l'aéronautique (Turboméca à Tarnos, Dassault à Anglet) ; on y fabrique aussi des composants électroniques ; mais l'équilibre de l'emploi est précaire, de vieilles industries comme celle de la chaussure ayant disparu. Les industries sont surtout installées au long de l'Adour, notamment à Boucau et Tarnos.

Bayonne est également une place de commerce importante ; quelques services publics ou privés des Pyrénées-Atlantiques s'y sont installés de préférence à Pau. La ville s'est développée au confluent de la Nive et de l'Adour, dont une puissante forteresse contrôlait les accès méridionaux. L'un des gros problèmes est celui du trafic en transit de ou vers l'Espagne, en attendant l'achèvement de l'autoroute du Pays Basque. Bayonne, dont la population est maintenant stationnaire, n'a que 43 000 habitants sur plus de 120 000 que compte l'agglomération ; Biarritz, avec ses extravagants projets d'aménagement côtier, en a plus de 27 000, Anglet presque autant. C'est dire les difficultés d'entente entre communes aux intérêts divergents.

Pau, capitale ?

Les difficultés présentes de Bayonne font assurément le bonheur des palois. Pau se signale d'abord par son dynamisme démographique ; de 1954 à 1968, le taux de croissance se tenait entre 4 et 5 % par an : un record ! Mais là aussi, l'arrêt de la croissance est net, le taux annuel étant tombé au-dessous de 2 % par an, ce qui est encore honorable et maintient un solde migratoire positif malgré un taux de natalité élevé, le plus fort, actuellement, des villes du Bassin Aquitain.

La ville est installée sur une haute terrasse dominant la vallée du Gave où la gare a été malencontreusement installée. Son premier essor est venu du tourisme : quels avantages les anglais trouvèrent-ils à son climat hyperhumide, toujours est-il qu'ils y vinrent en villégiature presque aussi tôt que sur la Côte d'Aur, amorçant une fonction résidentielle qui persiste et a retrouvé une nouvelle vigueur avec l'afflux des rapatriés et des retraités.

L'absence d'industrie fut un lourd handicap. Le refuge, le hasard y ont amené des industries variées, surtout aéronautiques (fabrication de pièces, de moteurs, avec Turbomeca et Messier et une certaine sous-traitance, en tout quelque 3 000 emplois) ; mais on y trouve aussi l'industrie de la chaussure, et des fabrications parfois inattendues (aimants Arelec). De plus, Pau est la ville directrice du complexe de Lacq ; non seulement elle loge la majorité des cadres, mais elle a vu naître une certaine sous-traitance industrielle.

C'est surtout la fonction régionale que les palois voudraient développer. Le rôle ancien est modeste : voie ferrée et route du Somport n'ont guère de trafic et c'est Oloron-Sainte-Marie qui contrôle l'accès à la vallée d'Aspe. A l'Ouest, la concurrence de Bayonne est active dès Orthez ; à l'Est, Tarbes est à 40 km ; au Nord, les relations avec les pays aturiens souffrent d'équipements insuffisants. Le rayonnement existe pourtant, matérialisé par le maintien de deux petits journaux — qui ont, il est vrai, comme celui de Tarbes, perdu leur indépendance financière —. Les palois comptent plus sur le rôle de leur petite université (5 000 étudiants), encore très incomplète (pas d'UER de sciences médicales ou paramédicales). Ils vantent aussi leur ville et ses équipements. A l'aise sur les terrasses du Gave, la ville développe en fait les mêmes quartiers que partout ailleurs, les mêmes banlieues résidentielles, les mêmes inégalités d'équipement d'une commune à une autre ; on y a mis seulement plus de goût et de mesure, ce qui était facile pour une agglomération qui n'a que 125 000 habitants et aucune autre source de pollution que les chauffages domestiques : et comme on utilise beaucoup le gaz, cela diminue les nuisances.

Pau n'a pas réussi, jusqu'à maintenant, à imposer au dehors une image de capitale régionale. Elle n'a pas profité non plus de ce que les autres villes prépyrénéennes ont peu de relations avec leurs métropoles respectives et donnent tous leurs soins à l'amélioration des relations avec Paris, par la multiplication des lignes d'Air-Inter.

Bibliographie et état des questions

1. MIDI MÉDITERRANÉEN

Généralités

Outre les ouvrages généraux sur la France, on se référera aux Atlas régionaux, Provence et Languedoc, tous deux parus. On peut encore consulter la pénétrante analyse de J. Sion, *La France méditerranéenne*, Paris, col. A. Colin, 2ᵉ éd., 1941, notamment pour les villes ; le seul ouvrage d'ensemble est celui de P. Carrère et R. Dugrand, *La région méditerranéenne*, Paris, PUF, coll. France de demain, 2ᵉ éd., 1967. Voir aussi le récent : R. Livet, *Provence, Côte-d'Azur et Corse*, Paris, Flammarion, 1978.

Sur la situation du Midi et les problèmes de l'Occitanie, une approche commode — encore que souvent difficile — est fournie par l'ouvrage collectif : *Le Sud et le Nord, dialectique de la France*, sous la direction de R. Lafont, Toulouse, Privat, 1971.

Le Midi a inspiré nombre de poètes ou de romanciers. Mais leurs œuvres évoquent surtout le souvenir de sociétés rurales révolues. La bordure du Massif Central, dans les durs pays de l'Orb, avait inspiré Ferdinand Fabre ; la Cévenne, avec son protestantisme foisonnant, se retrouve, pour le massif de l'Aigoual dans l'œuvre d'A. Chamson, pour le Lozère dans celle de J.P. Chabrol. La plaine languedocienne n'a guère trouvé de chantre ; c'est surtout l'ancienne civilisation du vignoble qu'évoque G. Baissette. La Provence a suscité une floraison d'écrivains, plus parisiens que provençaux comme A. Daudet. L'évocation des paysages intéressera le géographe à travers les premières œuvres de F. Mistral, tandis que rudesse et charme de l'ancienne vie rurale s'attardent à travers celles d'H. Bosco. Mais les sociétés provençales, celles de la montagne alpine n'ont guère été évoquées ; celles de J. Giono relèvent trop de la fiction et d'une vision imaginaire du passé. On retournera plutôt aux travaux des historiens, notamment ceux de M. Agulhon qui nous a donné une bonne géographie sociale du XIXᵉ siècle provençal.

Sur le milieu bio-climatique méditerranéen, on consultera encore l'article collectif : Problèmes climatiques sur la bordure nord du monde méditerranéen (*Ann. de Géogr.*, 1956, n° 347, p. 15-39). La thèse de A. Dauphiné, *Les précipitations dans les midis français*, Lille, 1976, vaut surtout par ses aspects méthodologiques soulignant les insuffisances de l'approche classique tout comme celles de l'article cité plus haut ; il montre que les faits météorologiques méditerranéens sont souvent peu faciles à intégrer à l'analyse « norvégienne » ; mais cette thèse apporte également des éléments nouveaux sur la fréquence et la durée des précipitations, sur les partages régionaux. Les spécialistes de géographie botanique ou d'écologie utiliseront le *Guide du naturaliste dans le Midi de la France*, dû à H. Harrant et D. Jarry (2 vol., Delachaux et Niestlé, 1961-1963). On se référera encore aux vieux travaux du botaniste montpelliérain Ch. Flahault.

La géographie humaine du Midi n'est pas toujours facile à cerner, compte tenu du très fort brassage des vingt dernières années, brassage que les recensements, trop éloignés les uns des autres, n'arrivent pas à suivre correctement. D'autre part, l'exactitude des dénombrements postérieurs à 1921 laisse des doutes plus que sérieux jusqu'à celui de 1954 (pour Marseille notamment). Les recensements corses, systématiquement falsifiés par les maires, sont inutilisables depuis longtemps et leur valeur reste nulle, même pour celui de 1975. Malheureusement, les habitudes corses tendent à gagner d'autres secteurs ruraux ; pour le recensement de 1975, il est par exemple impossible d'ajouter foi aux chiffres publiés pour la montagne niçoise qui ne sont qu'une caricature de la réalité.

Sur le problème particulier des rapatriés, Mlle F. Brun a consacré de nombreux travaux à leur implantation dans le Midi, en milieu rural, notamment sa thèse de doctorat : *Les Français d'Algérie dans l'agriculture du Midi méditerranéen*, Gap, Ophrys, 1976.

Sur les aménagements hydrauliques d'ensemble, d'excellentes mises au point ont été données par *Géographie et Recherche*, n° 22, 1977.

Le Midi Méditerranéen a fait l'objet d'une thèse de géographie médicale, celle de H. Picheral, *Espace et Santé, Géographie médicale du Midi de la France*, Montpellier, 1976.

La Corse

Le seul ouvrage d'ensemble est le petit volume de la collection A. Colin, déjà vieilli sur le plan de la géographie humaine, dû à A. Rondeau, *La Corse*, 1964.

Sur la géographie physique, en attendant la publication du Guide géologique régional annoncé chez Masson, on consultera A. RONDEAU, *Recherches géomorphologiques en Corse,* Paris, 1961. Sur le climat, reste valable l'article de P. SIMI, le climat de la Corse, *Bull. Section Géogr.,* 1965, t. 76, p. 1-122. L'admirable Carte de la végétation de la France, feuilles 80 et 81, Corse (avec notice par G. DUPIAS) offre une documentation irremplaçable.

Sur la géographie humaine et l'économie, la nouvelle *Histoire de la Corse,* coll. Privat, 1971, est extrêmement décevante. On consultera la revue *Etudes corses,* remplacée par *Corse historique.* Les études géographiques les plus utiles sont celles de Y. KOLODNY, *La géographie urbaine de la Corse,* Paris, SEDES, 1962 et de Mlle J. RENUCCI, *Corse traditionnelle et Corse nouvelle,* Lyon, 1974.

L'état de nos connaissances reste très inégal. Il n'existe aucune carte géologique récente de la Corse, la plupart des cartes topographiques manquent également ; c'est dire qu'on ne dispose d'aucun outil de travail sérieux. Il subsiste bien des points obscurs, à commencer, malgré les nombreux travaux récents des géologues, par la mise en place de la Corse ; la tendance actuelle est au rajeunissement des mouvements orogéniques tertiaires.

La montagne méditerranéenne

Sur les Pyrénées, une synthèse des nombreux travaux géologiques récents, notamment de G. GUITARD, a été fournie par le Guide géologique régional *Pyrénées orientales et Corbières,* Paris, Masson, 1977, publié sous la direction de M. JAFFREZO. Les enseignements morphologiques ont été tirés par P. BIROT et G. GUITARD, dans : Observations sur le relief du socle hercynien des Pyrénées orientales, *Rev. Géogr. Pyrénées et S.O.,* 1971, t. 42, p. 5-30. Ce travail met notamment à jour la thèse de P. BIROT, *Recherches sur la morphologie des Pyrénées orientales franco-espagnoles,* Paris, 1937. On consultera sur le climat l'article de P. VIGNEAU, Précipitations d'automne et perturbations méditerranéennes dans les Pyrénées orientales, *Rev. géogr. Pyrénées et S.O.,* 1971, t. 42, p. 265-298 ; sur la végétation, la feuille Perpignan de la Carte de la Végétation au 1 : 200 000. Pour la géographie humaine, on consultera les articles de la *Revue géographique des Pyrénées et du Sud-Ouest* (Toulouse) et du *Bulletin de la Société languedocienne de géographie* (Montpellier).

Sur le rebord du Massif Central, on consultera cette dernière revue ; la montagne participant souvent de la vie de l'avant-pays, on se reportera plus bas à la bibliographie consacrée à la plaine languedocienne. Surtout on consultera la thèse de R. LAMORISSE, *La population de la Cévenne languedocienne,* Montpellier 1975, et ses nombreux articles dans le Bulletin cité plus haut.

Sur la montagne niçoise, on se reportera aux ouvrages généraux concernant les Alpes (voir le volume 3) et la Côte d'Azur. On évitera le très médiocre (sur le plan géographique) Guide géologique régional des *Alpes-Maritimes,* Paris, Masson, 1975. En géographie physique, les travaux essentiels sont ceux de M. JULIAN ; une synthèse accompagnée d'une carte géomorphologique des Alpes niçoises a été publiée dans *Méditerranée,* 1977, n° 1.

Pour les *Préalpes du Sud et les pays duranciens,* on dispose de nombreux travaux. Pour la moyenne Durance, on verra la thèse déjà ancienne de P. VEYRET, *Les Pays de la Moyenne Durance alpestre,* Grenoble, 1944 et l'ouvrage très inégal de P. CHAUVET et P. PONS, *Les Hautes-Alpes,* 2 vol., Gap, 1975. Pour les Préalpes et la Basse-Durance, outre le guide géologique régional *Provence,* on consultera encore les thèses de J. MASSEPORT, *Le Diois, les Baronnies et leur avant-pays rhodanien,* Grenoble, Allier, 1960 et *Le comportement politique du Diois,* ibidem, 1959. Sur la végétation, le point de vue du géographe est exprimé dans la thèse de A. DOUGUEDROIT, *Les paysages forestiers de Haute-Provence et des Alpes méridionales,* Aix, 1976 ; voir également les feuilles de la carte de la végétation de Nice, Digne et Gap.

En géographie humaine, on consultera sur la dépopulation le petit volume de P. MERLIN, *La dépopulation des plateaux de Haute-Provence,* Paris, Doc. franç., 1968. A titre d'exemple sur l'économie, voir l'article de M. GROSSE, Le lavandin sur le plateau de Valensole, *Ann. de Géogr.,* 1963, t. 72, p. 32-53. Les aspects de la géographie urbaine ont retenu l'attention de B. BARBIER, *Villes et centres des Alpes du Sud,* Gap, Ophrys, 1969.

La mise à jour des connaissances pourra se faire par la revue *Méditerranée* (Aix).

La Provence

La géologie provençale est une des plus difficiles ; combien d'études et de théories ont suscité des montagnes comme la Sainte-Victoire ou la Sainte-Baume ! La meilleure introduction reste celle de J. AUBOUIN et G. MENNESSIER, Essai sur la structure de la Provence, in *Livre offert à P. Fallot,* Soc. géol. France, t. 2, 1963, p. 45-98. On dispose maintenant du Guide géologique régional de la collection Masson : *Provence* (1971) dû à C. GOUVERNET, G. GUIEU et C. ROUSSET, aux interprétations morphologiques très contestables. Deux thèses de géographie physique intéressent la Provence : celle très discutée, de Y. MASUREL, *La Provence cristalline et ses enveloppes sédimentaires,* Gap, 1964, et celle de J. NI-

COD, *Recherches morphologiques en Basse-Provence calcaire,* Gap, 1967.

Les travaux de géographie humaine sont innombrables. On se bornera à quelques titres, notamment : B. KAYSER, *Campagnes et villes de la Côte d'Aur,* Monaco, 1958 et R. BLANCHARD, *Le comté de Nice,* Paris, Fayard, 1960, que l'on complètera par E. DALMASSO, Nice, *Inform. géogr.,* 1962, 27, p. 66-79 ; sur la Provence occidentale, la thèse de R. LIVET, *Habitat rural et structures agraires en Basse-Provence,* Gap, 1962. Il n'existe pas de synthèse étoffée récente sur Nice, par contre on dispose sur Toulon de la monographie de J. BOUQUEREL (*N.E.D.,* n° 3976-77, 1973). On pourra emprunter également à deux ouvrages beaucoup plus généraux : celui de J. HERMITTE, *L'économie industrielle des rivages méditerranéens entre Toulon et La Spezia,* Gap, 1965, et celui de P. CASTELA, *La fleur en Europe occidentale,* Public. Fac. Lettres Strasbourg, 1968.

Pour la mise à jour, dépouiller *Méditerranée* et les publications de l'Université de Nice.

On relèvera l'importance des travaux historiques sur le domaine méditerranéen, et on consultera l'excellente revue « *Provence historique* » ; le géographe retiendra surtout des travaux de démographie historique comme ceux de R. BAEHREL, *Une croissance : la basse Provence rurale,* Paris, SEVPEN, 1961 et de E. BARATIER, *La démographie provençale du XIIIe au XVIe siècle,* ibidem, 1961.

Enfin, signalons que la Provence a été la première de nos provinces à posséder à la fois son *Atlas historique* et son *Atlas géographique* régional.

Le Bas-Rhône

Sur le nord de la région, une idée de la situation ancienne est donnée par la thèse de D. FAUCHER, *Plaines et bassins du Rhône moyen,* Paris, Colin, 1927. La synthèse la plus ancienne est celle de P. GEORGE, *La région du Bas-Rhône,* Paris, Baillière, 1935, la dernière, celle de J. BETHEMONT, *Le thème de l'eau dans la vallée du Rhône,* Saint-Etienne, 1972. Sur Avignon, bon travail de C. et J. SPILL (*N.E.D.,* n° 4359-60-61, 1977).

On pourra compléter, sur des points de détail, en dépouillant la revue *Méditerranée* et surtout, pour le Comtat, l'excellente revue d'études locales *Etudes vauclusiennes,* publiée par le Centre Universitaire d'Avignon, avec de très bonnes mises au point.

La région marseillaise

On consultera la monographie déjà ancienne de M. RONCAYOLO (*N.E.D.,* n° 3013, 1963) ; on complètera et on mettra à jour avec les articles parus dans la revue *Méditerranée* ainsi qu'avec les publications du Port Autonome de Marseille. On consultera également la récente *Histoire de Marseille* qu'avait préparée E. BARATIER (coll. Privat, Toulouse, 1973).

Sur Aix-en-Provence, étude de M. WOLKOWITSCH (*N.E.D.,* n° 4108, 1974). Parmi les innombrables publications consacrées à la croissance industrielle et au port de Fos, on retiendra le récent bilan de M. JOANNON et L. TIRONE (*Inform. géogr.,* 1977, t. 41, p. 113-123).

On trouvera dans les ouvrages autobiographiques de Marcel PAGNOL une évocation nuancée et bienveillante de la société marseillaise du début de ce siècle.

Le Languedoc et le Roussillon

On partira de l'*Atlas régional du Languedoc-Roussillon,* 1969, qu'on complètera par les cartes correspondant au recensement de 1975, parues dans le *Bull. Société languedocienne de géogr.* (3), 1976, t. 10, p. 139-190.

Sur le plan de la géographie physique, on peut encore consulter P. GEORGE, *La région montpelliéraine,* Paris, 1938. L'initiateur du renouveau des études morphologiques a été un naturaliste amateur, P. MARCELIN, conservateur du Museum de Nîmes, qui travailla sur la garrigue et les costières et fut l'un des premiers à faire la place des héritages morphologiques, notamment des périodes froides (voir par exemple *Terres et sols en Costière,* Nîmes, 1947). Le travail fondamental non encore publié est maintenant celui d'E. COULET, *Morphologie des plaines et garrigues du Languedoc méditerranéen,* Montpellier, 1975 (thèse).

Les études humaines et économiques fourmillent. Parmi les travaux historiques, il faut citer le classique C.E. LABROUSSE, *La crise de l'économie française à la fin de l'ancien régime et au début de la Révolution,* Paris, PUF, 1944, et qui ne concerne que le vignoble languedocien. Plus près des préoccupations du géographe est la thèse de E. LEROY-LADURIE, *Les paysans du Languedoc,* Paris, 2 vol., 1966 (édition abrégée dans la collection « Science », Flammarion, 1969) qui concerne l'économie languedocienne aux XVIe et XVIIe siècles. Voir aussi A. SOBOUL, *Les campagnes montpelliéraines à la fin de l'ancien régime,* La Roche-sur-Yon, 1958.

Sur le plan géographique, il faut à tout prix consulter le *Bulletin de la Société languedocienne de Géographie,* l'une des meilleures revues géographiques de province ; on y trouvera notamment dans le passé de précieuses notes de P. MARRES, et dans le présent de R. CARRIÈRE, R. FERRAS, etc. On consultera la revue *L'Economie méridionale* où les économistes, élèves de J. MILHAU ont publié de nombreux travaux.

Le Languedoc a suscité quelques grandes études. On citera la thèse de G. GALTIER, *Le vignoble du Languedoc méditerranéen et du Roussillon,* Montpellier, 3 vol., 1958. Celle de R. DUGRAND, *Villes et campagnes en Bas-Languedoc,* Paris, PUF, 1963, est une des plus riches synthèses de ces dernières années ; du même auteur on citera sa thèse secondaire sur *La garrigue montpelliéraine,* Paris, PUF, 1964, et, sous sa direction : L'organisation urbaine entre Sète et le Rhône, *Bull. Soc. Langued. de géogr.,* 1969, p. 387-509. Sur les crises du vignoble, on peut consulter R. PECH, *Entreprise viticole et capitalisme en Languedoc-Roussillon,* Toulouse, 1975.

Sur Montpellier, bonne étude de S. SAVEY et J.P. VOLLE (*N.E.D.,* n° 3801-02, 1971).

La côte et son aménagement ont fait couler des flots d'encre, de même que l'action de la CNARBRL ; la plupart des écrits sont de nature hagiographique ; on consultera *Géographie et Recherche,* 22, 1977, pour l'irrigation ; pour le tourisme côtier, voir par exemple l'article de G. CAZES in *Espace géogr.,* 1972, 1, p. 193-210.

Le Roussillon n'a suscité qu'une littérature fort maigre ; outre le dépouillement du *Bulletin de la Société languedocienne,* on se reportera à l'excellente monographie de Perpignan, publiée par M. VIGOUROUX et R. FERRAS (*N.E.D.,* n° 4308, 1976). Mais on dispose de l'excellent atlas *Catalunya-nord,* dû à J. BECAT, (Prades, 1977).

2. LE MIDI AQUITAIN

Les Pyrénées

La bibliographie est surabondante, encore que les synthèses d'ensemble soient souvent aniciennes. On consultera encore P. ARQUÉ, *Géographie des Pyrénées françaises,* Paris, PUF, 1943, et la dernière édition (1956) des *Pyrénées* de M. SORRE (Coll. A. Colin). Deux synthèses plus récentes existent : celle de G. VIERS, *Les Pyrénées,* Paris, PUF, coll. Que sais-je ?, 3ᵉ éd., 1973, et le volume inégal et imparfait : *Les Pyrénées, de la montagne à l'homme,* Toulouse, Privat, 1974, publié sous la direction de F. TAILLEFER. On consultera également les Atlas régionaux (Aquitaine, Midi-Pyrénées, Languedoc). L'outil indispensable reste la collection de la *Revue géographique des Pyrénées et du Sud-Ouest,* publiée à Toulouse depuis 1930.

Nos connaissances sur la structure des Pyrénées sont en voie de renouvellement ; une synthèse des travaux géologiques existe dans les deux Guides géologiques régionaux consacrés par la maison Masson à la chaîne : *Pyrénées occidentales, Béarn et Pays Basque* (1976), et,

très supérieur en qualité pour le géographe, *Pyrénées orientales, Corbières* (1977) ; ce dernier comprend également toutes les Pyrénées ariégeoises. La refonte de la carte géologique est cependant loin d'être achevée.

La géographie physique a suscité des thèses déjà anciennes ; celle de P. BIROT (voir supra, montagne méditerranéenne), celle de L. GORON, *Les Prépyrénées ariégeoises et garonnaises,* Toulouse, 1941, et celle plus récente de G. VIERS, *Pays Basque français et Baretous,* Toulouse, 1960. Sur la haute montagne, on consultera les travaux épars (surtout dans la *Revue géogr. Pyrénées, etc.* et *Pirineos*) de P. BARRÈRE. La question des glaciations a suscité une abondante littérature et maintes polémiques entre tenants d'une glaciation unique (notamment G. VIERS) et polyglacialistes (H. ALIMEN, etc.). Sur la morphologie glaciaire, l'outil de base sera la carte du relief glaciaire en cours de publication par le CNRS sous la direction de F. TAILLEFER.

Pas de synthèse de géographie humaine et économique, mais de nombreuses études régionales et chroniques dans la *Revue géogr. Pyrénées, etc.* Sur le peuplement, peu de travaux récents ; à signaler cependant une approche du problème des origines des populations pyrénéennes, notamment basques, dans un article de J. BERNARD et J. RUFFIÉ, Hématologie et culture (*Annales, E.S.C.,* 1976, 31, p. 661-677). On se bornera à citer les principales thèses de géographie humaine, celle de H. CAVAILLÈS, *La vie agricole et pastorale dans les Pyrénées des Gaves, de l'Adour et des Nestes,* Paris, Colin, 1931, de Th. LEFEBVRE, *Les modes de vie dans les Pyrénées atlantiques orientales,* ibidem, 1933, de M. CHEVALIER, *La vie humaine dans les Pyrénées ariégeoises,* Paris, Genin, 1956. Il existe aussi quelques monographies locales comme celle de B. HOURCADE, *La vie rurale en Haut-Ossau,* Pau, 1970. Enfin, une collection Privat sur les pays du sud-ouest de la France comprend une étude de G. VIERS, *Le Pays Basque,* Toulouse, 1975.

Le Bassin Aquitain

C'est assurément une des régions françaises les mieux connues. Il n'y a pourtant guère d'ouvrage synthétique, en dehors des volumes généraux sur la France ; on regrettera que l'excellente petite *Géographie du Midi Aquitain* de P. ARQUÉ (Rieder, 1939) n'ait pu être refondue en tenant compte des innombrables travaux des quarante dernières années. On utilisera *La région du Sud-Ouest* de P. BARRÈRE, R. HEISCH et S. LERAT (Paris, PUF, coll. France de demain, 1962). Là encore, la documentation de base se trouve dans la *Revue géographique des Pyrénées et du Sud-Ouest* ; bien peu de secteurs du Bassin Aquitain ont été négligés par elle, sauf peut-être le département du Gers. Les deux Atlas régionaux *Aquitaine* et *Midi-Pyrénées* offrent une synthèse cartographique satisfaisante.

En géographie physique, la prospection systématique du pétrole nous a fourni une bonne base géologique (bon exposé dans la *Géologie de la France*, de DEBELMAS, vol. 1) ; on se reportera aux deux Guides géologiques régionaux Masson : *Aquitaine occidentale*, par M. VIGNEAUX (1975) et *Aquitaine orientale*, par B. GÈZE et A. CAVAILLÉ (1977). Néanmoins, bien des problèmes morphologiques, notamment tous ceux liés aux héritages paléoclimatiques et au Quaternaire, restent fortement controversés. Certaines thèses ont une portée générale ; H. ENJALBERT a publié la sienne sous le titre : *Les pays aquitains, le modelé et les sols*, Bordeaux, Bière, 1960 ; bien que la publication en soit restée à ce premier tome, elle constitue la base de nos connaissances. Les conclusions d'Enjalbert ne rejoignent guère celles, un peu plus anciennes, de F. TAILLEFER (*Le Piémont des Pyrénées françaises*, Toulouse, 1951) moins encore celles de P. FÉNELON (*Le Périgord, étude morphologique*, Paris, 1951) ; le rôle des variations climatiques du Quaternaire, l'interprétation de certains aspects du modelé (vallées dissymétriques par exemple) ou des sols restent très discutés.

Il n'y a pas de bonnes études du climat aquitain. On consultera dans la revue de Toulouse les articles de J.P. VIGNEAU ainsi que la thèse de A. DAUPHINÉ, déjà citée. Pour l'hydrologie, voir les nombreux articles de M. PARDÉ, notamment le régime de la Garonne, *Rev. Géogr. Pyrénées*, etc., 1935, 160 p. La thèse de R. LAMBERT, *Recherches hydrologiques dans le Sud-Est du bassin garonnais*, Toulouse, 2 vol., 1975, beaucoup plus exhaustive sur le milieu physique que ne le dit son titre, apporte beaucoup sur les Terreforts.

Les travaux de géographie humaine, d'histoire, d'économie sont innombrables. Ceux des historiens peuvent être suivis dans les *Annales du Midi*. Les économistes bordelais ont bien fait avancer les études d'économie régionale sous la direction de P. LAJUGIE. Un éditeur toulousain, Privat, a offert des possibilités de publication qu'on ne trouve guère ailleurs.

Du côté des travaux historiques, on relèvera dans la collection Privat, *l'Histoire d'Aquitaine* (direction Ch. HIGOUNET, 1971), *l'Histoire du Languedoc* (Ph. WOLFF, 1966), *l'Histoire de Toulouse* (Ph. WOLFF, 1958). Signalons aussi la monumentale *Histoire de Bordeaux*, publiée sous la direction de Ch. HIGOUNET (7 vol., Bordeaux, Delmas). Une bonne introduction aux problèmes démographiques et économiques du Midi toulousain est fournie par la thèse de l'économiste G. FRÊCHE : *Toulouse et la Région Midi-Pyrénées au siècle des lumières*, Paris, Cujas, 1974. La démographie ancienne du Toulousain a fait l'objet de la thèse de A. ARMENGAUD, *Les populations de l'Est aquitain au début de l'époque contemporaine*, Paris, Mouton, 1961.

Il n'y a malheureusement pas d'étude d'ensemble de la démographie contemporaine ; on se référera surtout aux nombreux articles de C. TOUJAS qui concernent surtout le Quercy et le Tarn-et-Garonne. Pas davantage de synthèse sur la vie économique, notamment rurale, mais d'importantes études régionales parmi lesquelles celle de R. BRUNET, *Les campagnes toulousaines*, Toulouse, 1965, est l'une des grandes thèses de la géographie rurale française. Cependant, si bien des problèmes de genèse du paysage agraire trouvent peu à peu leur solution (introduction et développement du maïs, apparition du bocage, transformation des assolements, etc.), il subsiste encore quelques lacunes, ainsi sur le développement du vignoble de l'Armagnac, sur la signification économique exacte des petits élevages.

Sur les plateaux du Périgord et du Quercy, outre la thèse de FÉNELON, déjà citée, on consultera pour la géographie physique la thèse secondaire de R. CLOZIER, *Les Causses du Quercy*, Paris, 1940. Il n'existe pas d'étude humaine d'ensemble. Mais la *Revue géogr. Pyrénées* a publié de très nombreux articles, notamment de géographie rurale et sur les villes. On relèvera en particulier ceux de M. GENTY sur le bassin de Brive, le dernier en date sur la ville de Brive (1974, p. 271-295). Le Périgord traditionnel est exalté dans les romans d'Eugène LE ROY (*Jacquou le croquant*, *Le moulin du Frau*, *Les gens d'Auberoque*, etc.). Sur le Quercy, on se référera à H. ENJALBERT, *Rouergue et Quercy*, Grenoble, Arthaud, 1971.

S'il y a peu d'études sur la Double ou le Landais, la littérature géographique concernant les Landes est très abondante. Pour la géographie physique on se reportera aux chapitres de la thèse d'ENJALBERT. Un exemple d'évolution ancienne est fourni par la monographie de Ch. BOUCHET, *Lugos*, Bordeaux, 1952. La *Revue géogr. Pyrénées* a publié (fascicule 2/3 - 1973) une série d'articles de mise au point qui constituent une somme commode de nos connaissances sur la géographie landaise. La thèse de M. CASSOU-MOUNAT, *La vie humaine sur le littoral des Landes de Gascogne*, Lille, 2 vol., 1977, fait le point des aménagements touristiques. On pourra retrouver dans les romans de P. BENOIT et de F. MAURIAC un peu de l'« atmosphère » rurale de l'ancien pays landais.

En ce qui concerne les pays de la molasse, nous disposons pour le Terrefort toulousain et la Gascogne gersoise de l'excellente thèse de R. BRUNET, déjà citée. Il n'existe par contre aucune synthèse pour l'ensemble du cône du Lannemezan ; pas de bonne géographie de l'Armagnac dont les problèmes ruraux restent très inégalement étudiés. S'il n'existe pas non plus de synthèse d'ensemble pour les Pays des Gaves, du moins dispose-t-on de la thèse de géographie humaine de S. LERAT, *Les Pays de l'Adour,* Bordeaux, 1963.

On reste d'autre part mal informé sur bien des villes ; ainsi les structures industrielles si originales du groupe Castres-Mazamet n'ont suscité que des publications fragmentaires.

Nous ne disposons pas non plus d'une étude d'ensemble sur l'axe garonnais (un travail est annoncé sur ce thème, chez Privat, de L. LEPAGNOT). La moyenne vallée avait été étudiée par P. DEFFONTAINES, *Les hommes et leurs travaux dans les pays de la Moyenne-Garonne,* Paris, 1932 ; mais cette thèse, de qualité inégale, est maintenant bien dépassée. Il en est de même de la *Géographie du Lot-et-Garonne,* de M. LUXEMBOURG (Nérac, 1954). On fera la mise à jour avec les nombreux articles de la *Revue géogr. Pyrénées.* Le Bordelais a suscité une très bonne synthèse de Ph. ROUDIÉ, *Le vignoble bordelais,* Toulouse, Privat, 1973 ; voir aussi sur le même objet, le n° 1 - 1968 de la *Revue géogr. Pyrénées.*

Les deux grandes métropoles de l'Aquitaine ont fait l'objet de nombreux travaux et de synthèses commodes. Sur Bordeaux, on consultera avant tout l'étude de S. LERAT (*NED*, n° 3565-66, 1969) ; pour le détail de l'urbanisation ancienne on se reportera à trois articles de P. BARRÈRE, sur les quartiers de Bordeaux (*Revue géogr. Pyrénées,* 1956). On pourra également consulter le travail historique de P. GUILLAUME, *La population de Bordeaux au XIXe siècle,* Bordeaux, 1972. On y ajoutera un tout récent fascicule de la *Revue Géogr. Pyrénées,* (n° 1, 1978), consacré notamment aux activités bordelaises.

J. COPPOLANI est le spécialiste de Toulouse ; outre de très nombreux articles dans la *Revue géogr. Pyrénées,* on consultera sa thèse sur Toulouse (Toulouse, Privat, 1952) et son *Toulouse au XXe siècle* (ibidem, 1963) ; on pourra mettre à jour par sa *Connaissance de Toulouse* (ibidem, 1974). Voir aussi le travail maintenant un peu vieilli de P.Y. PECHOUX (*NED*, n° 3262, 1966) et l'ouvrage pour grand public de C. BERINGUIER, A. BOUDOU et G. JALABERT, *Toulouse, Midi-Pyrénées,* Paris, Stock, 1972. Sur l'industrie aéronautique toulousaine, nombreuses données dans G. JALABERT, *Les industries aéronautiques et spatiales en France,* Toulouse, Privat, 1974.

Les villes du contact pyrénéen n'ont donné lieu qu'à des travaux épars ; la seule synthèse récente concerne Bayonne, due à P. LABORDE (*NED*, n° 4174-4175, 1975).

Index sommaire

Adour (pays de l'), 149, 150, 157, <u>179-181</u>, <u>198-202</u>.
Agde (montagne et ville d'), 114, 116, 120.
Agen, 161, <u>183-184</u>.
Agenais, 147, 148, 151, 156, 157, 158, 182.
Agly, 58.
Aigoual (massif de l'), 61.
Aigues-Mortes, 28, 37.
Aix, 28, 29, 75, <u>112</u>.
Ajaccio, 28, 43, 44, 48, <u>51</u>.
Albi, 160, <u>172</u>.
Albigeois, 145, 149, 151, 158, 176.
Aleria, 43, 49, 50.
Alès (bassin et ville), 89, 114, 116, <u>119-120</u>.
Alpes niçoises, 62-66.
Alpes du Sud, 67-73.
Alpilles, 89, 92.
Amélie-les-Bains, 59.
Anglet, 201, 202.
Antibes, 80, 81, 83.
Apt (ville et bassin), 92.
Arcachon (bassin et ville), 174, 175.
Ardèche, 61, 89, 91.
Argelès (Pyrénées centrales), 137, 141.
Argens, 74, 83.
Argentera, <u>64</u>.
Ariège, 140, 141, 151.
Arize, 133, 141.
Arles, 28, <u>100</u>, 111, 112.
Armagnac, 149, 150, 157, 158, 161, 171, <u>179</u>.
Aspe (vallée d'), 137, 139, 141.
Aspres (les), 56, 125.
Astarac, 179.
Aubenas, 89, <u>91</u>.
Auch, 151, 161, <u>179</u>.
Aude, 56, 57, 58, 116.
Aulus, 137, 140, 143.
Aure (vallée d'), 137, 138, 139, 141.
Auvézère (vallée de l'), 164, 168.
Avignon, <u>96-97</u>.
Ax-les-Thermes, 140, 141.

Bagnères-de-Bigorre, 135, 137, 139.
Bagnols-sur-Cèze, <u>94</u>.
Balagne, <u>43</u>, 44, 47, 50.
Baronnies, 67, 69, 70, 71.
Barousse, 137.
Basque (côte), <u>199</u>.
Basque (Pays), 135, 137, 138, <u>143-144</u>.
Bas-Rhône (pays du), 89-100.
Bastelica, 47.
Bastia, 28, 43, 48, <u>51</u>.
Baux (Les), 92.
Bayonne, 156, 161, <u>201-202</u>.
Bazadais, 158, 171, 178.
Beaucaire, 28, <u>100</u>, 114.
Belvès (Pays aux bois de), 164, 166.
Bergerac, Bergeracois, 158, 166, 169, <u>170</u>.
Berre (étang de), 30, 105, <u>107-108</u>.
Bessèges, 119.
Béziers, 23, 24, <u>120</u>.
Biarritz, <u>201-202</u>.
Biscarosse, 174, 175.
Biterrois, 22, 116.
Blayais, 184, 186, 187.
Bollène, 94.
Bonifacio, 42, 51, 52.
Bordeaux, 151, 161, <u>188-193</u>.
Bordelais, 147, 151, 156, 158, <u>184-187</u>.
Born, 156, 171.
boulbènes, 149.
Bourgeais, 184, 186, 187.
Bourg-Saint-Andéol, 94.
Bourianne, 157, 158, 164, 166, 167.
Brantôme, 167, 169.
Brignoles, 79.
Brive (bassin de), 148, 158, <u>164</u>.
Brive (ville de), 153, 160, <u>165-166</u>.

Cahors, 161, <u>169-170</u>.
Calvi, 43, 48, 50, <u>51</u>.
Camargue, 22, 89, 97, <u>99-100</u>.
Canigou, 56, 57, 58, 59.
Cannes, 79, 80, 81, 82, 83.
Capcir, 56, <u>57</u>, <u>59-60</u>.
Cap Corse, 42, 43, 47.

Capdenac, 165.
Capvern, 140.
Carcassès, 33.
Carcassonne, 28, <u>120</u>.
Cargèse, 47.
Carlit, 56, 57, 58.
Carmaux, 160, <u>177</u>.
Carnon, 36, 37.
Carol (vallée du), 57, 59.
Carpentras, 30, 95, <u>96</u>.
Casinca, 43, 45, <u>47</u>, 49.
Casteljaloux, 173.
Castellane, 72.
Castelnaudary, 176.
Castelsarrasin, 183.
Castillon, 135, 141.
Castrais, 150, 176.
Castres, <u>177</u>.
Catalogne-nord, 124-127.
Cauterets, 140.
Cavaillon, 95, <u>96</u>.
Caves coopératives, 23, 24, <u>26-27</u>, <u>77-78</u>.
Cerdagne, 56, <u>57</u>, 58, <u>59-60</u>.
Cévenne, 61, 89.
Chalosse, 150, 158, <u>180</u>.
Châteauneuf-du-Pape, 22, 24, 94.
Châteaurenard, 95, 96.
Ciotat (La), 83.
Cize (pays de), 135, 137.
Clermont-l'Hérault, 114.
climat, 13-14, 134-135.
CNARBRL, <u>31-33</u>.
Coirons, 89, 91.
Comminges, 141, 151, 179.
Comtat, 30, 89, <u>94-97</u>.
Condat, <u>109</u>.
Conflent, 56, <u>57</u>, 58, <u>59</u>.
Corbières, 22, 24, 56, <u>58</u>.
Corse, 28, 40-53.
Corte, 28, 29, 42, <u>52</u>.
Costières, 22, 24, 33, 97, 116, 117.
Coteaux de Gascogne (Cie d'aménagement des), <u>162</u>.
Côte d'Azur, 79-88.

209

Couserans, 133, 135, 138, 139, 140, <u>141-143.</u>
Crau, 30, 89, <u>97</u>, <u>98-99</u>.

Decazeville, 160.
démographie, mouvement naturel, 17, 154-155.
Dax, <u>173.</u>
Die, Diois, 67, 69, 70, 71, 72.
Digne, <u>73.</u>
Dordogne (dépt), 151, 155, 165.
Dordogne (rivière et vallée), 150, 151, 164, 168.
Double, 147, 156, 157, 170, 171, 172.
Draguignan, 79.
Dronne (vallée de la), 164, 168.
Dropt (pays du), 158.
Durance (aménagement de la), <u>33-34.</u>
Durance (vallée de la), <u>67-73.</u>

Eauze, 179.
Elne, 126.
Entre-Deux-Gaves, 180.
Entre-Deux-Mers, 158, 184, 186, 187.
Escandorgue, 114.
Espinouse, 61.
Estérel, 74, 79, 83.
étrangers, 18, 154.
Excideuil, 164, 165.
exode rural, 58, 62, 65-66, 70, 135.

Faugères (monts de), 114.
Fenouillèdes, 58.
ferroviaire (réseau), 38, 160, 161.
Figari, 42, 43, 47.
Figeac, <u>165.</u>
Fium'Orbo, 43, 49.
Fleurance, 179.
Foix, 140, <u>141</u>, 151.
Font-Romeu, 60.
Forcalquier (pays et ville), 69, 70, 72.
Fos, <u>108-111.</u>
Fréjus, 80, 81, 82, 83.
Fronsadais, 186.
Frontignan, 122.
Fumel, 160, <u>168-169.</u>

Gaillac, Gaillacois, 158, 176.
Gap (dôme de et ville), 69, 71, <u>73.</u>
Gapeau, 74, 75, 77.
Gardiole, 22, 116.
garrigue, 15.

Garonne, rivière, 141, 149, <u>150-151.</u>
Garonne, vallée, 149, 157, 158, <u>181-184.</u>
Gaves (pays et rivières), 150, 157, 158, <u>179-181.</u>
Gers, 154, 156, 158, 178, 179.
Ghisonaccia, 49, 50.
Giens (presqu'île de), 74, 77.
Gigondas, 24, 67.
Golo, 42, 43.
Gourette, 140.
Graissessac, 119.
Gramat (causse de), 165, 166.
Grand'Combe (La), 119.
Grande-Motte (La), 36, <u>37.</u>
Gras (plateau des), 89, 91.
Grasse, 77, 81, 82, 83.
Grau-du-Roi, 36.
Graulhet, 161, <u>177.</u>
Graves, 181, 184, 186, 187.
Gréoux-les-Bains, 71.
Grésigne, 148, 176.

Hasparren, 139, 144.
Hendaye, 201.
Hérault, 33, 114.
Hossegor, 174, 175.
Hourtin, 174, 175.
Huveaune, 75, 101.
Hyères, 79, 80, 83.

Ile-Rousse, 43, 50.
Ille-sur-Têt, 126.
immigration, 17-18, 154.
Isle (vallée de l'), 164, 168.
Isola 2000, 66.
Istres, 107, 108.

Joyeuse, 91.

Labastide-Rouairoux, 177.
Labourd, 137, 143.
Labruguière, 178.
Lacanau, 174, 175.
Lacq (gaz de), 160, <u>162-163</u>, <u>198-199.</u>
Landais, 147, 157, 158, 170, 171, 172.
landaise (côte), <u>150</u>, <u>163</u>, <u>174-175.</u>
Landes, 149, 150, 155, 156, 157, 159, 160, <u>170-175.</u>
Landes de Gascogne (Compagnie d'aménagement des), <u>162.</u>
Languedoc, 21, <u>114-124</u>, 151.
languedocienne (aménagement de la côte), <u>36-37.</u>
Lannemezan (plateau de), 147, 149, 150, 157, 160, 178, 179.
Lannemezan (ville de), 137, 201.
Largentière, 91.
Lauragais, 116, 150, 151, 156, 157, 158.
lavande (culture de la), <u>71-72.</u>
Lavaur, 176.
Lavedan, 137, 138, 141.
Lavelanet, 139, 140, 141.
Lavéra, 108, 110.
Lectoure, Lectourois, 157, 179.
Lesparre, <u>187.</u>
Leucate, 116.
Lézignan, 22, 120.
Libournais, 184, 186, 187.
Libourne, 187.
Limargue, 148, 149, 157, 164, <u>165.</u>
Lodève, 119.
Lodévois, 22, 114, 116.
Lomagne, 156, 178, 179.
Lot (rivière et vallée), 150, 151, 158, 168.
Lourdes, 137, <u>199</u>, 201.
Lozère (Mont), 61.
Lubéron, 89, 92.
Luchon, 135, 137, 139, 141.
Lunel, 21, 28, 117, 120.
Lunellois, 33, 117.
Lure (montagne de), 67, 69.

Madres, 56, 57.
Majastres (bloc de), 67, 70.
Manosque, <u>73.</u>
maquis, 15, 44.
Maremme, 174.
Marensin, 150, 156, 171, 174.
Marignane, 108, 111.
Marmande, 183.
Marsan, 159, 180.
Marseille, 29, 30, 75, <u>101-113.</u>
Martigues, 101, 108, 110, 111.
Mauléon, 135, 139, 144.
Maures (massif des) <u>74-75</u>, 77.
Mazamet, <u>177-178.</u>
Mède (La), 108.
Médoc, 158, 184, 186, 187.
méditerranéen (climat), 13-14.
Menton, 79, 80, 81, 83.
Mercantour (voir Argentera)
Mimizan, 173, 174, 175.
Minervois, 22, 24, 33, 116.

Miramas, 98, 111.
Moissac, 182, 183.
Monaco, 79, 80, 83.
Monbazillac, 168.
Mongie (La), 140.
Montagne Noire, 61, 114, 145, 148.
Montalbanais, 182.
Montalivet, 174, 175.
Montauban, 151, 153, <u>183</u>.
Mont-de-Marsan, 161, <u>173</u>.
Montélimar, 89, <u>94</u>.
Montlouis (plateau de), 57, 58, 60.
Montpellier, 29, 122, <u>123-124</u>.
Mourenx, 201.
Moustiers-Sainte-Marie, 71.
Mouthoumet, 54, 56, 58.
Muret, 183.

Narbonne, 116, <u>120</u>.
Narbonnais, 22, 29.
Nebbio, <u>43</u>, 44, 47.
Nérac, 179.
Neuvic-sur-Isle, 169.
Nice, 79, 80, 81, 83, <u>86-88</u>.
Nîmes, 23, 28, 29, <u>122-123</u>.
Nouvelle (La), 120.
Nyons, 73.

Objat, 165.
Olette, 58, 59.
Oloron, 137, 201.
Orange, 89, <u>94</u>.
Orb, 32, 61, 114, 116.
Orthez, 201.
Ossau (vallée d'), 137, 141.
Osséja, 60.

Paillon, 65, 66.
Palavas, 36.
Pamiers, 141, 160, <u>176-177</u>.
Pardaillan, 114.
Parentis, 162, 173.
Pau, 137, 161, <u>202</u>.
Pauillac, 187.
Périgueux, 160, <u>170</u>.
Périgord, 145, 148, 149, 150, 151, 157 158, 165, <u>166-167</u>.
Perpignan, <u>126-127</u>.
Pèzenas, 21, 120.
Pierrelatte, 94.
Plantaurel, 133, 141.
Pont-Saint-Esprit, 94.

population, 15-19, 45, 58, 62, 65, 151-155.
Port-Barcarès, 36, 37.
Port-Camargue, 36, 37.
Port-de-Bouc, 107, 108, 111.
Port-Grimaud, 81.
Port-Leucate, 36, 37.
Porto-Vecchio, 48, 50, <u>52</u>.
Port-Saint-Louis-du-Rhône, 99.
Port-Vendres, 126.
Prats-de-Mollo, 59.
Prayssas, 182.
Preste (La), 59.
Provence, 21, 74-88.
Provence (Société du Canal de), <u>35-36</u>.
Privas, <u>91</u>.
Pyrénées, 54.
Pyrénées de l'Ariège, 132, 133, <u>141-143</u>.
Pyrénées atlantiques, 132, 133.
Pyrénées des Gaves, 132.
Pyrénées occidentales et centrales, <u>132-144</u>.
Pyrénées méditerranéennes, <u>54-60</u>, 132.

Quercy, 145, 148, 149, 150, 151, 155, 157, 158, <u>166-167</u>.
Quérigut, 56, 57, 58, 135.

raffinage pétrolier, 108, 122, 163.
Réole (La), 183.
Revel, 177.
Rhône (aménagement du), <u>31</u>, 33, 37.
Rhône (fleuve), 99, 100.
ribéral, 125.
Riez, 73.
Rivesaltes, 126.
Rocamadour, 169.
Roquefortès, 57.
Roussillon, 21, <u>124-127</u>.
routier, autoroutier (réseau), 38, 65, 160, 161.
Roya, 64.

Sabart, 139.
Saillagouse, 60.
Saint-Astier, 169.
Saint-Auban, 71.
Saint-Barthélémy, 133, 141.
Sainte-Baume, 75.
Saint-Céré, 158, 165.
Saint-Chamas, 107.
Saint-Chinian (arc de), 116.

Sainte-Croix-du-Verdon, 35.
Saint-Emilion, 186-187.
Saint-Florent, 43.
Sainte-Foy-la-Grande, 169.
Saint-Gaudens, 137, 162.
Saint-Gilles, 28, 37, 117.
Saint-Girons, 135, 137, 139, 140, <u>143</u>.
Saint-Jean-Pied-de-Port, 135, 137, 144.
Saint-Jean-de-Luz, <u>201</u>.
Saint-Lary, 135, 140.
Saint-Laurent-de-Cerdans, 56, 59.
Saintes-Maries-de-la-Mer (Les), 99, 100.
Saint-Martin-de-Crau, 98, 111.
Saint-Martin-de-Londres, 117, 119.
Saint-Palais, 137, 143.
Saint-Paul-Trois-Châteaux, 91.
Saint-Raphaël, 79, 80, 83.
Saint-Rémy, 95, <u>96</u>.
Saint-Tropez, 77, 80, 83.
Sainte-Victoire, 75.
Saison (pays du), 137, 143, 144.
salanque, 22, 125.
Salat, 133.
Salins-de-Giraud, 100.
Salon, <u>99</u>, 111.
Sarlat, Sarladais, 166, <u>167</u>.
Sartene, Sartenais, 43, 47, 71.
Sasse (pays de la), 71.
Sault (pays de), 56, 58.
Séranne, 61, 114.
Serre-Ponçon, 35.
Serres, 71.
Sète, 21, 28, 29, 116, <u>120</u>, 122.
Seyne (bassin de), 69, 70, 71.
Seyne (La), 86.
Sisteron, 71.
Solenzara, 42, 50.
SOMIVAC, <u>49-50</u>.
Sommières, 29, 120.
Sospel, 29, 64, 66.
soubergues, 22, 116.
Soulac, 174, 175.
Soule (pays de la Haute), 134, 135, 143.

Tanargue, 61.
Tanneron, 74, 83.
Tarascon, <u>100</u>.
Tarascon-sur-Ariège, 135, 141.
Tarbes, <u>201</u>.
Tarn (rivière et vallée), 150, 151, 158.
tavel, 22, 24.
Tavignano, 42, 49.

211

Tech, 57, 59, 126.
Teil (Le), 94.
Tenarèze, 179.
Tende (col de), 65, 66.
Terrasson, 169.
terreforts, 148, 149, 156, 157, 159, <u>175-178</u>.
Têt, 57, 59, 126.
Thiviers, 164, 169.
Tinée, 64, 65, 66.
Tonneins, 183.
Toulon, 26, 82, 83, <u>86</u>.
Toulousain, 150, 151, <u>182-183</u>.
Toulouse, 151, 161, <u>193-198</u>.
tourisme, 36-37, 50.
Tricastin, 89, <u>91-92</u>.
Tursan, 180.

Uzès, 89, 116, <u>120</u>.

Vaccarès, 99.
Vaison, 73.
Valberg, 66.
Valensole (plateau de), 67, <u>69</u>, 70, <u>71</u>, 72.
Vallauris, 83.
Vallespir, <u>56-57</u>, <u>59</u>.
Vallon, 89.
Valras, 36.
Valréas, 91.
Vals, 91.
Vans (Les), 91.
Var (rivière), 62, 65, 66, 83.
Var (département), 75, 77.
Vaucluse (Monts de), 67, 69, 70, 71, 72.
Vaunage, 116, 117.
Vauvert, 114, 117.
végétation méditerranéenne, <u>14-15</u>.
Vence, 77, 82.

Ventoux (Mont), 67, 69, 70.
Verdon, 35, 64, 66, 70.
Vésubie, 64, 65, 66.
Veynes, 72.
Vézère (vallée de la), 164, 168.
Vicdessos, 133, 135, 138, 139, 141.
Vidourle, 33, 61, 114, 117.
Vigan (Le), 116, 119.
Villefranche-de-Rouergue, <u>165</u>.
Villeneuve-sur-Lot, <u>183</u>.
villes, 28-29, 50-52, 153, 161.
Vistrenque, 33, 97, 114, 116, 117.
Vitrolles, 108, 111.
Vivarais, 61, 89.

Zonza, 47.

MASSON, Editeur
120, boulevard Saint-Germain
75280 Paris Cedex 06
3ᵉ trimestre 1978

Imprimé en France

IMPRIMERIE LOUIS-JEAN
av. d'Embrun, 05002 GAP
Dépôt légal 371-1978